Juliane Staehler
Bindung und Sozialisation während der Adoleszenz

D1662924

Beiträge zur pädagogischen Grundlagenforschung

Herausgegeben von
Hans-Walter Leonhard | Eckart Liebau | Michael Winkler

Juliane Staehler

Bindung und Sozialisation während der Adoleszenz

Die Kombination der Bindungstheorie Bowlbys
und der Sozialisationstheorie Bourdieus
als theoretisches Erklärungsmodell für
deviantes Verhalten von Jugendlichen

BELTZ JUVENTA

Die Autorin

Dr. Juliane Staehler ist Pädagogin und zertifizierte SAFE®-Mentorin. Arbeits- und Forschungsschwerpunkte: Kinder- und Jugendhilfe, Lebenslagen von Kindern und Jugendlichen.

Diese Arbeit wurde 2018 von der Philosophischen Fakultät der Friedrich-Alexander-Universität Erlangen-Nürnberg als Dissertation mit dem Titel „Bindung und Sozialisation während der Adoleszenz. Die Bindungstheorie Bowlbys und die Sozialisationstheorie Bourdieus als theoretische Erklärungsmodelle für Problemverhalten von Jugendlichen" genehmigt.

Dieses Buch ist erhältlich als:
ISBN 978-3-7799-6303-5 Print
ISBN 978-3-7799-5607-5 E-Book (PDF)

1. Auflage 2020

© 2020 Beltz Juventa
in der Verlagsgruppe Beltz · Weinheim Basel
Werderstraße 10, 69469 Weinheim
Alle Rechte vorbehalten

Herstellung: Ulrike Poppel
Satz: text plus form, Dresden
Druck und Bindung: Beltz Grafische Betriebe, Bad Langensalza
Printed in Germany

Weitere Informationen zu unseren Autor_innen und Titeln finden Sie unter: www.beltz.de

Inhalt

Vorwort

Es ist das Ergebnis eines hoch ambitionierten und engagierten Vorhabens, das die Autorin hier präsentiert. Die Theorien von zwei der für die Pädagogik bedeutendsten Theoretiker der Psychologie bzw. der Soziologie des 20. Jahrhunderts zu rekonstruieren, um sie systematisch aufeinander zu beziehen und um das so gewonnene Konstrukt dann an einem höchst komplexen Fallbeispiel aus dem eigenen beruflichen Praxisfeld zu überprüfen, ist mutig.

Die Arbeit hat eine klare und sehr ungewöhnliche Fragestellung: *Welche bindungstheoretischen und sozioanalytischen Faktoren führen dazu, dass manche Jugendliche eine Möglichkeit autonom erlebter Handlungsfähigkeit in anomischen Strukturen und abweichendem Verhalten sehen?*

Bereits an dieser Frage wird deutlich, dass es der Autorin nicht nur um die Rekonstruktion von Werkzeugen für eine komplexe Bedingungsanalyse devianten Verhaltens geht (dazu gibt es in der Sozialpädagogik, in der Psychologie, der Soziologie und der Kriminologie einen breiten und seit langem geführten intensiven Diskurs), sondern dass für sie der Blick auf die subjektive Perspektive der Jugendlichen selbst entscheidende Bedeutung hat, und zwar in einer spezifischen Akzentuierung: als entscheidenden Bezugspunkt wählt die Autorin den Wunsch der Jugendlichen nach und deren Orientierung an einer „als autonom erlebten Handlungsfähigkeit". Dass diesem Motiv (zumindest in westlichen und westlich orientierten Gesellschaften) in der Adoleszenz generell zentrale Bedeutung zukommt, ist unbestritten – es ist ja die autonome Handlungsfähigkeit, die den Erwachsenen zum Erwachsenen macht, und die daher im Jugendalter erworben werden muss und das zentrale Entwicklungsziel ist; aber dass dieses Motiv auch in hohem Maße zur Devianz und zur Orientierung an anomischen Strukturen führen kann, ist im üblichen Verlauf von Adoleszenzkrisen dann doch nicht vorgesehen. Wie kann es also dazu kommen? Welche Erklärungen können dafür gefunden werden? Dass hier keine deterministischen Antworten gefunden und gegeben werden können, ergibt sich schon aus der Grundentscheidung der Autorin zur Anerkennung autonomer subjektiver Handlungsfähigkeit, auch und gerade unter Bedingungen von den gesellschaftlichen Normen abweichenden Praktiken und Haltungen. Aber dass diese Autonomie dennoch in vielen Hinsichten eine höchst relative ist, dass sie in ihrem Kern und in ihren Erscheinungsformen vom Zusammenspiel psychischer und sozialer Faktoren gekennzeichnet ist, liegt ebenso auf der Hand. Es ist daher pädagogisch von hohem Interesse, diesem Zusammenspiel auch im Einzelnen nachzugehen.

Es ist eine kluge Entscheidung der Autorin, die Ansätze und Theorien von Bowlby und Bourdieu als Hilfsmittel für ihre Fragestellung heranzuziehen;

diese Entscheidung ermöglicht es, eine psychologische Mikro- mit einer soziologischen Makroperspektive systematisch auf eine sehr sinnvolle und ergiebige Art und Weise zu verknüpfen. Entscheidend ist dabei der Hauptteil der Arbeit, der mit dem der Bindungstheorie Bowlbys gewidmeten dritten Kapitel beginnt. Das vierte Kapitel ist dann der Gesellschaftstheorie Bourdieus mit Schwerpunkt auf der Sozialisationstheorie gewidmet. Beide Kapitel zeugen von vorzüglicher Sachkenntnis; sie lassen sich jeweils geradezu als Einführungen in die entsprechende Theorie lesen. Die besondere Leistung liegt jedoch darin, die beiden Theorien schon systematisch im Blick auf die eigene Fragestellung zu mustern und fruchtbar zu machen. Dieses Vorgehen erlaubt im fünften, die beiden Theorien zusammenführenden Kapitel die Entwicklung eines sehr gut strukturierten und klaren Erklärungsmodells im Blick auf die „Bewährungsfelder" von Jugendlichen: Familie, Peergroup, Liebe, Schule. Bindungstheorie und Habitustheorie erweisen sich hier, zusammengeführt, schon auf der theoretischen Ebene als aussichtsreiche wechselseitige Ergänzung. Der empirische Test ist damit freilich noch nicht bestanden, er folgt in Gestalt einer Einzelfallanalyse unmittelbar danach. Es geht um ein Mädchen aus akademisch-bürgerlichem Hause, das da auf der Suche nach autonomer Handlungsfähigkeit einen hoch problematischen devianten Lebenslauf erzeugt hat, von dem sie im Interview dann auf ihre Weise erzählt. Bei der Analyse erweist sich die Verbindung der beiden Perspektiven als ergiebig: Der Ansatz bewährt sich sehr gut. Damit eröffnet die Arbeit neue, theoretisch und empirisch aussichtsreiche Perspektiven für die Forschung. Zugleich trägt sie inhaltlich wesentlich zum besseren Verständnis der jugendlichen Devianz bei; damit werden auch für die praktischen politischen und pädagogischen Fragen neue Horizonte eröffnet.

Erlangen, im Juli 2019

Prof Dr. Eckart Liebau

1 Einleitung

„Ein Individuum das das Glück hatte, in einem einigermaßen guten Zuhause mit einigermaßen zärtlichen Eltern aufgewachsen zu sein, hat immer Leute gekannt, bei denen es Hilfe, Trost und Schutz suchen und finden konnte. Seine Erwartungen sitzen so tief und sind so häufig bestätigt worden, dass es ihm als Erwachsenem schwerfällt, sich eine andere Welt auch nur vorzustellen. Das gibt ihm eine nahezu unbewusste Zuversicht, dass ihm stets zuverlässige Figuren zur Hilfe kommen werden, wann und wo auch immer er in Schwierigkeiten geraten sollte. Er wird sich der Welt mit Vertrauen nähern und potenziell beunruhigende Situationen wahrscheinlich mit Erfolg in Angriff nehmen oder sich zu diesem Zweck Hilfe suchen.

Andere, die unter anderen Umständen aufgewachsen sind, hatten vielleicht weit weniger Glück. Einigen ist nicht einmal die Existenz von sorgenden oder helfenden Figuren bekannt, für Andere waren solche Figuren immer etwas Unsicheres. Für viele andere war die Wahrscheinlichkeit, dass eine sorgende Figur in helfender und schützender Weise reagieren würde, bestenfalls gering und im schlimmsten Fall gleich Null. Wenn solche Leute erwachsen werden, überrascht es kaum, dass sie keinerlei Vertrauen besitzen, dass ihnen eine sorgende Figur jemals wirklich zuverlässig verfügbar sein wird. Für sie ist die Welt trostlos und unvorhersehbar, und sie reagieren auf sie, indem sie sich entweder von ihr zurückziehen oder sich mit ihr in Streit anlegen." (Bowlby, 2006a, S. 199)

Es gibt Jugendliche, die sich den typischen Entwicklungsaufgaben dieses Lebensabschnitts durch Devianz, Weglaufen und der Verweigerung einer vorgezeichneten Laufbahn – Schulabschluss, Berufsausbildung, Erwerbstätigkeit – entziehen. Sie leben meist außerhalb der Einflussnahme durch Erwachsene, indem sie sich nicht mehr in ihrer Familie aufhalten und sich in Jugendhilfeeinrichtungen jeglichem pädagogischen Einfluss (oft auch durch Weglaufen) verweigern. Auch die Schule wird von diesen Jugendlichen meist gar nicht mehr oder nur sehr sporadisch besucht. Manche der jungen Menschen wählen die Straße als Lebensmittelpunkt, leben dann in prekären Verhältnissen, haben wenig Eigentum und keinen festen Wohnsitz, ärztliche Hilfe ist ihnen aufgrund fehlender Krankenversicherung nicht oder nur im absoluten Notfall möglich. Viele substituieren sich mit Alkohol oder Drogen, um den Alltag erträglicher zu machen. (Staehler, 2011)

Bei anderen Jugendlichen greifen Jugendhilfemaßnahmen, wie geschlossene Einrichtungen (aus denen das Weglaufen zumindest erschwert wird), oder intensive Betreuungsangebote, meist weit entfernt vom Heimatort. Die Jugendlichen, um die es hier geht, sind keine „Aussteigerinnen und Aussteiger" im

Sinne eines bewussten Lebensentwurfs, der sich gegen die in unserer Gesellschaft vorherrschende Ideologie des Leistungsprinzips auflehnt und stattdessen alternative Lebensformen ausprobiert, sondern sie scheitern[1] an diesem Prinzip und „rutschen" im Verlauf ihrer Sozialisation in immer desolatere und perspektivlosere Lebensverhältnisse, aus denen es keinen Ausweg zu geben scheint.

Durch meine Berufswahl, zuerst als pädagogische Fachkraft im „Sleep-In" Nürnberg, einer Notschlafstelle für obdachlose Jugendliche, und später im Mädchenheim Gauting (MHG), einer geschlossenen Einrichtung für verhaltensgestörte jugendliche Mädchen, konnte ich Erfahrungen im Kontakt mit jungen Menschen sammeln, die nicht mehr bereit waren, sich in die „normalen" alterstypischen strukturellen Gegebenheiten und Anforderungen unserer Gesellschaft (bei den Eltern wohnen, Schulbesuch, Berufswahl etc.) einzufügen. Gemeinsam war allen Jugendlichen, dass sie in ihrem engsten familiären Umkreis negative Bindungserfahrungen gemacht hatten. Viele konnten sich weder in der Schule profilieren noch auf ein stabiles Freundschaftsnetz zugreifen. So machten diese Jugendlichen die Erfahrung, dass sie auf den Ebenen scheitern, die während der Adoleszenz wesentlich sind. Sie lösten diesen Negativkreislauf, indem sie die Schule verweigerten und oft auch ihr Zuhause verließen. Nachdem sie ganz offensichtlich ihre Situation verschlechterten, angefangen damit, dass sie oft nicht wussten, wie sie ihre Grundbedürfnisse (nach Nahrung, einem Schlafplatz oder auch nur einem warmen Aufenthaltsraum) befriedigen sollten und weitergehend damit, dass sie sich ihre (berufliche) Zukunft zerstörten, stellte sich mir die Frage, welchen Gewinn die Jugendlichen selbst in ihrem Verhalten sehen.

---

1   „Scheitern" verstehen Junge & Lechner (2004, S. 7) als „Grundelement der conditio humana". Handelt man, kann man entweder erfolgreich sein oder scheitern. Erfolgsorientiertes Handeln versucht, in Erwägung der eventuell auftretenden Hindernisse, „Wünsche und Bedürfnisse, die sich aus den Bedingungen menschlichen Daseins ergeben, zu realisieren" (ebd.). Durch die Beachtung der eventuell auftretenden Hindernisse soll das Scheitern vermieden werden. „Scheitern", so die Autoren, kann also nur in Kombination mit „Handeln" gedacht werden. „Nur wenn gehandelt wurde, kann gescheitert werden: an den Umständen, an Normen, an ungenügender Handlungsplanung, an institutionellen Regelungen, am Wollen anderer Akteure. Scheitern verweist auf Grenzen der Handlungsfähigkeit, auf einen allgegenwärtigen Grenzfall der Konstitution von Sozialität" (ebd., S. 8). Und, so Junge an anderer Stelle weiter: Scheitern „ist die Negation von Handlungsfähigkeit. Scheitern ist der Grenzfall vor dem sich die Konzeption des Handelns abheben kann. Deshalb kann Handeln als Scheiternsvermeidung aufgefasst werden. Handelnd wird versucht, das Scheitern zu vermeiden indem der Bereich der Verfügbarkeit erweitert wird. […] Handeln ist aber auch Scheiternsbewältigung. Wenn gescheitert wurde, dann setzt ein Handeln ein, das Scheitern zu überschreiten sucht, indem die *Erfahrungen aus dem Scheitern in Konsequenzen für weiteres Handeln umgesetzt werden* [Hervorh. d. Verf.]. Handeln hat dann die Perspektive des Scheiterns integriert" (Junge, 2004, S. 16).

Die Forschung nach den Ursachen, warum sich junge Menschen (zumindest zeitweise) für einen devianten Lebensweg entscheiden, setzt häufig in den Familien der Jugendlichen an, in welchen sie oft schwerwiegenden Belastungen ausgesetzt waren. „Diese reichen von zu wenig Unterstützung über Vernachlässigung bis hin zu Gewalt oder Missbrauch" (Staehler, 2011, S. 355). Die Bindungstheorie, welche aufzeigt, dass die genannten familiären Belastungen zu einer unsicheren oder desorganisierten Bindung führen können, und darauf eingeht, dass die Konsequenzen sowohl innerhalb der Familie, als auch in der Peergroup und in der Schule spürbar sind, ist ein möglicher Erklärungsansatz. Kinder und Jugendliche mit unsicherem Bindungsmuster oder einer Bindungsstörung haben es in allen Lebensbereichen schwerer als Kinder und Jugendliche mit sicherer Bindung. Erstere leben meist in einem Klima, welches nicht von Harmonie, Respekt und gegenseitigem Vertrauen geprägt ist, sie haben oft schlechtere Startbedingungen in der Schule (bspw. weil sie bei komplizierten Aufgaben schneller aufgeben, oder im Vorschulalter weniger gefördert wurden) und werden von den Lehrkräften negativer wahrgenommen als sicher gebundene Schulkinder. Auch innerhalb ihrer Peergroup haben unsicher gebundene Kinder und Jugendliche meist einen schlechteren Stand als sicher gebundene Kinder und Jugendliche. (Vgl. auch Sroufe, Egeland, Carlson & Collins, 2009)

Jedoch verweigern sich nicht alle Jugendlichen mit unsicherer Bindungsrepräsentation oder einer Bindungsstörung[2] radikal den gesellschaftlichen Anforderungen, was die Frage nach weiteren möglichen Ursachen aufwirft. „Die Art und Weise, in der innerfamiliale Beziehungserfahrungen und die mit diesen in Verbindung stehenden psychischen Dispositionen umgesetzt und ausgeformt werden, ist in hohem Maße durch die aktuelle Situation, das herrschende politische und kulturelle Klima, Peergroups, schulische Einwirkungen, Medieneinflüsse u.a. bestimmt" (Hopf & Schmidt, 1993, S. 6). Nachdem die Bindungstheorie den Fokus auf die entwicklungspsychologische Perspektive, das Seelenleben also, legt, erscheint es sinnvoll, den Blickwinkel um eine Gesellschaftstheorie, welche die strukturellen Gegebenheiten des Aufwachsens in den Blick nimmt, zu erweitern. Die Sozioanalyse[3] Bourdieus ist hier eine gute Wahl, um eine umfassendere Einsicht in die Strukturen, in denen Jugendliche aufwachsen, zu erhalten. Sehr vereinfacht ausgedrückt, positioniert diese Akteure und

---

2　Im Verlauf dieser Arbeit wird der Unterschied zwischen unsicherer Bindung und Bindungsstörung noch differenzierter betrachtet. Siehe hierzu v.a. Kapitel 3.4.5 Die verschiedenen Bindungstypen.

3　Eine interessante Erläuterung zur Begriffswahl findet sich bei Liebau (1992, S. 136): „Es geht darum, die generative Grammatik der gesellschaftlichen Reproduktion zu entschlüsseln, die unbewußten ‚Erzeugungsregeln' also ans Licht zu holen, die nicht nur den gesellschaftlichen Strukturzusammenhang (‚Raum der Positionen'), sondern auch die individuellen Lebensformen (‚Raum der Lebensstile') bestimmen."

Akteurinnen anhand ihrer Kapitalien, namentlich dem „ökonomischen Kapital", dem „kulturellen Kapital" und dem „sozialen Kapital" in einem gedachten sozialen Raum. Ökonomisches Kapital meint den materiellen Besitz, kulturelles Kapital meint jegliche kulturelle Aneignungen, inkorporiert in Form von Verhaltensweisen, institutionalisiert in Form von Zertifikaten und objektiviert in Form von kulturellem Besitz und soziales Kapital meint die sozialen Netzwerke, die Individuen zum Platzerhalt im sozialen Raum zur Verfügung stehen. Die verschiedenen Kapitalien können schließlich noch in symbolisches Kapital konvertiert werden, welches das Renommee der Akteure und Akteurinnen bezeichnet. Akteurinnen und Akteure versuchen, sich ihren Platz im sozialen Raum zu sichern oder aber ihre Position zu verbessern.

Die Forschungsfrage, mit welcher sich die vorliegende Arbeit also beschäftigt, lautet: *Welche bindungstheoretischen und sozioanalytischen Faktoren führen dazu, dass manche Jugendliche eine Möglichkeit autonom erlebter Handlungsfähigkeit in anomischen Strukturen und abweichendem Verhalten sehen?*

Im ersten Teil dieser Arbeit (Kapitel 2) werden die für die weiteren Ausführungen relevanten Begriffe „Sozialisation", „Bildung", „Familie", „Adoleszenz" und „Peergroup" sowie „gesellschaftliche Anforderungen" definiert.

Im zweiten Teil (Kapitel 3, 4 und 5) werden die zwei genannten Theorien vorgestellt und miteinander kombiniert. Die Bindungstheorie Bowlbys (Kapitel 3) wird in Bezug auf die Entwicklung einer guten Bindungsbeziehung im Kindesalter dargestellt, um darauf aufbauend „Bindungsverhalten im Jugendalter" zu thematisieren. Im Wesentlichen soll es darum gehen, aufzuzeigen, wie sich die gemachten Bindungserfahrungen im bisherigen Leben (vor allem aber in den ersten Lebensjahren) auf alle Lebensbereiche der Jugendzeit auswirken. Hierbei wird auf die Interaktionsbereiche, in welchen sich nahezu alle Jugendlichen bewegen, eingegangen: die Familie, die Peergroup, erste Beziehungen und die Schule. Sodann wird die Kapitaltheorie Bourdieus (Kapitel 4) in ihren Grundzügen dargestellt, um im Folgenden auf die für diese Arbeit wesentlichen Faktoren einzugehen: den Aufbau der Gesellschaft, die verschiedenen Lebensstile, die sich durch die Position im sozialen Raum ausbilden und das Habituskonstrukt. Ein Exkurs zu Colemans Sozialkapitaltheorie erscheint sinnvoll, da dieser auf „Beziehungen" innerhalb von Familien als Sozialkapital hinweist. So verstanden geht es beim Sozialkapital nicht vorrangig um das, „was" innerhalb von Familien ausgetauscht wird (Erziehung, Bildung, oder Taschengeld sind Beispiele für einen solchen Kapitaltransfer), sondern darum, „wie" der Austausch vonstattengeht, welche Beziehungsqualität also zwischen den einzelnen Familienmitgliedern vorhanden ist. Im Anschluss wird die Kapitaltheorie Bourdieus auf die wesentlichen Interaktionsfelder von Jugendlichen bezogen, um aufzuzeigen, wie sich das Vorhandensein oder Nichtvorhandensein der verschiedenen Kapitalien und die damit einhergehende sozialräumliche Verortung auf die Phase der Adoleszenz auswirken. Nachfolgend werden beide Theorien aufeinander bezogen (Kapitel 5). Im ersten Schritt wird aufgezeigt, wie die sozialräumliche Verortung von Individuen sich auf die Bindungsqualität auswirken kann. Im Folgeschritt wird, durch die Erweiterung des psychoanalytischen Aspekts um die sozioanalytische Sichtweise (und umgekehrt), in Bezug auf das Forschungsinteresse ein Erklärungsmodell erarbeitet, das Disziplinen übergreifend versucht, eine Antwort auf das Forschungsanliegen dieser Arbeit zu geben.

Der dritte Teil dieser Arbeit (Kapitel 6, 7) widmet sich schlussendlich der Aufgabe, das theoretisch entwickelte Modell anhand einer Einzelfallanalyse dahingehend zu überprüfen, ob die Kombination der beiden Theorien in Bezug auf das Forschungsthema neue Erkenntnisse liefern kann. Die Biografie einer Jugendlichen wird ausführlich in Bezug auf die Bindungsqualität und die Kapitalien des Mädchens untersucht, um so verstehend zu interpretieren, warum dieses Mädchen sich mehr und mehr den jugendtypischen Entwicklungsaufgaben und der Einflussnahme durch Erwachsene entzogen hat.

Zusammengefasst baut sich der Forschungsansatz dieser Arbeit also auf drei Ebenen auf. Es werden *erstens* die beiden beschriebenen Theorien dahingehend überprüft, ob sie für das Verhalten Jugendlicher, die sich der Gesellschaft verweigern, Erklärungsmodelle liefern können. *Zweitens* sollen die beiden Theorien aufeinander bezogen werden und sich einander ergänzen lassen. *Drittens* soll dieses so entwickelte erweiterte theoretische Erklärungsmodell anhand einer Einzelfallanalyse überprüft werden.

Verschiedene Disziplinen zeichnen sich dadurch aus, dass sie den Blick auf bestimmte Teilbereiche fokussieren. Die Psychologie konzentriert sich auf das Seelenleben, die Soziologie hingegen auf gesellschaftliche Zusammenhänge und die Pädagogik versteht sich als Erziehungswissenschaft. Diese Fokussierung macht Sinn, um die Einzelheiten des Forschungsgegenstandes zu erschließen – nur wenn man nah genug heran geht, kann man die verschiedenen Facetten erkennen. Um jedoch den Forschungsgegenstand in der Gesamtheit der ihn generierenden Faktoren erfassen zu können, ist es notwendig, wieder einen Schritt zurückzutreten und die Erklärungsansätze anderer Disziplinen mit in den Blick zu nehmen. „Er [Bourdieu, Anm. J.S.] meint, wissenschaftlicher Fortschritt sei oft nur zu erringen, indem man gegensätzliche Theorien miteinander in Verbindung bringt und dabei zur Grundlage ihres Gegensatzes vordringt" (Rehbein, 2011, S. 59). So ist es Zielsetzung dieser Arbeit, die Trennung des Fokus auf entweder das Individuum oder auf die Gesellschaft, wie sie in den verschiedenen Disziplinen meist vorgenommen wird, zu überwinden, indem ein Erklärungsmodell entwickelt wird, das sowohl innerpsychische als auch habituelle und kapitaltheoretische Aspekte miteinander vereint. „Tatsächlich lassen sich genuin psychologische (oder biologische) und genuin soziologische Dimensionen der Bildung kognitiver und normativer Strukturen nur qua Abstraktion isolieren (die allerdings über die Trennung der Disziplinen institutionalisiert ist)" (Schwibs & Bourdieu, 1985, S. 385). Die vorliegende Arbeit schließt sich somit der Forschungstradition Hopfs an, welche soziologische Forschungsfragen mit der Bindungsforschung kombinierte (vgl. Hopf, 2005).

Für die Pädagogik ist dieser interdisziplinäre Blick essenziell; so können Pädagoginnen und Pädagogen m. E. nur dann verstehend wirken, wenn sie die inneren und die äußeren Strukturen von jungen Menschen und die Bedingungen ihres Aufwachsens nachvollziehen – und so deren Handlungen in diesen Kontext setzen können.

2   Begriffsklärung

Bevor sich diese Arbeit mit inneren und äußeren Einflussfaktoren beschäftigt, die auf die Lebensläufe von Jugendlichen einwirken, sollen die hierfür relevanten Begriffe definiert werden. Die „Sozialisation" von Jugendlichen, also die Interaktion von diesen mit ihrer Umwelt, sowie die Frage, welche Umwelt von den verschiedenen Akteuren und Akteurinnen vorgefunden wird, sind wesentlicher Bestandteil dieser Arbeit. Ebenso „Bildung" und die Bildbarkeit, welche sowohl von der inneren Stabilität als auch von äußeren Faktoren, wie beispielsweise dem Vorhandensein von familiärem Kapital, abhängig ist und den Lebensweg von Jugendlichen bedeutend beeinflusst. Natürlich der Begriff der „Familie" als Ort, an welchem Bindungen entstehen, aber auch als Ort der Sozialisation, in welchem Adoleszente wirken und welcher sie entscheidend prägt (sowohl durch Bindungen, die entstehen, als auch durch die Positionierung der Familie im sozialen Raum) und der Begriff der „Adoleszenz", der in einer Dissertation über Jugendliche selbstverständlich eine Definition verlangt. Weiterhin spielt die „Peergroup" eine wesentliche Rolle in den Lebenswelten der Jugendlichen, die scheinbar freiwillig gewählt wird, wobei jedoch bei genauerer Betrachtung der Bindungsrepräsentation und der sozialstrukturellen Verortung der Jugendlichen offensichtlich wird, dass diese Wahl deutlich begrenzt ist. Die Arbeit baut auf der Frage auf, warum manche Jugendliche sich den gesellschaftlichen Anforderungen entziehen und ein Leben in prekären Verhältnissen und mit enormen Belastungen dem normkonformen Verhalten vorziehen. Hierfür ist es unabdingbar den nicht ganz unproblematischen Begriff der „gesellschaftlichen Anforderungen" zu reflektieren und für die vorliegende Arbeit zu definieren. Impliziert er doch, dass es die eine Gesellschaft mit ihren Anforderungen gebe, die für alle gleichermaßen gelten.

2.1   Sozialisation

Bis in die 1970er-Jahre hinein war der Begriff der Sozialisation in Europa geprägt durch Durkheim, der in seinen Ende des 19. Jahrhunderts entstandenen Arbeiten von einer Gesellschaft ausgeht, die das Individuum mit Normen, Werten und Moralvorstellungen durchdringt und so sein Handeln bestimmt, das Individuum also „vergesellschaftet" wird (Durkheim, 2000; vgl. auch Korte, 2000; Hurrelmann, 2006). Durkheims Theorie entstand in der Zeit des Übergangs von der Agrargesellschaft zur Industriegesellschaft, welche mit gesellschaftlichen Mechanismen versuchte sicherzustellen, „dass soziale Regeln und

Normen von den Gesellschaftsmitgliedern verinnerlicht werden, um die Funktionsfähigkeit der Gesellschaft aufrechtzuerhalten" (Hurrelmann, 2006, S. 13).

Eine erneute Auseinandersetzung mit dem Begriff fand vor allem in den 1960er-Jahren statt, ausgelöst durch die Kritik an den bestehenden Verhältnissen und befeuert durch die These, dass Sozialisation und Erziehung maßgeblich zu gesellschaftlicher Ungleichheit beitragen. (Vgl. Hurrelmann, 2006) Die Neuausrichtung in Deutschland „wandte sich verstärkt psychologischen Entwicklungstheorien zu, vor allem aber griff sie die interpretativen Ansätze von Mead und dem Symbolischen Interaktionismus und den konstruktivistischen Ansatz der Wissenssoziologie von Berger und Luckmann auf" (Abels, 2015, S. 62). Bereichert durch die verschiedenen theoretischen Einströmungen entstand eine neue Perspektive auf den Begriff. So wurde die Frage nach der Vergesellschaftung des Individuums abgelöst durch die Frage „wie das Individuum überhaupt ein Bild von sich und der Welt gewinnt, wie es handlungsfähig wird und sich zu einem *autonomen Subjekt* bilden kann" (ebd.; vgl auch Hurrelmann & Geulen, 1980). Hurrelmann und Geulen (1980, S. 51) definierten im ersten Handbuch der Sozialisationsforschung die Sozialisation als „*Prozeß der Entstehung und Entwicklung der Persönlichkeit in wechselseitiger Abhängigkeit von der gesellschaftlich vermittelten sozialen und materiellen Umwelt. Vorrangig thematisch ist dabei die Frage, wie der Mensch sich zu einem gesellschaftlich handlungsfähigen Subjekt bildet.*" Diese Definition ist bis heute weitgehend Konsens in der Soziologie. In der Folgezeit entstanden darauf basierend verschiedene Theorien mit unterschiedlicher Schwerpunktsetzung und Erweiterung. Exemplarisch seien hier nur einige genannt:

Oevermann untersuchte Sozialisationsprozesse, indem er sein Forschungsinteresse auf die „Mikroprozesse der Sozialisation" (Abels, 2015, S. 64) richtete, vor allem auf die Familie und innerhalb dieser stattfindende sozialisatorische Interaktion. Die Frage wie Autonomie und Identität des Individuums durch Prozesse der Sozialisation unterstützt oder beeinträchtigt werden, stand im Fokus seiner Forschung. Während die Entwicklungspsychologie Konzepte wie die Entwicklung der Moral, der Motivation oder bestimmter Kompetenzen in den Blick nahm, um sich der Frage, wie sich ein „handlungsfähiges, mit sich selbst identisches Subjekt" (ebd.) bildet zu widmen, versuchte Oevermann diesen Blickpunkt um die sozialisatorische Komponente zu erweitern. Er rückte also die sozialen Kontexte, innerhalb derer diese Entwicklungsprozesse stattfinden in den Vordergrund. „Die sozialisatorische Interaktion stellt also einen zentralen Bedingungszusammenhang der Subjektbildung dar, indem sie die in der Entwicklungspsychologie von Piaget herausgearbeiteten selbstreferenziellen Operationsweisen der Assimilation sozial einbettet und damit erst möglich macht" (Hurrelmann, 2006, S. 98). Sozialisationsprozesse (er untersuchte hauptsächlich das Alltagsgeschehen in Familien), so Oevermann, führen zu bestimmten Handlungs- und Denkweisen, welche bei Sprachhandlungen hintergründig in

Form individueller „Bedeutungsstrukturen und Normalitätsannahmen" (Abels, 2015, S. 64) wirken. „Die soziale Konstitution der Bildungsprozesse erfolgt unabhängig davon, was die Beteiligten intendieren und was sie zu verstehen meinen. Die Strukturen der sozialisatorischen Interaktion bestimmen ‚gleichsam hinter dem Rücken' der Personen ‚das Handeln im Sinne eines ‚Habitus' [...]'" (Oevermann, 1976, S. 51 zitiert nach Abels, 2015, S. 64).

Hurrelmann entwickelte seine zusammen mit Geulen erarbeitete Definition von Sozialisation weiter und erarbeitete sieben Thesen zur Sozialisation. In diesen geht er davon aus, dass Sozialisation (1) „sich in einem Wechselspiel von Anlage und Umwelt" (Hurrelmann, 2006, S. 24) vollzieht. Die genetischen Dispositionen des Menschen bilden die Basis, aus der je nach Umweltbedingungen verschiedene Fähigkeiten und Fertigkeiten gefördert oder unterdrückt werden. Die genetische Ausstattung bildet also die Grenze der Möglichkeiten, ob aber die genetischen Anlagen als Ressourcen wahrgenommen und ausgebildet werden, hängt von der Umwelt ab. „Die Umwelt wirkt schon in frühen Stadien der Entwicklung auf die weitere Ausformung des genetischen Potenzials ein, umgekehrt entscheidet das genetische Potenzial darüber, in welcher Weise die Umwelt aufgenommen und angeeignet wird" (ebd.). Sozialisation ist außerdem (2) „der Prozess der Persönlichkeitsentwicklung in wechselseitiger Abhängigkeit von den körperlichen und psychischen Grundstrukturen und den sozialen und physikalischen Umweltbedingungen. Die körperlichen und psychischen Grundstrukturen bilden die innere, die sozialen und physikalischen Umweltbedingungen die äußere Realität" (ebd., S. 26). Hurrelmann geht davon aus, dass der Mensch seine Persönlichkeit im Wechselspiel der inneren Realität (hiermit sind u. a. die genetische Veranlagung, psychisches Temperament oder Intelligenz gemeint) und der äußeren Realität (bspw. Familie, Freundschaften, Medien, Arbeitsbedingungen etc.) entwickelt. Während das Subjekt auf die inneren und äußeren Realitäten keinen großen Einfluss hat, ist die Art und Weise der Auseinandersetzung und der Verarbeitung der Realitäten eine höchst individuelle Angelegenheit und somit einmalig. Weiterhin ist Sozialisation (3) „der Prozess der dynamischen und ‚produktiven' Verarbeitung der inneren und äußeren Realität" (ebd., S. 28). Mit dieser These soll deutlich gemacht werden, dass Sozialisation einen lebenslangen, aktiven Prozess darstellt. Sowohl die innere, als auch die äußere Realität und die Veränderungen dieser, müssen vom Subjekt fortwährend aktiv und sensibel wahrgenommen und in das eigene Handeln einbezogen werden. Sozialisation ist also kein passiver Prozess, dem sich das Individuum ausgesetzt sieht. (4) „Eine gelingende Persönlichkeitsentwicklung setzt eine den individuellen Anlagen angemessene soziale und materielle Umwelt voraus. Die wichtigsten Vermittler hierfür sind Familien, Kindergärten und Schulen als Sozialisationsinstanzen" (ebd., S. 30). Obwohl heute verschiedene Einrichtungen (Kita, Kindergarten, Schule etc.) Sozialisationsfunktionen übernehmen, bleibt die Familie die wesentliche, die primäre Sozialisationsinstanz.

In welche Familie man hineingeboren wird, welche ökonomischen und kulturellen Ressourcen also zur Verfügung stehen, sind maßgeblich entscheidend für den Sozialisationsprozess. Aber, so die fünfte These Hurrelmanns, (5) „[n]icht nur die Sozialisationsinstanzen haben Einfluss auf die Persönlichkeitsentwicklung, sondern auch andere soziale Organisationen und Systeme, die in erster Linie Funktionen für Arbeit, Freizeit, Unterhaltung und soziale Kontrolle erbringen" (ebd., S. 32). Bspw. Massenmedien, oder öffentliche Institutionen wie Politik, Verwaltung und Justiz, fallen in diese Kategorie. In der sechsten These geht Hurrelmann auf die sich je nach Lebensalter verändernden Anforderungen an das Subjekt ein: (6) „Die Persönlichkeitsentwicklung besteht lebenslang aus einer nach Lebensphasen spezifischen Bewältigung von Entwicklungsaufgaben" (ebd.). Schlussendlich fasst der Autor in der siebten These zusammen (7): „Ein reflektiertes Selbstbild und die Entwicklung einer Ich-Identität sind die Voraussetzung für ein autonom handlungsfähiges Subjekt und eine gesunde Persönlichkeitsentwicklung. Lässt sich Identität nicht herstellen, kommt es zu Störungen der Entwicklung im körperlichen, psychischen und sozialen Bereich" (ebd.). Die realistische Selbsteinschätzung und Wahrnehmung der inneren Realität, also der eigenen Potenziale, ist Voraussetzung dafür, die Handlungsmöglichkeiten in der äußeren Realität richtig einzuschätzen. „Je entscheidungsfähiger und handlungssicherer ein Mensch ist, je mehr Fertigkeiten zur Bewältigung psychischer und sozialer Probleme er besitzt, je mehr er in sichere soziale Beziehungsstrukturen und Netzwerke einbezogen und in wichtigen gesellschaftlichen Rollenzusammenhängen anerkannt ist, desto besser sind die Voraussetzungen für die Identität und damit die selbstständige und autonome Handlungsfähigkeit" (ebd., S. 39).

Bourdieu beschrieb in seiner Theorie die verschiedenen Strukturen, die die Persönlichkeitsentwicklung des Individuums beeinflussen. So bestimmt die Klassenlage, welche durch die zur Verfügung stehenden Kapitalien festgelegt wird, die Habitualisierung des Menschen, also die Verinnerlichung der äußeren Strukturen. „Unter Sozialisation versteht Bourdieu den gleichzeitigen Prozeß von Vergesellschaftung und Individuierung einer Person im Laufe ihrer Biografie. Sie geschieht vor allem als handelnde, aktive Aneignung der je vorgegebenen Lebenswelt und sozialen Kultur. […] Aber das Kind ist nicht nur Akteur, sondern auch Objekt von Praxisformen (nicht nur der Eltern), die seine Einpassung in die gegebenen Kontexte bewirken; es ist den Standards und Routinen des Milieus, in das es hineingeboren wurde, zunächst fast *wehrlos* ausgesetzt […] in der primären familialen Sozialisation kann es nur die in seiner Familie – und damit seiner sozialen Kultur – gültigen Handlungsschemata erfahren und muss sie als Dispositionen verinnerlichen" (Liebau, 1984, S. 249). Liebau (1984, S. 249) betonte also in Bezug auf Bourdieu, dass die primäre Sozialisation im Kindesalter auch bedeutet, dass man in ein bestimmtes Milieu hineingeboren wird und dieses erst einmal als einzige Realität kennenlernt und somit automatisch Handlungsmuster, die diesem Milieu entsprechen, entwickelt.[4]

Grundmann entwickelte die Annahme der „Sozialisation als sozialisatorische Interaktion unter konkreten sozialstrukturellen Verhältnissen, als Prozess der Subjektbildung und als Konstruktion einer gemeinsamen sozialen Wirklichkeit" (Abels, 2015, S. 74) konsequent weiter. Er ging darauf ein, dass Subjekte innerhalb ihrer sozialen Beziehungen ständig aushandeln müssen „wer sie sind und wie sie sich gegenseitig ansehen, wie sie miteinander umgehen und woran sie sich gemeinsam orientieren" (ebd.). Aus diesen sozialen Interaktionen entstehen Verhaltensmuster, es werden Gemeinsamkeiten und dadurch ein Wir-Gefühl erzeugt. Unter Sozialisation versteht Grundmann zum ersten die Prozesse, die zu sozialen Handlungsweisen und persönlichen Einstellungen von Individuen führen, die für das soziale Zusammenleben wesentlich sind. Außerdem die Prozesse, die identitätsstiftend auf sozialer und personaler Ebene wirken und das Subjekt einer Gesellschaft oder einem bestimmten Kulturkreis angehörig zeichnen. Und drittens die Prozesse, in denen die sozialen Verhältnisse, in denen das Subjekt sich befindet, auf dieses einwirken, das Subjekt aber diese sozialen Verhältnisse auch selber gestalten kann. Grundmann konzentrierte seine Ausführungen auf Interaktionen in kleinen Gruppen, bspw. Familienbeziehungen, Freundschaften, Freizeitgruppen oder nachbarschaftliche Milieus. Durch die Zugehörigkeit zu solchen Gruppen wird das Bedürfnis nach Nähe und Beziehung gestillt und die Individuen können ihre eigene Weltsicht anhand der Interaktion mit den Anderen reflektieren und eine „gemeinsame Handlungsorientierung" (Grundmann, 2006, S. 93 zitiert nach Abels, 2015, S. 75) entwickeln. „Die Individuen bilden ein kollektives Gefühl angemessener Lebensführung und eine soziale Haltung zur Gesellschaft aus" (Abels, 2015, S. 75). Anders als Bourdieu, der durch die Habitualisierung von einer Reproduktion der bestehenden Verhältnisse ausgeht, versteht Grundmann die Sozialisierung der Individuen als Möglichkeit, die Beziehungen zueinander und die „gemeinsamen Lebensverhältnisse" (ebd.) zu gestalten und zu hinterfragen. Diese Auffassung von Sozialisation ist ganz offensichtlich eine idealtypische, jedoch, so Grundmann, kann ein solches Modell dazu dienen, „gesellschaftliche Verhältnisse so zu gestalten, dass sie den Bedürfnissen der Menschen nach personaler Entwicklung und nach sozialer Bindung entsprechen" (Grundmann, 2006, S. 231, zitiert nach Abels, 2015, S. 76).

---

4   Nachdem eine ausführliche theoretische Auseinandersetzung mit Bourdieus Theorie im Kapitel 4 stattfindet, soll er hier nur sehr verkürzt Erwähnung finden.

2.2 Bildung

Der klassische Bildungsbegriff, wie ihn insbesondere Humboldt prägte, unterscheidet zwischen berufsbezogener und allgemeiner Bildung. Humboldt kritisierte „das Primat der beruflichen Nützlichkeit von Bildung, die Menschen in erster Linie nach ihrem wirtschaftlichen Marktwert beurteilt" (Stein, 2017, S. 66). Das Subjekt müsse gründlich gebildet werden und nicht nur ausgebildet sein, so Humboldt. Deshalb wollte er neben die ständisch geprägte berufliche Bildung eine allgemeine Bildung treten lassen, welche die „Entwicklung der individuellen Kräfte und Potentiale zum Ziel hat" (ebd.). Humboldt wollte so erreichen, dass der Mensch seine Individualität durch Bildung herausarbeiten kann, weshalb alle „für die Individualität des Individuums wichtigen Gegenstände" (ebd.) als Bildungsinhalte gelehrt werden müssen. Es solle außerdem erreicht werden, dass Fähigkeiten nicht nur ergänzend nebeneinanderstehen, sondern das Individuum in der Lage ist, diese in einer „individuellen Ganzheit" (ebd.) zu vereinen. Bildung steht nach Humboldt also jedem Menschen zu und dient der Vervollkommnung der eigenen Persönlichkeit. (Vgl. auch Hörner, 2010)

Vor allem die 1970er-Jahre trugen zu einer Neudefinition des Bildungsbegriffs bei. Der widersprüchliche Doppelcharakter des Begriffs wurde kritisiert. Einerseits definiere er normativ-idealistische[5] Bildungsbestrebungen, wie sie von Hentig (2008, S. 14) formuliert: „Der Bildungs-Begriff steht für die Ausstattung des Menschen mit formalen geistigen und sittlichen Fähigkeiten; Bildung ist ein – diesem Begriff zufolge – nicht abschließbarer Vorgang; und sie ist keinen Zwecken außer sich selbst unterworfen. Der Gebildete ist der sich Bildende – ein Mensch [...] der seine ganze Person formt." Andererseits impliziere der Bildungsbegriff aber auch das „Verständnis von Bildung als verwertbare Ressource und Humanvermögen, das gesellschaftlich-kulturelle Teilhabe und individuelle Entfaltung ermöglichen soll" (Deppe, 2015, S. 12), aufgrund von messbaren Kompetenzen und Zertifikaten. (Vgl. ebd.)

Von Hentig (2008, S. 15) versuchte schließlich in einer neuerlichen Begriffsbestimmung die im vorangegangenen Absatz genannten diametralen Richtungen wieder zu vereinen, indem er der Bildung drei wesentliche Pfeiler zuweist: „Sie ist erstens das, was ‚der sich bildende Mensch' aus sich zu machen sucht, ein Vorgang mehr als ein Besitz. Diesem Streben folgt er auch unabhängig von der Gesellschaft. Das ist die persönliche Bildung, die freilich stark von der Kultur bestimmt wird, in der einer aufgewachsen ist, die aber auch ohne sie Geltung hat. Bildung ist zweitens das, was dem Menschen ermöglicht, in seiner

---

5   Wobei der normative Idealismus davon ausgeht, dass der *Mensch ein moralisches Wesen ist*, *das zwischen Gut und Böse, Wahr und Falsch etc. unterscheidet*" (Rittberger & Zangl, 2013, S. 44) und sich an „grundlegenden Idealen, Wertvorstellungen und Normen" (ebd.) orientiert.

geschichtlichen Lage zurechtzukommen: das Wissen und die Fertigkeiten, die Einstellungen und Verhaltensweisen, die ihm helfen, sich in der Welt zu orientieren und in der arbeitsteiligen Gesellschaft sowohl zu überleben wie nützlich zu sein. Das ist die praktische Bildung. […] Bildung ist drittens das, was der Gemeinschaft erlaubt, gesittet und friedlich, in Freiheit und mit einem Anspruch auf Glück zu bestehen. Sie richtet den Blick des Einzelnen auf das Gemeinwohl, auf die Existenz, die Kenntnis und die Einhaltung von Rechten und Pflichten, auf die Verteidigung der Freiheit und die Achtung für Ordnungen und Anstand. Sie ist für die dikaiosyne, die richtige Balance, in der Gesellschaft zuständig. Sie hält zur Prüfung der Ziele, der Mittel und beider Verhältnis zueinander an. Sie befähigt zur Entscheidung angesichts von Macht und begrenzten Ressourcen in begrenzter Zeit."

Weiterhin wurde am klassischen Bildungsbegriff nach Humboldt kritisiert, dass er hauptsächlich „rein materiale, erstarrte und nicht anwendbare Wissensbestände produziere" (Stein, 2017, S. 66). Ein Grundziel von Bildung müsse die „Befreiung aus den Sachzwängen und Abhängigkeiten der Gesellschaft" (ebd.) sein. Bildung, so die neue Forderung die maßgeblich durch Klafki beeinflusst wurde, solle dazu beitragen sich eine individuelle Meinung zum gesellschaftlichen System bilden zu können, sodass dieses nicht einfach unhinterfragt übernommen werde. „Durch Bildung solle nicht kritiklos die Kultur der Gesellschaft übernommen werden, sondern eine eigene Position und Identität angesichts gesellschaftlicher Probleme im Sinne eines lebenslangen Selbstbildungs- und Formungsprozesses herausgearbeitet werden" (ebd.). Um diese Ziele zu erreichen, müsse man sich auch mit den klassischen Bildungsinhalten beschäftigen, um diese kritisch auf die Gegenwart zu transferieren.

Der neue Bildungsbegriff proklamierte nun als oberstes Ziel „die Emanzipation und Mündigkeit des Menschen" (ebd., S. 67). Der Mensch solle durch Bildung fähig werden, sich selbstständig mit den wesentlichen Lebensbereichen der globalisierten Welt und den Schlüsselproblemen dieser auseinanderzusetzen. Hierzu gehören unter anderem die Friedenssicherung, Umweltthemen etc. Bildung wird hier zum Menschenrecht erhoben. „Vor diesem Hintergrund kann *Bildung* verstanden werden als ein intrapersonaler, lebenslanger Prozess, der den ganzen Menschen als ‚Leib-Seele-Geist-Einheit' umfasst und in dem er seine Persönlichkeit wesensgemäß und seinsgerecht entfaltet. […] Bildung umfasst nämlich neben dem Streben nach den Eigentümlichkeiten menschlicher Seins- und Lebensweisen, die für alle Menschen gelten (wesensgemäß), auch das Hineinwachsen in eine Gemeinschaft, die Auseinandersetzung mit der Gesellschaft, die Bereitschaft und Fähigkeit zur Gestaltung und Weiterentwicklung des Lebensraumes, was bei jedem Menschen unterschiedliche Aufgaben mit sich bringt (seinsgerecht)" (Zierer, 2006, S. 53 zitiert nach Stein, 2017, S. 67).

Deutlich wird an dieser Definition die Nähe zum Sozialisationsbegriff: Auch aktuelle Forderungen, den Bildungsprozess nicht einzig und alleine auf die

Schule zu reduzieren, sondern beispielsweise auch Familie, Vereine, Peer-Groups etc. als Bildungsorte wahrzunehmen, sorgen für eine Annäherung des Bildungs- und des Sozialisationsbegriffs. (Vgl. auch Baumert, 2008; Deppe, 2015) Vorteile in dieser weiteren Fassung des Bildungsbegriffs sieht Deppe (2015, S. 13) darin, dass so auch außerschulische Bildungsbereiche identifiziert und analysiert werden können. *Der erweiterte Bildungsbegriff, welcher die persönliche Bildung, die praktische Bildung und die Bildung mit Blick auf das Gemeinwohl inkludiert, soll in dieser Arbeit Verwendung finden.*

2.3 Familie als Erziehungsinstanz

Betrachtet man die Familie als eine der wesentlichen Erziehungs-, Bildungs- und Sozialisationsinstanzen von Jugendlichen, so setzt dies voraus, dass man ein Bild davon vor Augen hat, was man unter „Familie" eigentlich versteht. Während Peuckert (2007, S. 36) „Familie" definiert als „eine Lebensform, die mindestens ein Kind und ein Elternteil umfasst und einen dauerhaften und im Inneren durch Solidarität und persönliche Verbundenheit charakterisierten Zusammenhang aufweist", gibt es viele weitere gängige Definitionen des Familienbegriffs bspw. die der „Blutsverwandtschaft", der statistischen Definition von Familie als „Haushalt mit Kindern" oder einer psychologischen Definition der Familie als eine „Sozialform besonderer Bindungsqualität" (Fuhs, 2007, S. 25). Zusammenfassend meint Fuhs (2007, S. 17), dass der Begriff „Familie" aus pädagogischer Sicht bisher noch nicht hinreichend definiert sei: „Die Vorstellungen über Familie und das, was Familie aus pädagogischer Sicht sein soll, sind ebenso vielfältig wie die Formen der Familien und deren historische Veränderungen." Wesentlich erscheint dem Autor, und diese Sichtweise soll für die vorliegende Arbeit übernommen werden, dass man Familie nur im Plural denken kann, es also nicht die eine Form und somit Definition von Familie gibt, sondern „Familie" eine Vielzahl von Lebensentwürfen und -konzepten beinhaltet. Hoffmeister (2012, S. 911) geht darauf ein, dass Kinder und Jugendliche heute unter anderem in „Ein-Eltern-Familien, in Fortsetzungs- und fortgesetzten Fortsetzungsfamilien, in binuklearen Familien jedweder Art, in Regenbogenfamilien – und neuerdings auch in so genannten polyamoren Familiensystemen leben." Unter diesem Aspekt kann man sich dem Begriff „Familie" am ehesten nähern, indem man Merkmale, die eine Familie definieren, festhält. Ecarius et al. schlagen in Anlehnung an die moderne Familienforschung folgende Merkmale als konstitutiv für Familien vor:

1. „Familien weisen eine biologische und soziale Doppelnatur auf, da sie sowohl auf der biologischen Ebene die Reproduktion übernehmen, als auch auf der sozialen Ebene entscheidende Prozesse der Integration von Kindern in die Gesellschaft leisten.

2. In Familien herrscht ein einzigartiges Kooperations- und Solidaritätsver-
   hältnis: Familien zeigen eine einmalige Rollenstruktur, in der spezielle Mit-
   gliedschaftsbegriffe nur für dieses Sozialsystem vorgesehen sind, wie z. B.
   Mutter, Vater, Sohn, Tochter, Schwester, Bruder etc.
3. Familien sind geprägt von einer Generationsdifferenz. Im Gegensatz zum
   Ehesubsystem, das nicht immer die Grundlage einer Familie ist, wie z. B. im
   Todes- oder Trennungsfall, bildet die Generationsdifferenz zwischen Mutter
   bzw. Vater und Kindern das entscheidende Definitionskriterium. Diese Ein-
   schränkung ist wichtig, da auf diese Weise auch alleinerziehende Mütter
   und Väter sowie nichteheliche Lebensgemeinschaften mit Kindern als Familie definiert werden können" (Ecarius, Köbel & Wahl, Familie, Erziehung
   und Sozialisation, 2011, S. 14).

Die Familie in ihren vielfältigen Erscheinungsformen ist unbestritten der Ort,
an welchem „Kinder und Jugendliche basale Verhaltensweisen sowie kognitive
und emotionale Grundstrukturen herausbilden" (ebd., S. 9). Außerdem ist die
Familie, neben der Habitualisierung auch bedingt durch die Ausstattung mit
Kapitalien, wesentlich mitbestimmend für die Platzierung ihrer Individuen im
sozialen Raum. Das bedeutet, je nachdem wo sich die Familie im sozialen Raum
verorten lässt, bilden sich bestimmte Verhaltensweisen, Handlungsoptionen
und Positionen heraus und werden den Eltern die Erziehung und damit einhergehend die Sozialisation und die Bildung der Kinder als bedeutsame Aufgaben
übertragen. Die erfolgreiche Bewältigung dieser Aufgaben wiederum wird maßgeblich beeinflusst von den Beziehungen zwischen den einzelnen Familienmitgliedern. (Vgl. ebd.)

Die Erziehung, welcher innerhalb von Familien eine gewichtige Rolle zukommt, wird von Durkheim (2012, S. 73) allgemein als die Einwirkung einer
Erwachsenengeneration auf eine Jugendgeneration definiert. Den Sinn von Erziehung begründet er darin, dass sie jeder neu entstehenden Generation, welche
zunächst vom Zeitpunkt der Geburt an egoistisch und asozial sei, ein „anderes
Sein hinzufügen [muss, Anm. J. S.], welches fähig ist, ein sittliches und soziales
Leben zu führen" (ebd., S. 76). Choi (2012, S. 929 f.) sieht Erziehung „im Kontext von geplanten, bewussten und intentionalen Einflussnahmen auf die Persönlichkeitsentwicklung" und versteht sie so als „Unterbegriff" von Sozialisation[6]. *Die Familie ist gegenwärtig also die erste Instanz, welche dafür zuständig
ist, die heranwachsende Generation so zu formen, dass sich Sozialcharaktere entwickeln, die den gesellschaftlichen Anforderungen, Werten und Normen entspre-*

---

6 Eine tiefergehende Definition des Erziehungsbegriffs kann an dieser Stelle nicht vorgenommen werden, für interessierte Leserinnen und Leser bietet sich die Lektüre des Hand-
   buches der Bildungs- und Erziehungssoziologie an (Bauer, Bittlingmayer & Scherr, 2012).

chen – die sich somit problemlos in die Gesellschaft integrieren lassen (vgl. Choi, 2012, S. 931).

2.4 Adoleszenz[7]

Jugend wird definiert als der Übergang von der Kindheit ins Erwachsenenalter. Während der Erwachsenenstatus bedeutet, dass man im „beruflichen, rechtlichen, politischen, kulturellen, religiösen, familialen, partnerschaftlichen und sexuellen Bereich die volle Selbstbestimmung erreicht" (Engel & Hurrelmann, 1994, S. 2) hat, stellt die Jugendphase die Entwicklung hin zu dieser Selbstbestimmung dar. (Vgl. ebd.) *In der folgenden Arbeit soll von Jugend als Phase zwischen Kindheit: „Pubertät als Beginn von Jugend"* (Reinders & Wild, 2003, S. 16) *und Erwachsenenstatus: „soziale Reife als Ende von Jugend"* (ebd.) *ausgegangen werden.* Altersmäßige Definitionen, wie sie bspw. bei den Entwicklungsaufgaben (siehe Kapitel 3.6.1 Entwicklungsaufgaben in der Adoleszenz aus Sicht der Bindungstheorie) vorgenommen werden, dienen nur der Orientierung und sollen nicht als festgelegte Definitionsgrenzen verstanden werden.

Der junge Mensch ist „an und für sich unsicher", so Brandtstädter (1985, S. 6) in einem Aufsatz über Entwicklungsprobleme des Jugendalters. Die Unsicherheit begründet er mit den unbekannten Entwicklungsaufgaben und den Rollenerwartungen, die mit der Adoleszenz einhergehen. Aber auch Identitätsfragen, Entwicklungspotenziale und Entwicklungsoptionen verunsichern Jugendliche. Außerdem benennt Brandtstädter (1985, S. 7) die Vielfalt und die Möglichkeiten der Lebensentwürfe sowie die Abnahme kultureller und traditioneller Wegweiser als verunsichernde Faktoren während der Adoleszenz. Durch diese äußeren und inneren Faktoren und Unsicherheiten entstehen vier Kategorien von Problemen:

a) Diskrepanzprobleme: Gemeint sind hiermit Probleme, die sich durch eine Diskrepanz zwischen persönlichen Möglichkeiten/Interessen und gesell-

---

7 Göppel (2005, S. 3 ff.) macht darauf aufmerksam, dass die Definition von „Adoleszenz" und „Jugend" bzw. die Abgrenzung der beiden Begriffe zueinander, bei unterschiedlichen Autorinnen und Autoren verschieden ist. So verwendet Remplein (1963, S. 28, zit. n. Göppel, 2005, S. 4) das Jugendalter als Oberbegriff für die verschiedenen Phasen der Jugend („Vorpubertät' (12–14 Jahre), ‚Pubertät' (14–16 Jahre), ‚Jugendkrise' (16–17 Jahre) und ‚Adoleszenz' (17–21 Jahre)" (ebd.)), wohingegen Oerter und Dreher (Oerter & Dreher, 1995, S. 312, zit. n. Göppel, 2005, S. 4) genau umgekehrt definieren. „Hier ist ‚Adoleszenz' der Oberbegriff, der vom vollendeten 10. bis zum 21. Lebensjahr reicht und diese wird dann in Unterphasen aufgeteilt [...]" (Göppel, 2005, S. 4). Die Begriffe sollen, aufgrund der fehlenden einstimmigen Definition, in der vorliegenden Arbeit synonym verwendet werden.

schaftlichen Anforderungen ergeben. Beispielsweise schulische Unter-/Überforderung oder „Stress".

b) Konfliktprobleme: Hiermit sind „Unverträglichkeitsbeziehungen zwischen handlungs- und entwicklungsbezogenen Zielorientierungen" (ebd.) gemeint und zwar sowohl auf inter- als auch auf intraindividueller Ebene. So bestehen beispielsweise Verhaltenserwartungen von Seiten der Familie, welche sich nur schwer mit denen der Peergroup decken lassen.

c) Verständigungsprobleme: Der Generationenkonflikt ist ein Beispiel für Verständigungsprobleme, bei denen es darum geht, dass es den jeweiligen Handlungsbeteiligten nicht gelingt, die „Entstehungs- und Begründungszusammenhänge ihres Handelns" (ebd.) nachzuvollziehen.

d) Sinngebungsprobleme: Diese Problematik beschreibt das subjektive sinnstiftende Element, welches dem oder der Handelnden fehlt. Somit ist es dem Subjekt nicht möglich „sein Handeln in einen Sinnzusammenhang zu stellen bzw. sich mit dem eigenen Tun zu identifizieren" (ebd.).

Diese vier Problemkonstellationen müssen vom jungen Menschen bewältigt werden, um wieder zu stabilen Handlungsorientierungen zu finden. Verschiedene Schlagworte wie „Identitätskrise", „Jugendprotest" oder „Rebelliousness" nutzt Brandtstädter als Benennung der Möglichkeiten der Bewältigung. Erst wenn die Handlungsoptionen und Kompetenzen des jungen Menschen eine positive Bewältigung der vier Problemkategorien und somit eine sinnvolle Integration der verschiedenen Einströmungen nicht möglich machen, spricht der Autor von einer tatsächlich problematischen Entwicklung in der Adoleszenz (vgl. Brandtstädter, 1985).

Studien belegen, dass auch das Gehirn mitverantwortlich ist für die spannungsreiche Zeit während der Adoleszenz. Das Gehirn unterliegt „drastischen hormonellen Veränderungen" (Siegel, 2010, S. 142), außerdem werden neuronale Verbindungen, die nicht mehr genutzt werden, stillgelegt, „damit das Gehirn sich weiter spezialisieren und effizienter werden kann" (ebd.). Die Netzwerkstrukturen im Frontalhirn lösen sich während der Adoleszenz teilweise auf und werden neu strukturiert, so kommt es zu einer „Schwächung der Affektregulation sowie der psychischen Ich- und auch der Über-Ich-Funktionen, [...] sie [die Jugendlichen, Anm. J.S.] sind fast ständig von intensiven Gefühlen wie Liebe, Hass, Sehnsucht, Schmerz und Trauer überwältigt" (Brisch, 2014, S. 277 f.). Diese Neustrukturierung führt dazu, dass u.a. auch die Gehirnregionen von Moral und Gewissen geschwächt sind. So kommt es, dass Jugendliche Grenzen austesten müssen, Grenzüberschreitungen begehen, und sich neue Strukturen und Regeln setzen. Die Schwächung der Affektregulation führt im positiven Sinne dazu, dass Jugendliche leicht für Neues zu begeistern sind. Stress, welcher während der Adoleszenz entwicklungsbedingt normal ist, verstärkt die Umgestaltung des Gehirns, weshalb in dieser Phase oftmals Probleme aufgedeckt werden oder sogar entstehen können. (Vgl. Siegel, 2010, S. 131 ff.) Während dieser Phase der Neustrukturierung des Frontalhirns müssen sich Jugendliche neue Wege und Möglichkeiten zur Affektregulation und Stressbewältigung suchen, um ihre Impulse kontrollieren zu können. Diese neuen Wege werden vorzugsweise in Peergroups gesucht und ausgetestet, die Eltern spielen hierbei eine weniger wichtige Rolle. Die Peergroup beeinflusst also während der Adoleszenz ganz wesentlich, welchen Weg Jugendliche einschlagen, welche Regeln und welche Normen sie anerkennen: „[...] in dieser Zeit sind die Regeln und Normen in der Gruppe der Peers sowie Gruppenbindungen und -sicherheit von größter Bedeutung" (Brisch, 2014, S. 278).

2.5 Peergroup

Auch in der deutschsprachigen Forschung hat sich der englische Begriff der „Peergroup" etabliert. Gemeint sind hier junge Menschen, die neben der „Statusgleichheit auch eine gewisse Altersgleichheit, zumindest aber entwicklungspsychologische Ähnlichkeit" (Reinders, 2015, S. 396) aufweisen. Krappmann (1991, S. 364) beschreibt außerdem noch die „*Gleichheit* der Stellung im Verhältnis zueinander". Das bedeutet, die sich eventuell von den eigenen Interessen unterscheidenden Interessen des Peers werden anerkannt, und es wird versucht, diese innerhalb von Interaktionen mit den eigenen in Einklang zu bringen. Nicht jeder junge Mensch gleichen Alters ist demnach ein Peer, sondern nur solche, die bereit sind „eine gewisse ‚Soziabilität', also die Disposition Handlungspläne miteinander abzustimmen, und zwar ohne das Streben, einander zu *dominieren,* und mit dem Vorsatz, grundlosen Streit zu unterlassen" (ebd.) in den Kontakt einzubringen.[8] Somit wohnt dem Begriff der Peergroup eine qualitative Komponente inne, die diese Beziehungen neben andere Beziehungen (vor allem zu Erwachsenen, insbesondere zu den Eltern) treten lässt. Gerade die Beziehung zu den Eltern ist durch „asymmetrische Interaktionen gekennzeichnet" (Reinders, 2015, S. 396), in welcher die Erwachsenen „aufgrund ihres Erfahrungsvorsprungs Standards zu adäquatem Verhalten" (ebd., S. 396 f.)

---

8 Im Verlauf dieser Arbeit wird noch festgestellt werden, dass Kinder und Jugendliche sich auch bei Peer Beziehungen entsprechend ihrer Bindungserfahrungen verhalten. Daraus resultiert, dass sicher gebundene Kinder und Jugendliche in Bezug auf Peergroups weder als Täterinnen oder Täter in Erscheinung treten noch sich in der Opferrolle wiederfinden. Vermeidend gebundene Kinder sind eher Tatbegehende und ambivalent gebundene Kinder sind eher der Opferrolle zuzurechnen (siehe Kapitel 3.5 Bindung im weiteren Lebensverlauf). Dass also auch innerhalb von Peergroups verschiedene Rollen eingenommen werden, in welchen manche Jugendlichen dominanter auftreten und den Wunsch haben ihre Interessen durchzusetzen, während andere Jugendliche sich eher in der devoten Rolle wiederfinden und sich den Wünschen der anderen Peers fügen, scheint offensichtlich.

vorgeben. Im Gegensatz zu diesen oft hierarchischen Erwachsenen-Kind-Beziehungen ist eine Beziehung zu Gleichaltrigen[9] markiert durch „Gleichheit hinsichtlich der Erfahrungen mit sozialen Ordnungen und der daraus resultierenden Abwesenheit der Definitionsmacht einer der beiden Interaktionspartner über den Ablauf der sozialen Interaktion selbst" (ebd., S. 397). Der Begriff der Peergroup kann als Oberbegriff für alle Formen der Peerbeziehungen verstanden werden. Reinders (ebd.) unterscheidet innerhalb von Peerbeziehungen zwischen „Crowds, Cliquen und Freundschaften" als besondere Formen der Beziehungen unter Gleichaltrigen. *„Freundschaften* sind bilaterale Beziehungen, die auf Freiwilligkeit, symmetrischer Reziprozität, Intimität, Vertrauen und prinzipieller wechselseitiger Unterstützung basieren. […] Sie sind dyadisch und mutual, also auf gegenseitiger Nennung beruhend" (ebd.). Cliquen sind hingegen schon alleine aufgrund dessen, dass ihnen mehrere junge Menschen angehören, komplexer strukturiert und zeichnen sich aus durch „direkte und relativ dauerhafte Beziehungen, teilweise gemeinsam geteilte Rituale und das Gefühl der Zusammengehörigkeit […]. Das Peer-Prinzip der freiwilligen Beziehungsform, der eher flachen Hierarchien und der Offenheit für Themen grenzt die Clique von anderen Gruppenformen, z. B. Lerngruppen in der Schule oder Arbeitsgruppen im Beruf, ab" (ebd.). Crowds stellen den Zusammenschluss verschiedengeschlechtlicher Cliquen dar. Meist entsteht eine romantische Beziehung zwischen zwei jungen Menschen die verschiedenen Cliquen angehören, wodurch alle Mitglieder der beiden Cliquen mehr Zeit miteinander verbringen und die Crowd „zu einer Art Markt der Möglichkeiten für romantisch-sexuelle Beziehungen" (ebd.) wird. Innerhalb der Clique kann es selbstverständlich auch zu Freundschaften zu bestimmten Personen kommen und zu loseren Verbindungen zu anderen Mitgliedern. (Vgl. ebd.; vgl. auch Eckert, Erbeldinger, Hilgers & Wetzstein, 2016)

Die Peergroup tritt also als „eine Art informelle Sozialisationsinstanz" (Ecarius, 2012, S. 38) neben intragenerationale Beziehungskonstellationen und nimmt eine zentrale Rolle bei der Gestaltung des Lebensweges von Jugendlichen ein: „Peers als informelle Sozialisationsinstanz eröffnen den Umgang und das Erlernen – auf der Basis von partikularen, familialen Handlungsmustern – universalistischer Interaktionsstrukturen der modernen Gesellschaft" (ebd.).

---

9 In Anlehnung an Reinders (2015) verwende ich die Begriffe „Peergroup" und „Gleichaltrige" synonym, obwohl dies sowohl in Bezug auf die Bedeutung der Worte, als auch nach wissenschaftlichen Kriterien nicht vollkommen korrekt ist. Als „Gleichaltrige" werden alle jungen Menschen gleichen Alters bezeichnet, die „Peergroup" hingegen ist wesentlich differenzierter zu betrachten (s. o.). Jedoch werden beide Begriffe im Alltagsjargon synonym verwendet, weshalb diese Vorgehensweise für die vorliegende Arbeit der Einfachheit halber auch gelten soll. (Vgl. Reinders, 2015, S. 396)

2.5.1 Aktionismus als Bewältigungsstrategie von Adoleszenzkrisen

Jugendliche in der Übergangsphase von der Schule in den Beruf werden das erste Mal in ihrem Leben mit einem (eventuell immer gleichbleibenden) Arbeitsalltag konfrontiert. Das stürzt diese, so Bohnsack et al. (1995) in eine „mehr oder weniger ausgeprägte Krisenphase" (ebd., S. 17), welche durch „Orientierungs- und Sinnprobleme" (ebd.) ausgelöst wird. Das Milieu (die Verwandtschaft, die Nachbarschaft, das Viertel) spielt als Vorbild für junge Auszubildende eine bedeutsame Rolle und gelingt die Anpassung des eigenen Habitus in die „milieuspezifische[n] Alltagspraxis" (ebd.) nicht ohne weiteres, beginnt eine Suche nach „habitueller Übereinstimmung" (ebd.). Diese Suche nach Gemeinsamkeiten, und das ist der wesentliche Punkt der Forschungsgruppe, kann dann durch „Aktionismen" (ebd.) erprobt werden. „Dort, wo Gemeinsamkeiten sozialisationsgeschichtlich nur bruchstückhaft gegeben sind, werden diese also gleichsam inszeniert" (ebd.). Solche Aktionismen führen zu einer eigenen Sozialisationsgeschichte der Jugendlichen und werden damit zum verbindenden Element; schon dadurch, dass die jungen Menschen gemeinsame Erfahrungen machen, aufeinander angewiesen sind, miteinander euphorische Momente erleben oder Gefahren bewältigen müssen. Die eigenen Stilelemente können also durch Aktionismen in Gruppen zu „kollektiven Stilen" (ebd., S. 18) verdichtet werden (bspw. in einer Peergroup, die Musik macht). Gelingt die Übereinstimmung der verschiedenen Stilelemente nicht auf eine befriedigende Art und Weise, so kann dies einen Cliquenwechsel oder eine Neukonstellation in der Clique zur Folge haben. „Dies schafft einen Orientierungsrahmen und damit eine Sicherheit der Wahl im Bereich von Lebensorientierungen – so z. B. bei der Partnersuche. Diese milieuspezifische Art der Bewältigung der Adoleszenzproblematik erscheint also – wenn auch rituell inszeniert und somit weit entfernt von jeder Zweckrationalität – als immanent rational [...]" (ebd.). Ein Beispiel der Forschungsgruppe sind jugendliche Hooligans, die mithilfe des Kampfes versuchen ihre „Alltagsexistenz zu *negieren*" (ebd., S. 25). In dieser Gruppe spielen persönliche Identität oder die eigene Biographie keine große Rolle, man versucht nicht, auf Grundlage derselben Gemeinsamkeiten herzustellen, sondern sie tritt ganz im Gegenteil „hinter die Focussierung des situativen Aktionismus zurück" (ebd., S. 26). Bewähren kann man sich im kollektiven Aktionismus, also während der Kämpfe der Hooligans. Neben der Respektabilität innerhalb der eigenen Gruppe und in Bezug auf das Verhältnis zum zu bekämpfenden Gegenüber spielen die mediale Resonanz und die gesellschaftliche Anteilnahme an den Kämpfen der Hooligans eine wichtige Rolle: „die Fußball-*tribüne* als bevorzugter Kampfschauplatz wird zur *Bühne*. [...] Wenn Respekt und Anerkennung weder durch die milieuspezifisch fundierte gesellschaftliche Stellung noch durch beruflichen Aufstieg gesichert werden können, gewinnt dieser (wenn auch moralisch fragwürdige) Respekt seitens der Öffentlichkeit an

Bedeutung" (ebd., S. 29). Biografisch gemeinsam ist den Hooligans die Kommunikationslosigkeit innerhalb der Familie – Probleme wie die Scheidung der Eltern oder der Selbstmord eines Elternteils sind in den verschiedenen untersuchten Gruppierungen zu finden, bei den Hooligans werden solche Problematiken aber innerhalb der Familie einfach weggeschwiegen. „Im Verlust der Kommunikation mit den signifikanten Anderen bzw. im Verlust des Vertrauens in deren Beschreibungen und Erzählungen, deren Perspektive überhaupt sind die existentiellen Hintergründe dieser reduzierten kommunikativen Reziprozität zu suchen" (ebd., S. 33).

Obwohl die Jugendlichen, um die es in der vorliegenden Arbeit geht, sich deutlich weiter von gesellschaftlichen Anforderungen wie beispielsweise dem Aufnehmen einer Ausbildungsstelle entfernt haben, sind die Forschungsergebnisse von Bohnsack et al. auch für die hier beschriebenen jungen Menschen von erheblicher Bedeutung, zeigen sie doch mit der Beschreibung von Aktionismen als Möglichkeit habituelle Übereinstimmung zu generieren ziemlich deutlich, was auch im Verlaufe dieser Arbeit noch herausgearbeitet werden wird: Die Suche nach habitueller Übereinstimmung, die Suche nach Möglichkeiten Kapital anzuhäufen und/oder sich zu bewähren, kann einhergehen mit Verhaltensweisen, die von außen betrachtet erst einmal völlig irrational erscheinen – den Jugendlichen selber aber durchaus Gewinne versprechen. Außerdem machen auch Bohnsack et al. deutlich, dass die scheinbar freie Wahl der Peergroup ein höchst komplexer Vorgang ist, welcher durch verschiedenste Faktoren beeinflusst wird. In dieser Arbeit werden vor allem der Einfluss von Bindung und die sozialräumliche Verortung in den Blick genommen, Bohnsack et al. beschreiben u. a. den Einfluss familiärer Kommunikationsstile, der sich dann in der Wahl der Peergroup widerspiegelt.

2.6   Gesellschaftliche Anforderungen

Giddens' Handlungstheorie beschäftigt sich mit der Konstruktion von Identität in der Moderne. Durch die „Relativierung traditioneller Gewissheiten, durch die Vermehrung sozial ermöglichter Alternativen und die Erweiterung des Spielraums individueller Entscheidungen" (Renn, 2010, S. 204) fallen vorstrukturierte Lebensläufe weg; immer mehr wird die gelingende Lebensführung dem Subjekt selber zugeschrieben und die Frage, „was ‚Identität' der Person *überhaupt* heißen soll, worin sie *allgemein* besteht" (ebd.), steht zur Diskussion. Die Identität wird in der Moderne zum Projekt, das man selber entwirft und selber realisieren muss, „sie steht nicht qua Geburt (oder Adoption) fest, erschöpft sich nicht im Ensemble zugeschriebener Eigenschaften und Rechte und Pflichten, sondern sie ist einer Entwicklung und der Deutung durch die Person selbst unterworfen. [...] Der Lebenslauf ist nicht mehr als die Aktualisierung eines vielleicht zunächst unbekannten, aber ob origo festgelegten ,Schicksals' [zu verstehen, Anm. J. S.], er ist dem Anspruch nach das Ergebnis der transitorischen Selbstbestimmung und dynamischen Selbstverwirklichung. *In extremis ist das Individuum sein jeweils eigenes Kunstprojekt* [Hervorh. d. Verf.]" (ebd., S. 207). Jedoch wirft diese Herangehensweise an die Entstehung von Identität ganz offensichtlich Fragen auf. Unter anderem deshalb, weil eine soziologische Rekonstruktion oder Analyse von Identitätskonzepten diese auf „heteronome Konstitutionsbedingungen" (ebd.) zurückführt. Die Frage, die hieraus resultiert, ist die, ob die offensichtlichen traditionalen Zwänge abgelöst wurden durch weniger offensichtliche, aber dennoch genauso wirksame Mechanismen: „Ist also die Freisetzung von Spielräumen personaler Selbst(er-)findung ein Zuwachs an persönlicher Freiheit und Selbstbestimmungskompetenz oder vielmehr eine Umwandlung von Herrschaft aus der direkten personalen und körperlichen Unterwerfung in die subtilen Mechanismen auferlegter Entscheidungszwänge" (ebd.)? Giddens geht die Analyse der *„prinzipiellen* Freiheitsgrade der Akteure" (ebd., S. 209) an, indem er sich sowohl der subjektivistischen, als auch der objektivistischen Sichtweise bedient: „Die Theorie der Strukturation will beides: die Freiheit der einzelnen Handlung bzw. der handelnden Person von der kausalen, dem Naturgesetz nachempfundenen, Determinierung durch Strukturvorgaben und die Ordnungsleistung generalisierter Muster, die trotz individueller Handlungsspielräume als Rahmen und Zwänge wirken, sich gleichsam als Schienen bemerkbar machen, auf denen soziale Interaktionen laufen, um Situationen und Personen auf geordnete und erwartbare Weise über weite Räume und Zeiten hinweg zu koordinieren" (ebd., S. 210).

Mit „gesellschaftlichen Anforderungen" sollen diese „Strukturvorgaben und die Ordnungsleistung generalisierter Muster" in den Blick genommen werden. *Somit meinen „gesellschaftliche Anforderungen" implizite und offensichtliche Regeln, die in jeder Gesellschaft vorhanden sind.* Ein Beispiel hierfür sind die Entwicklungsaufgaben (siehe Kapitel 3.6.1 Entwicklungsaufgaben in der Adoleszenz aus Sicht der Bindungstheorie), die in unserer Kultur deutlich machen, welchen Anforderungen sich Jugendliche stellen sollten (vgl. hierzu auch Ecarius, 2012). Freilich sind diese, bezogen auf verschiedene Lebenssituationen (bspw. in der Peergroup oder innerhalb verschiedener Milieus, Szenen etc.), nicht immer gleich relevant – dennoch wird in dieser Arbeit davon ausgegangen, dass auch in Milieubezügen in welchen solche gesellschaftlichen Vorgaben (bspw. einen Schulabschluss machen, eine Lehrstelle suchen etc.) klar und deutlich abgelehnt werden, diese trotzdem auch für solche Jugendliche als der „normale" Lebensweg akzeptiert sind. Jugendliche sich dann also selber als abweichend von dieser Normalität begreifen.

2.7 Zwischenfazit

„Mit dem Begriff der *Sozialisation* wird der ganz allgemeine, anthropologisch fundierte Sachverhalt der sozialen Gestaltung von verlässlichen Sozialbeziehungen und der intergenerationalen Tradierung sozialen Handlungswissens umschrieben; mit dem Begriff der *Bildung* die Kultivierung von Handlungswissen einzelner Individuen und mit dem der *Erziehung* die Etablierung sozial erwünschter Eigenschaften von Personen durch Bezugspersonen […]. Mit Erziehung und Bildung wird also der allgemeine Prozess der Sozialisation inhaltlich zugespitzt" (Grundmann, 2011, S. 63 f.).

Während der Begriff der Sozialisation nach Grundmann ganz allgemein die Interaktion von Individuen und so das Hineinwachsen in bestimmte soziale Umstände und die Aneignung von Handlungsmustern, welche in der jeweiligen Gesellschaft erwünscht sind, meint, bezieht sich Bildung auf spezifisches kulturelles Wissen, welches sich das Subjekt aneignet, und Erziehung wird verstanden als die Interaktion zwischen dem Individuum und seinen Bezugspersonen und die damit verbundene Aneignung von gesellschaftlich erwünschtem Handlungswissen und sozial erwünschten Eigenschaften.[10] Die begriffliche Definition ist für die vorliegende Arbeit von größter Bedeutung, zeigt sie bereits verschiedene Aspekte auf, welche im Verlauf der Arbeit noch akzentuiert werden. Essenziell ist im Folgenden das Verständnis der Verzahnung der verschiedenen Begriffe. Sicherlich kann man Sozialisation, Bildung, Erziehung, Familie, Adoleszenz, Peergroup für sich betrachten und definieren – der eine Begriff ist jedoch nur mit den anderen Begriffen erklärbar und auch nur in Kombination mit diesen möglich: Sozialisation als Interaktion zwischen Akteur/Akteurin und Umwelt ist schwer abzugrenzen zum Bildungsbegriff. Bildung, sichtbar gemacht durch Zertifikate, aber Bildung auch verstanden als informelle Bildung außerhalb der Schule (somit auch wieder Sozialisation?). Familie als diejenige Instanz, die durch primäre Sozialisation, Erziehung, Bildung, Bindung bestimmte spätere Lebensverläufe bereits wahrscheinlicher macht und selber eingebettet ist in ihre eigene Historizität, in ihre eigene Sozialisation, Bildung und Bindung. Und schließlich Adoleszenz, in welcher Jugendliche, mit ihren persönlichen Sozialisations-, Erziehungs- und Bildungserfahrungen, nun verschiedene Entwicklungsaufgaben übernehmen müssen (bspw. Freundschaften knüpfen, sich einer Peergroup anschließen, sich beruflich orientieren) und je nach

---

10 Geiger (2012, S. 90 f.) arbeitet die Unterschiede zwischen Bildung und Erziehung wie folgt heraus: „Ist Bildung ein Vorgang, so ist Erziehung die auf ihn gerichtete bewußte Tätigkeit. Bilden muß im Grunde der Mensch sich selbst – oder ihn das Leben. Bildung ist ein Prozeß, dem er ausgesetzt ist. Durch erzieherische Tätigkeit gewährt der Mitgenosse ihm Bildungshilfe."

frühkindlicher Bindung und informeller und formeller Bildung besser oder schlechter damit zurechtkommen werden.

Genau diese Verzahnungen und das Ineinandergreifen der verschiedenen Begriffe sind Gegenstand der vorliegenden Arbeit. Es soll deutlich werden, dass Bindung und Sozialisation während der Kindheit wegweisende Richtungen vorgeben (auch und gerade auf der Bildungsebene), auf deren Grundlage die Adoleszenten sich dann weiterentwickeln können.

3 Die Bindungstheorie

3.1 Historischer Abriss

Begründer der Bindungstheorie ist der Engländer John Bowlby (1907–1990). In seiner Theorie geht er davon aus, dass der Mensch ein „biologisch angelegtes ‚Bindungssystem' besitzt" (Brisch, 2001, S. 13), welches dann aktiviert wird, wenn eine innere oder äußere Gefahr droht. Falls diese Gefahr nicht alleine behoben werden kann, wird das Bindungsverhalten ausgelöst, d. h. das Kind wendet sich an seine primäre Bezugsperson, also an die Person, zu welcher es eine spezifische Bindung aufgebaut hat oder gerade dabei ist, eine aufzubauen. Das „Bindungsmuster" im Kind entsteht durch die Erfahrungen, die es mit seiner primären Bezugsperson gemacht hat und „wandelt sich im Laufe der Zeit, bleibt aber in seinen Grundstrukturen in den meisten Fällen relativ konstant" (ebd.).

Bowlbys Interesse an der Thematik wurde durch die Arbeit in der London Child Guidance Klinik geweckt, in die er 1936 berufen wurde. Er war durch seine Erfahrungen an der Child Guidance Klinik der Meinung, dass Verhaltensauffälligkeiten von Kindern oft dadurch entstehen, dass ihre Eltern unbearbeitete Konflikte aus der eigenen Kindheit mit in die Erziehung einwirken lassen. Somit müssen die genauen Lebensumstände der Kinder abgeklärt werden, um die Ursachen für deren Verhaltensauffälligkeiten ergründen zu können. Eine systematisierte Ausarbeitung seiner These, dass Brüche in der frühen Mutter[11]-Kind-Beziehung zu späteren psychischen Störungen der Kinder führen

---

11 Brisch (2001) verweist darauf, dass im Regelfall immer noch die Mutter die primäre Bezugsperson darstellt, weshalb er auch in seinen Büchern von der Mutter als primäre Bezugsperson ausgeht. Prinzipiell sind auch der Vater, Verwandte, Betreuer oder andere für das Kind wichtige Personen als primäre Bezugsperson denkbar. Auch Hopf (2005, S. 84) geht in ihrem Werk auf die immer noch gängige Praxis und dadurch eventuell hervorgerufene Irritationen mancher Leserinnen und Leser, die Mutter als Hauptbindungsfigur darzustellen, ein. Sie begründet im Jahr 2005 die Schreibweise damit, dass Anfang des 21. Jahrhunderts die primäre Betreuung von Säuglingen meist immer noch durch die Mutter geschehe, nur 2–5 % der Väter beantragen im ersten Lebensjahr des Kindes Erziehungsurlaub. In Anlehnung an diese Argumentation und um eine gute Lesbarkeit zu gewährleisten, wird in dieser Arbeit bei Zitaten auf eine Korrektur oder Ergänzung verzichtet. Bei der Erläuterung von Studien, die sich explizit mit der Mutter befassten, wird diese selbstverständlich auch benannt. Im eigenen Fließtext wird jedoch von der Bezugsperson/ Bindungsperson etc. die Rede sein. Einerseits, um einer gendergerechten Sprache Genüge zu leisten und so alle Familienkonstellationen, wie sie im Kapitel 2.3 Familie als Erziehungsinstanz ausgearbeitet wurden, miteinzubeziehen. Andererseits auch, um zu würdi-

können, legte er in einer Untersuchung über 44 Kinder und Jugendliche vor. In der Studie mit dem Titel „Forty-four juvenile thieves: Their characters and home life" (Brisch, 2001, S. 31) ging Bowlby vor allem auf eine Gruppe von 14 Jugendlichen ein, die übereinstimmende Verhaltensauffälligkeiten an den Tag legten. Die jungen Menschen zeigten alle kaum Reaktionen oder Gefühle – Bowlby bezeichnete sie in seiner Studie als affektarm. Bei 12 dieser Jugendlichen kam es nach der Säuglingszeit zu einer längeren Trennung von der Mutter und alle Jugendlichen wuchsen in chaotischen Verhältnissen, „geprägt durch emotionalen Missbrauch und Gewalterfahrung" (Schleiffer, 2001, S. 24) auf. In Gesprächen mit den Müttern der delinquenten Jugendlichen wurde deutlich, dass diese neben ihrer Zuneigung meist auch ablehnende Emotionen gegenüber ihren Kindern in sich trugen. „Thus in several cases sympathetic discussions with the mothers of the children revealed that their apparent love for their child was only one aspect of their feelings about him. Often an intense, though perhaps unadmitted, dislike and rejection of him also came to light. Furthermore very careful enquiries showed a remarkable proportion of children who, for one reason or another, had not lived securely in one home all their lives but had spent long periods away from home [...] Another set of phenomena which has probably received too little attention in the past has been the occurrence of emotional traumas during the first decade of life" (Bowlby, 1944). Bowlby sah in den Diebstählen der Jugendlichen eine Kompromisshandlung, die einerseits ihre Wut gegen die Mutter ausdrücken, andererseits aber auch ihre Sehnsucht nach einer emotionalen Bindung darstellte. (Vgl. auch Fonagy, 2003; Holmes, 2002)

Unmittelbar nach dem zweiten Weltkrieg wurde John Bowlby zum stellvertretenden Direktor der Tavistock Klinik gewählt. Dort bestätigte und erweiterte er seine Theorie um eine Studie über Kinder, welche über einen bestimmten Zeitraum von der Mutter getrennt waren, also „unter einem gravierenden Entzug mütterlicher Zuwendung" (Fonagy, 2003, S. 12) gelitten hatten. Bowlby beauftragte Robertson, einen psychoanalytisch ausgebildeten Sozialarbeiter, zu untersuchen, wie Kinder die Trennung von ihren Eltern verkraften, wenn sie für längere Zeit ins Krankenhaus müssen. Mary Ainsworth, welche später die Bindungstheorie mitbegründete, und Mary Boston schlossen sich dem Team an. Es konnte festgestellt werden, dass Kinder erheblich unter der Trennung litten und sich der Trennungsprozess in drei Etappen aufteilen ließ. Zunächst protestierten die Kinder gegen das Verlassenwerden von der Mutter, sie

---

gen, dass sich das Verständnis von Elternschaft und hier insbesondere von Vaterschaft, in den letzten Jahren enorm gewandelt hat. So nimmt heute ein Drittel der Väter Elternzeit in Anspruch, über 50 % der Väter mit Kindern unter sechs Jahren würden gerne die Hälfte der Betreuungszeit übernehmen und 70 % der Väter geben an, sich mehr mit ihren Kindern zu beschäftigen als die Väter ihrer Elterngeneration – und erleben dies als persönliche Bereicherung. (Vgl. Väterreport. Vater sein in Deutschland heute, 2018)

schrien, weinten und wehrten sich laut. Nutzte weder die Protest- noch die Verzweiflungsphase der Kinder etwas, so schienen sie zu resignieren, zeigten wenig Interesse an ihrer Umgebung, weinten seltener und verweigerten die Nahrung. Hielt die Trennung länger an, fingen die Kinder an, wieder auf ihre Umgebung zuzugehen, aßen normal und spielten. Kam die Mutter nun zu Besuch, wurde sie jedoch kaum mehr beachtet und das Kind schien auch ihr erneutes Weggehen nicht mehr zu registrieren – „es verleugnete die schmerzliche Realität im Sinne einer Abwehr" (Schleiffer, 2001, S. 21).[12] Als Ergebnis dieser Studie entstand der weltweit berühmte Film „A Two-year-old goes to Hospital", welcher ein kleines Kind zeigt, das ins Krankenhaus muss und von seiner Mutter getrennt wird. Dieser Film sorgte wohl auch aufgrund seiner emotionalen Komponente „für eine viel freiere Regelung der Besuchszeiten im Krankenhaus" (Holmes, 2002, S. 43 f.). (Vgl. auch Bowlby, 1975, S. 10 f.)

Nachdem deutlich wurde, dass Trennungen von der Bezugsperson sowohl das unmittelbare Verhalten des Kindes beeinflussen, als auch langfristige negative Auswirkungen auf die psychische Entwicklung des Kindes haben, stellte sich Bowlby die Frage nach den Ursachen hierfür. Sowohl die Psychoanalyse als auch die Lerntheorie gingen zu diesem Zeitpunkt davon aus, dass Bindung ein Nebenprodukt sei, welches durch den Nahrungstrieb des Kindes entsteht. Dadurch, dass das Kind abhängig von der Mutter ist, da diese ihm Nahrung bereitstellt, geht es eine Bindung zu ihr ein. Bowlby kritisierte die Annahmen, dass alleine durch den Instinkt (sei es der Trieb der Fütterung, oder die kindliche Sexualität) die Mutter-Kind-Beziehung erklärt werden könne, und begründete die Bindungstheorie einerseits auf Erkenntnissen aus der Ethologie und andererseits durch die Kritik an manchen Ansichten der Psychoanalyse. (Vgl. Bowlby, 1975; Holmes, 2002, S. 83 f.; Schleiffer, 2001, S. 28 f.)

Bowlby orientierte sich in seinen Annahmen unter anderem an Lorenz' Studien zu Gänseküken, welche eine enge Bindungsbeziehung (meist, aber nicht zwangsläufig, zur Mutter) aufbauen, obwohl sie sich ihre Nahrung selber suchen müssen. Auch Tierverhaltensforschungen von Harlow zeigten auf, dass junge Affenbabys, wenn sie von ihrer Mutter getrennt werden und zwei Mutterattrappen zur Auswahl bekommen, eine mit Fell bespannte weiche und ein Drahtgestell mit einer befestigten Milchflasche, immer die mit Fell bespannte weiche Mutterattrappe bevorzugen. (Vgl. Bowlby, 1975, S. 200 ff.) Neben diesen Studien beschäftigte er sich auch mit Beobachtungen am Säugling und stellte fest, dass Babys sich gerne in menschlicher Gesellschaft befinden und sich durch soziale Interaktion beruhigen lassen; außerdem reagiert ein Baby intensiver mit Lauten und Lächeln auf erwachsene Personen, sofern diese ihm Auf-

---

12 Eine lesenswerte Studie zu dieser Thematik stellt Bowlby im zweiten Band seiner Trilogie „Trennung. Angst und Zorn" vor. (Bowlby, 2006a)

merksamkeit schenken. „Dazu bedarf es weder der Nahrung noch sonst irgendeiner körperlichen Pflege, obwohl dies unterstützend wirken kann" (ebd., S. 205). Bowlby fand sich durch diese Forschungsergebnisse in seinen Annahmen bestätigt, dass das Verlangen eines Kindes, eine gefühlvolle Beziehung zur primären Bezugsperson einzugehen, keinesfalls zurückzuführen sei auf den Nahrungs- oder Sexualtrieb, sondern ein primäres Bedürfnis des Kindes darstellt (vgl. Schleiffer, 2001, S. 28 ff.). „Gänse demonstrieren Bindung ohne Füttern, Rhesusaffen zeigen Füttern ohne Bindung. Deshalb, so Bowlby, müssen wir ein Bindungssystem postulieren, das von der Fütterung unabhängig ist und das im Hinblick auf die Evolution und die Entwicklung Sinn hat, weil es einen biologischen Ansatz annimmt, von dem sich die Psychoanalyse immer weiter entfernt hatte" (Holmes, 2002, S. 84 f.). Auch die Annahme, dass die kindliche Sexualität eine wesentliche Bedeutung für das Eingehen einer Beziehung zur Mutter hat, mochte Bowlby nicht bestätigen. Seiner Ansicht nach müsse man Sexualverhalten und Bindungsverhalten voneinander unterscheiden, da das Sexualverhalten bei nicht geschlechtsreifen Personen nur fragmentarisch vorhanden ist und sich erst im Laufe des Lebens (mit Beginn der Geschlechtsreife) ausbildet. Das Bindungsverhalten hingegen sei gerade in den ersten Lebensjahren aktiv und würde im Laufe des Lebens weniger intensiv. Auch die Objekte, auf die sich das Sexualverhalten richtet, können andere sein als diejenigen, auf die sich das Bindungsverhalten richtet. (Vgl. Bowlby, 1975, S. 217 ff.) Bowlby ging also davon aus, dass das Bindungssystem einen anderen Sinn hat, nämlich den des Schutzes. „Obwohl Nahrung und Sexualität manchmal eine wichtige Rolle in solchen Beziehungen spielen, bestehen die Beziehungen doch aus sich heraus und haben eine eigene Überlebensfunktion, nämlich die Schutzfunktion" (Bowlby, 1999, S. 21).

In den Jahren 1964–1979 führte Bowlby seine Annahmen zur Bindung vor allem in der Trilogie „Bindung", „Trennung" und „Verlust" aus, welche als das theoretische Fundament der Bindungstheorie verstanden werden kann. Bowlby richtete somit als einer der ersten seine Aufmerksamkeit auf die nähere Umgebung des Kindes und rückte ab von der traditionell vorherrschenden psychoanalytischen Sichtweise, nämlich, dass Verhaltensauffälligkeiten von Kindern auf deren triebbedingte, ödipalen Wünsche zurückzuführen seien. Er vertrat die Meinung, dass „der Säugling aufgrund einer biologisch vorgegebenen Bindungsneigung Interaktionen mit der Fürsorgeperson initiiere, aufrechterhalte oder abbreche und diese Person als ‚sichere Basis' für die Welterkundung und Selbstentfaltung nutze" (Fonagy, 2003, S. 12 f.). Seiner Ansicht nach ist es außerdem ein grundlegendes Bedürfnis des Menschen, seine Umwelt zu erkunden und zu entdecken. Dieser Drang verläuft gegensätzlich zum Bindungsverhalten, da dieses ja den Wunsch auslöst, nahe bei der Bindungsperson zu bleiben und sich nicht zu entfernen. Somit kann dem Explorationsdrang nur befriedigend nachgegangen werden, wenn die Person eine sichere Basis zur Verfügung hat, auf die sie sich verlassen kann. „Wenn eine Person gleich welchen Alters sich sicher fühlt, wird sie sich sehr wahrscheinlich erkundend von ihrer Bindungsfigur wegbewegen. Wird sie erschreckt, ängstlich, müde oder fühlt sie sich unwohl, fühlt sie ein starkes Bedürfnis nach Nähe. So sieht das typische Muster von Interaktionen zwischen Kind und Eltern aus, nämlich die Erkundung von einer sicheren Basis aus" (Bowlby, 1999, S. 21).

Die empirische Fundierung der Bindungstheorie geschah unter anderem durch die Kanadierin Mary Ainsworth. Durch ihre Teilnahme an Bowlbys Forschungsgruppe erweiterte sie die Bindungstheorie um methodische Konzepte. So führte sie sowohl in Uganda als auch in Baltimore Studien durch über das „Verhalten von Kleinkindern mit ihren Müttern und dokumentierte in sehr genauen Protokollen das mütterliche Pflegeverhalten sowie das Bindungs- und Trennungsverhalten der Kinder in den täglichen Abläufen" (Brisch, 2001, S. 33). Auf diese Studien aufbauend, initiierte sie die sogenannte Fremde Situation, ein standardisiertes Untersuchungsverfahren, welches das Bindungs- und Trennungsverhalten von Kleinkindern zuverlässig erfassen kann. (Vgl. ebd.)

Bowlby verstand sich selber als denjenigen, der die Theorie liefert, die praktische Überprüfung dieser überließ er aber größtenteils anderen. „In der Wissenschaft gibt es eine entscheidende Phase des ‚Erkundens‘, und erst im Anschluß daran können auf dieser Basis Hypothesen formuliert und diese dann getestet werden. Ich habe mit dem Erkunden begonnen, und Mary Ainsworth und Klaus Grossmann und viele meiner Kollegen haben sich daran gemacht, diese Hypothesen zu überprüfen" (Bowlby, 1999, S. 20).

„Der gegenwärtige Boom der Bindungsforschung dürfte auch damit zusammenhängen, dass es sich bei ihr um eine der eher seltenen psychologischen Forschungsrichtungen handelt, die sich durch zwei Merkmale auszeichnet, die sich sonst doch häufig ausschließen: Zum einem leuchtet ihre Bedeutung für unser aller Leben unmittelbar ein, zum anderen erweist sie sich durchaus auch als der empirischen Überprüfung durch wissenschaftlich ausgewiesene Methoden zugänglich" (Schleiffer, 2001, S. 31).

3.2   Kritik

Als Bowlby seine Theorie über Bindung vorstellte, stieß er vor allem von Seiten der Psychoanalyse auf heftigen Widerstand, da er nicht die damals gängige Auffassung vertrat, dass Verhaltensweisen mit unbewussten Phantasien erklärbar seien. Bowlby selber war der Meinung, dass er vieles mit Freud gemeinsam habe, sich in manchen wesentlichen Punkten aber auch unterscheide: „[…] und obwohl sie [die Bindungstheorie, Anm. J.S.] viel psychoanalytisches Gedankengut übernommen hat, unterscheidet sie sich vom traditionellen Theoretisieren dadurch, daß sie eine Reihe von Prinzipien übernommen hat, die aus der Ethologie, aus der Kontrolltheorie und aus der kognitiven Psychologie stammen" (Bowlby, 2011, S. 23). So beschreibt Freud beispielsweise ein Trauma als eine übermäßige nicht zu verarbeitende Erregung des Zustandes aufgrund von Ereignissen. Die Folgen eines Traumas seien „Verdrängung, Gespaltensein und Verleugnung" (Bowlby, 1975, S. 16). Bowlby geht in seiner Theorie davon aus, dass die Mutterentbehrung ein Trauma beim Kind auslösen kann und nutzt Freuds Beschreibungen des Traumas. Freud selber hat die Mutterentbehrung jedoch nicht als traumatisches Erlebnis definiert. (Vgl. ebd.)

Die Psychoanalyse zieht ihre Erkenntnisse aus freien „Assoziationen sowie durch das Übertragungs- und Gegenübertragungsgeschehen" (Brisch, 2001, S. 14). Hierdurch entsteht ein ganzheitliches Bild der Persönlichkeit der zu behandelnden Person und eine Rekonstruktion ihrer Entwicklungsgeschichte wird möglich. Anfangs stellte Freud noch reale frühkindliche Erfahrungen in den Vordergrund seiner Theorie, hiervon nahm er später Abstand und postulierte, dass beispielsweise Erinnerungen im Erwachsenenalter an sexuelle Missbrauchserfahrungen „lediglich den kindlichen Phantasien entsprungen seien" (ebd., S. 23). Phantasien wurden so stärker gewichtet als tatsächliche frühkindliche Erlebnisse, die „jeweilige Verarbeitung durch die Phantasietätigkeit hielt er [Freud, Anm. J. S.] für die Entstehung von Psychopathologie für bedeutungsvoller als das vom Patienten berichtete Erlebnis selbst. Dieses schrieb er eher dessen Phantasiewelt denn realen Erfahrungen zu" (ebd.). So kam es, dass die Psychoanalyse ihre Behandlungstechnik eher auf die Bearbeitung von unbewussten Phantasien lenkte als auf reale Erlebnisse. Während sich die Psychoanalyse also mit der inneren Realität beschäftige, beschränke sich Bowlbys Theorie auf die Erklärung von Verhalten, so die Kritik der Psychoanalyse. (Vgl. ebd.)

Des Weiteren wurde die systemische Basis der Bindungstheorie kritisiert. Man warf Bowlby vor, er konzentriere sich nur auf das Erleben, beziehe aber die Triebtheorie und die Metapsychologie nicht genügend mit ein (vgl. ebd., S. 13 f.). Umgekehrt kann man der Psychoanalyse zu jenem Zeitpunkt vorwerfen, dass die Umweltfaktoren bei der Erklärung der Ich-Bildung nicht berücksichtigt wurden. „Wahrscheinlich vertritt niemand, der längere Zeit gestörte Kinder und ihre Eltern behandelt hat, weiterhin die traditionelle Auffassung, dass tatsächliche Erfahrung nur geringe Bedeutung hat. [...] Was immer genetische Beeinflussungen und physische Traumata zu Persönlichkeitsveränderungen beitragen, der Beitrag, den die familiäre Umwelt leistet, ist mit Sicherheit ein wesentlicher" (Bowlby, 2006a, S. 199). So setzen beide Theorien ihren jeweiligen Schwerpunkt: während die Psychoanalyse die Fanatsie und die „Komplexität ihrer Beziehung mit der äußeren Realität" (Holmes, 2002, S. 21) würdigt, fehlt eine solche Komponente in Bowlbys Theorie.

Die Entwicklungspsychologie integrierte die Bindungstheorie in ihr Konzept, da die objektivierbaren und reliablen Untersuchungsmethoden beispielsweise von Bindungsmustern und Bindungsverhalten großen Anklang in eben dieser fanden. „Insbesondere ist die von Bowlbys Mitarbeiterin Mary Ainsworth entworfene Untersuchungsanordnung für zwölf bis achtzehn Monate alte Kinder, die sogenannte Fremde Situation, zu einem Standardmeßinstrument in der Entwicklungspsychologie geworden" (Brisch, 2001, S. 14). Somit konnte sich die Bindungsforschung als Teilgebiet der Entwicklungspsychologie etablieren. (Vgl. auch Schleiffer, 2001, S. 30)

Holmes (2002) zeigt in seiner Arbeit über die Bindungstheorie die Vorteile, sowohl die der Psychoanalyse, als auch die der Bindungsforschung, auf und fasst die Kritiken an den jeweiligen Theorien zusammen. Die einen empfinden Bowlbys Herangehensweise und Aussagen über innerseelische Zusammenhänge als simplifizierend, die anderen finden es wichtig, wissenschaftlich fundierte Aussagen über das Seelenleben machen zu können. Es „entsteht der Eindruck eines unausweichlichen Verlustes: Jede Entscheidung *für* etwas ist verbunden mit dem Verzicht *auf* etwas. Man kann nicht immer (oder nur begrenzt) beides haben: Exaktheit *und* Komplexität; überprüfbare Aussagen durch Untersuchung großer Populationen *und* Tiefenschärfe in Bezug auf den Einzelfall. [...] Mit den Methoden der Bindungstheorie kann man zwar zeigen [...], dass es einen Zusammenhang zwischen kindlicher Deprivation und späterer Delinquenz gibt, aber man kann nicht gleichermaßen gut zeigen, was *im* einzelnen Delinquenten vorgeht [...]. Das heißt nicht, dass man auf eine [empirische] Überprüfung verzichten sollte, sondern nur, dass man sich der möglichen Grenzen solcher Überprüfungsversuche bewusst ist" (ebd., S. 11 f.). Oder, wie Bowlby es optimistischer ausdrückt, beide Herangehensweisen können sich ergänzen, denn mit „beiden Augen zu sehen ist besser als nur mit einem einzigen" (Bowlby, 1975, S. 22).

Bevor nun die Bindungstheorie in ihren Einzelheiten erläutert wird, soll noch auf zwei – für die vorliegende Arbeit sehr wichtige – Erkenntnisse von Bowlby eingegangen werden. Zum Einen sind dies die in seinen früheren Arbeiten vorliegenden Überlegungen zur Mutterentbehrung, zum Anderen sind dies seine Annahmen zu nachteiligen Kreisläufen. Beide Themen wurden von Bowlby schon vor dem Entwurf der Bindungstheorie bearbeitet und bilden die Vorläufer derselben, da sich die wesentlichen Annahmen dann in der Bindungstheorie wiederholen. Die Studien zum Konzept der Mutterentbehrung lassen den Schluss zu, dass es meist nicht einen isolierten Faktor gibt, der zu späterer Delinquenz führt (hier wäre der Faktor das Nicht-Vorhandensein der Mutter), sondern oftmals die Verkettung multipler (Negativ-)Erfahrungen delinquentes Verhalten begünstigt. Beide Themen sind für die vorliegende Arbeit von Bedeutung, da auch diese davon ausgeht, dass die Kontinuität negativer Erfahrungen zu Problemen während der Adoleszenz führen kann und dass sich oftmals familiäre negative Kreisläufe bei problembelasteten Jugendlichen wiederholen. Nicht selten sind Familien in der Jugendhilfe über Generationen hinweg bekannt.

3.3 Vorläufer der Bindungstheorie: Folgen der frühen Mutterentbehrung

Dass die Mutterentbehrung eine Ursache für psychische Krankheiten sein könnte, war in den 1950er-Jahren eine revolutionäre Vorstellung, welche vor allem durch Bowlbys Arbeiten verifiziert wurde und heute allgemeine Gültigkeit besitzt. Bowlby versuchte damals die Theorie, dass die Entbehrung[13] der Mutter für das Kind langfristige negative Folgen haben könne, mit empirischen Beweisen zu untermauern. Sein Bericht, den er für die WHO verfasste, „Maternal Care and Mental Health" (später wurde die populärwissenschaftliche Ausgabe in „Child Care and the Growth of Love" umbenannt) stützt sich auf verschiedene Studien zur Mutterentbehrung.[14] Er stellte in diesem Bericht fest, dass Kinder, die in Heimen aufwachsen, sich nicht so gut entwickeln und in ihrer sprachlichen Fähigkeit zurückbleiben. Sie zeigen außerdem Anzeichen dafür, dass sie keine stabilen Beziehungen eingehen können „wobei sie dazu neigen, oberflächlich freundlich, aber in ihren Beziehungen promiskuitiv (entweder im metaphorischen oder buchstäblichen Sinn) zu sein" (Holmes, 2002, S. 57). Bowlby wollte so aufzeigen, dass Kinder, welche ohne mütterliche Fürsorge aufwachsen, schwer benachteiligt sind und schaffte die Basis für die heutige Ansicht, dass individuelle Fürsorge immer der Fürsorge im Heim vorzuziehen sei. Ein weiterer Aspekt, den Bowlby in diesem Bericht benennt, ist der sich wiederholende Kreislauf der Entbehrung. Eltern, die selber schlechte Erfahrungen in der Kindheit gemacht haben und diese bislang nicht verarbeiten konnten, haben es schwerer, angemessen auf die Bedürfnisse ihres Kindes zu reagieren. So steht dem Kind z. B. in Situationen, in denen es Unterstützung, Zuspruch oder Hilfe benötigen würde, keine zuverlässige Bezugsperson zur Seite, die Halt und Sicherheit bieten könnte. Ein Kind, welches vernachlässigt wurde, wird zu einem vernachlässigenden Elternteil und auf diese Weise wird ein Negativ-Kreislauf innerhalb der Familie aufrechterhalten. (Vgl. ebd)

---

13 Holmes unterscheidet in seinem Werk die Begriffe „Deprivation" (etwas wird entfernt, was vorher da war) von „Entbehrung" (etwas fehlt, das gebraucht wird). Bei Bowlby, so Holmes, geht es hpts. um Entbehrung, da Deprivation viel schwerer erkennbar ist und ihre langfristigen Folgen nicht klar bestimmbar sind. (Holmes, 2002, S. 56)

14 Unter anderem zieht Bowlby seine eigenen Studien über jugendliche Delinquenten heran, er nutzt aber auch Goldfarbs vergleichende Studie über Kinder, die in Pflegefamilien aufgewachsen sind, im Unterschied zu Kindern, die in einem Heim ausgewachsen sind, und Anna Freuds sowie Dorothy Burlinghams Berichte über ihr Kinderheim. Sowohl seine eigene Studie (14 Jugendliche) als auch Goldfarbs Studie (15 Jugendliche) können nicht den Anspruch erheben, valide zu sein, da die Untersuchungsmenge viel zu klein ist. Bowlby ging aber davon aus, dass das Zusammenfügen vieler kleiner Studien eine allgemeingültige Aussage vielleicht doch zulassen könnte. (Holmes, 2002)

Siegel (2010, S. 230 ff.) beschreibt, dass Erfahrungen synaptische Verbindungen in unserem Gehirn erzeugen, welche dann implizit abgerufen werden, wenn gegenwärtig eine vermeintlich ähnliche Situation auftaucht. „Das Gehirn – als Assoziationsorgan und Antizipationsmechanismus – bereitet uns ständig auf Künftiges vor, indem es sich auf diese impliziten Elemente aus der Vergangenheit abstützt" (ebd., S. 230 f.). Als Beispiel hierfür dient das Fahrradfahren: Die *implizite Erinnerung* sorgt dafür, dass man sich einfach aufs Fahrrad setzen kann und genau weiß, was man tun muss, man muss hierfür weder nachdenken noch muss man sich den Bewegungsablauf bewusst machen (vgl. ebd.).

Dennoch ist es wichtig anzumerken, dass nicht alle Kinder aus unglücklichen Familienkonstellationen später zwangsläufig in die gleiche oder eine ähnliche negative Richtung gehen wie ihre Eltern. Um individuelle Unterschiede erklären zu können, müssen verschiedene weitere Einfluss-Faktoren einbezogen werden. Dazu gehören Resilienz-Faktoren[15] wie z. B. das Temperament, die Intelligenz und das Aussehen des Kindes, soziale Fähigkeiten (vor allem Humor), Einfluss nehmende Erwachsene außerhalb des Elternhauses, Förderung von musischen, sportlichen und schulischen Begabungen des Kindes und positiv wirkende Gleichaltrigen-Kontakte.[16] (Vgl. Zander, 2011)

Ein wichtiger Faktor, um negative Kreisläufe durchbrechen zu können, ist das Selbstwertgefühl und dieses wiederum beruht „auf zwei Fundamenten: Selbstwirksamkeit und gute Beziehungen" (Holmes, 2002, S. 73). Die genannten Resilienz-Faktoren, welche zu einer positiven Selbstwahrnehmung beitragen und so die Selbstwirksamkeit fördern, führen beispielsweise zu einer besseren Anpassung von Heimkindern im Erwachsenenalter. Dazu kommt die Bedeutsamkeit guter Beziehungen in der Kindheit. So wurde empirisch belegt, dass schon wenige positive Beziehungen in der Vergangenheit später zu positiveren Therapieergebnissen führen. (Vgl. auch Siegel, 2010, S. 254) Sroufe et al. (2009, S. 192 f.) konnten in der Minnesotastudie belegen, dass positive Beziehungen zu Erwachsenen während der Kindheit zumindest zu abgeschwächten Problematiken während der Jugend führen, auch wenn die Ausgangsbedingungen für den

---

15 Die amerikanische Entwicklungspsychologin Emmy Werner leistete Pionierarbeit in der Resilienzforschung und definiert Resilienz folgendermaßen: „Resilienz ist kein Charaktermerkmal, sondern das Endprodukt von Pufferungsprozessen, welche Risiken und belastende Ereignisse zwar nicht ausschließen, es aber dem Einzelnen ermöglichen, mit ihnen erfolgreich umzugehen. […] Schützende Faktoren verbessern die Reaktion eines Individuums auf schädigende Ereignisse, so dass seine Anpassung erfolgreicher ist als sie es wäre, wenn keine schützenden Faktoren gegeben wären. Ich benutze hier die Bezeichnung schützend, um Faktoren zu beschreiben, welche ein Risiko und schädigende Ereignisse abmildern, die also positive, für die Entwicklung angemessene Ergebnisse befördern" (Werner, 2011, S. 33).

16 Die (soziale) Umwelt soll in dieser Dissertation im zweiten Teil, der Theorie Bourdieus (Kapitel 4 Die Gesellschaftstheorie Bourdieus), besonders beleuchtet werden.

Aufbau einer sicheren Bindung zur Bezugsperson in der Kindheit nicht gegeben waren. Das bedeutet, wenn ein Jugendlicher als Kind mindestens eine positive Beziehung zu einer oder einem Erwachsenen hatte (oft waren das die Großeltern, andere Verwandte oder Freunde der Familie), waren die Verhaltensauffälligkeiten im Jugendalter geringer ausgeprägt (auch wenn in der Familie Misshandlungen, Missbrauch oder Vernachlässigung stattgefunden hatten), als bei Jugendlichen, die keinerlei positive Unterstützung im Kindesalter hatten.

Bowlbys Theorie der Mutterentbehrung wurde später genauer untersucht und neu bewertet. Rutter bestätigte zwar Bowlbys Aussage, dass Heimkinder intellektuell benachteiligt seien, die Gründe hierfür lagen seiner Ansicht nach aber darin, dass Kinder in Heimen (genauso wie Kinder in Großfamilien) nicht die gleiche verbale Stimulation erfahren wie Kinder in typischen Kleinfamilien. „Die Untersuchungen weisen vor allem auf den Mangel an sensorischer, sozialer und sprachlicher Stimulierung hin, der in vielen (wenn auch nicht allen) langfristigen Betreuungssituationen im Heim gegeben ist" (Rutter, 1978, S. 67). Auch der Schmerz, den ein Kind durch die Trennung von seiner Mutter erfährt, kann reduziert werden, wenn andere wichtige Bezugspersonen in dieser Zeit für das Kind da sind. Rutter stellte des Weiteren fest, dass Delinquenz nicht unbedingt mit der mütterlichen Abwesenheit in Verbindung steht, sondern viel eher auf familiäre Disharmonien zurückzuführen sei. Er fand heraus, dass Kinder, deren Mutter verstarb, eine fast normale Delinquenzrate ausmachen, während Kinder aus Scheidungsfamilien eine viel höhere Delinquenzrate aufweisen. Vor allem, wenn die Scheidung mit viel Streit und zeitweisem Mangel an Zuwendung einhergeht. (Vgl. Holmes, 2002, S. 68 ff.; Rutter, 1978, S. 64 ff.)

Die Relevanz dieser Verfeinerungen der Studien zur Mutterentbehrung liegt vor allem darin, die Mutterentbehrung nicht mehr im kausalen Zusammenhang zu Delinquenz zu sehen, sondern wahrzunehmen, dass es meist eine Verkettung multipler Faktoren ist und nicht alleine die Entbehrung, welche zu späteren Problemlagen der Kinder führen können. Jedoch wurde Bowlby auch in seiner Annahme bestätigt, dass die totale Entbehrung individueller Fürsorge dazu führt, dass Kinder „mehr nach Aufmerksamkeit suchten und unruhiger, unfolgsamer und unbeliebter waren, während sie als Kleinkinder exzessives Klammern und ein diffuses Bindungsverhalten gezeigt hatten" (Holmes, 2002, S. 70).

3.4 Grundannahmen der Bindungstheorie

„Die Bindungstheorie ist im Prinzip eine *räumliche* Theorie: Wenn ich einem geliebten Menschen nahe bin, fühle ich mich gut; wenn ich weit weg bin, habe ich Angst, bin traurig oder einsam. Das Kind, das auswärts übernachtet, spielt fröhlich, bis es sich verletzt oder es Zeit wird ins Bett zu gehen, und dann verspürt es ein stechendes

Heimweh. Die Mutter, die ihr Kind einem Babysitter anvertraut, denkt ununterbrochen an ihr Baby und vermisst es furchtbar. Bindung wird vermittelt durch Sehen, Hören und Halten [...]. Aber die Erfüllung der Bindung [...] ist vielmehr, durch das Erreichen von Nähe, ein entspannter Zustand, in dem man damit anfangen kann, ‚sich um Dinge zu kümmern‘, eigene Projekte zu verfolgen und zu *erkunden*" (Holmes, 2002, S. 87).

3.4.1 Begrifflichkeiten

Um die Bindungstheorie zu erläutern, bietet es sich an, vorher die gängigen Termini zu definieren.

- Das *Bindungssystem* ist ein primäres, motivationales System, welches genetisch verankert ist und eine überlebenssichernde Funktion für das Baby hat. Es wird zwischen der primären Bezugsperson und dem Baby nach der Geburt aktiviert (vgl. Brisch, 2001, S. 35 f.).
- Bowlby (2010, S. 22) versteht unter Bindung „ein durch spezifische Faktoren gesteuertes starkes Kontaktbedürfnis gegenüber bestimmten Personen [... Es, Anm. J.S.] stellt ein dauerhaftes, weitgehend stabiles und situationsunabhängiges Merkmal des Bindungssuchenden dar." Schleiffer (2001, S. 31) benennt Bindung als eine „lang andauernde, gefühlsbetonte Beziehung zu einem bestimmten Menschen, der sogenannten Bindungsperson, von der wir Schutz und Unterstützung erwarten." Im Gegensatz zu sicher gebundenen Kindern können unsicher gebundene Kinder „eine Mischung von Gefühlen gegenüber ihrer Bindungsfigur hegen: intensive Liebe und Abhängigkeit, Angst vor Ablehnung, Reizbarkeit und Wachsamkeit" (Holmes, 2002, S. 88). Bindung beruht auf einer biologischen Basis, sie wird als natürliches Überlebensmuster gewertet, welches vom Nahrungs- und Sexualtrieb unabhängig ist.
- Bowlby weist darauf hin, dass man Bindung klar trennen müsse vom *Bindungsverhalten*. Während mit Bindungsverhalten sämtliches Verhalten gemeint ist, welches darauf ausgerichtet ist, die Nähe zu einem vermeintlich kompetenteren Menschen zu suchen oder zu erhalten und somit jegliche „auf ‚Nähe‘ ausgerichtete Verhaltensweisen des Betreffenden" (Bowlby, 2010, S. 22) darunter fallen, bezieht sich die Bindung auf bestimmte Personen. Bindung besteht außerdem kontinuierlich und wird in Stresssituationen durch das Bindungsverhalten sichtbar. Fühlt sich das Kind wohl, gibt es keine Gründe, Bindungsverhalten zu zeigen, was keinesfalls als Abwesenheit von Bindung verstanden werden darf. „Während aus dieser Perspektive ‚Bindung‘ stabil und dauerhaft ist, sind Bindungsverhaltensweisen sowohl in Bezug auf die Aktivierung als auch in Bezug auf die Intensität variabel, in-

termittierend und situationsabhängig" (Ainsworth, Bell & Stayton, 2011, S. 247).

- Eine *Bindungsbeziehung* definiert sich durch folgende Schlüsselmerkmale: Die Suche nach Nähe zu einer bestimmten Person, wobei die Distanz, die das Kind zulassen kann, von vielen Faktoren abhängig ist. Ein krankes Kind beispielsweise braucht meist mehr Nähe als ein gesundes Kind. Eine unbekannte Situation löst die Suche nach Nähe aus, während eine Situation, in der sich das Kind wohl fühlt, dazu führt, dass es sich auch weiter von der Bindungsperson entfernen kann. Womit auch schon das zweite Schlüsselmerkmal definiert wäre, nämlich die sichere Basis. Wenn Gefahr droht, braucht das Kind eine sichere Basis, auf die es zurückgreifen kann (die Bezugsperson). Ist es sich der sicheren Basis gewiss, so kann es anfangen zu explorieren. Herauszufinden, ob eine Bindung vorhanden ist, ist am ehesten möglich, indem man eine Trennungssituation herstellt und diese interpretiert. (Vgl. Holmes, 2002, S. 91 ff.)
- *Innere Arbeitsmodelle* sind innerlich angelegte Modelle des Verhaltens, die das Baby im Laufe des ersten Lebensjahres ausbildet. Sie entstehen durch die permanente Interaktion mit der Bezugsperson und machen das Verhalten der primären Bezugsperson und des Babys in einer Bindungssituation vorhersagbar. Das Kind kann so einschätzen, wie die Bezugsperson auf sein Verhalten in Bindungssituationen reagiert und entwickelt für die jeweiligen Bezugspersonen eigenständige und unterschiedliche Arbeitsmodelle. (Vgl. Brisch, 2001, S. 37) Die inneren Arbeitsmodelle werden im Kapitel 3.4.3 Innere Arbeitsmodelle eingehender beschrieben.

3.4.2 Entwicklung einer Bindungsbeziehung

Die Bindungsbeziehung entwickelt sich sukzessive und hierarchisch. Außerdem beeinflussen verschiedene Systeme das Bindungsverhalten und es verändert sich im weiteren Lebensverlauf. Auf diese verschiedenen Aspekte von Bindung und Bindungsverhalten soll im Folgenden eingegangen werden.

3.4.2.1 Verschiedene Entwicklungsphasen

Nach Bowlby (1975, S. 247 ff.) gibt es vier Phasen, in welchen sich die Bindung manifestiert, die jedoch ohne klare Abgrenzungen ineinander übergreifen.

Phase 1: Orientierung und Signale ohne Unterscheidung der Figur.
Phase 2: Orientierung und Signale, die sich auf eine (oder mehrere) unterschiedene Person (Personen) richten.

Phase 3: Aufrechterhaltung der Nähe zu einer unterschiedenen Figur durch Fortbewegung und durch Signale.
Phase 4: Bildung einer zielkorrigierten Partnerschaft.

In der ersten Phase verhält sich das Baby zwar charakteristisch gegenüber den es umgebenden Menschen, indem es sie beispielsweise mit den Augen verfolgt, nach ihnen greift oder aufhört zu schreien, wenn eine Person in die Nähe kommt – es kann sie jedoch nicht voneinander unterscheiden. Diese Phase dauert meist bis zu zwölf Wochen, kann aber auch länger anhalten. In der zweiten Phase macht das Kind einen erkennbaren Unterschied in Bezug auf die es umgebenden Personen. Bei vertrauten Gesichtern lächelt es mehr und gibt mehr Laute von sich und man kann eine erste Entwicklung der Bindungsbeziehung wahrnehmen. Bowlby weist aber darauf hin, dass hier noch kein Bindungsverhalten stattfindet, da das Kind noch nicht in der Lage ist, aktiv die Nähe der Bindungsperson aufrecht zu erhalten. Die dritte Phase beginnt gewöhnlich ab dem 6. oder 7. Lebensmonat (oder auch später) und zieht sich bis in das dritte Lebensjahr hinein. Sie beginnt damit, dass das Kind nun anfängt sich selbstständig fortzubewegen und somit ein „viel komplexeres Kommunikationssystem benötigt" (Holmes, 2002, S. 96). Die Bindung zur Bezugsperson wird gefestigt und das Kind verhält sich Fremden gegenüber gehemmt oder ängstlich. Das Kind kann der Bezugsperson nun selbstständig – durch Hinterherkrabbeln oder Hinterherlaufen – folgen oder sie suchen. „Kinder dieser Altersgruppe folgten der Mutter, wenn sie das Zimmer verließ, wenn sie weggewesen war, begrüßten sie sie zuerst und krochen dann so schnell wie möglich auf sie zu" (Bowlby, 1975, S. 191). Mit dem Krabbeln fängt das Kind auch an, sich selbstständig auf kleinere Exkursionen zu begeben, es erkundet seine Umwelt, vergewissert sich aber von Zeit zu Zeit, dass seine Bindungsperson noch verfügbar ist. Sobald sich das Kind jedoch verletzt oder erschrickt oder die Bezugsperson sich zu weit entfernt, hören diese Exkursionen (zumindest für eine kurze Zeit) abrupt auf und das Kind kehrt schnell zu dieser zurück. „Die Bindungsperson ist zum ‚sicheren Hafen' […] geworden, den das Krabbelkind aufsucht, wenn es sich unwohl fühlt, und zur ‚sicheren Basis', die es gestärkt verlassen kann, wenn es sich sicher fühlt und Neues entdecken will" (Grossmann & Grossmann, 2006, S. 74). Ab dem Alter von 8 Monaten fängt dann auch das sogenannte „Fremdeln" an. „Im Beisein der Mutter sind die meisten Kinder sichtlich vertrauensvoller und haben eine größere Erkundungsbereitschaft; In ihrer Abwesenheit sind sie furchtsamer und lassen sich oft von Kummer überwältigen" (Bowlby, 1975, S. 198). Ab dem dritten Lebensjahr (Phase 4) lernt das Kind sich in die Bezugsperson hineinzuversetzen, es kann dann dieses empathische Wissen nutzen, um sein Bindungsverhalten bewusst zu steuern und so die Erfolgsaussichten zu erhöhen. Da das Ziel Grund und Ursache für die Anstrengungen des Kindes ist, spricht man vom „zielkorrigierten" Verhalten. Beispielsweise möchte das Kind Aufmerksamkeit und schaut erst nur traurig, wenn das nicht hilft, fängt es zu weinen an und wenn die Bezugsperson es dann immer noch ignoriert, versucht es sich schreiend an dieser hochzuziehen. Der komplette Ablauf dient nur dem Ziel, die Aufmerksamkeit der Bezugsperson zu bekommen. Jetzt ist es für das Kind auch in Ordnung, zeitweise räumlich getrennt von der Bezugsperson zu sein, da es eine „symbolische Repräsentation seiner Bindungsperson entwickeln [konnte. Anm. J.S.]" (Schleiffer, 2001, S. 35). Das Sicherheitsgefühl des Kindes ist durch diese Repräsentation gestärkt und sie stellt auch die Voraussetzung für das Ausleben seiner Autonomiebedürfnisse dar. Das Kind ist nun in der Lage, seine emotional wichtigen Ziele in die Beziehung mit der Bindungsperson einzubringen und im Gegenzug aber auch ihre Ziele wahrzunehmen. So sind nun beispielsweise gemeinsame Spielaktivitäten besser möglich, da sie ausgehandelt und verhandelt werden können. Die „zielkorrigierte Partnerschaft" meint also, dass beide Partner „dabei in die Beziehung ihre emotional wichtigen Ziele einbringen [können, Anm. J.S.] die möglicherweise unterschiedlichen Interessen des Partners hören, sie reflektieren und schließlich die gemeinsamen Ziele partnerschaftlich verhandeln und korrigieren" (Brisch, 2001, S. 39). (Vgl. auch Ainsworth, 2011)

An dieser Stelle soll noch einmal betont werden, dass das Kind keineswegs nur passiver Empfänger von Bindungssignalen ist, sondern den Ablauf einer Bindungssituation auch selber steuern und beeinflussen kann. „Obwohl reichlich Beweise dafür vorliegen, daß die Art der Pflege, die ein Kind von der Mutter erfährt, eine wichtige Rolle in Hinblick darauf spielt, wie sich sein Bindungsverhalten weiterentwickelt, so darf doch nie vergessen werden, daß das Kind im großen Umfang selbst die Initiative zur Interaktion ergreift und deren Form beeinflußt" (Bowlby, 1975, S. 193).

3.4.2.2 Haupt- und Nebenbindungsfiguren

Bindung ist eine nur beschränkt anpassungsfähige Angelegenheit, d.h. sie ist auf eine Figur ausgerichtet und hat somit „tiefgreifende Folgen für die psychische Entwicklung und die Psychopathologie des ganzen Lebenszyklus" (Holmes, 2002, S. 89). Dies bedeutet aber nicht, dass es nur diese eine Bindung geben kann, vielmehr ist Bindung in den meisten Fällen hierarchisch zu verstehen. Bowlby (1975, S. 192 f.) beschreibt eine Studie von Schaffer und Emerson, in welcher diese herausfanden, dass der Großteil der von ihnen untersuchten Kinder mit 18 Monaten „eine Bindung zu wenigstens einer weiteren Figur und öfters zu mehreren Figuren aufwiesen." So kommt meist erst die Mutter, nach dieser der Vater, die Großeltern oder Geschwister, eine Nachbarin oder Erzieherin etc. Dennoch ist die primäre Bezugsperson für das Kind immens wichtig; sie ist diejenige, an die sich das Kind beispielsweise bei Hunger oder Schmerzen wendet. Studien zufolge kann sich ein Kind außerdem eher auf andere Bindungspersonen einlassen, wenn es eine sichere Bezugsperson hat. „Es ist falsch, anzunehmen, ein kleines Kind verteile seine Bindungsfähigkeiten auf viele Personen dergestalt, daß es mit keiner allzu starken Bindung an irgendeine von ihnen auskommt und folglich auch keine spezifische Person vermißt, wenn sie gerade abwesend ist" (Bowlby, 1975, S. 283). Die Bindungstheorie geht aber keineswegs zwangsläufig von der Mutter als primärer Bezugsperson aus. Sie akzeptiert zwar die immer noch herrschende Vormachtstellung der Mutter, es gibt aber keine Hinweise darauf, dass nicht auch der Vater oder eine andere Person zur wichtigsten Bindungsperson für das Kind werden kann. Im Gegenteil, Bowlby schreibt ausdrücklich, dass die Hauptbindungsfigur zwar häufig die Mutter ist, jedoch aufgrund dessen, dass sie meistens diejenige Person ist, die sich um das Kind kümmert. Um Bindung zu generieren spielt nicht die biologische Abstammung, sondern die soziale Interaktion mit dem Kind und das prompte Beantworten seiner Signale die wesentliche Rolle: „[…] die Rolle der Hauptbindungsfigur eines Kindes kann auch von anderen Personen als der natürlichen Mutter übernommen werden" (Bowlby, 1975, S. 279). (Vgl. auch Grossmann & Grossmann, 2006, S. 68 f.)

3.4.2.3 Komponenten, die das Bindungsverhalten beeinflussen

Das Bindungsverhalten des Kindes ist *situationsbezogen*, wenn sich ein Kind also beispielsweise ängstigt, bei Müdigkeit oder Schmerzen, aktiviert es sein Bindungssystem. Andere Gefahren, beispielsweise die Gefahr eines sich nähernden Autos, werden erst durch die Bezugsperson erlernt, d.h. das Kind orientiert sich in der Gefahreneinschätzung an der Reaktion der Bindungsperson. Ein weiterer Faktor, der das Bindungsverhalten des Kindes beeinflusst, ist seine psychische Verfassung. Ein kränkelndes Kind ängstigt sich schneller als ein gesundes Kind. Die Anwesenheit und vor allem auch die Bereitschaft der Bindungsperson, das Bindungsbedürfnis des Kindes wahrzunehmen und darauf einzugehen, ist für das Kind enorm wichtig, da die Verfügbarkeit der Bindungsperson den wichtigsten Kontrollparameter für das Kind darstellt. So kann die Anwesenheit und das Wissen, die Bindungsperson wäre im Notfall präsent, das Kind schon beruhigen, wenn es sich in Gefahr sieht. „Maximal ist die Aktivierung des Bindungssystems, wenn das Kind sowohl eine Gefahr von Seiten der Außenwelt als auch eine Nichtverfügbarkeit seiner Bindungsperson erkennen muss. Nicht verfügbar ist die Bindungsperson allerdings auch dann, wenn sie, obwohl in der Nähe, dennoch die Bindungssignale nicht wahrhaben kann oder diese nicht wahrnehmen will, etwa wenn sie sich durch die Bindungsbedürfnisse ihres Kindes belästigt fühlt und sich zurückzieht" (Schleiffer, 2001, S. 35). (Vgl. auch Bowlby, 1975, S. 193; S. 240 ff.)

Das Bindungsverhalten beruht, wie schon bei den verschiedenen Phasen der Entwicklung des Bindungsverhaltens deutlich wurde, auf einer reziproken Beziehung zwischen Bezugsperson und Kind. Das heißt, neben dem Bindungssystem des Kindes, steht das *Fürsorgesystem* der Bezugsperson, welches im optimalen Fall gut zum Bindungsverhalten des Kindes passen sollte. Das Pflegeverhalten der Bezugsperson kann durch verschiedene Auslöser aktiviert werden. „Unter den organismischen Variablen, die die Aktivierung bewirken, spielt der Hormonspiegel der Mutter ziemlich sicher eine Rolle. Unter den Umweltvariablen Standort und Verhalten des Kindes, wenn das Kind sich z. B. über eine bestimmte Distanz hinausbegibt oder wenn es schreit, pflegt eine Mutter zu handeln" (Bowlby, 1975, S. 225). Andere Situationen, in denen die Bindungsperson das Kind sicher weiß, aktivieren nicht das Pflegeverhaltenssystem, auch wenn Bowlby davon ausgeht, dass sie ihr Kind dennoch weiterhin beobachtet und bereit ist, sofort zu reagieren. Verschiedene Gegebenheiten können das Pflegeverhalten der erwachsenen Bindungsperson ungünstig beeinflussen. Zum einen sind das alltägliche Situationen, wie beispielsweise Arbeit, die zu verrichten ist oder andere Familienmitglieder, die Aufmerksamkeit benötigen, zum anderen sind es jedoch pathologische Verhaltensweisen, die nicht mit dem Pflegesystem vereinbar sind. „Dazu gehört die Abneigung gegen einen Kontakt mit dem Kind oder die Abneigung gegen sein Schreien, beides kann zu einem Rückzug der Mutter vom Kind führen. Bei einer normalen Mutter ist Rückzugsverhalten, das sich gelegentlich einstellen mag, nicht sehr häufig, hält nie sehr lange an und wird rasch durch die mütterliche Zuwendung abgelöst, wenn es die Umstände erfordern. Bei einer emotional gestörten Mutter kann es jedoch die Zuwendung stark beeinträchtigen" (Bowlby, 1975, S. 227). (Vgl. auch Holmes, 2002, S. 97; Schleiffer, 2001, S. 35)

Das Bindungssystem ist außerdem eng verknüpft mit anderen Verhaltenssystemen. So besteht beispielsweise beim Kind eine Verknüpfung mit dem *Angstsystem* sowie bei der Bezugsperson eine Verknüpfung von Angst- und Fürsorgesystem. Drohende Gefahren, wie beispielsweise der bereits genannte Autofahrer, sollten sowohl beim Kind das Bindungssystem, als auch bei der Bezugsperson das Fürsorgesystem aktivieren. Anfänglich orientiert sich das Kind selbstverständlich an den Gefahreneinschätzungen seiner Bezugsperson, später dann sollte das Kind auch immer mehr die Gelegenheit bekommen, die Gefahreneinschätzung selber vorzunehmen. Hier ist die Reaktion der Bezugsperson von großer Bedeutung. Wird das Kind bei einer Überschätzung der Gefahr getröstet und beruhigt, so kann es beim nächsten Mal wieder in eine solche Situation hineingehen. Wird es jedoch beispielsweise ausgelacht oder bloßgestellt und passiert dies regelmäßig, wird sich ein Kind irgendwann zurückhalten, seine Bindungsbedürfnisse offen zu zeigen. So kann es dann zu einer Verknüpfung zwischen dem Angstsystem, welches das Bindungssystem aktiviert und einem Gefühl der Scham kommen, welches dazu führen kann, dass das Kind versucht, seine Bindungsbedürfnisse zu verleugnen. (Vgl. Holmes, 2002, S. 97; Schleiffer, 2001, S. 35)

Ein Zusammenhang besteht außerdem zwischen dem Bindungssystem und dem *Explorationssystem*. Das Verhältnis zwischen diesen Systemen ist paradox, da das angeborene Erkundungsbedürfnis des Kindes gerade durch die Aktivierung des Bindungssystems gehemmt wird. So ist es für das Kind wichtig, eine sichere Basis zu wissen, von der aus es die Umgebung erkunden kann. Denn nur wenn sich das Kind sicher fühlt, das Bindungssystem also nicht aktiv ist, wird es sich trauen, seinem Explorationsbedürfnis nachzugehen. So wird sich ein Kind, bevor es seine Umgebung erkundet, vergewissern, dass seine Bezugsperson auch sicher verfügbar ist. Erst wenn diese und verschiedene andere Bedingungen erfüllt sind, beispielsweise auch die Gefahreneinschätzung der Exploration, wird sich das Kind trauen seine Umgebung zu erkunden. Gerade im zweiten Lebensjahr, wenn Kinder anfangen sich selbstständig fortzubewegen, geraten sie zwangsläufig ab und zu in die Situation sich zu weit von ihrer Bindungsperson zu entfernen. Um solche Situationen zu vermeiden, die natürlich Angst im Kind hervorrufen, gewöhnen sich die Kinder an, sich der Bindungsperson durch Blickkontakte oder kurze Körperkontakte zu vergewissern. Manche Kinder gehen nach einer Stresssituation in der Exploration kurzfristig das Risiko einer Erkundung nicht mehr ein und entfernen sich erst einmal nicht mehr von der Bindungsperson. Ein solches kurzfristiges, klammerndes Verhalten ist in dieser „Separations- und Individuationsphase" (Schleiffer, 2001, S. 38) aber nicht ungewöhnlich. In dieser Phase beginnt auch die Autonomieentwicklung des Kindes. Nur wenn ein Kind sich trennen kann, kann es auch selbstständig werden. Dafür braucht es aber die Sicherheit, nach einer Trennung nicht alleine zu sein, d.h. es muss die Möglichkeit haben, die Trennung selbstständig wieder aufzuheben und seine Bindungsperson dann auch verfügbar wissen. Das Verhältnis zwischen Bindung und Exploration ist nicht nur in der Kindheit wichtig, sondern ein lebenslanges Thema, bei welchem die Spannung und Wechselwirkung von Bindung und Exploration immer wieder neu ausbalanciert werden muss. (Vgl. auch Bowlby, 1975, S. 223 ff.; Brisch, 2001, S. 38)

Die verschiedenen Verhaltenssysteme stehen sich also teilweise gegenseitig im Weg oder müssen sowohl vom Kind als auch von der Bezugsperson immer wieder auf ihre jeweilige Relevanz überprüft werden. So ist es selbstverständlich, dass bei der Bezugsperson das Angstsystem immer wieder aktiviert wird, gerade wenn das Kind selbstständig auf Entdeckungstouren geht. Dieses dann im richtigen Verhältnis ernst zu nehmen, dem Kind aber auch genügend Freiräume zu bieten, um es seine eigenen Erfahrungen machen zu lassen, ist sicher nicht immer einfach. Wichtig ist es, dem Kind zu vermitteln, dass die Bezugsperson jegliche Risiken bei Explorationen mitzutragen bereit ist. Diese Feinfühligkeit der Bindungsperson, die „Autonomiebedürfnisse ihres Kindes angemessen zu berücksichtigen" (Schleiffer, 2001, S. 39), zieht sich bis ins Jugendalter und gerade hier fällt es Bezugspersonen besonders schwer, das angemessene Maß an Autonomie zuzulassen. (Vgl. ebd.)

Außerdem erwähnenswert ist das *affiliative System,* welches dafür sorgt, dass der Mensch sich gerne in Gesellschaft aufhält. Dieses System sorgt dafür, dass das Kind Lust bekommt, sich mit Gleichaltrigen zu beschäftigen und zu spielen. Und auch dieses System steht, wie das Explorationssystem, dem Bindungssystem antagonistisch gegenüber. Das Kind muss eine Balance finden zwischen dem Wunsch sich mit Gleichaltrigen zu beschäftigen, und dem Verlangen in der Nähe der Bindungsperson zu bleiben. Somit ist es auch hier so, dass das affiliative System am stärksten aktiviert ist, wenn sich das Kind sicher und aufgehoben fühlt und somit das Bindungssystem nicht aktiv ist. Bedeutsam ist auch hier die Reaktion der Bezugsperson, welche solche Aktivitäten des Kindes als Entlastung wahrnehmen oder aber bspw. mit Eifersucht darauf reagieren kann, dass sie nun nicht mehr alleiniger Mittelpunkt des Interesses ist. (Vgl. Schleiffer, 2001, S. 39)

3.4.3 Innere Arbeitsmodelle

Das Bindungsverhalten wird hauptsächlich durch sich wiederholende Erfahrungen mit primären Bezugspersonen geprägt. Diese Erfahrungen werden abgespeichert und „gewissermaßen zu abstrakten Durchschnittswerten verarbeitet" (Schleiffer, 2001, S. 42), welche die Bindungstheorie als „innere Arbeitsmodelle" bezeichnet. „Das Kind bildet generalisierte Erwartungsstrukturen, mit deren Hilfe es die Erfahrungen mit seinen Bindungspersonen verarbeitet. Es handelt sich dabei um Annahmen des Kindes darüber, wie seine Bezugspersonen auf seine Bindungswünsche höchstwahrscheinlich reagieren werden" (Schleiffer, 2001, S. 42 f.). Innere Arbeitsmodelle inkludieren daher sowohl das Verhalten der Bezugsperson, das eigene Verhalten, die Beziehung zueinander und die eigene Bedeutungsbeimessung der Beziehung. Um ein gut funktionierendes Bindungssteuerungssystem zu entwickeln, muss das Kind also „so viele Informationen wie möglich über sich selbst und die Bindungsfigur zur Verfügung haben […]. Dies beinhaltet nicht nur, wo der andere sich aufhält und wozu er in der Lage ist, sondern auch wie sie aufeinander reagieren werden, wenn Umwelt und andere Bedingungen sich verändern" (Bowlby, 1999, S. 23). Verschiedene Bindungsfiguren können zu unterschiedlichen inneren Arbeitsmodellen führen, welche dann bei der jeweiligen Bindungsperson zur Anwendung kommen. Das heißt, die Bindung kann bei einer Bezugsperson als sicher eingestuft werden und bei der nächsten als unsicher-ambivalent. Obwohl das Kind demnach beide Arbeitsmodelle internalisiert hat, wird es bei der gleichen Bezugsperson im Normalfall das gleiche Bindungsmuster zeigen. Das Kind erwirbt also schon im ersten Lebensjahr Wissen sowohl über seine Umwelt als auch über sich selbst, und organisiert dieses dann im Verlauf der nächsten Zeit mithilfe der inneren Arbeitsmodelle. „Die Funktion dieser Modelle besteht darin, Ereignisse in der Realität zu simulieren, wodurch dann das Individuum in die vorteilhafte Lage versetzt wird, sein Verhalten einsichtig und vorausschauend zu planen" (Bowlby, 1999, S. 23). Wenn das Bindungsverhaltenssystem aktiviert ist, kann man schon im ersten Lebensjahr vom Verhalten des Kindes auf seine inneren Arbeitsmodelle rückschließen. „Ein sicher gebundenes Kind wird das interne Arbeitsmodell einer feinfühligen, liebevollen und zuverlässigen Bindungsperson abspeichern, und eines Ichs, das der Aufmerksamkeit und Liebe würdig ist. Diese Annahmen werden sich dann auf alle anderen Beziehungen auswirken. Umgekehrt könnte ein unsicher gebundenes Kind die Welt als einen gefährlichen Ort ansehen, an dem andere Menschen mit großer Vorsicht behandelt werden müssen, und sich selbst als unwirksam und nicht liebenswürdig betrachten" (Holmes, 2002, S. 100). Bindungsmodelle neigen zur Stabilität und sind schwer zu verändern. Gerade in der Kindheit können nur andere konkrete Erfahrungen die inneren Arbeitsmodelle umformen. Dennoch ist es wichtig zu betonen, dass sie zwar zu Stabilität tendieren, aber die Möglichkeit der Veränderung besteht, sobald man sich seine inneren Arbeitsmodelle bewusst machen kann. Sie sollten also „nicht als festgelegte Eigenschaft betrachtet [werden, Anm. J.S.], sondern besser als strukturierte Prozesse, die dazu beitragen, Informationen zu begrenzen oder zu erhalten" (Fremmer-Bombik, 1999, S. 113).

Unter anderem Main ist es zu verdanken, dass Langzeitstudien über innere Arbeitsmodelle in verschiedenen Lebensabschnitten existieren (siehe hierzu Kapitel 3.4.4 Die Fremde Situation und das Adult Attachment Interview (AAI)). Main und ihre Mitarbeiter gingen davon aus, dass sich innere Arbeitsmodelle auch in „Denk- und Sprechmustern" (Fremmer-Bombik, 1999, S. 110) zeigen. So kann beim einjährigen Kind noch davon ausgegangen werden, dass man die internen Arbeitsmodelle durch sein Verhalten in bindungsrelevanten Situationen erkennen kann, „das sechsjährige Kind verschlüsselt sein Arbeitsmodell bereits in die Art des Dialogs, den es mit seiner Mutter führt" (Fremmer-Bombik, 1999, S. 113). Erwachsene zeigen ihr Bindungsmodell am deutlichsten in der Art und Weise wie sie über ihre Kindheit und bindungsrelevante Themen berichten.

3.4.4 Die Fremde Situation und das Adult Attachment Interview (AAI)

Mary Ainsworth trug wesentlich zur Ausdifferenzierung der Bindungstheorie bei. In Studien, in welchen sie den Umgang von Müttern mit ihren Kindern in natürlichen Situationen untersuchte, beobachtete und systematisierte sie die Wechselwirkungen von Bindungssystem, Angstsystem und Explorationssystem (siehe auch Kapitel 3.1 Historischer Abriss). Die Entwicklung der Bindungsmuster von Kindern konnte so auf die Erfahrungen mit ihren primären Bindungspersonen bezogen werden, wobei festgestellt wurde „daß die Fähigkeit, die Mutter als sichere Basis zur Exploration zu nutzen, eines der wichtigsten Kriterien für eine gesunde Bindung ist" (Ainsworth & Wittig, 2011, S. 113). Durch diese Erkenntnisse bereichert, entwarf sie ein standardisiertes Verfahren, welches die Beziehung zwischen dem Bindungsbedürfnis des einjährigen Kindes und dessen Explorationsdrang zuverlässig messen sollte. Diese Entwicklung war ein wesentlicher Schritt in der Bindungstheorie, der es möglich machte „überprüfbare und wiederholbare Forschung in einem Bereich durchzuführen, der schon seit vielen Jahren von großem Interesse war, der aber nicht über spekulative und mehr oder weniger phantasievolle Interpretationen hinausgekommen war" (Grossmann & Grossmann, 2011, S. 98). Das Messverfahren, die *Fremde Situation,* besteht aus einer 20-minütigen Sitzung, welche auf Video aufgezeichnet wird und in welcher die Mutter im ersten Schritt mit ihrem einjährigen Kind durch den Versuchsleiter in ein Spielezimmer geführt wird. Dort angekommen, verlässt die Mutter für drei Minuten den Raum und lässt das Kind mit dem Versuchsleiter alleine. Nach Ablauf der drei Minuten kommt sie wieder in das Spielezimmer, beschäftigt sich kurz mit dem Kind und geht dann zusammen mit dem Versuchsleiter für weitere drei Minuten aus dem Zimmer, sodass das Kind alleine im Zimmer ist. Danach werden Mutter und Kind wieder vereint.[17] Ziel der Fremden Situation ist es das Trennungs- und Wiedervereinigungsverhalten des Kindes zu messen, um so „individuelle Unterschiede in der Bewältigung von Trennungsstress ans Tageslicht zu bringen" (Holmes, 2002, S. 129). Je nachdem wie feinfühlig und aufmerksam sich die primäre Bezugsperson dem Kind gegenüber verhielt, also auch in Bezug auf das Angstsystem oder das Explorationssystem angemessen reagierte und dem Kind somit Verlässlichkeit signalisierte, ließ sich das Bindungsverhalten der Kinder in verschiedene Kategorien einordnen, welche in Kapitel 3.4.5 Die verschiedenen Bindungstypen noch definiert werden. (Vgl auch Schleiffer, 2001, S. 45 ff.)

Eine weitere Entwicklung der Bindungstheorie geschah durch Main und ihre Teammitglieder. Sie entwickelten das *Adult Attachment Interview (AAI)* um „Bindungsmuster aus dem Kleinkindalter auf entsprechende Muster im späteren Kindesalter und Erwachsenenalter zu übertragen" (Bretherton, 1999, S. 44). Erwachsene wurden hier über ihre Bindungen im Kindesalter befragt und über deren Auswirkungen. Wesentlich war der Punkt, dass es in den Inter-

---

17 Eine genauere Beschreibung der Fremden Situation findet man u.a. bei Bowlby (2006a, S. 50 ff.; Ainsworth & Wittig, Mary D. S. Ainsworth und Barbara Wittig: Bindungs- und Explorationsverhalten einjähriger Kinder in einer Fremden Situation (1969), 2011). Auch Grossmann & Grossmann (2006, S. 132 ff.) beschreiben in ihrem Lebenswerk ausführlich die Fremde Situation und die Messverfahren, welche angewandt werden, um die Bindungssicherheit zu überprüfen.

views nicht primär darum ging, was die interviewte Person erlebte, sondern wie sie es erzählte. So konnte eine sichere Bindung auch dann diagnostiziert werden, wenn der erwachsene Mensch von negativen Kindheitserlebnissen berichtete. (Vgl. ebd.)

Eine sichere Bindungsrepräsentation wird angenommen, wenn erwachsene Personen in flüssiger Sprechweise kohärente Aussagen über ihre Kindheit machen können. Das bedeutet einerseits, dass sie eine sichere Bindung zu den Eltern glaubhaft schildern und mit Beispielen aus der Kindheit untermauern können. Wenn sicher gebundene Personen andererseits über Ablehnung oder Zurückweisung in der Kindheit sprechen, so können sie auch das in einer glaubwürdigen und zusammenhängenden Art und Weise. Außerdem erkennen sie den Einfluss der Bindung auf ihr Leben hat an und schätzen Bindungsbeziehungen im Allgemeinen wert. Unsicher-distanziert klassifizierte Personen schildern ihre Kindheit entweder idealisiert, aber widersprüchlich (sie können bspw. Aussagen nicht durch Beispiele belegen oder das Gesagte wirkt im Allgemeinen nicht schlüssig), oder sie werten die Bindungsbeziehungen ab und mindern die Bedeutung, die Bindungserfahrungen für sie haben. Unsicher-verwickelte Erwachsene äußern sich sehr unklar, teilweise ärgerlich oder auch passiv über ihre Bindungserfahrungen in der Kindheit und können keine Aussage treffen, inwiefern die Bindungserfahrungen Einfluss auf ihren Lebensweg genommen haben. Durch die Auswertung der halbstrukturierten Interviews konnten die Erwachsenen in oben genannte Kategorien unterteilt werden. Die Bindungsmuster der erwachsenen Personen konnten dann auch in Zusammenhang zu den Bindungsmustern ihrer Kinder gesetzt werden. So wurde in mehreren Längsschnittstudien eine „generationenübergreifende Stabilität von 75 % bis zu 82 % für Mütter und zwischen 60 % und 68 % für Väter" (Fremmer-Bombik, 1999, S. 117) festgestellt. Eine weitere Studie von Ainsworth und Eichberg konnte für zehn von 13 Kindern desorganisierte innere Arbeitsmodelle vorhersagen, nachdem sie ein Bindungsinterview mit der Bezugsperson des Kindes geführt hatten, welche wiederum unverarbeitete Trauer oder Traumata erlebt hatte (vgl. Fremmer-Bombik, 1999, S. 117). Empirisch untermauert wird hier auch der negative Kreislauf der Neurose, wie ihn Bowlby beschrieben hat (siehe Kapitel 3.3 Vorläufer der Bindungstheorie: Folgen der frühen Mutterentbehrung). (Vgl. auch Bretherton, 1999, S. 44 f.; Zimmermann, 1999, S. 210 f.; Zimmermann, Gliwitzky & Becker-Stoll, 1996, S. 143 f.)[18]

---

18 Lesenswert ist im Kontext des AAI auch das Werk „Die Alchemie der Gefühle" (2010) von Siegel. In diesem beschreibt er den Zusammenhang zwischen Bindungsverhalten und Gehirnaktivitäten. Eine unsicher-vermeidend gebundene erwachsene Person hat eine dominante linke Hirnhälfte, ein unsicher-ambivalent gebundener Mensch hat besseren Zugang zur rechten Gehirnhälfte. Neben der Beschreibung der Tätigkeiten des Gehirns, verbindet der Autor diese mit Bindungsmustern und therapeutischen Interventionen.

Während die Fremde Situation die Bindungsbeziehung in der Kindheit erfasst, bildet das AAI die „mentale Organisation der Gesamtbewertung der eigenen Bindungsgeschichte in der Kindheit" (Zimmermann & Iwanski, 2014, S. 20) ab. Obwohl das AAI auch bei Jugendlichen angewandt wird und so deren Bindungsrepräsentation erfassen kann, wird die *„gegenwärtige* Qualität der Bindungsbeziehung zu den Eltern" (ebd.), wie sie in der Jugendphase interessant wäre, mit dem AAI nicht erhoben. Unter anderem Zimmermann möchte diese Lücke mit dem Bindungsinterview für die späte Kindheit (BISK) schließen. (vgl. Zimmermann & Iwanski, 2014)[19]

3.4.5 Die verschiedenen Bindungstypen

Durch die Entwicklung der standardisierten Verfahren können verschiedene Bindungstypen empirisch erfasst und in vier Kategorien unterschieden werden (Tabelle 1):

Tabelle 1: eigene Grafik in Anlehnung an Schleiffer, 2001

B	A	C	D
sichere Bindung	unsicher-vermeidend/ unsicher-distanziert	unsicher-ambivalent/ unsicher-verwickelt	unsicher-desorientiert/ unsicher-desorganisiert

Die *Kategorie B* „sichere Bindung" zeichnet sich dadurch aus, dass die Bezugsperson sich überwiegend in der Nähe des Babys befindet und so seine Signale wahrnehmen kann. Sie ist empathisch und kann die Signale des Babys richtig deuten und von ihren eigenen Bedürfnissen unterscheiden. Außerdem reagiert sie schnell und angemessen auf die Bedürfnisse des Kindes und geht einfühlsam darauf ein. Das Kind zeigt in der Fremden Situation zwar für gewöhnlich (nicht jedoch zwangsläufig) Kummer, lässt sich jedoch durch die Wiedervereinigung mit der Bindungsperson schnell trösten und kann sich dann wieder der Exploration widmen (Schleiffer, 2001, S. 43). „Allgemein gesagt, negative Gefühle werden mit Hilfe dieses Arbeitsmodells in eine insgesamt positive gefühlsmäßige Erwartung über einen guten Ausgang integriert" (Fremmer-Bombik, 1999, S. 114). Beim sechsjährigen sicher gebundenen Kind konnte man feststellen, dass es nach einer einstündigen Trennung von der Bindungsperson bei deren

---

19 Das AAI wurde in dieser Arbeit vorgestellt, weil es eine wesentliche Weiterentwicklung der Bindungstheorie mit sich brachte. Leider kann nicht in derselben Ausführlichkeit auf das Bindungsinterview der späten Kindheit eingegangen werden, es empfiehlt sich jedoch bei Interesse die Lektüre u. a. von Zimmermann & Scheuerer-Englisch, 2003.

Wiedererscheinen in eine flüssige und freundliche Form des Gesprächs fand und insgesamt eine entspannte Stimmung herrschte. Die erwachsene sicher gebundene Person berichtet von positiven Bindungserfahrungen in der Kindheit oder konnte negative Erfahrungen gut verarbeiten. „Für diese Menschen haben Bindungen einen hohen Stellenwert, und sie betrachten Erfahrungen, die sie mit Bindungspersonen gemacht haben, als wesentlich für ihre Entwicklung" (Fremmer-Bombik, 1999, S. 114). Ein guter Zugang zu den eigenen Gefühlen und eine optimistische und positive Grundhaltung, in die auch negative Erfahrungen gut integriert werden können, ist solchen Erwachsenen zu eigen.

Die Bindungsperson der *Kategorie A* fühlt sich schnell durch die Bindungsbedürfnisse des Kindes bedrängt und schätzt vor allem eine autonome, eigenständige Entwicklung des Kindes. Sie kann nicht feinfühlig auf das Kind eingehen. So lernt das Kind seine Bindungswünsche zu unterdrücken, um Enttäuschungen zu vermeiden. In der Fremden Situation zeigt das Kind wenige offensichtliche Anzeichen von Kummer und ignoriert seine Bezugsperson bei der Wiedervereinigung. Es hat gelernt, dass die Bindungsperson in Bindungssituationen eher zurückweisend reagiert oder nicht verfügbar ist. Um den Kummer einer weiteren Zurückweisung zu vermeiden, sucht das Kind erst gar keinen Trost bei der Bindungsperson und versucht seine Verunsicherung in der Fremden Situation nicht zu zeigen. Das Kind behält jedoch seine Bezugsperson im Auge und kann sich nicht vollständig auf das Spiel konzentrieren. Das sechsjährige Kind das der unsicher-vermeidenden Kategorie zuzuordnen ist, spricht nach der einstündigen Trennung zwar mit seiner Bindungsperson, der Dialog ist aber stockend und von Seiten des Kindes aufs Nötigste beschränkt. Je weniger das Kind preisgibt, desto geringer ist die Wahrscheinlichkeit einer abwertenden Reaktion seitens der Bezugsperson. „Das Kind scheint eine Art unsichtbare Mauer aufgebaut zu haben, hinter der es nicht hervorkommt, über die aber auch die Bindungsfigur nicht hinwegkann" (Fremmer-Bombik, 1999, S. 116). Erwachsene, die der A-Kategorie zugeordnet werden, zeichnen sich dadurch aus, dass sie ein eher ablehnendes Verhalten bei Beziehungsthemen an den Tag legen. Diese Erwachsenen erleben sich selber als stark und unabhängig von Bindungen, Erinnerungen an ihre Kindheit sind kaum mehr vorhanden oder sie können sich nicht mehr an ihre Empfindungen in bindungsrelevanten Situationen erinnern. Ihre Erzählungen sind teilweise widersprüchlich, beispielsweise malen sie ein sehr idealisiertes Bild ihrer Bezugspersonen, können dieses aber nicht durch Beispiele aus der Kindheit belegen. Dass man mit Schwierigkeiten in seinem Leben konfrontiert wird und diese überwinden oder hinter sich lassen muss, ist eine typische Annahme von Erwachsenen die der Kategorie A zugeordnet werden. (Vgl auch Schleiffer, 2001, S. 44; Steele & Steele, 1999, S. 169)

Die *unsicher-ambivalente Bindung (C)* zeichnet sich dadurch aus, dass das Kind die Reaktion der Bindungsperson auf seine Bindungswünsche nicht einschätzen kann, da diese abhängig ist von der Gefühlslage der Bindungsperson. Die Bezugsperson schwankt in ihrer Feinfühligkeit je nach Stimmungslage. Dadurch ist das Bindungssystem des Kindes permanent aktiviert und der Drang zur Exploration wird unterdrückt oder zumindest eingeschränkt. Das Kind sucht die Nähe zur Bindungsperson, aber auch, um seine Wut und Enttäuschung über ihre Unzuverlässigkeit in Bindungssituationen an ihr auszulassen. In der Fremden Situation zeigt das Kind großen Kummer bei den Trennungssituationen, da es in seiner Erwartung der Nicht-Verfügbarkeit der Bindungsperson bestätigt wurde. Es lässt sich durch die Rückkehr der Bezugsperson kaum beruhigen und sucht zwar den Kontakt zu ihr, leistet dann aber Widerstand, indem es sich abwendet, sich windet, um sich tritt oder dargebotenes Spielzeug wegschleudert. Das Kind befindet sich in einem ständigen Wechsel zwischen Zorn auf die Bezugsperson und Anklammern an diese und kann sich nicht auf das Spielen einlassen. „Unsicher-ambivalent gebundene Kinder finden nur sehr langsam Beruhigung durch den Kontakt mit der Bindungsperson, sie scheinen sich einer Beruhigung sogar trotzig-wütend, aber auch verzweifelt zu widersetzen" (Grossmann & Grossmann, 2006, S. 151). Das sechsjährige unsicher-ambivalent gebundene Kind kann die einstündige Trennung von der Bezugsperson schon als ernsthafte Bedrohung erleben, da die Verfügbarkeit der Bindungsperson für das Kind so wenig einschätzbar und vorhersehbar ist. Diese Kinder erscheinen daher lange unreif und wirken auch mit sechs Jahren „noch sehr anhänglich und kleinkindhaft" (Fremmer-Bombik, 1999, S. 115). Die permanente Aktivierung des Bindungssystems im Kindesalter führt auch bei der erwachsenen Person dazu, dass sie sich bei der Erzählung ihrer Biografie in Bindungsthemen verstricken und verlieren kann. „Diese Erwachsenen sind verwirrt, widersprüchlich und besonders wenig objektiv, wenn sie über ihre Beziehungen und deren Einflüsse Auskunft geben. Sie sind in ihren früheren Bindungserfahrungen gefangen, dabei aber passiv, ängstlich oder auch ärgerlich gegenüber den Bindungspersonen. Sie sind besonders schlecht in der Lage, unterschiedliche Gefühle zu integrieren, und sind sich der Inkohärenz in ihren Angaben nicht bewußt" (Fremmer-Bombik, 1999, S. 115). (Vgl. auch Schleiffer, 2001, S. 44)

In den frühen 1990er-Jahren wurde durch Main eine weitere Kategorie hinzugenommen, welche Kinder als unsicher-desorganisiert, oder unsicher-desorientiert bezeichnet *(D-Kategorie).*[20] In diese Kategorie fallen Kinder, deren Bindungssystem sich noch keiner der drei klassischen Bezeichnungen zuordnen lässt, da es sehr widersprüchlich strukturiert ist. Kinder dieser Kategorie haben keine organisierte und kohärente Strategie entwickelt, ihre Bindungswünsche

---

20 Grossmann & Grossmann (2006, S. 153) geben an, dass in den USA, Kanada und Europa ca. 10 % der Kleinkinder, welche in der Fremden Situation getestet wurden, in diese Kategorie einzuordnen waren.

zum Ausdruck zu bringen. Aus entwicklungspathologischer Sicht ist die Bindungskategorie D besonders bedeutsam. Vor allem (durch Bindungspersonen) misshandelte Kinder zeigen solch ein widersprüchliches Bindungsverhalten. „Dass die Erfahrung eines Kindes, misshandelt zu werden, zu widersprüchlich sein muss, um in eine kohärente Erwartungsstruktur organisiert werden zu können, dürfte ohne weiteres verständlich sein. Schließlich handelt es sich auch bei den Eltern, die ihr Kind misshandeln, missbrauchen oder diesem Treiben zumindest tatenlos zuschauen, um die primären Bindungspersonen, von denen also das Kind Schutz und Sicherheit erwartet. Nicht selten klammern sich Kinder gerade an die sie misshandelnden Eltern. Es kommt zu einer paradoxen Situation: Das Bindungssystem wird gerade von der Person provoziert, die alleine auch in der Lage ist, als Bindungsperson das Bindungssystem wiederum zu deaktivieren" (Schleiffer, 2001, S. 46). Aber auch Kinder, deren primäre Bezugsperson selber als Kind ein Trauma erlebt hat, welches sie noch nicht verarbeitet hat, lassen sich manchmal der D-Kategorie zuordnen. Leidet die Bezugsperson noch unter dem Trauma, bzw. hat sie dieses noch nicht verarbeitet, kann es sein, dass das Kind der Kategorie D zugeordnet wird, was dann einen „secondgeneration effect" (Main, 1999, S. 130) darstellt und nicht direkt mit Missbrauch oder Misshandlung am Kinde im Zusammenhang steht. Insgesamt lässt sich feststellen, dass das Verhalten der schutzgebenden Bezugsperson für das Kind mit einer desorganisierten/desorientierten Bindungsklassifikation oft beängstigend wirkt. Neben den oben angesprochenen Misshandlungen körperlicher oder sexueller Art kann es sich hierbei auch um „[…] Beschimpfungen und herabwürdigende Bemerkungen sowie um spielerische Verhaltensweisen [handeln, Anm. J.S.] die allerdings furchterregend wirkten (etwa zischend auf das Kind zuzukriechen oder ihm die Hand auf die Augen oder den Mund zu legen und sie auch dann nicht wegzuziehen, wenn das Kind protestierte)" (Wieland, 2014, S. 172). (Vgl. auch Grossmann & Grossmann, 2006, S. 153 f.)

In der Fremden Situation zeichnen sich desorganisierte und desorientierte Kinder dadurch aus, dass sie sich widersprüchlich verhalten, beispielsweise unsicher und ängstlich schwanken zwischen der Exploration und dem Nähe suchen zur Bezugsperson; oder Trost suchen und sich doch gleichzeitig abwenden, so dass weder die Vermeidung der Bindung noch das Trost suchen wirklich gelingt. Kindliche Verhaltensweisen können beispielsweise darin bestehen, dass das Kind auf die Bindungsperson zu rennt, wenn diese den Raum betritt, um dann plötzlich stehen zu bleiben oder sich wegzudrehen, ohne dass für den Beobachter ein Grund von Seiten der Bezugsperson ersichtlich wird, der das Kind zu einer Verhaltensänderung bewegt. „Starke Konflikte zeigen sich auch in Stereotypen, asymmetrischen, zeitlich unkoordinierten Bewegungen, anomalen Gesten und Haltungen oder auch in erstarrten, ‚eingefrorenen' oder verlangsamten Bewegungen. […] Aggressionen gegen die Bindungsperson ‚in der Fremde' werden stets als ‚Entgleisungen' gewertet, da es für ein Kleinkind nicht zielführend und dysfunktional ist, die einzig schützende Person zu attackieren. Ebenso dysfunktional ist Angst vor der schützenden Bindungsperson" (Grossmann & Grossmann, 2006, S. 154).

Zeitgleiches Vermeiden und dennoch Trennungsproteste sind ein weiterer Hinweis auf eine desorganisierte/desorientierte Bindung. Wenn das Kind beispielsweise anfängt zu weinen, sobald die fremde Person den Raum verlässt, das Verlassen des Raumes durch die Bezugsperson aber ruhig akzeptiert. Durch Bindungsbedürfnisse des Kindes können auch in der Bezugsperson Bindungsbedürfnisse geweckt werden, welche dann das Pflegeverhaltenssystem blockieren. Die Bindungsperson zieht sich dann in Situationen zurück, in denen das Kind Bindungswünsche äußert. „Das Kind erlebt sich mithin als ängstlich und ängstigend zugleich, eine Konstellation, deren Verarbeitung es leicht kognitiv und emotional überfordern wird" (Schleiffer, 2001, S. 47).

Je älter diese Kinder werden, desto mehr tendieren sie zu einem kontrollierenden Verhalten, welches beispielsweise dadurch zum Ausdruck kommt, dass sie sich im Alter von sechs Jahren als verantwortlich für ihre Bezugsperson zeigen. Einerseits kann dies durch überfürsorgliches Verhalten gezeigt werden, andererseits können solche Kinder aber auch zu strafendem Verhalten im Sinne von „Beschimpfungen oder Tätlichkeiten" (Fremmer-Bombik, 1999, S. 117) tendieren, durch welches sie die Kontrolle über die Situation behalten wollen. „Da das noch junge Kind die Erfahrung gemacht hat, dass Gefahr von eben der Person ausgeht, die ihm eigentlich hätte beistehen sollen, wird es dem desorganisiert gebundenen älteren bzw. heranwachsenden Kind schwerfallen, Beistand bei einem anderen Menschen zu suchen" (Wieland, 2014, S. 174). Sollte es dennoch Unterstützung suchen, so wird diese oft in einer solch chaotischen oder auch aggressiven Art eingefordert, dass es den betreuenden Erwachsenen (Lehrkräften, Therapierenden etc.) schwerfällt, in positiver Art und Weise auf das Kind einzugehen.

Erwachsene, die dieser Kategorie zugeordnet werden, zeichnen sich aus durch gedankliche und verbale „Inkohärenzen und Irrationalitäten bei ganz bestimmten Bindungsthemen wie Tod, Trennungen oder Beschreibung eines erlebten Mißbrauchs. Die Kindheitserinnerungen dieser Erwachsenen und ihre Art, darüber zu berichten, sind, abgesehen vom Bericht des traumatischen Ereignisses, immer auch einem der vorne beschriebenen Arbeitsmodelle zuordenbar. Das nicht verarbeitete Trauma hängt eng mit desorganisierter Bindung zum eigenen Kind zusammen" (Fremmer-Bombik, 1999, S. 117). Jedoch werden auch Kinder der D-Kategorie zugeordnet, deren Bezugspersonen nicht in oben genannte Kategorien fallen. Die Überlegung wurde laut, ob Bindungsdesorientierung vielleicht nicht unbedingt mit Bindungssicherheit zusammenhängt und dem Kind hier eine weitaus größere individuelle Komponente zuzuschreiben ist. Als individuelle Komponente ist ein „Defizit in der Verhaltensorganisation" (Schleiffer, 2001, S. 47) gemeint, welches beispielsweise dadurch ausgelöst werden kann, dass das Kind (auch schon vor der Geburt) chronischem Stress ausgesetzt ist. (Vgl. auch Holmes, 2002, S. 128 ff.)

Grossmann & Grossmann (2006, S. 158) fassen in Tabelle 2 zusammen, welche Faktoren und Lebensereignisse bisher bekannt sind, die zu desorganisierten Bindungsmustern führen können.

Tabelle 2: Eigene Grafik in Anlehnung an Grossmann & Grossmann, 2006

Auf Seiten des Kindes	Auf Seiten der Bindungsperson	Gesellschaftliche Einflüsse
Genetische Besonderheit	Psychiatrische Krankheit	Sozial akzeptierte Trennungen des Kindes von der primären Bindungsperson auch über Nacht in einem Kinderhaus, oder beim getrenntlebenden anderen Elternteil.
Intrauterine Belastung	Postnatale Depression	
Neurologische Schädigung	Drogenabhängigkeit	
Häufiger oder gerade vollzogener Pflegewechsel	Knapp überstandene tödliche Krankheit	
Bindungs-/Trennungstraumata: Misshandlung, Vernachlässigung	Gehäufte Verluste, z. B. Abort, Kindstod, Unfalltod in der Verwandtschaft	
	Bindungs-/Trennungstraumata: Unverarbeiteter Tod eines Elternteils in der Kindheit, unverarbeiteter Tod eines Geschwisterkindes oder engen Vertrauten, Misshandlung als Kind	

Insgesamt soll noch einmal betont werden, dass die inneren Arbeitsmodelle sich unterscheiden können, je nachdem, mit wem das Kind interagiert. So ist es gut möglich, dass ein Kind im Verhalten mit dem einen Elternteil als sicher und mit dem anderen Elternteil als unsicher eingestuft wird. So wird deutlich, dass es sich immer um Bindungs*beziehungen* handelt, welche außerdem mit einem Jahr noch nicht internalisiert sind, sich jedoch im Laufe der Zeit festigen. (Vgl. zur Beschreibung des D-Typus auch Holmes, 2002; Main, 1999)

3.4.6 Exkurs: Faktoren, die zur Entwicklung einer Angstbindung führen können

Nach der Beschreibung der verschiedenen Bindungstypen soll nun auf diejenigen Faktoren eingegangen werden, die dazu führen können, dass ein Kind eine sogenannte „Angstbindung" entwickelt. Bowlby entschied sich für den Begriff „Angstbindung" um deutlich zu machen, dass das Kind Angst hat, die Bindungsfigur könne in einer Bindungssituation für das Kind unpässlich im Sinne von physisch nicht vorhanden oder verständnislos sein. (Vgl. Bowlby, 2006a, S. 204)

Eine interessante Studie, auf welche Bowlby (2006a) sich in Bezug auf die Angstbindung stützt, ist die von Tizard und Tizard. Sie vergleicht soziale und kognitive Fähigkeiten von Kleinkindern im Alter von zwei Jahren, die im Heim aufwuchsen, mit den Fähigkeiten von Kleinkindern, die bei ihren Eltern aufwuchsen. Unter anderem wurde in dieser Studie festgestellt, dass die Bindungsfiguren der Kinder, die Zuhause aufwuchsen, begrenzt waren (ca. vier Personen), und beim Großteil der Kinder die Mutter die wichtigste Bindungsfigur darstellte. Die Heimkinder zeigten ein sehr diffuses Bindungsverhalten, es war im Prinzip auf alle Personen ausgerichtet, die sie gut kannten, jedoch gab es meist dennoch eine besondere Bindungsfigur. Im Falle, dass ihre leibliche Mutter sie einmal die Woche besuchen kam, war es gewöhnlich sie, ansonsten beispielsweise eine Lieblingsbetreuerin. Anzumerken ist hier, dass die Kinder aus den Familien also tagtäglich mit ihrer wichtigsten Bindungsperson im Kontakt standen, die Kinder aus dem Heim jedoch meist nur einmal die Woche Kontakt zu ihrer wichtigsten Bezugsperson hatten. Studien über das Bindungs- und Furchtverhalten der Kinder belegten, dass die Heimkinder „signifikant ängstlicher waren und sich vor einem Fremden weit mehr fürchteten" (ebd., S. 208). Beispielsweise fingen 24 von 30 Heimkindern zu weinen an, sobald die bevorzugte Bindungsperson das Zimmer verließ, bei den Kindern aus der Familie waren es 13 von 30. Zwei Drittel der Familienkinder konnten also das kurzzeitige Alleingelassen werden durch die primäre Bezugsperson gut hinnehmen und wenn sie wiederkam, wollten nur vier Kinder auf den Arm genommen werden. Bei den Heimkindern waren bis auf einige wenige alle Kinder unruhig und 28 Kinder wollten von der Bezugsperson auf den Arm genommen werden, als diese wiederkam. Gegenüber fremden Personen waren die Heimkinder um einiges schüchterner und ängstlicher. Eine Untersuchungssituation, in welcher eine dem Kind fremde Person (in Anwesenheit der Bezugsperson) nach einer kurzen Anbahnungsphase das Kind aufforderte, zu ihm zu kommen, um sich ein Bilderbuch mit ihr anzusehen und es kurz danach einlud sich auf ihren Schoß zu setzen, zeigte, dass nur 15 Heimkinder dazu bereit waren, im Vergleich zu 26 Kindern aus den Familien. Anschließend ging die Bezugsperson aus dem Raum und ließ die fremde Person mit dem Kind alleine. Während alle Familienkinder dies ohne weiteres akzeptierten, liefen von den Heimkindern sechs aus dem Zimmer. Bowlby erklärt diese Unterschiede damit, dass ein Kind, das im Heim aufwächst, in „einer höchst unvorhersagbaren Welt, in der seine bevorzugte Bindungsfigur meist unzugänglich ist und untergeordnete Bindungsfiguren wahllos kommen und gehen" (ebd., S. 209) lebt, wohingegen ein Familienkind von einer stabilen, vorhersagbaren Umwelt umgeben ist, in welcher seine Bezugspersonen gewöhnlich verfügbar sind.

Auch kurzfristige Trennungen, wie beispielsweise ein Klinikaufenthalt, können eine (vorübergehende) Angstbindung auslösen. Eine Studie, die 30 Kinder, welche mit ihren Müttern ins Krankenhaus gingen, mit 30 Kindern verglich, die alleine ins Krankenhaus gingen und täglich Besuch von ihrer Mutter bekamen, zeigte auf, dass das Verhalten der unbegleiteten Kinder auch einen Monat nach ihrer Rückkehr deutlich gestört im Vergleich zu seinem früheren Verhalten war. Vor allem bei kurzfristigen Trennungen reagierten diese Kinder nun weit unruhiger als vor dem Krankenhausaufenthalt und zeigten sich insgesamt wieder abhängiger von ihrer Bindungsperson. Bei der Kontrollgruppe konnten keine Unterschiede im Verhalten festgestellt werden. (Vgl. ebd., S. 209 ff.)

Warnungen, das Kind zu verlassen, beispielsweise indem man ihm androht, es ins Heim zu schicken wenn es nicht folgt, oder, dass die Eltern krank werden oder sogar sterben, wenn es nicht brav ist, oder im Affekt ausgestoßene Drohungen, die Familie zu verlassen oder sich umzubringen aufgrund eines Streits, haben verständlicherweise fast immer eine beängstigende Wirkung auf das Kind. Bei dem Kind wird so die Angst wachgerufen, die Verfügbarkeit der Bindungsperson sei nicht dauerhaft oder zumindest als nicht sicher anzunehmen. Dass solche Ängste sich auf die Bindungssicherheit niederschlagen scheint selbstverständlich, ist jedoch auch klinisch nachgewiesen. (Vgl. ebd., S. 217 ff.)

Reaktionen auf das Verlassen werden oder auf die Androhung, verlassen zu werden, sind oftmals Aggressionen, die sich gegen einen Elternteil richten. Bowlby (2006a) beschreibt die Wut als Verhalten, das Vorwurf und Bestrafung ausdrücken soll, mit dem Sinn, der Bindungsfigur deutlich zu machen, dass eine Trennung nicht noch einmal erwünscht ist und so die Bindung zu festigen. Jedoch ist die Wut in manchen Fällen dysfunktional, da sie einerseits dazu führen kann, die Bindungsperson zu entfremden, andererseits aber auch die eigene Zuneigung in eine ängstliche und ungewisse Erwartungshaltung verwandeln kann. Bowlby führt diesbezüglich eine Studie von Scott an, der 102 straffällige Jugendliche betreute. Viele von ihnen berichteten, dass ihre Mutter sie aus erzieherischen Gründen bedroht hatte, sie zu verlassen. Er stellte bei den Jugendlichen eine starke Verunsicherung fest und bemerkte, dass sie sich in einem tiefen Konflikt befanden. Sie waren einerseits wütend über diese Bedrohungen, konnten aber andererseits ihre Wut nicht ausleben oder zeigen, da sie Angst hatten, dadurch die Mutter zu veranlassen ihre Drohung wahrzumachen. Dieses Nicht-zeigen-können der Wut war für Scott eine mögliche Erklärung dafür, dass die jungen Menschen straffällig wurden, da sie ihre Aggressionen auf andere Dinge richten mussten. Auch die Angst vor Gewitter, vor Dunkelheit oder vor einem Unfall könne solch eine Symptomverschiebung sein. So kann festgestellt werden, dass verschiedene Situationen bei Kindern sowohl Wut als auch Angst auslösen können. „Angstbindung soll maximale Zugänglichkeit der Bindungsfigur sichern; Wut ist sowohl ein Vorwurf, der sich auf das bezieht, was geschehen ist, als auch eine Abschreckung, damit es nicht wieder geschehen soll", so Bowlby (ebd., S. 240).

Die Beschreibung der Angstbindung dient der vorliegenden Arbeit in zweierlei Hinsicht. Zum einen kann hierdurch verdeutlicht werden, dass Eltern, für die es nicht möglich ist eine sichere Bindung zu ihrem Kind aufzubauen, wahrscheinlich eher mit einem unruhigen, aggressiven oder cholerischen Kind zurechtkommen müssen, als Eltern die eine sichere Bindung zu ihrem Kind herstellen konnten. Zum anderen macht die Kombination der verschiedenen Gefühle, die Kinder ein und derselben Bezugsperson entgegenbringen, verständlich, warum gerade kleine Kinder ihre Bezugsperson auch dann schrecklich vermissen und bei ihr sein wollen, wenn ihnen durch eben diese Leid zugefügt worden ist.[21]

3.4.7 Schichtzugehörigkeit und Bindungssicherheit

Hopf (2005, S. 71 ff.) beschreibt in ihrer Einführung über Bindung und Sozialisation, dass man einen Zusammenhang zwischen Bindungssicherheit und Schichtzugehörigkeit feststellen kann. Die Autorin bezieht sich auf eine Vielzahl kleiner Studien aus den USA und anderen Ländern, welche zusammengenommen den Schluss zulassen, dass Kinder aus Familien der gehobenen Mittelschicht häufiger sicher an ihre Mütter gebunden sind, als Kinder aus Familien unterer Schichten. „Zu erklären ist dies vermutlich dadurch, dass in den ökonomisch und sozial unterprivilegierten Familien die Bewältigung des beruflichen und des Familienalltags mit mehr Stress verbunden ist und dass diese höheren Belastungen auch in die Eltern-Kind-Beziehungen hineinwirken" (ebd., S. 71). Darüber hinaus weist Hopf auf die Bedeutung von Hilfe und Unterstützung durch den Partner oder andere Personen hin, welche den Aufbau einer guten Bindungsbeziehung fördern können. Beispielsweise in der Minnesotastudie (siehe auch Kapitel 3.5.1 Studien zur Bindung im weiteren Lebensverlauf) wurde die Bindungssicherheit von Kindern aus Familien der Unterschicht untersucht, in welcher sich häufig alleinerziehende Mütter ohne unterstützende Personen und mit geringem Einkommen befanden. Die Bindungssicherheit fiel in dieser Studie geringer aus als in Studien über die Bindungssicherheit von Kindern aus der Mittelschicht. Ein weiterer Unterschied war, dass sich das Bindungsmuster der Kinder in der Minnesotastudie weitaus häufiger veränderte als das in Mittelschichtstichproben. Auffällig war hier, dass Kinder, deren Bindungsmuster von sicher zu unsicher-ambivalent wechselte, Mütter hatten, welche sehr viele Veränderungen im Bereich ihrer Lebenssituation oder Paarbeziehung durchlebten. Kinder, welche von sicher zu unsicher-vermeidend wechselten, hatten hingegen Mütter, welche insgesamt misstrauischer und aggressiver waren als Mütter von sicher gebundenen Kindern. (Vgl. ebd., S. 71 ff.)

Auch deutsche Beiträge zeigen den Zusammenhang zwischen sicherer Bindung und Schichtzugehörigkeit auf. Hopf (ebd., S. 73 ff.) verweist auf verschie-

---

21 Siehe hierzu auch die Beschreibung der D-Kategorie in der vorliegenden Arbeit, Kapitel 3.4.5 Die verschiedenen Bindungstypen.

dene Studien, in welchen deutlich wird, dass in Untersuchungen, welche einen hohen Anteil an sicher gebundenen Kindern hatten, nur ein geringer Anteil der Familien aus der Unterschicht stammte, und umgekehrt. Als Beispiel für eine Studie mit breiter Vertretung der Unterschicht bis untere Mittelschicht, nennt die Wissenschaftlerin die Bielefelder Längsschnittstudie (siehe auch Kapitel 3.5.2 Die Bielefelder Längsschnittstudie). Ein Großteil der Väter in dieser Studie hatte Berufe, welche weder Realschulabschluss noch Gymnasium oder Studium voraussetzten. Von 49 Vätern hatten fünf das Abitur und zwei von diesen hatten einen Universitätsabschluss. 49 % der Kinder dieser Studie wurden als unsicher-vermeidend, 32,7 % als sicher und 12,2 % als unsicher-ambivalent klassifiziert. Bei 6,1 % konnte keine Klassifizierung vorgenommen werden. Im Vergleich hierzu wurden in der Regensburger Studie, welche einen deutlich höheren Anteil an Mittelschichtfamilien hatte, von 41 Personen 17,1 % als unsicher-vermeidend, 73,2 % als sicher und 2,4 % als unsicher-ambivalent eingestuft, bei 7,3 % konnte keine Klassifizierung erfolgen.

Die Ausführungen über Bindungssicherheit und Schichtzugehörigkeit sind für die vorliegende Dissertation von immenser Bedeutung, da sie die in dieser Arbeit vorgenommenen Grundannahmen unterstreichen. Hopf zeigt auf, dass der soziale Kontext und die sozioökonomische Stellung der Eltern einen wesentlichen Faktor in der Entwicklung einer sicheren Bindung des Kindes darstellen. „Bei der Analyse der sozialen Voraussetzungen einer sicheren Bindung muss also auch die ökonomische und soziale Lage der Eltern berücksichtigt werden" (ebd., S. 75).

3.5 Bindung im weiteren Lebensverlauf

Mit zunehmendem Alter muss das Kind lernen die Bezugsperson zu teilen, sei es mit Geschwistern oder mit anderen engen Vertrauten der Bezugsperson. So erfährt das Kind, dass eine Bindung nicht absolut zuverlässig ist und auch irgendwann (spätestens durch den Tod) verloren geht. Hierin sieht Bowlby die Wurzel des menschlichen Dilemmas. Die Fähigkeit sich von einer Bindung zu lösen und neue Bindungen einzugehen ist wohl die Kernaufgabe der Pubertät und des jungen Erwachsenenalters. (Vgl. Holmes, 2002, S. 90)

Je älter das Kind wird, desto mehr spielen auch andere Bindungspersonen eine Rolle. So übernehmen Spielkameraden und Spielkameradinnen oder „beste Freundinnen und beste Freunde" wichtige Bindungsfunktionen. Ein wesentlicher Unterschied ist aber, dass diese Bindungsbeziehungen freiwillig gewählt werden und auch die Qualität meist eine andere ist als diejenige zur primären Bezugsperson. (Vgl. Schleiffer, 2001, S. 39 f.) Wie im Kapitel 3.4.1 Begrifflichkeiten schon angesprochen, ist hier zu unterscheiden zwischen Bindungsverhalten, welches sämtliche schnelllebigen Freundschaften und Bekanntschaften, als auf

Nähe ausgerichtetes Bedürfnis meint und Bindung, die dauerhaft und stabil ist und nur mit sehr wenigen Menschen eingegangen wird. (Vgl. Bowlby, 2010, S. 22)

Bowlby (1975) beschreibt die Adoleszenz als Phase, in welcher Jugendliche die Bindung zu ihren Eltern abschwächen, um dann neue Bindungen, beispielsweise in einer Liebesbeziehung oder mit anderen Erwachsenen, eingehen zu können. Die individuellen Unterschiede nehmen in der Adoleszenz zu. So gibt es Jugendliche, die sich weiterhin intensiv an die Eltern binden, aber auch Adoleszente, denen die Loslösung von den Eltern sehr leicht fällt. Die große Masse jedoch besteht aus Jugendlichen „mit einer weiterhin starken Bindung an die Eltern, für die Beziehungen zu anderen jedoch ebenfalls sehr wichtig sind" (ebd., S. 197). Somit bleiben „Bindung und Abhängigkeit, obwohl sie dann nicht mehr so offensichtlich sind wie bei kleinen Kindern, das ganze Leben lang aktiv" (Holmes, 2002, S. 103). Auch das Elternhaus bleibt für junge Erwachsene immer eine wichtige Basis und das Bindungssystem kann immer wieder reaktiviert werden, gerade durch Bedrohungen wie Krankheit oder Erschöpfung. (Vgl. ebd.) Der Vollständigkeit wegen, sollte die Adoleszenz hier benannt werden, differenziert wird sie im Kapitel 3.6 Bindungsverhalten im Jugendalter beleuchtet.

Für Holmes (2002) steht die Liebesbeziehung im Erwachsenenalter für eine neue Form der Bindung und auch hier (wie schon bei der Bindung zwischen dem Kind und der primären Bezugsperson, welche nicht alleine in der Triebversorgung liegt) kritisiert er die Ansicht, sie sei alleine durch Sexualität erklärbar. „Sex ohne Bindung und sexlose Ehen sind nur allzu weit verbreitet und weisen darauf hin, dass das Bindungssystem und das sexuelle Verhalten zwei unterschiedliche psychologische Phänomene sind, so sehr sich die Gesellschaft auch wünschen mag, dass dies nicht so ist" (ebd., S. 104).

3.5.1 Studien zur Bindung im weiteren Lebensverlauf

Langzeitstudien, welche die Bindungsschemata von Kindern im Alter von einem Jahr, in der Vorschulzeit, beim Schuleintritt und mit zehn Jahren testeten, bestätigen, dass sicher gebundene Kinder schon als Zweijährige „im Vergleich zu ängstlich gebundenen eine längere Aufmerksamkeitsspanne [haben], sie zeigen einen positiveren Affekt im freien Spiel, haben mehr Selbstvertrauen im Umgang mit Werkzeugen und greifen bei schwierigen Aufgaben eher auf die Hilfe ihrer Mutter zurück. Ihre Erzieher (in Unkenntnis über den Bindungsstatus) schätzen sie als einfühlsamer und angepasster ein, und sprechen ihnen einen höheren positiven Affekt zu. Bei der Interaktion mit Gleichaltrigen sind vermeidende Kinder feindselig oder distanziert, während ambivalente dazu tendieren, ‚unfähig‘ zu sein, eine dauerhafte, schwach ausgeprägte Abhängigkeit von ihrem Lehrer zu zeigen und sich nicht so gut im freien Spiel allein oder mit Gleichaltrigen zu betätigen" (Holmes, 2002, S. 134).

Die Minnesotastudie (Sroufe, Egeland, Carlson & Collins, 2009) untersuchte das Bindungsverhalten von 180 Kindern in den 1970er-Jahren, beginnend kurz vor der Geburt, bis sie erwachsen waren. Die Familien wurden anhand von sieben Kriterien ausgewählt, unter anderem sollten die Kinder aus armen Verhältnissen kommen, die Studie sollte schon vor der Geburt beginnen, Studien über das Umfeld des Kindes sollten miteinbezogen werden, die Entwicklung des Kindes in eine normale oder maladaptive Richtung sollte untersucht und in geringen Abständen überprüft werden, und die Beziehungsebenen sollten frühzeitig und regelmäßig überprüft werden. Die Studie beschäftigte sich mit der amerikanischen Unterschicht, da hier so gut wie keine Studien über einen längeren Zeitraum vorlagen. Um Erwartungen und Haltungen der Eltern in Bezug auf ihr Kind zu erfragen und um die Umgebung des Kindes kennenzulernen, begann das Forschungsteam die Studie schon vor der Geburt des Kindes, da die Autorinnen und Autoren davon ausgingen, dass nach der Geburt das Kind die Haltung und die Erwartungen der Eltern beeinflussen könnte. Essenziell für die Studie war die Annahme, dass sich die Umstände, in denen sich die Familie befindet, wesentlich auf die Erziehungsfähigkeit der Eltern auswirken. Das heißt, das Umfeld und mögliche Stressfaktoren wurden in die Studie miteinbezogen. Außerdem wurden auch die Bindungsrepräsentationen der Eltern erfragt. Die zentralen Aussagen der Studie lassen sich wie folgt zusammenfassen:

1. Nichts ist für die Entwicklung eines Kindes wichtiger als die Fürsorge, die ihm während seines Aufwachsens zuteil wird.
2. Kinder entwickeln sich durch die Gesamtheit ihrer Biografie und ihrer Erfahrungen zu den Erwachsenen, die sie sind. Vergangene Erfahrungen werden auch durch dramatische aktuelle Veränderungen (im positiven wie im negativen Sinn) nicht vollständig gelöscht.
3. Auch Persönlichkeitsmerkmale wie beispielsweise die Resilienz oder manche Formen der Psychopathologie sind keine angeborenen Charaktereigenschaften, sondern entstehen durch die Entwicklung des Individuums.
4. Die Abgrenzung entscheidender Beeinflussungsfaktoren in Eltern oder Peers, Temperament oder Erfahrung, Vergangenheit oder gegenwärtige Umstände ist meistens falsch.
5. Veränderungen, aber auch Kontinuität, in der Entwicklung sind gesetzmäßig und kohärent.
6. Das Individuum kann nur verstanden werden, indem man es in Beziehung setzt zu den permanenten Unterstützungen und Herausforderungen, denen es sich gegenübersieht. (Vgl. ebd., 2009, S. 3 ff.)

Unter anderem konnte in der Minnesotastudie nachgewiesen werden, dass Kinder mit sicherem Bindungsmuster, welche in der mittleren Kindheit Probleme hatten, sich leichter wieder „fangen" konnten und so später wiederum einen positiven Weg einschlugen, als das Kindern mit unsicherem Bindungsmuster möglich war. (Vgl. Suess, 2011)

Auch Main (1999, S. 124 f.) bezieht sich auf die Minnesotastudie von Sroufe et al., welche bezeugt, dass internalisierte Strukturen sich auch dann bemerkbar machen, wenn die Bindungsperson nicht dabei ist. Die Studie bestätigt Vorschulkindern mit sicherer Bindung „wesentlich mehr Konzentration im Spiel, mehr positiven Affekt und größere soziale Kompetenz und Ich-Flexibilität" als Vorschulkindern, die unsicher gebunden sind. Im Kontakt mit Lehrkräften, denen die Bindungsklassifizierung unbekannt war, wurde festgestellt, dass Kinder mit unsicher-ambivalenter Bindungsklassifikation „eher für hilflos gehalten und entsprechend behandelt [wurden, Anm. J.S.], während die Lehrer mit sicher gebundenen Kindern eher angemessen umgingen" (ebd.). Kinder mit unsicher-vermeidender Bindungsklassifizierung wurden von den Lehrkräften ärgerlich zurückgewiesen. (Main, 1999, S. 124) „With children with secure histories, teachers were engaged and affectionate (as they were with the other two groups as well), but they also treated them in a respectful, age-appropriate, matter-of-fact way. They were rated high on Expectations for Compliance but low on Control, Anger, Nurturance/Caregiving, and Tolerance [...]. Such a relationship would support and expand the child's emerging competence. With children with resistant histories, the teachers were rated low on Expectations for Compliance, but high on Nurturance, Tolerance, and Control; that is, they treated the children as one might treat younger children, no doubt in response to the neediness they perceived. [...] Such a relationship might consolidate their immaturity. With the A's, the teachers were also high on control and low on Expectations for Compliance, but they were low on Tolerance and low on Nurturance/Caregiving. Moreover, children in this group were the only ones observed to elicit anger. [...] The history of rejection experienced by these children was to a degree recapitulated by our teachers, even though they were incredibly compassionate individuals" (Sroufe, Egeland, Carlson & Collins, 2009, S. 144 f.).

Die gleiche Studie stellte fest, dass Kinder mit sicherer Bindung weder als Täter oder Täterinnen auffällig wurden noch eine Opferrolle einnahmen, Kinder mit unsicher-vermeidender Bindung häufiger zu Täterinnen oder Tätern wurden und Kinder mit unsicher-ambivalenten Bindungen eher in der Opferrolle zu finden waren (vgl. Main, 1999, S. 124 f.).

Auch im mittleren Kindesalter wurden ähnliche Zusammenhänge zwischen Kindern mit sicherer Bindung, dem erfolgreichen Bilden von Freundschaften und schulischen Erfolgen nachgewiesen. „Children with histories of supportive care confidently engage the social world of middle childhood, function effectively in the peer group, follow its rules, and maintain close relationships with friends" (Sroufe, Egeland, Carlson & Collins, 2009, S. 155). Bei Kindern mit Misshandlungshintergrund begann der Eintritt in die Schule meist schon ungünstig, vor allem wenn sie in ihrer Kindheit vernachlässigt wurden. Die sprachlichen Fähigkeiten dieser Kinder lagen hinter denen ihrer Mitschüler und Mitschülerinnen zurück und oftmals fehlten ihnen schulrelevante Kompetenzen, wie beispielsweise den Anweisungen der Lehrkraft zu folgen, selbstständig zu arbeiten, oder länger an einer Aufgabe zu arbeiten. Kinder, welche vernachlässigt wurden, hatten signifikant geringere Lesekompetenzen und größere Probleme mit Mathematik in der Grundschule. (Vgl. Sroufe, Egeland, Carlson & Collins, 2009, S. 172 f.)

Holmes (2002, S. 135) bezieht sich auf Grossmann und Grossmann, welche in 87 % der Fälle die Verhaltensmuster in der Fremden Situation bei Sechsjährigen voraussagen konnten, die mit einem Jahr schon eingestuft worden waren. Außerdem zeigten sie auf, dass Sechsjährige, welche als sicher gebunden eingestuft worden waren, „konzentrierter und länger spielten, eine größere soziale Kompetenz bei der Bewältigung von Konflikten mit Gleichaltrigen aufwiesen und eine positivere soziale Wahrnehmung hatten" (ebd.) im Vergleich Kindern die als unsicher gebunden eingestuft wurden.

Die zitierten Studien bestätigen nochmals die Kontinuität innerer Arbeitsmodelle. Deutlich werden diese auf emotionaler Ebene (junge Menschen mit sicherer Bindung haben es leichter, Zugang zu ihren Gefühlen zu finden als Gleichaltrige mit unsicherer Bindung); aber auch im Hinblick auf die Bewältigung altersspezifischer Aufgaben konnte gezeigt werden, dass Kinder und Jugendliche mit sicherer Bindung es im Leben leichter haben, bzw. sich bei Problemen eher Hilfe suchen, als gleichaltrige unsicher gebundene junge Menschen. Auch auf sozialer Ebene konnte durch Studien aufgezeigt werden, dass Kinder im Alter von zehn Jahren eher auf ein stabiles Freundschaftsnetz und eine „beste Freundin", einen „besten Freund" zurückgreifen konnten, als Kinder die schon mit zwölf Monaten als unsicher gebunden klassifiziert worden waren. (Vgl. Holmes, 2002, S. 134; Zimmermann, 1999, S. 205)

> „We have been impressed over the years with the consistency of our findings. Correlations often may be small, and sometimes they are not significant. However, they are virtually never in the ‚wrong direction'. History of physical abuse, at the group level, is never related to positive outcomes. A history of secure attachment is virtually never related to lower competence in our data. This is not to say that no individuals with negative histories later thrive, or that children with early secure attachments never have problems later. Of course they do. Our point is, however, that such change too is lawful. Reasons for such changes, again at the group level, can be found in other early supports, later support, and/or changes in the challenges being faced. This is what we mean by the coherence of development" (Sroufe, Egeland, Carlson & Collins, 2009, S. 173).

3.5.2 Die Bielefelder Längsschnittstudie

Die Bielefelder Längsschnittstudie untersuchte bei insgesamt 49 Kindern über 15 Jahre hinweg die Bindungsentwicklung, um einerseits die Stabilität in der Fürsorge und ihre Auswirkungen auf die Bindungsorganisation zu analysieren, andererseits sollte die Stabilität zwischen der Verhaltensebene und der Repräsentationsebene gemessen werden. Die Bindungsqualität der Kinder wurde im Alter von zwölf Monaten in Bezug auf die Mutter und mit 18 Monaten in Bezug auf den Vater mithilfe der Fremden Situation registriert. Die Bindungsrepräsentation der Eltern wurde erfasst, als die Kinder sechs Jahre alt waren. Vier Jahre später wurden schließlich sowohl Eltern als auch Kinder zu bindungsrelevanten Themen interviewt. Hier wurde die Reaktion der Eltern in Belastungssituationen der Kinder erfasst, und bei den Kindern wurden die Bindungsverhaltensweisen bei emotionaler Belastung (wie beispielsweise Kummer oder Angst) sowie die „Repräsentation der emotionalen Verfügbarkeit der Eltern bei Belastung" (Zimmermann, 1999, S. 210) registriert. Weitere sechs Jahre später (mit 16 Jahren) fand nochmal ein Interview statt, in welchem bedeutsame Risikofaktoren abgefragt wurden (bspw. Trennung/Scheidung der Eltern, Todesfälle, schwere Krankheiten der Eltern oder Jugendlichen etc.) und das Bindungsinterview (AAI) durchgeführt (siehe auch Kapitel 3.4.4 Die Fremde Situation und das Adult Attachment Interview (AAI)) wurde. So konnte das innere Arbeitsmodell der Jugendlichen in Bezug auf sich selbst und in Bezug auf ihre Bindungspersonen nachvollzogen werden. (Vgl. ebd., S. 209 ff.)

Die Bielefelder Längsschnittstudie konnte einen signifikanten Zusammenhang der Bindungssicherheit von sicher gebundenen Kleinkindern (die ein Jahr alt waren) und ebendiesen als zehnjährigen Kindern herstellen. Die Zehnjährigen konnten den Interviewenden gegenüber Kummer verbalisieren, gaben an, dass sie sich die Unterstützung der Bindungsperson bei Ärger, Angst oder Kummer holten und waren insgesamt offener und flüssiger in ihrem Gespräch mit den Interviewenden als gleichaltrige unsicher gebundene Kinder. (Vgl. ebd., S. 205)

Die Erfassung der Bindungsrepräsentation der Eltern zeigt eine generationenübergreifende Tradierung von Bindung in den Familien auf. Eltern mit sicherer Bindungsrepräsentation haben häufiger sicher gebundene Kinder (im zweiten Lebensjahr), das gleiche gilt für Eltern mit unsicherer Bindungsrepräsentation. (Vgl. ebd., S. 212 f.)

Die Berücksichtigung der Risikofaktoren macht deutlich, dass diese einen starken Einfluss auf die Bindungsorganisation der Jugendlichen haben. So wurden Jugendliche mit Risikofaktoren wie „Trennung der Eltern, psychische oder schwere, lebensbedrohliche Erkrankung der Eltern" (ebd., S. 212) vermehrt als unsicher-verwickelt klassifiziert. Während also ein deutlicher Zusammenhang zwischen Risikofaktoren und Bindungsrepräsentation der Jugendlichen erfasst wurde, konnte *kein* signifikanter Zusammenhang zwischen den inneren Arbeitsmodellen der Jugendlichen im Alter von 12 bzw. 18 Monaten und dem AAI im Alter von 16 Jahren hergestellt werden, d. h. es „konnte weder eine Stabilität der Bindungsklassifikation sicher oder unsicher gefunden werden noch eine Stabilität der Basisstrategien im Umgang mit Gefühlen, also z. B. kein zwingender Entwicklungsweg von einer unsicher-vermeidenden in der Kindheit zu einer unsicher-distanzierten Bindungsorganisation später" (ebd.). Wurden aber die „Repräsentation elterlicher Verfügbarkeit" (Zimmermann, Gliwitzky & Becker-Stoll, 1996, S. 144) von Zehnjährigen und familiäre Risikofaktoren wie Trennung der Eltern oder schwere Erkrankung ebendieser miteinbezogen, so konnte die Bindungsrepräsentation von 16-jährigen vorhergesagt werden. (Vgl. auch Zimmermann, Becker-Stoll, Grossmann, Grossmann, Scheurer-Englisch & Wartner, 2000)

Die Bielefelder Studie untersuchte nun, inwiefern die generationenübergreifende Tradierung von Bindungsmustern auch auf Jugendliche zutrifft und ob man hier gleichermaßen behaupten kann, dass Eltern ihre Bindungsorganisation weitergeben. So wurde in der Follow-Up Studie mit den 16-jährigen Jugendlichen festgestellt, dass „Mütter mit sicherer Bindungsrepräsentation signifikant häufiger jugendliche Kinder mit einer ebenfalls sicheren Bindungsrepräsentation aufwiesen" (Zimmermann, 1999, S. 212). Trotz Risikofaktoren blieb die Bindungsorganisation der Mütter wesentlich für die Bindungsrepräsentation der Jugendlichen. Außerdem wurde festgestellt, dass der Effekt der Bindungsrepräsentation der Väter im deutlichen Zusammenhang mit dem Auftreten von Risikofaktoren steht. Das bedeutet, sobald Risikofaktoren eintraten, korrelierte die Bindungsrepräsentation der Väter und der Jugendlichen häufiger als ohne das Eintreten von Risikofaktoren. „Es zeigt sich also auch mit 16 Jahren, wie in der frühen Kindheit eine Tradierung der Bindungsorganisation von den Eltern auf die Kinder, mit einem deutlichen Effekt von den Müttern auf die Jugendlichen" (ebd., S. 213). Der Vergleich der Daten der zehnjährigen Kinder und der 16-jährigen Jugendlichen sowie ihrer Eltern zeigt auf, dass die Übereinstimmung der Informationen, die Eltern und ihre Kinder gaben, besonders hoch ist. Nahmen die Kinder ihre Eltern als unterstützend und emotional verfügbar wahr, so wurden die Eltern im Interview meist auch als unterstützend und fürsorglich beurteilt. Deutlich wird auch hier, dass die Bindungsmuster der Jugendlichen vorhersagbar sind aufgrund der Aussagen, die sie als Zehnjährige bezüglich der Unterstützung und emotionalen Verfügbarkeit der Eltern gemacht hatten. „Wurden die Mütter von ihren zehnjährigen Kindern als nicht unterstützend beschrieben, so hatten die Kinder mit 16 Jahren eher eine unsicher-distanzierte Bindungsrepräsentation" (ebd.). Auch hier wird der Einfluss von Risikofaktoren deutlich: Betrachtete man nur die Jugendlichen, die keine Risikofaktoren erlebt hatten, war die Signifikanz deutlich höher, als wenn man die gesamte Stichprobe betrachtete. Bestätigt werden diese Zusammenhänge zwischen der Bindungsrepräsentation der Eltern und der Bindungsorganisation der Jugendlichen beziehungsweise der Kinder auch durch die AAIs mit den Erwachsenen. Zurückweisende Eltern bei Zehnjährigen, die beispielsweise ihre Unterstützung bei Kummer oder Problemen in der Schule verweigerten, korrelierten stark mit einer unsicheren Bindungsrepräsentation im Alter von 16 Jahren. (ebd., S. 212 f.)

Festzuhalten ist, dass Risikofaktoren (vor allem die Trennung der Eltern) einen starken Einfluss auf die Bindungsrepräsentation der Jugendlichen haben, und des Weiteren die Bindungsrepräsentation der Mutter einen signifikanten Effekt auf die Bindungsorganisation ihres jugendlichen Kindes hat. Auch konnte ein Zusammenhang zwischen der Bindungsrepräsentation Zehnjähriger in Bezug auf ihre Eltern und der Bindungsrepräsentation 16-jähriger hergestellt werden, jedoch wurde kein Zusammenhang zwischen der Klassifizierung in der Fremden Situation mit zwei Jahren und der Bindungsrepräsentation mit 16 Jahren entdeckt. Hier muss man deutlich unterscheiden zwischen der Bindungsorganisation, wie sie im Alter von zwei Jahren erfasst wird, und der Bewertung der Bindung, wie sie später mit dem AAI festgestellt wird: „[...] letztlich stellt die Bindungsrepräsentation [wie sie im AAI erfasst wird, Anm. J.S.] jedoch eine aktuelle kohärente Bewertung der Bindungsgeschichte auf einer evaluativ-deklarativen Ebene dar und nicht ein reines Abbild der Erfahrungen oder frühkindlicher Bindungsmuster" (Zimmermann & Iwanski, 2014, S. 26).

„Die Studie zeigt somit zwar keine Kontinuität der Bindungsorganisation der frühen Kindheit bis zum Jugendalter, jedoch wird deutlich, daß die Repräsentation der zehnjährigen Kinder von den Eltern als ihren Bezugspersonen und in etwas geringerem Maße auch Nähe suchen bei den Eltern bei Problemen oder emotionaler Belastung Vorläufer der Qualität der Bindungsrepräsentation im Jugendalter sind und deutliche Kontinuität zeigen. Die Zusammenhänge legen aber auch den Einfluß jeweils aktueller Erfahrungen mit den Eltern im Hinblick auf deren emotionale Verfügbarkeit oder Zurückweisung bei Scheidung oder Erkrankung nahe" (Zimmermann, 1999, S. 215).[22]

Die Ergebnisse der Bielefelder Längsschnittstudie bestätigen, was im Kapitel 3.4.3 Innere Arbeitsmodelle schon angerissen wurde, nämlich, dass innere Arbeitsmodelle zwar zur Stabilität neigen, dennoch immer äußeren Einflüssen ausgesetzt sind und dementsprechend auch verändert werden können. Die

---

22 Eine Diskussion darüber, ob die Bielefelder Längsschnittstudie die Bindungstheorie widerlege, da keine Kontinuität zwischen der Bindungsrepräsentation bei zwölf- bzw. 18 Monaten alten Kindern und denselben 16-jährigen Jugendlichen nachgewiesen werden konnte, ist an dieser Stelle nicht möglich. Es wird diesbezüglich auf den Artikel von Zimmermann (1999) verwiesen, der sich mit der Thematik eingehender beschäftigt.

Kontinuität der Bindungsorganisation ist demnach abhängig davon, inwiefern Erwartungsstrukturen und Prozesse des Kindes über die Jahre hin stabil bedient werden, die Bindungsqualität zwischen Bindungsperson und Kind sich also als beständig und konstant erweist. Außerdem können verändernde äußere Einflüsse, Auswirkungen auf die Bindungsorganisation des Kindes haben, wie die Studie von Van den Boom (1994, zitiert nach Becker-Stoll, 2009, S. 156) zeigt, welche Kindern eine bessere Bindung an die Mutter bestätigte, als diese in einem Kurs zum Bindungsverhalten sensibilisiert wurde.

Dass äußere Umstände und Einflüsse die Bindungsrepräsentation deutlich beeinflussen können, ist ein wesentlicher Punkt für die vorliegende Arbeit: „Kontinuität der Bindungsorganisation von der frühen Kindheit an ist somit bis zum Jugendalter zum einen abhängig von der Stabilität der Beziehungsqualität zwischen Kind und Bindungsfigur. Zum anderen aber ist sie, je älter die Kinder werden, eine Konsequenz der Internalisierung der Interaktionserfahrungen mit den Bindungspersonen zu internalen Arbeitsmodellen. Umweltveränderungen können dann eine Veränderung der Bindungsorganisation bewirken, wenn sie die innere Organisation der Gefühle des Kindes verändern" (Zimmermann, 1999, S. 217).

Holmes (2002, S. 136f.) weist darauf hin, dass die ersten Lebensjahre sicherlich entscheidend für die Charakterbildung sind, jedoch beachtet werden muss, dass diese Einstufungen nicht deterministisch interpretiert werden dürfen, sondern immer die Möglichkeit besteht, dass sich der Bindungsstatus anpassen oder verändern kann. So gebe es Beweise dafür, dass sich durch entscheidende Lebensveränderungen bei der Mutter (beispielsweise geht sie eine harmonische und stabile Liebesbeziehung ein) auch der Bindungsstatus des Kindes ändern kann. Ebenso könne eine psychotherapeutische Intervention bei Mutter und Kind Veränderungen in der Bindungsbeziehung bewirken. Außerdem macht Holmes darauf aufmerksam, dass man nicht dazu tendieren dürfe das Kind als passive empfangende Person von Bindungsschemata zu begreifen, sondern „das Temperament oder sogar neurologische Faktoren beim Kind spielen in der Beziehung zu den Eltern und der darauf folgenden sozialen Anpassung eine Rolle [...] Nichtsdestotrotz scheint die Beweislage so zu sein, dass die Eltern der entscheidende Faktor sind, und dass eine ‚gute' Mutter, sogar wenn ihr Kind ‚schwierig' ist, mit einem Jahr wahrscheinlich eher ein sicher gebundenes als ein unsicher gebundenes Kind haben wird" (ebd., S. 137). Siegel (2010, S. 259f.) bestätigt, dass Bindung ein Wesenszug ist, der nicht genetisch übertragbar ist. „Bindungsmuster sind eine der wenigen Dimensionen des menschlichen Lebens, die weitgehend unabhängig von genetischen Einflüssen sind. Dies ist in Fällen, in denen ein Kind verschiedene Bindungsmuster zu jeder seiner Bezugspersonen aufweist, direkt beobachtbar. [...] Zudem haben sich bei Untersuchungen mit Pflege- und Adoptivkindern – die mit ihren Bezugspersonen nicht genetisch verwandt sind – die gleichen Muster ergeben. Natürlich bestimmen viele Faktoren – wozu Gene, Zufall und Erfahrungen gehören – zusätzlich zu den ersten Bindungen an unsere Betreuungspersonen, was für Menschen wir im Erwachsenenalter werden. Wer jedoch den Einfluss anzweifelt, den Eltern auf ihre Kinder ausüben, muss sich mit diesen umfangreichen Bindungsstudien auseinandersetzen. Sie belegen eindeutig, dass die elterliche Handlungsweise eine enorme Rolle spielt."

Essenziell für die vorliegende Arbeit ist die Einsicht, dass Bindungsmuster zwar einem Ursache-Wirkungsprinzip unterliegen und somit weitergegeben werden können, jedoch nicht zwingend zum Schicksal der empfangenden Person werden müssen. Sowohl Umwelteinflüsse, als auch die Auseinandersetzung mit der eigenen Vergangenheit können Veränderungen in der Bindungssicherheit bewirken. (Vgl. ebd., S. 265)

3.6   Bindungsverhalten im Jugendalter

„Die Jugendzeit ist – neben der Säuglingszeit – zweifelsohne eine der aufregendsten Phasen der Entwicklung. Gleichzeitig ist die Jugend *die* zweite Chance. Während der frühen Entwicklungszeit verpasste und nicht so gut entwickelte Fähigkeiten können jetzt neu verankert werden, denn die phasenweise Lockerung der neuronalen Strukturen bietet Möglichkeiten, wichtige neue Erfahrungen viel schneller und besser zu integrieren. Es ist deutlich, wie die dyadische Bindungssicherheit in der Eltern-Kind-Bindung eine gute Basis und Voraussetzung für die Ablösung, Individuation und Autonomie von Jugendlichen ist" (Brisch, 2014, S. 289).

Dieses Zitat und die vorangegangenen Kapitel machen deutlich, dass Jugendliche mit sicherer Bindung die Erwartungen und Aufgaben, die während der Adoleszenz an sie gestellt werden, einfacher lösen können als Jugendliche mit unsicherem Bindungsmuster. Die Erfahrungen, die in der Kindheit gemacht wurden, die Verankerung des Selbstwertes, die Freundschaften, die geknüpft wurden und viele weitere Faktoren, haben ihren Anteil daran, ob Jugendliche die Phase der Adoleszenz sicher und weitestgehend problemlos durchlaufen, oder ob sie an den neuen Herausforderungen scheitern. (Vgl. Sroufe, Egeland, Carlson & Collins, 2009, S. 175)

Im Folgenden soll auf die Entwicklungsaufgaben und die verschiedenen Interaktionsfelder (Familie, Freunde, Schule, Partnerbeziehungen) von Jugendlichen im Kontext zur Bindungstheorie eingegangen werden. Anschließend sollen Risiko- und Stressfaktoren, die im Jugendalter auftreten können, thematisiert werden, und es soll kurz angesprochen werden, wie sich traumatische Kindheitserlebnisse auf die Adoleszenz auswirken können.

3.6.1 Entwicklungsaufgaben in der Adoleszenz aus Sicht der Bindungstheorie

Entwicklungsaufgaben begleiten uns durch unser gesamtes Leben und die Adoleszenz ist geprägt von wesentlichen Entwicklungsaufgaben des Kindes hin zur erwachsenen Person. Körperliche Veränderungen finden statt, Jugendliche entwickeln eine individuelle Sexualität, und auch kognitiv passiert in dieser Zeit viel. Während der Pubertät entscheidet sich für die meisten Jugendlichen der berufliche Werdegang. Integriert sind solche Entwicklungsaufgaben in die Auseinandersetzung zwischen den Jugendlichen und ihrer Umwelt. Das bedeutet, die Adoleszenten eignen sich ihre Umwelt an und wirken dadurch in dieser. „Entwicklungsaufgaben können als inhaltlich definierte Verbindungsglieder zwischen gesellschaftlichen Anforderungen und individuellen Bedürfnissen, Interessen und Zielen betrachtet werden" (Dreher & Dreher, 1985, S. 56).

Eingebettet sind diese persönlichen Veränderungen, obwohl sie universal stattfinden, in einen kulturellen Kontext. Das heißt, bestimmte Kulturen oder sogar bestimmte sozio-ökonomische Gruppen einer Gesellschaft erfordern spezifische Entwicklungsaufgaben, welche nicht universal bei allen Jugendlichen gleich sind. Hierunter fallen beispielsweise die Werte- und die Normorientierung. Ein weiterer wesentlicher Punkt von Entwicklungsaufgaben ist die Interdependenz ebendieser. Die erfolgreiche Bewältigung einer Entwicklungsaufgabe führt später zu einer besseren Ausgangslage für die nächste Entwicklungsaufgabe. Dies gilt sowohl stringent für aufeinanderfolgende Aufgaben, als auch übergreifend für Aufgaben in anderen Bereichen. Dreher & Dreher (ebd., S. 58) benennen beispielsweise die gut gelungene Ablösung vom Elternhaus als eine Entwicklungsaufgabe, die sich dann auf spätere Paarbeziehungen auswirken kann. Auch die historische Dimension spielt eine Rolle bei der Definition von Entwicklungsaufgaben. So waren vor 50 Jahren noch andere Anforderungen an Jugendliche gestellt worden und andere Aufgaben während der Jugend zu bewältigen gewesen, als dies heute der Fall ist. (Vgl. ebd., S. 57 f.)

Dreher & Dreher (1985) orientieren sich in ihrer Studie an der Theorie über Entwicklungsaufgaben nach Havighurst. Ein wesentlicher Aspekt ist hier das Verständnis, dass Entwicklungsaufgaben in einer Individuum-Umwelt-Interaktion stattfinden. Der Autor und die Autorin (ebd., S. 60) verweisen jedoch darauf, dass es sich nicht um eine objektive Beziehung zwischen Bedingungen und Anforderungen seitens der Umwelt an das Individuum handelt, sondern, dass es immer darauf ankommt, wie das Individuum die Umwelt wahrnimmt. Deutlich wird hier die Nähe zur Bindungstheorie, in welcher ebenfalls davon ausgegangen wird, dass nicht nur die objektiven Geschehnisse wesentlich für die Bindungssicherheit des Individuums sind, sondern auch die subjektive Bedeutungszumessung ebendieser eine Rolle spielt (siehe Kapitel 3.4.3 Innere Arbeitsmodelle).

Abbildung 1: Entwicklungsaufgaben nach Havighurst (vgl. Dreher & Dreher, 1985)

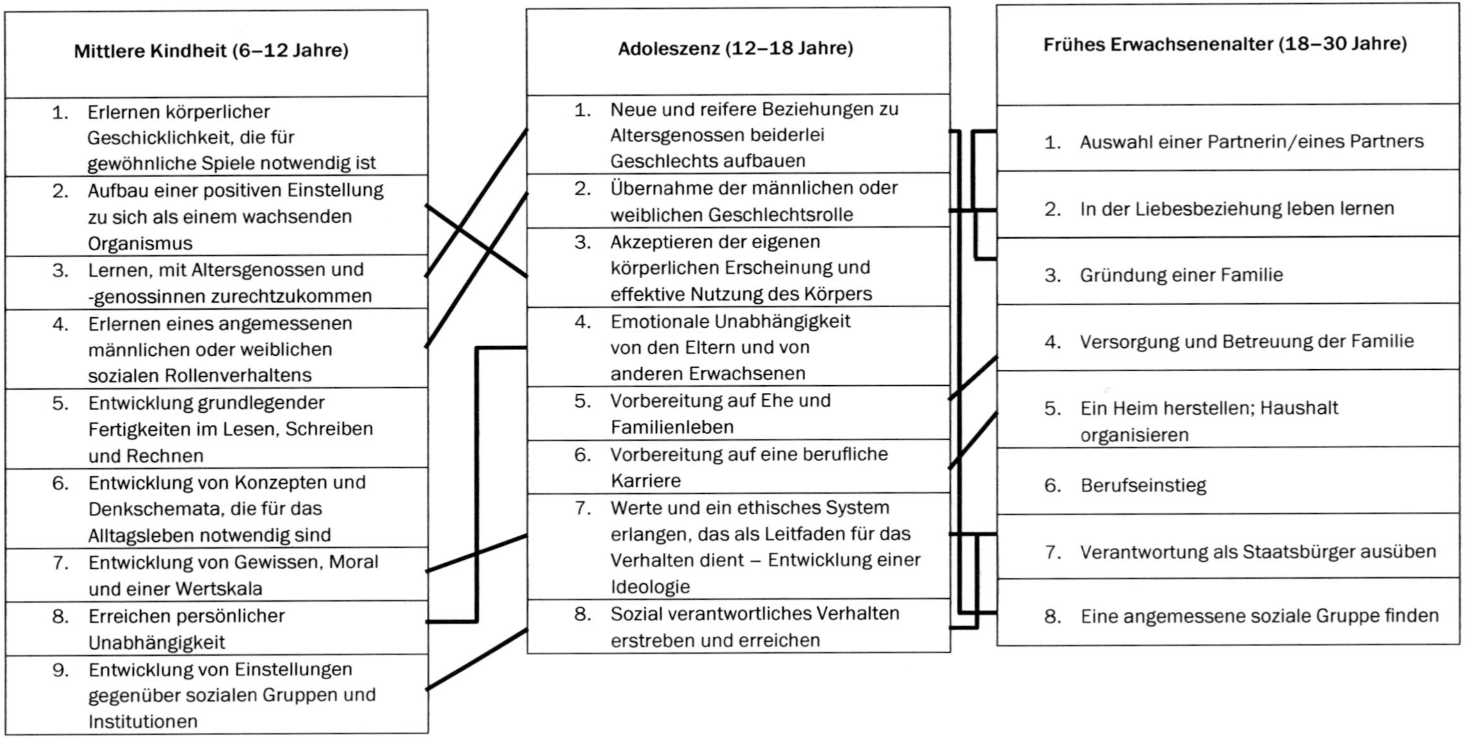

Mittlere Kindheit (6–12 Jahre)

1. Erlernen körperlicher Geschicklichkeit, die für gewöhnliche Spiele notwendig ist
2. Aufbau einer positiven Einstellung zu sich als einem wachsenden Organismus
3. Lernen, mit Altersgenossen und -genossinnen zurechtzukommen
4. Erlernen eines angemessenen männlichen oder weiblichen sozialen Rollenverhaltens
5. Entwicklung grundlegender Fertigkeiten im Lesen, Schreiben und Rechnen
6. Entwicklung von Konzepten und Denkschemata, die für das Alltagsleben notwendig sind
7. Entwicklung von Gewissen, Moral und einer Wertskala
8. Erreichen persönlicher Unabhängigkeit
9. Entwicklung von Einstellungen gegenüber sozialen Gruppen und Institutionen

Adoleszenz (12–18 Jahre)

1. Neue und reifere Beziehungen zu Altersgenossen beiderlei Geschlechts aufbauen
2. Übernahme der männlichen oder weiblichen Geschlechtsrolle
3. Akzeptieren der eigenen körperlichen Erscheinung und effektive Nutzung des Körpers
4. Emotionale Unabhängigkeit von den Eltern und von anderen Erwachsenen
5. Vorbereitung auf Ehe und Familienleben
6. Vorbereitung auf eine berufliche Karriere
7. Werte und ein ethisches System erlangen, das als Leitfaden für das Verhalten dient – Entwicklung einer Ideologie
8. Sozial verantwortliches Verhalten erstreben und erreichen

Frühes Erwachsenenalter (18–30 Jahre)

1. Auswahl einer Partnerin/eines Partners
2. In der Liebesbeziehung leben lernen
3. Gründung einer Familie
4. Versorgung und Betreuung der Familie
5. Ein Heim herstellen; Haushalt organisieren
6. Berufseinstieg
7. Verantwortung als Staatsbürger ausüben
8. Eine angemessene soziale Gruppe finden

In der Abbildung 1 sind die Entwicklungsaufgaben nach Havighurst dargestellt. Mit den Verbindungsstrichen wird deutlich gemacht, dass viele der Aufgaben ineinandergreifen und somit auch ineinander übergehen. Des Weiteren wird veranschaulicht, dass die erfolglose oder erfolgreiche Bewältigung der verschiedenen Entwicklungsaufgaben zum Grundstein für weitere Aufgaben im Leben wird. Deutlich wird bei dem Schaubild auch, dass die Idee der Entwicklungsaufgaben nach Havighurst sehr determinierend und starr gehalten wurde. Die verschiedenen Phasen sind sehr klar voneinander abgetrennt und es bleibt kein Spielraum für Entwicklungsphasen. Auch andere mögliche Entwicklungen (bspw. die der Homosexualität), oder besondere Ereignisse in der Biografie, welche zu einer Verzögerung verschiedener Entwicklungsaufgaben führen können, finden keine Berücksichtigung. Wesentliche und zentrale Auffassung von „Jugend" in dieser Arbeit ist demgegenüber aber die Tatsache, dass Jugend an sich „keine einheitliche Lebenslage und Lebensphase" (Schäfers & Scherr, 2005, S. 22) darstellt, sondern abhängig von psychischen Faktoren und der sozialen Position in der Gesellschaft ist. Je nach Bindungstyp und Schicht-/Milieuzugehörigkeit sind die Anforderungen an Jugendliche, und die Herausforderungen in der Gesellschaft für Jugendliche durchaus unterschiedlich, wie in beiden in dieser Dissertation vorgestellten Theorien veranschaulicht wird.

Dennoch eignet sich das Schaubild um eine Orientierung zu geben, welche Entwicklungsphasen wann anstehen. Versteht man die verschiedenen Phasen nicht deterministisch und lässt Spielraum offen, um auch andere mögliche Entwicklungen miteinzubeziehen, so gibt es einen guten Überblick darüber, mit welchen Aufgaben, Fragen und Bewältigungsproblemen sich Jugendliche beschäftigen.

Autonomiebestrebungen sind eine genannte Entwicklungsaufgabe des Jugendalters. Aktuelle Theorien, die das Jugendalter betreffen, gehen weniger von Ablösungskonflikten in der Jugendphase aus, als von dem Streben der Jugendlichen nach Selbstständigkeit und dem Bedürfnis, für sich selber sorgen zu wollen. Während man auf den ersten Blick meinen könnte, Autonomieentwicklung und Bindung stünden sich konträr gegenüber, so sind die Experten und Expertinnen der Bindungstheorie der Meinung, Autonomieentwicklung könne sich durch eine sichere Bindung leichter vollziehen. Autonomie wird hier verstanden als ein eigenständiges Bedürfnis des Menschen, welches neben Verbundenheit und Kompetenz besteht. „Autonomie zeigt sich darin, dass man eigene Absichten, Ziele und Interessen entwickelt und versucht, diese auch im Handeln umzusetzen" (Zimmermann & Iwanski, 2014, S. 13). Autonomes Handeln bedeutet nicht zwangsläufig unabhängiges Handeln – man kann autonom handeln und dennoch abhängig von anderen sein. Solange man die Entscheidung so zu handeln wie man handelt beruhend auf eigenen Wertvorstellungen oder Zielsetzungen trifft, spricht man vom autonomen Handeln. (Vgl. ebd.)

Walper (2014, S. 40 f.) definiert in Anlehnung an den Psychological Separation Inventory (PSI) vier Dimensionen der Autonomie:

- *„funktionale Unabhängigkeit* (als Verhaltensautonomie in praktischen Alltagsangelegenheiten),
- *einstellungsbezogene Unabhängigkeit* (Wertautonomie in der Herausbildung eigener Meinungen und Einstellungen)
- *emotionale Unabhängigkeit* (als geringes Bedürfnis nach Anerkennung, Nähe und emotionalem Rückhalt durch die Eltern) und
- *konfliktbezogene Unabhängigkeit* (als Befreiung von Schuldgefühlen, Ängsten, Misstrauen und Ärger gegenüber den Eltern)."

Obwohl Jugendliche nach Autonomie streben, möchten sie „Bindung und Rückhalt durch die Eltern" (ebd., 1998, S. 137) nicht aufgeben. „Der Prozeß der Individuation kann als ein Prozeß beschrieben werden, in dem Eltern und Jugendlicher auf die Abgrenzung des Jugendlichen als Individuum hinarbeiten, aber gleichzeitig die Bindung aneinander, die auf gegenseitiger Achtung und Anerkennung der Individualität beruht, beibehalten" (Youniss, 1994, S. 112). Eine sichere Bindung kann zur positiven Autonomieentwicklung beitragen, unsichere Bindungen hingegen können die Entwicklung der Autonomie hemmen. (Vgl. Zimmermann & Iwanski, 2014, S. 15)

Verschiedene Studien konnten Zusammenhänge zwischen einer guten Balance von Autonomie und Verbundenheit zwischen Jugendlichen und ihren Eltern und dem Selbstvertrauen, sowie der Persönlichkeitsentwicklung von den Jugendlichen herstellen. „Während Autonomie, die auch emotionale Abwendung von den Eltern beinhaltet, z. B. mit geringerem Selbstwertgefühl und größerer Anfälligkeit für Gruppendruck einhergeht […], steht Autonomie auf der Grundlage einer vertrauensvollen Beziehung zu den Eltern, mit höherem Selbstwertgefühl und reiferer Identitätsentwicklung im Zusammenhang" (Becker-Stoll, Lechner, Lehner, Pfefferkorn, Stiegler & Grossmann, 2000, S. 346).

Auch eine Teilstudie der Regensburger Längsschnittstudie untersuchte das Autonomiebestreben Jugendlicher und junger Erwachsener. Grundlegender Gedanke dieser Studie war, dass das Bindungs- und Explorationsverhalten des Kindes vergleichbar ist mit den Bestrebungen nach Verbundenheit und Autonomie im Jugendalter. „So, wie eine sichere Bindungsbeziehung zu den Eltern das Kind dazu befähigt, seine Umwelt zu erkunden, so sollte eine förderliche Beziehung zwischen dem Jugendlichen und seinen Eltern dadurch gekennzeichnet sein, daß er auf der Grundlage von emotionaler Verbundenheit auch eigene Wertvorstellungen entwickeln kann" (ebd., S. 348). In einem Streitgespräch und in einer Urlaubsplanungssituation zwischen 16-jährigen Jugendlichen und ihren Müttern, und denselben Jugendlichen im Alter von 18 Jahren und ihren Vätern, wurde autonomes Verhalten und Autonomie verhinderndes Verhalten der Jugendlichen gemessen. Insgesamt konnte festgestellt werden, dass die Jugendlichen mit 18 Jahren autonomer handelten, als mit 16 Jahren, und dass ihre Argumentationsweise und ihr Selbstvertrauen im Alter von 18 Jahren gestiegen waren. Die autonomieverhindernden Verhaltensweisen nahmen mit zunehmendem Alter ab. Deutlich wurde auch, dass Väter eher Autonomiebestrebungen unterstützten, während die Mütter eher autonomieverhinderndes Verhalten zeigten. (Vgl. ebd.)

Eine weitere Entwicklungsaufgabe der Adoleszenz ist es, sich von der dyadischen Eltern-Kind-Beziehung zu lösen und Bindungs- und Beziehungsgestaltung auch auf Gruppen und Peers zu erweitern. Brisch (2014, S. 279) betont, dass „Bindung ebenso das gefühlsgetragene Band ist, das – spätestens in der Pubertät – eine Person wenigstens zu einer spezifischen Gruppe anknüpft und das Gruppe und Individuum über Raum und Zeit miteinander verbindet." Jugendliche erleben Peergroups oft als „geschlossene, funktionierende Einheit" (ebd.) in die man nur eintreten kann, wenn man bestimmte Voraussetzungen erfüllt. Gruppen zeichnen sich nach Brisch (ebd., S. 280) dadurch aus, dass die einzelnen Gruppenmitglieder weniger feinfühlig sind und nicht so sehr auf die Signale der einzelnen Person eingehen. Das Gefühl, sich einer Gruppe sicher verbunden zu fühlen, kann erst nach einer längeren Eingewöhnungszeit entstehen; die Gruppe bietet aber auch aufgrund ihrer größeren Basis ein stärkeres Sicherheitsgefühl für Jugendliche als eine dyadische Beziehung dies bewerkstelligen kann. Gruppen haben „in bedrohlichen Phasen immer mehr Potential, mehr Ideen mehr Ressourcen und mehr ‚Power', die sie zur Unterstützung zur Verfügung stellen können, als dies in einer Dyade möglich wäre" (ebd.).[23]

3.6.2 Familiäre Bindung während der Adoleszenz

Bindungsverhalten zeigt sich in der Jugend nicht mehr so deutlich wie in der Kindheit. Das liegt unter anderem daran, dass Jugendliche im Vergleich zu Kindern weitaus besser in der Lage sind, ihre Emotionen zu regulieren; so ist das aktive Suchen nach der körperlichen Nähe eines Elternteils nicht mehr primäres Ziel von Jugendlichen, sondern eher die Aufrechterhaltung von psychologischer Nähe. Das Band zwischen Eltern und Jugendlichen bleibt erhalten, auch wenn sich die Zielrichtung der Bindung im Hinblick auf Freundschaften, Liebesbeziehungen und Beziehungen zu anderen Erwachsenen zumindest erweitert. Bindung kann hier auch auf Gruppen oder Institutionen ausgerichtet werden, wobei dennoch meist Einzelpersonen das Bindungsbedürfnis auslösen (vgl. Bowlby, 1975, S. 197). Zimmermann (1999) betont in Bezug auf Ainsworth, dass nicht jede Beziehung zu Gleichaltrigen eine Bindungsbeziehung darstellt.

---

23 An dieser Stelle sei auf Bowlby verwiesen, welcher zwar auch von einer Ausrichtung der Bindung gegenüber Gruppen ausgeht, dennoch die Beziehung zu einzelnen Gruppenmitgliedern auch hier in den Fokus stellt (siehe auch Kapitel 3.6.2 Familiäre Bindung während der Adoleszenz).

Langanhaltende Freundschaften oder Paarbeziehungen können in der Jugend aber Bestandteile einer Bindungsbeziehung aufweisen. Diese Bindungen treten jedoch nicht in Konkurrenz zur Bindung an die Eltern, sondern stehen neben dieser, auch wenn sich die Priorität der ersten Ansprechperson für Jugendliche oder junge Erwachsene verändert und sie sich dann eher an ihren Partner oder ihre Partnerin als an die Eltern wenden. Die Elternbeziehung bleibt dennoch wesentlich für „den erfolgreichen Umgang der Jugendlichen mit den Anforderungen der physischen, psychischen wie sozialen Veränderungen dieser Zeit" (ebd., S. 207). Wie wichtig die primären Bindungspersonen weiterhin für Jugendliche sind, wird deutlich durch die hohe Korrelation von Risikofaktoren und unsicheren Bindungsrepräsentationen im Jugendalter, wie sie u. a. in der Bielefelder Längsschnittstudie und in der Minnesotastudie nachgewiesen wurden. (Vgl. Zimmermann & Iwanski, 2014, S. 18) (Siehe hierzu auch Kapitel 3.5.2 Die Bielefelder Längsschnittstudie und Kapitel 3.6.6 Risikofaktoren, die während der Adoleszenz auftreten können.)

Im Idealfall wird also die Beziehung zu den Eltern zu einer ebenbürtigen, reziproken Beziehung umgeformt, bleibt aber dennoch die „primäre Quelle von Sicherheit" (Zimmermann, 1999, S. 207). Zimmermann (1999, S. 207 f.) belegt diese Aussage durch eine Studie von Fend, welcher aufzeigen konnte, dass Selbstbewusstsein und Selbstsicherheit von Jugendlichen mit der Aussage korrelierten, dass sie vor allem die Eltern aber auch Freunde und Freundinnen bei Problemen um Rat fragten. Ein Anstieg der „Ich-Stärke" konnte gemessen werden, wenn die jungen Erwachsenen im Verlauf ihrer Jugend immer häufiger ihre Eltern bei Problemen konsultierten. Das bedeutet, je mehr sich Jugendliche auf ihre Eltern, beziehungsweise auf ihre primären Bindungspersonen, verlassen können und wissen, dass diese bei Problemen für sie da sind, desto selbstsicherer und selbstbewusster sind sie. (Vgl. auch Zimmermann & Iwanski, 2014; Walper, 2014)

Eine essenzielle Aufgabe im Jugendalter ist es demnach, die Beziehung zu den Eltern umzuformen, so dass sie weiterhin Schutz gewährleistet, aber auch Möglichkeiten der Autonomieentwicklung zulässt. (Siehe hierzu auch Kapitel 3.6.1 Entwicklungsaufgaben in der Adoleszenz aus Sicht der Bindungstheorie). Das Aushandeln verschiedener Freiheiten und Meinungsverschiedenheiten und ein Informationsaustausch auf gleicher Ebene, sind nun von Belang in der Eltern-Kind-Beziehung. Je mehr Vertrauen Eltern ihrem Kind gegenüber aufbringen können, desto eher werden sie die Autonomiebestrebungen ihres Kindes unterstützen. „Eine offene und kooperative Kommunikation stärkt das Vertrauen des Jugendlichen in die Bezugsperson und bestätigt das Bild der Eltern von ihrem heranwachsenden Kind als verlässlich und verantwortungsbewusst. [...] Kommunikation und das kooperative Aushandeln von Zielkonflikten, bei denen es um Autonomie geht, sind für die Wahrung einer sicheren Bindungsbeziehung zwischen Eltern und Kind von zentraler Bedeutung" (Kobak, Grassetti & Close, 2014, S. 96). Geschieht die Kommunikation nicht wie beschrieben, kann dies zu Enttäuschungen seitens des Kindes und der Eltern führen. Die oder der Jugendliche kann dann in einer Art und Weise reagieren, beispielsweise mit Wut oder Rückzug, welche die Eltern veranlasst, ihrem Kind noch weniger zu vertrauen. So entsteht ein „symptomatischer Zyklus" (ebd., S. 97) welcher zu Bindungsverletzungen führen kann. Es liegt auf der Hand, dass eine unsichere Bindung oder gar eine Bindungsstörung solche negativen Kreisläufe begünstigen.

In der Phase der Autonomiebestrebungen Jugendlicher übernehmen die Eltern meist unterschiedliche Funktionen. „Während die Mütter für die Verbundenheit, Nähe und Kommunikation in der Eltern-Kind-Beziehung zuständig sind, fördern die Väter ihre Kinder häufiger in der Autonomieentwicklung, insbesondere seitens ihrer Söhne" (Walper, Thönnissen, Wendt & Schaer, 2010, S. 298). Die emotionale Bindung ist sowohl bei Töchtern, als auch bei Söhnen stärker der Mutter gegenüber ausgeprägt, Söhne beschreiben die Beziehung zum Vater auf emotionaler Ebene als eher distanziert. (Vgl. ebd.)

3.6.3 Auswahl der Peergroup im Kontext zur Bindung

Neben die Beziehung zu den Eltern treten im Jugendalter normalerweise Beziehungen zu Gleichaltrigen. Diese sind, im Gegensatz zur Bindung an die Eltern, für den jungen Menschen selbst mitbestimmbar. Er kann also Einfluss darauf nehmen, in welchen Personenkreisen und Situationen er sich bewegen möchte. Von Bedeutung für die vorliegende Arbeit ist die Einsicht, dass diese scheinbare Freiheit dennoch begrenzt ist durch das innere Arbeitsmodell, nach dem sich der oder die Adoleszente richten wird. „Das gezeigte Verhalten steht dann im Einklang mit dem aufgebauten Arbeitsmodell, perpetuiert die eigenen Erwartungen über die Reaktion anderer Menschen und bewirkt auf diese Weise Kontinuität" (Zimmermann, 1999, S. 219). Nachdem der junge Mensch im Laufe seiner Kindheit Arbeitsmodelle internalisiert hat, welche sowohl sein Denken, Fühlen und Handeln beeinflussen, und die sich somit auswirken auf seine Erwartungen in Bezug auf andere Personen, als auch seine Möglichkeiten des Zugangs zu den eigenen Gefühlen und Erinnerungen beeinflussen, kann man davon ausgehen, dass er „die Umwelt aufgrund der gebildeten internalen Arbeitsmodelle interpretiert und danach handelt" (ebd., S. 218). Sowohl die Art und Weise, wie Beziehungen eingegangen werden, als auch die Strategien mit den Anforderungen, die eine Freundschaft stellt, umzugehen, sind demnach erstens angepasst an, und zweitens aufbauend auf Bindungserfahrungen zu verstehen. Diese zwei Komponenten sind miteinander verbunden, eine seelisch gesunde Person kann also einerseits erkennen, welches Gegenüber ihr eine sichere Basis bietet und somit als geeignete Bezugsperson fungieren kann und ist andererseits in der Lage, zu einer solchen Bezugsperson eine angemessene Beziehung herzustellen, die sich für beide Seiten lohnt. (Vgl. auch Zimmermann, Gliwitzky & Becker-Stoll, 1996; Zimmermann, 1999, S. 226; Zimmermann & Iwanski, 2014, S. 26 ff.)

Untermauert werden diese Aussagen von verschiedenen im Folgenden ausgeführten Studien: In einer Untersuchung, bei welcher Jugendliche hinsichtlich ihrer sozialen Kompetenzen sowohl von Freundinnen und Freunden eingeschätzt wurden, als auch sich selber einschätzen und die emotionale Unterstützung durch die Eltern angeben sollten, stellte sich heraus, dass sich Jugendliche mit sicherer Bindungsrepräsentation eher in der Lage zeigten, vertrauensvolle Freundschaften aufzubauen, „in denen man sich gut kennt und um die Stärken und Schwächen des anderen weiß" (Zimmermann, Gliwitzky & Becker-Stoll, 1996, S. 150). Ebenso beschrieben sie sich als zufriedener mit sich selbst und hatten ein positiveres Selbstwertgefühl. Eine unsichere Bindungsrepräsentation führte hingegen dazu, dass Jugendliche als feindseliger, weniger ich-flexibel und idealisierend im Hinblick auf sich selbst wahrgenommen wurden. „Sie zeigten darüber hinaus eine geringere Zufriedenheit mit sich selbst, weniger positives soziales Verhalten gegenüber Gleichaltrigen und gaben mehr vermeidende oder emotional beschwichtigende Bewältigungsstrategien im Umgang mit alltäglichen Problemsituationen an" (Zimmermann, 1999, S. 226).

Bowlby bezieht sich auf eine Studie von Peck und Havighurst (1960, zitiert nach Bowlby, 2006a, S. 303 ff.), welche von 34 Kindern (17 Jungen und 17 Mädchen) im Alter von zehn bis 17 Jahren Persönlichkeitsprofile anlegten und diese dann mit der familiären Situation verglichen. Die Beurteilung durch die Forscher wurde bestätigt durch eine Beurteilung der Klassenkameraden und Klassenkameradinnen der Kinder. Die höchsten Kategorien (Kategorie VII: Gut integriert, aber weniger gut als in der VIII. Kategorie; Kategorie VIII: Vernünftig – altruistisch) zeichnen sich durch Freundlichkeit, Vernünftigkeit und altruistische Impulse aus. Die Kinder werden gemocht und mögen andere Leute gerne, sie sind also gut integriert und genießen das Leben. Kinder, die nach der Beurteilung der Forscher in diese Kategorie eingeordnet wurden, wurden von ihren Mitschülerinnen und Mitschülern als tüchtig, freundlich und fröhlich bezeichnet, außerdem als gute Kameraden oder Kameradinnen. Kinder aus der unteren Kategorie (Kategorie I: Amoralisch), welche sich durch unzutreffende Einschätzungen sozialer Situationen, schlecht angepasstes Verhalten, emotionale Labilität, Schuldgefühle und das Gefühl weder mit sich selbst noch mit ihrer Umwelt, zurecht zu kommen auszeichneten, fanden bei ihren Mitschülerinnen und Mitschülern wenig Resonanz. Bei der Untersuchung der familiären Muster der fünf charakteristischsten Kategorien stellte sich folgendes heraus: Die Familiensituation der Kinder der Kategorie I, also der amoralischen Kategorie, wies als deutlichstes Merkmal erzieherische Unbeständigkeit auf, die Eltern tadelten oft und waren den Kindern gegenüber misstrauisch. „Diese Jungen und Mädchen sind mit sehr wenig Liebe, wenig emotionaler Sicherheit und, wenn überhaupt, nur mit sehr geringer konsequenter Disziplin aufgewachsen. Es überrascht daher kaum, dass diese Kinder aktiven Hass auf ihre Familie und fast alle übrigen Menschen ausdrücken" (Bowlby, 2006a, S. 308). Die Familien der höchsten Kategorien, also der VII. und VIII. Gruppe, standen ihren Kindern und deren Freunden und Freundinnen sehr positiv und wertschätzend gegenüber. „Die häusliche Routine ist regelmäßig, ohne starr zu sein. Die Eltern vertrauen ihrem Kind. In Fragen der Disziplin sind sie konsequent gegenüber ihrem Kind, aber Milde überwiegt. Die Kinder haben stark positive Gefühle gegenüber beiden Elternteilen, die sie später auch auf andere ausdehnen. Verhaltensnormen sind nie aufgezwungen worden und können daher diskutiert werden; später lassen sie sich in einer Weise anwenden, die den besonderen Merkmalen einer Situation angepasst ist" (ebd., S. 308f.). Die Untersuchung über sieben Jahre hinweg ergab, dass die Charakterstrukturen der Kinder, bspw. die moralische Verhaltensstruktur, tendenziell gleich blieben.

Eine weitere Studie mit 192 Jugendlichen (50 % Mädchen und 50 % Jungen) wurde von Bronfenbrenner durchgeführt (zitiert nach Bowlby, 2006a, S. 312f.). Die 16-jährigen wurden von ihren Lehrkräften eingeschätzt, bezüglich „a) das Ausmaß, in dem sie sich in ihrer Schule als Anführer oder Gefolgsmann erwiesen, und b) das Ausmaß, in dem ihnen Verpflichtungen auferlegt werden konnten oder nicht" (eb., S. 312). Die Jugendlichen füllten selbst einen Fragebogen über ihre familiäre Situation aus. Festzustellen war, dass Jungen meist höher in der Kategorie a) eingeschätzt wurden und Mädchen in der Kategorie b). Weiterhin konnte festgestellt werden, „dass ein Jugendlicher mit Befähigung zum Anführen im Allgemeinen aus einer Familie kommt, in der ihm von Seiten der Eltern viel Zeit, Zuneigung und Unterstützung zuteil wurde und dass jemand mit Verantwortungsgefühl im Allgemeinen aus einer Familie kommt, in der die Eltern ein gewisses Maß an Autorität ausüben. Anführen können und Verantwortlichkeit bei Kindern und Zuneigung und Autorität in der Familie korrelierten positiv miteinander" (ebd., S. 312). Im unteren Teil der Einschätzungsskala (also Jungen und Mädchen, die sowohl in ihrer Qualität zum Anführen, als auch in ihrer Verantwortlichkeit niedrig eingeschätzt wurden), befanden sich oft Jugendliche, bei denen „elterliche Teilnahmslosigkeit oder abweisendes Verhalten die Regel" (ebd., S. 312f.) waren. „Der betreffende Junge (oder das Mädchen) berichtete im Allgemeinen, dass die Eltern sich häufig über ihn beklagen, dass sie dazu neigen, ihn lächerlich zu machen, wenig Zeit für ihn aufbringen und seine Gesellschaft eher meiden. Disziplin fehlte entweder ganz oder wurde mit Hilfe von willkürlichen und exzessiven Strafmaßnahmen aufrechterhalten" (ebd., S. 313). Auch Kinder von Eltern, die als übermäßig beschützend dargestellt wurden, wurden in Bezug auf ihre Qualitäten zum Anführen niedrig eingeschätzt.

Eine Weiterführung der Bielefelder Längsschnittstudie erfasste durch ein Interview über Freundschaftsbeziehungen verschiedene Facetten eben dieser.

Abgefragt wurden hier unter anderem die Peer-Integration, das Freundschaftskonzept, die Qualität enger Freundschaftsbeziehungen, die Konfliktlösefähig-
keit und die zielkorrigierte Partnerschaft[24]. Deutlich wurde die starke Korrelation von einer sicheren Bindungsrepräsentation mit „der Existenz eines stabilen
Freundschaftsnetzes, mit regelmäßigem Kontakt zu den Freunden und dem Erleben von Akzeptanz und subjektivem Wohlbefinden innerhalb dieses Freundschaftsnetzes" (Zimmermann, 1999, S. 228). Außerdem wurde Unterstützung
und das Ratsuchen bei Problemen, sowie gegenseitiges Vertrauen bei eben diesen sicher gebundenen Jugendlichen wertgeschätzt und auch eher umgesetzt.
Meinungsverschiedenheiten konnten von dieser Gruppe besser, im gegenseitigen Einverständnis, geklärt werden und gegengeschlechtliche Liebesbeziehungen waren geprägt von mehr emotionaler Offenheit und Unterstützung. „Zu einer unsicher-distanzierten Bindungsrepräsentation ergaben sich zu allen Bereichen negative Korrelationen. Bei der Dimension unsicher-verwickelt ergaben
sich signifikante negative Zusammenhänge zur Peer Integration" (ebd.), womit
sowohl die qualitative als auch die quantitative Einbindung in ein Freundschaftsnetz gemeint ist. Auch die Konfliktlösungsstrategien, also der „Umgang
mit Streit und Meinungsverschiedenheiten in engen Freundschafts- oder Partnerbeziehungen" (ebd., S. 227) korrelierten negativ mit ihrer Bindungsrepräsentation, wobei die Bandbreite hier „zwischen Rückzug und Beziehungs-
abbruch einerseits und der Suche nach Kompromissen oder der Erhaltung der
Beziehung […]" (ebd.) andererseits, lag. Keine Korrelation konnte bei den unsicher-verwickelt eingestuften Jugendlichen gegenüber dem Freundschaftskonzept festgestellt werden, also den „Erwartungen und Vorstellungen bzgl. enger
Freundschaften, mit einer Bandbreite von Freundschaft als Interessengemein-
schaft bis zur Erwartung einer engen Beziehung mit der Möglichkeit gegenseitiger emotionaler Offenheit und Unterstützung" (ebd.) und auch nicht bei der
Freundschaftsqualität, also der Umsetzung der formulierten Erwartungen im
Freundschaftskonzept.

Durch die Bielefelder Längsschnittstudie konnte in Bezug auf die Beziehungsfähigkeit der Jugendlichen im Kontext ihrer Bindungsrepräsentation herausgearbeitet werden, dass Erfahrungen, sowohl mit den Eltern, als auch durch
Risikofaktoren, prägend für die Gestaltung von Freundschaften und Liebesbeziehungen sind und die Beziehungsregeln, die in der Familie erlernt werden,
auf Freundschaftsbeziehungen übertragen werden. Die Annahme, dass Kinder,
die ihre Eltern als unterstützend wahrnehmen, im freundschaftlichen Bereich
bessere Beziehungen aufbauen und eingehen können, konnte durch die Bielefelder Längsschnittstudie bestätigt werden, außerdem auch die Fähigkeit, im

---

24 Siehe zum Begriff „zielkorrigierte Partnerschaft" Kapitel 3.4.2.1 Verschiedene Entwicklungsphasen.

freundschaftlichen Bereich eine sichere Basis aufbauen und nutzen zu können, wenn man diese durch die Eltern erfahren hat. (Vgl. ebd., S. 230)

3.6.4 Beziehungsfähigkeit in der Jugend im Kontext zur Bindung

Eine emotional tiefe Beziehung zu führen bedeutet unter anderem, dem Gegenüber zu vertrauen. Diese Fähigkeit gehört zu den neu hinzukommenden Aufgaben im Jugendalter, (siehe Kapitel 3.6.1 Entwicklungsaufgaben in der Adoleszenz aus Sicht der Bindungstheorie) in welchem Beziehungen (relativ risikolos) ausprobiert werden können. Der Unterschied zu Beziehungen im Erwachsenenalter ist, dass Beziehungen bei Adoleszenten die „Funktion als Spender von Sicherheit und Unterstützung noch nicht voll übernehmen" (Wendt & Walper, 2006, S. 422) müssen, da die Eltern weiterhin primäre Ansprechpartner bei Problemen bleiben. Dabei haben die Eltern-Kind-Beziehungen einen großen Einfluss auf die spätere Qualität der Liebesbeziehungen der Adoleszenten. „Eine sichere Bindung, mit einer hohen emotionalen Sicherheit geht mit einer höheren Partnerschaftsqualität einher" (Walper, Thönnissen, Wendt & Schaer, 2010, S. 291). Wie sich Eltern dem Kind gegenüber verhalten, spielt also auch in der Beziehungsgestaltung derselben als Jugendliche eine Rolle. In der Interaktion und in der Beziehung mit den Eltern erwerben die Jugendlichen auch soziale und emotionale Kompetenzen, welche sie dann wiederum in romantischen Beziehungen anwenden.

In einer Studie von Walper (2014) wird deutlich, dass emotionale Unsicherheiten in Bezug auf die Mutter bei Jugendlichen auch zu „Bindungsunsicherheiten in der Partnerschaft" (ebd., S. 53) führen. Empirisch belegt ist hier außerdem, dass erlebte Gewalt in der Eltern-Kind-Beziehung öfters mit Gewalt in der Paarbeziehung derjenigen Adoleszenten einhergeht, und dass das Konfliktlöseverhalten von Eltern gegenüber ihren Kindern einen Einfluss auf das Konfliktlöseverhalten in der Paarbeziehung der Jugendlichen hat. „Auch für Verhaltensweisen wie Kompromisse eingehen, verbale Aggression oder Konfliktvermeidung konnten positive Zusammenhänge aufgezeigt werden. Zudem finden sich Belege für die Transmission unterstützenden Verhaltens" (Walper, Thönnissen, Wendt & Schaer, 2010, S. 293 f.).

Das Lernen am Modell ist wesentlich in romantischen Beziehungen von Jugendlichen. Die Art und Weise, wie sich Eltern zueinander verhalten, wird internalisiert und in der eigenen Beziehung angewandt. Die Konfliktlösestile der Mutter in Bezug auf ihren Partner korrelierten mit der Individuation und Zufriedenheit in der Beziehung der Jugendlichen. „Je weniger verbale Aggression oder Rückzugsverhalten die Mütter für ihre Konflikte mit dem Partner berichten, desto besser gelingt die Individuation der Jugendlichen in Beziehung zu ihrem Partner" (Walper, 2014, S. 54).

Walper et al. (2010) gehen davon aus, dass gerade der gegengeschlechtliche Elternteil bei heterosexuellen Beziehungen eine besondere Rolle während der Adoleszenz spielt. „Jugendliche finden in dieser kritischen Phase des Beziehungslernens in ihm ein gegengeschlechtliches Gegenüber, an welchem sich im Sinne eines rollenspezifischen Lernens sowohl Erwartungen und Beziehungskonzepte, als auch konkrete Verhaltensweisen im Umgang mit dem anderen Geschlecht herausbilden können" (Walper, Thönnissen, Wendt & Schaer, 2010, S. 295). Während der Adoleszenz werden vor allem auch geschlechtertypische Unterschiede deutlich. Mädchen benennen „stärkere emotionale Intensität, Bindung, Selbstenthüllung und Unterstützung in ihren Partnerschaften" (ebd., S. 291), aber auch Eifersucht. Jungen hingegen fühlen sich in romantischen Beziehungen und in der verbalen Artikulation von romantischen Inhalten unsicherer als Mädchen. (Vgl. ebd., S. 291)

In der Minnesotastudie konnte festgestellt werden, dass sicher gebundene, aber auch unsicher-vermeidend gebundene 16-jährige Interesse an romantischen Beziehungen hatten. Der Unterschied lag hier in der Länge der Beziehungen. Sicher gebundene Jugendliche hatten signifikant öfter Beziehungen, die länger als drei Monate anhielten, als unsicher-vermeidend gebundene Jugendliche. Unsicher-ambivalent gebundene Jugendliche hatten seltener Beziehungen als die anderen beiden Gruppen. Sroufe et al. verweisen hier auf den Zusammenhang zu vorherigen Untersuchungsergebnissen, in welchen unsicher-ambivalent gebundene Kinder auf sozialer Ebene unreifer erschienen. (Vgl. Sroufe, Egeland, Carlson & Collins, 2009) (Siehe auch Kapitel 3.5.1 Studien zur Bindung im weiteren Lebensverlauf)

Wesentlich für das Verständnis von Bindungen im Jugendalter in Bezug auf die Familie, Peergroup und Beziehungen ist die Erkenntnis, dass der Wunsch nach Autonomie bei Jugendlichen keinesfalls die Ablösung von Bindungen impliziert. Autonomiebestrebungen Jugendlicher sind, im Gegenteil, leichter zu bewältigen, wenn die Jugendlichen eine sichere Basis und eine gute Bindung erlebt haben und sich auf diese auch weiterhin verlassen können. Die Kommunikation von Bindungsbedürfnissen oder das aktive Aufsuchen von Bindungssituationen geschieht in diesem Alter nicht mehr so deutlich, da auch die Bewertung der eigenen Person durch die Öffentlichkeit und die soziale Akzeptanz seitens der Gesellschaft oder von Freunden eine wichtige Rolle spielen. Außerdem wird deutlich, dass Jugendliche von der Ausgestaltung der Beziehung ihrer Eltern zueinander und der Beziehung zwischen Eltern und Kind vieles auf ihre eigenen Beziehungen übertragen, beispielsweise Verlustängste oder Unsicherheiten in Paarbeziehungen, wenn die emotionale Bindung zur Mutter unsicher ist.

3.6.5 Schulische Kompetenzen im Kontext zur Bindung

Schon im Kleinkindalter haben sicher gebundene Kinder mehr Möglichkeiten zur Exploration und Autonomieentwicklung und somit auch mehr Lernmöglichkeiten als unsicher gebundene Kinder. Studien belegen, dass unsicher gebundene Kinder schon im Alter von drei Jahren weniger Motivation bei der Lösung von schwierigen Aufgaben zeigen (also schneller aufgeben) als sicher gebundene Kinder. (Vgl. Spangler & Zimmermann, 1999)

Während der Adoleszenz äußern sich Bindungsunterschiede unter anderem in der Selbstwahrnehmung der Jugendlichen. Sicher gebundene Jugendliche schätzen sich selber „angemessen-positiv" (ebd., S. 88) ein, während unsicher gebundene Jugendliche zu einem sehr idealisierten oder einem sehr negativen Selbstbild neigen. „Da dies bei letzteren zwangsläufig zur Über- bzw. Unterschätzung der eigenen Leistungsfähigkeit führt, können insbesondere in Leistungssituationen Probleme erwartet werden" (ebd.).

Die Minnesotastudie beschäftigt sich mit den schulischen Kompetenzen von Kindern über die komplette Schulzeit hinweg (Studien zur mittleren Kindheit wurden im Kapitel 3.5.1 Studien zur Bindung im weiteren Lebensverlauf vorgestellt). Die Aussagen, welche über Schulkompetenzen in der mittleren Kindheit gemacht wurden, treffen für die 16-jährigen auch noch zu. So wurden mathematische Bildung und Lesekompetenzen als signifikant höher getestet, wenn die Jugendlichen sichere Bindungsschemata aufweisen konnten. Die Autoren verweisen an dieser Stelle darauf, dass bei Jugendlichen mit sicherer Bindung auch deren Anwesenheit in der Schule, die Aktivitäten ihrer Eltern sowohl in der Schule, als auch bei der Unterstützung bei Hausaufgaben und positive Schüler-Lehrkräfte-Beziehungen, höher korrelierten als bei unsicher gebundenen Jugendlichen – was die höheren Kompetenzen in den Bereichen Mathematik und Lesen erklären könnte. (Vgl. Sroufe, Egeland, Carlson & Collins, 2009, S. 187)

Spangler & Zimmermann (1999) konnte in einer Studie aufzeigen, dass sicher gebundene Jugendliche sich zwar in Motivation und Exploration (Ausdauer, Informationssuche) nicht von unsicher-distanzierten Jugendlichen unterscheiden, wenn es darum geht, eine komplexe Aufgabe zu lösen, sie können „die aufgenommene Information aber eher in planvolles Handeln umsetzen und sind letztendlich auch erfolgreicher als unsicher-distanzierte Jugendliche" (ebd., S. 95). Unsicher-verwickelte Jugendliche zeichnen sich durch eher „planloses Handeln und geringe Effektivität" (ebd.) aus, obwohl sie besonders lange und intensiv an der Problemlösung arbeiteten.

„Sowohl nach der motivationspsychologischen als auch nach der bindungstheoretischen Forschungstradition tragen soziale Einflußprozesse wesentlich dazu bei, daß sich im Lauf der Entwicklung spezifische, mehr oder weniger überdauernde Motivtendenzen bzw. emotionale Regulationsmuster (innere Arbeitsmodelle) bilden, die

dann auch in Leistungssituationen eine wichtige Organisationsfunktion übernehmen. In diesem Sinne ist ein Einfluß sozialer Prozesse auf Leistung in belastenden
Situationen, in denen die Bezugsperson nicht anwesend ist, nicht direkt anzunehmen, sondern indirekt über den Einfluß auf motivationale und emotionale Prozesse,
die dann zum Tragen kommen, wenn die Kompetenz einer Person herausgefordert
wird" (ebd., S. 88).

3.6.6 Risikofaktoren, die während der Adoleszenz auftreten können

Sroufe et al. (2009) untersuchten in der Minnesotastudie, inwiefern riskantes
Verhalten während der Jugend auf Bindungsaspekte zurückzuführen sei. In ihren Auswertungen benennen sie drei wesentliche Risiken, welche Auswirkungen auf den weiteren Lebensverlauf haben können:

Riskantes sexuelles Verhalten während der Adoleszenz, vor allem mit vielen
verschiedenen Sexualkontakten und ohne entsprechende Verhütung, birgt für
Jugendliche ein erhöhtes gesundheitliches und ökonomisches Risiko. Aus riskantem sexuellen Verhalten resultierende frühe Schwangerschaften erhöhen
das Risiko für Jugendliche, sich ökonomischen Problemen auszusetzen. In der
Studie wurde deutlich, dass diese Risikogruppe vor allem aus solchen Jugendlichen bestand, bei denen im Alter von 13 Jahren im Elternhaus ein emotional
negatives Klima herrschte, und die wenig Unterstützung und Beaufsichtigung
durch die Eltern erfuhren. Bereits in ihrer Kindheit (im Alter von sechs bis sieben
Jahren) hatten sie sich durch Motivationslosigkeit in der Schule ausgezeichnet.
Außerdem gingen mit riskantem sexuellen Verhalten während der Adoleszenz
meist andere Probleme, wie Alkohol- und/oder Drogenprobleme, Verhaltensauffälligkeiten etc., einher: „sexual risk behavior was strongly related to drug
and alcohol problems, other behavior problems (past and present), expulsion
from school, and conflict with dating partners" (Sroufe, Egeland, Carlson &
Collins, 2009, S. 194).

Die Risikofaktoren, welche zu *extremem Alkohol- und/oder Drogenkonsum*
führen können, gleichen zum Großteil den oben genannten. Sroufe et al. benennen beispielsweise die hohe Korrelation zwischen Motivationslosigkeit in
der Schule im Kindesalter und erheblichem Drogenkonsum während der Adoleszenz; auch sexuelle und körperliche Misshandlungen in der Kindheit korrelierten stark mit extremem Drogenkonsum während der Adoleszenz. Sroufe
et al. machen darauf aufmerksam, dass es wichtig sei, zwischen „extremem" Al-
kohol- und/oder Drogenkonsum zum einen, und dem „Experimentieren" mit
berauschenden Substanzen während der Jugendphase zum anderen zu unterscheiden, da dieses Ausprobieren Bestandteil einer normalen Entwicklung sei.
„Teens experiment with ‚adult' behaviors, and such experimentation may well
be an important part of self-discovery. At the least, research suggests that those

who experiment with drugs or alcohol have more positive backgrounds and are generally more competent and psychologically healthy as teens and later, than those who are either heavy users *or* abstain totally from substance use" (ebd., S. 195). Elterliche Unterstützung, beziehungsweise die Ablehnung durch die Eltern im Vorschulalter und mit 13 Jahren, waren die deutlichsten Prädiktoren für exzessiven Alkoholkonsum während der Jugendphase. (Vgl. ebd., S. 188 ff.)

Ein weiterer Risikofaktor, der in der Minnesotastudie benannt wird, ist die *Wahl einer devianten Peergroup.* Da die Auswahl der Peergroup im Kontext zur Bindung bereits in Kapitel 3.6.3 Auswahl der Peergroup im Kontext zur Bindung eingehend bearbeitet wurde, soll hier nur kurz darauf eingegangen werden. Oftmals wird die Entscheidung von Jugendlichen, sich deviante Peers zu suchen, als der Hauptfaktor für die eigene deviante Entwicklung benannt, und in gewisser Weise ist diese Aussage auch richtig. Jugendliche, die sich in einer devianten Peergroup aufhalten, zeigen oftmals ähnliche Verhaltensauffälligkeiten, wie sexuelles Risikoverhalten, frühe Schwangerschaften und exzessiven Drogen- und/oder Alkoholkonsum, die bei Jugendlichen ohne Bezug zu einer devianten Peergroup ungleich seltener vorkommen. Außerdem ist die Korrelation zwischen devianter Peergroup und kriminellem Verhalten in der späteren Jugendphase besonders hoch. Jedoch ist die Annahme, eine deviante Peergroup führe zu deviantem Verhalten, zu kurz gegriffen. Sroufe et al. machen darauf aufmerksam, dass die Wahl einer devianten Peergroup eher das Resultat der vorangegangenen Entwicklung ist. (Vgl. Hopf, 2005; Sroufe, Egeland, Carlson & Collins, 2009, S. 195 f.)

3.6.7 Besondere Stressfaktoren in konfliktbelasteten Familien

In den vorangehenden Kapiteln wurde deutlich, dass Verhaltensauffälligkeiten und Probleme im Jugendalter oftmals mit einem negativen Klima Zuhause während der mittleren Kindheit korrelieren. Daher soll im Folgenden auf Stressfaktoren von Kindern und Jugendlichen eingegangen werden, die in konfliktbelasteten Familien leben.

3.6.7.1 Stressfaktoren in konfliktbelasteten Kernfamilien und Trennungsfamilien

Walper (2014) untersuchte mithilfe einer erweiterten Version des Münchner Individuationstests zur Adoleszenz (MITA) die Individuationsentwicklung von Jugendlichen in Beziehung zu deren Eltern. 750 Jugendliche im Alter von neun bis 19 Jahren aus fünf deutschen Großstädten wurden unter Einbeziehung der familiären Hintergründe rekrutiert. Insgesamt umfasste der Test sechs Skalen:

- „gelungene Individuation' als Indikator für Individualität in der Verbundenheit,
- ‚Anlehnungsbedürfnis' als Indikator für ein hohes Bedürfnis nach Nähe und Verbundenheit,
- ‚geleugnetes Bindungsbedürfnis' als Indikator für Zurückweisung von Nähe und Verbundenheit,
- ‚Angst vor Vereinnahmung' als Indikator für die Vermeidung von Nähe, die als bedrohlich erlebt wird,
- ‚Angst vor Liebesentzug' als Indikator für Verlustängste, die sich auf die (unsichere) Zuneigung der Eltern bezieht, und
- ‚Ambivalenz' als Indikator für ein wahrgenommenes Ungleichgewicht in der Beziehung, wobei der Wunsch nach Nähe seitens des Elternteils geringer eingeschätzt wird als die eigenen Beziehungswünsche" (ebd., S. 49).

Deutlich wurde in dieser Studie, dass Jugendliche, die in konfliktbelasteten Kernfamilien leben, also in Familien, in welchen die Eltern oftmals Konflikte miteinander haben und oftmals einen Koalitionsdruck auf das Kind ausüben, „deutlich mehr Anzeichen für eine emotionale Distanzierung von beiden Eltern, die sich an einem geringeren Anlehnungsbedürfnis und einer stärkeren Verleugnung von Bindungsbedürfnissen festmachen ließ, aber auch [für] vermehrte emotionale Unsicherheiten den Eltern gegenüber" (ebd., S. 50) zeigen, als Jugendliche aus Trennungsfamilien. Der Bindungstypus „unsicher-ambivalent" in Beziehung von Jugendlichen zu ihren Eltern liegt in konflikthaften Kernfamilien mit 53 % deutlich höher als in unbelasteten Kernfamilien oder in Trennungsfamilien (30 % bis 33 %). Ein sicheres Beziehungsmuster zur Mutter konnte in konfliktbelasteten Familien nur bei 15 % der Jugendlichen festgestellt werden, in konfliktarmen Kernfamilien hingegen lag der Anteil bei 48 %. Auch wurde die Beziehung zum (Stief-)Vater analysiert und in vier Beziehungstypen kategorisiert. Eine sichere Beziehung zwischen Jugendlichen und ihren Vätern bestand in den konfliktarmen Kernfamilien zu 52 %, in konfliktbehafteten Kernfamilien bestand diese nur bei 26 %. Die unsicher-ambivalente Beziehung zum Vater war wiederum in den konfliktbelasteten Kernfamilien prozentual am höchsten mit 46 % im Vergleich zu konfliktarmen Kernfamilien mit 22 %. Somit kann ein hohes Konfliktpotenzial zwischen den Eltern in Kernfamilien als bedeutsamer Stressfaktor für die davon betroffenen Kinder und Jugendlichen bezeichnet werden. (Vgl. Walper, 2014)

In konfliktbehafteten Kernfamilien werden die Kinder außerdem zusätzlichen Stressfaktoren ausgesetzt. Da sie nicht zwischen die elterlichen Fronten geraten wollen, entwickeln sie ein feines Gespür für die häusliche Situation, welches mit erhöhter emotionaler Unsicherheit einhergeht. Diese wiederum steigert das Risiko für Problemverhalten bei den Jugendlichen, „sowohl im Bereich externalisierender, also aggressiv-ausagierender Verhaltensauffälligkeiten als auch im Bereich internalisierenden Problemverhaltens, das sich in vermehrter Ängstlichkeit, Depressivität und Selbstwertproblemen zeigt" (ebd., S. 48).

Die Autorin analysiert in ihrer Studie weitere Stressfaktoren von Jugendlichen in Trennungsfamilien. So setzen sich Familien durch eine Trennung häufig einem höheren Armutsrisiko aus, da sich durch das Führen von zwei Haushalten bei gleichzeitiger Verschlechterung der steuerlichen Situation die finanzielle Situation der Gesamtfamilie verschlechtert. Außerdem wird die Elternschaft meistens nicht mehr gemeinschaftlich gelebt, stattdessen finden sich die Jugendlichen einer parallelen Elternschaft ausgesetzt, was bedeutet, dass keine Absprachen mehr getroffen werden und die Kinder sich im ständigen Wechsel zweier unterschiedlicher Lebenswelten ohne Bezug zueinander zurecht finden müssen. Auseinandersetzungen zwischen den Eltern wirken auf ihre Kinder „nachhaltig verunsichernd und belasten deren emotionale Ressourcen dauerhaft" (ebd.).

3.6.7.2 Vorübergehende psychische Erkrankungen als Folge von dysfunktionaler Stressbewältigung

Es gibt verschiedene Varianten für Jugendliche, mit Stress umzugehen, welcher durch genannte Stressfaktoren zwar größer wird, aber auch bei Jugendlichen mit sicherer Bindung und in Normalfamilien ohne besondere Vorkommnisse auftritt, da die Jugendphase an sich so viele Veränderungen (physisch wie psychisch) mit sich bringt. U. a. benennt Brisch (2014, S. 278) exzessives Lernen, Essen mit der Gefahr des Übergewichts, oder Hungern mit der Gefahr der Magersucht, suchtartiges Verhalten (Alkohol, Drogen) oder exzessives Computerspielen oder Videokonsum. Auch Aggressionen, exzessiv betriebener Sport oder ständig wechselnde Beziehungen sind Versuche von Jugendlichen, ihren Stress zu regulieren. Solche Probleme zeigen das Streben von Jugendlichen, sich selber zu finden und ihren Platz in der Peergroup zu definieren, meistens können sie diese Probleme dann beim Übertritt ins Erwachsenenalter hinter sich lassen. (Vgl. auch Sroufe, Egeland, Carlson & Collins, 2009, S. 193 f.)

Die nicht gelungene Stressbewältigung kann dann vorübergehend (und nur in seltenen Fällen manifest) zu psychischen Erkrankungen führen, wie „Panikstörungen, depressive Episoden, Phasen von Suizidalität oder auch psychotische Episoden, etwa auch die psychotische Erstmanifestation einer psychiatrischen Erkrankung. Auch Aggressivität gegen sich und andere in Form von selbst- und fremdverletzendem Verhalten und der Beginn einer Suchterkrankung, etwa mit Drogen- und Alkoholkonsum, können in dieser Zeit beobachtet werden […]" (Brisch, 2014, S. 279).

3.6.8 Desorganisierte Bindung und/oder traumatische Erfahrungen während der Kindheit und ihre Auswirkungen auf die Adoleszenz

Während oben beschrieben wurde, dass teilweise keine signifikanten Korrelationen zwischen der Einstufung in der Fremden Situation und der Bindungsrepräsentation in der Adoleszenz belegt werden konnten (Kapitel 3.5.2 Die Bielefelder Längsschnittstudie), verweist Wieland (2014) auf Studien, welche aufzeigen, dass eine signifikante Korrelation zwischen als desorganisiert eingestuften Kleinkindern und älteren Heranwachsenden mit der Klassifikation als „unsicher-desorganisiert" im AAI besteht. Diese Klassifizierung beinhaltet, dass die Heranwachsenden „irgendeine Form von Trauma erlebt haben" (ebd., S. 176). Die Autorin (ebd., S. 176 f.) verweist des Weiteren auf verschiedene Studien, welche Dissoziationen[25] bei Heranwachsenden in Zusammenhang mit unsicher-vermeidendenden oder desorganisierten Bindungsmustern bringen. „In Studien hat sich bestätigt, dass Heranwachsende, zu deren Vorgeschichte sowohl eine frühe desorganisierte Bindung als auch eine traumatische Erfahrung gehören, deutlich häufiger eine Dissoziation aufweisen als Altersgenossen, die zwar eine frühe desorganisierte Bindung, aber kein nachfolgendes Trauma erlebten, und als solche, bei denen es nicht zu einem desorganisierten Bindungsverhalten kam" (ebd., S. 178).

Wieland (ebd., S. 183) beschreibt vier Klassifikationstypen von desorganisiert gebunden Heranwachsenden, welche sie in ihrer therapeutischen Arbeit beobachten konnte:

1. „übertrieben kontrollierend bzw. sehr destruktiv in ihrer primären (sowie späteren intimen) Bindungsbeziehung, aber frei von pathologischer Dissoziation; oder
2. übertrieben kontrollierend bzw. sehr destruktiv in ihrer primären Bindungsbeziehung bei dissoziativer Symptomatik (milde Dissoziation); oder
3. übertrieben kontrollierend bzw. sehr destruktiv in ihrer primären Bindungsbeziehung bei moderater Dissoziation (z. B. Depersonalisierung, Derealisierung, Taubheit der Emotionen und Empfindungen, widersprüchliche Verhaltensreaktionen, dissoziative Amnesie); oder

---

25 „Der Begriff ‚Dissoziation' kommt aus dem Lateinischen und bedeutet so viel wie ‚Trennung' oder ‚Zerfall'. Im Bereich der klinischen Psychologie und Psychiatrie versteht man unter Dissoziation, dass normalerweise zusammengehörige Informationen, Wahrnehmungen, Gedanken etc. nicht miteinander in Verbindung gebracht werden können" (http://www.infonetz-dissoziation.de, 2014). Eine genauere Beschreibung verschiedener Dissoziationsmodelle findet sich bei Wieland (2014).

4. übertrieben kontrollierend bzw. sehr destruktiv in ihrer primären Bindungsbeziehung bei extremer Dissoziation (DDNOS oder DID)."

Die desorganisierte Bindung ist somit ein Interaktionsmuster, welches über Jahre hinweg stabil bleiben kann und sich durch die Wechselwirkung von „Annäherung und Vermeidung" (Wieland, 2014, S. 200) äußert. Jugendlichen, welche Verhaltensmuster internalisieren, die auf eine Desorganisation/Desorientierung schließen lassen, fällt es schwer „gesunde und positive Beziehungen zu Gleichaltrigen, zu Erwachsenen und vor allem zu Partnern aufzubauen. Ihre innere Verfassung gerät leicht aus dem Ruder" (ebd., S. 200).

Die Autorin beschreibt auf Grundlage ihrer therapeutischen Arbeit mit desorganisierten Jugendlichen die gleichen Problematiken, welche auch oben schon in verschiedenen Studien angesprochen wurden. Obwohl sie es nicht explizit ausführt, wird auch hier deutlich, dass Jugendliche mit desorganisiertem Verhaltensmuster solch ein Misstrauen in ihre Umwelt haben, dass sie von ihrem Umfeld negativer wahrgenommen werden, als Heranwachsende mit sicherer Bindung (siehe Kapitel 3.5.1 Studien zur Bindung im weiteren Lebensverlauf). Somit wird für sie auch die Gestaltung von positiven Beziehungen deutlich erschwert. (Vgl. ebd.)

In der Minnesota Studie verweisen Sroufe et al. auf den Zusammenhang zwischen Misshandlungen im Vorschulalter (u.a. körperliche Misshandlung, psychologische Nichtverfügbarkeit, Verwahrlosung in der Kindheit und Missbrauch) und psychiatrischen Erkrankungen während der Adoleszenz. 90% der Jugendlichen, welche einer der genannten Misshandlungserfahrungen ausgeliefert waren, hatten mit 17 Jahren schon mindestens eine psychiatrische Diagnose. Physische Misshandlung und Verwahrlosung stehen in der Minnesota Studie im deutlichen Zusammenhang mit Verhaltensauffälligkeiten im Jugendalter und verschiedenen spezifischeren Problemen. Sexueller Missbrauch zieht die größte Bandbreite an Problemen mit sich, angefangen beim innerlichen Rückzug der Jugendlichen, über Angstzustände und Aufmerksamkeitsprobleme, bis hin zu Aggressionen, Delinquenz und Drogenmissbrauch. Jede Form der Misshandlung hat delinquentes Verhalten in der Adoleszenz zur Folge. In der Minnesotastudie wird dies einerseits mit der innerlich angestauten Wut und der Negativität, welcher die Jugendlichen ausgesetzt sind, begründet und andererseits mit fehlendem Kontrollverhalten der Eltern während der Adoleszenz. (Vgl. Sroufe, Egeland, Carlson & Collins, 2009, S. 189f.)

Sroufe et al. konnten außerdem einen deutlichen Zusammenhang zwischen früherer Verwahrlosung und schulischen Leistungsproblemen in der Adoleszenz feststellen. Während vernachlässigte Kinder später weniger zu Aggressionen, exzessivem Drogenmissbrauch oder Schulabbruch tendierten, konnte ein höherer Alkoholkonsum bei diesen festgestellt werden, welcher jedoch nicht zu ernsthaften Problemen führte. Bei physisch missbrauchten Kindern konnte während der Adoleszenz ein erhöhter Drogenkonsum, welcher mit weiteren Problemen einherging, festgestellt werden: Diese tendierten zu aggressivem und aufsässigem Verhalten und schwänzten öfter die Schule. Jugendliche, welche sich seelisch abkapselten und nicht erreichbar waren, hatten öfter Aggressionsprobleme, soziale Probleme, waren isoliert und diese Gruppe tendierte häufiger zu Suizidversuchen als Kontrollgruppen. Die Autorinnen und Autoren der Studie verweisen darauf, dass es auch viele Jugendliche gab, welche, obwohl sie einer dieser Kategorien zuzuordnen waren, später gut zurechtkamen. (Vgl. ebd., S. 190)

Auch wenn Kinder Zeugen oder Zeuginnen von Gewalt werden, hinterlässt dies im Jugendalter deutliche Spuren. Erhöhter Alltagsstress und Verhaltensprobleme während der Adoleszenz korrelierten deutlich mit dem Faktor, dass während der Vorschulzeit Gewalt miterlebt wurde. Deutlich wurde hier, dass Mädchen eher zu internalisierten und Jungen zu externalisierten problematischen Verhaltensweisen tendierten. (Vgl. ebd., S. 190 f.)

3.7 Zusammenfassung der Bindungstheorie

Nach Grossmann & Grossmann (2006, S. 67 f.) kann die Bindungstheorie in fünf wesentlichen Kernaussagen zusammengefasst werden:

1. Die seelische Gesundheit des Kindes wird maßgeblich von kontinuierlicher und feinfühliger Fürsorge beeinflusst.
2. Bindung ist eine biologische Notwendigkeit, die dem Säugling Schutz und Versorgung gewährleistet. Sie wird zu einer erwachsenen Person aufgebaut, die als weiser und stärker empfunden wird. Das Verhaltenssystem der Bindung existiert gleichrangig mit Verhaltenssystemen, die der Aggression, der Sexualität und der Ernährung dienen.
3. Charakteristisch für eine Bindungsbeziehung sind die Aktivierung des Bindungssystems bei Angst und das gleichzeitige Einstellen des Explorationsverhaltens. Umgekehrt wird das Bindungssystem deaktiviert, wenn man sich wohl und sicher fühlt, und das Explorationsverhalten wird wieder aktiv.
4. Bindungsqualitäten lassen sich messen, indem man untersucht, inwieweit sie Sicherheit vermitteln.
5. Bindungserfahrungen führen zu inneren Abbildern und daraus resultierenden Erwartungshaltungen. So entstehen innere Arbeitsmodelle von sich und von anderen.

Die Bindungstheorie arbeitet mit dem grundlegenden Verständnis, dass der menschliche Organismus eine Einheit bildet, das heißt, dass man Gefühle, Gedanken und Verhalten nicht separiert voneinander verstehen kann, sondern sie in einem gemeinsamen Kontext untersuchen muss. Körper, Geist und Seele werden als ein gemeinsames Ganzes betrachtet, weshalb die menschliche Entwicklung einer gewissen Kontinuität folgt. Vergangene Erfahrungen prägen also das gegenwärtige Verhalten. Ein zweiter wesentlicher Punkt, ist die sich entwickelnde zunehmende Komplexität des Menschen. Jeder Mensch ist im Verlauf seiner Entwicklung sowohl mit Schwierigkeiten, mit denen er sich auseinandersetzen muss, als auch mit unterstützenden Faktoren konfrontiert. Im Zusammenspiel dieser Kräfte entwickelt sich die jeweilige Individualität, die weder allein durch die vergangenen Erfahrungen noch allein durch die gegenwärtigen Bedingungen erklärt werden kann. „Something qualitatively new is now present that embodies both continuity and change" (Sroufe, Egeland, Carlson & Collins, 2009, S. 220). Das dritte Prinzip der Bindungstheorie beruht auf der Annahme, dass Kinder durch ihre Individualität ihre eigene Entwicklung immer auch mitgestalten (siehe auch Kapitel 3.4.2.1 Verschiedene Entwicklungsphasen, Kapitel 3.5.2 Die Bielefelder Längsschnittstudie). Erfahrungen prägen das Kind, aber gleichzeitig erzeugt das Kind auch Erfahrungen, durch sein Streben, seine Reaktionen und durch die individuelle Interpretation seiner Umwelt. (Vgl. ebd., S. 219 f.)

Diese drei grundlegenden Prinzipien der Bindungstheorie, die Einheit des menschlichen Organismus, die sich entwickelnde Komplexität des Menschen und die permanente Mitgestaltung der eigenen Umwelt, führen zu einer dynamischen Sichtweise des Entwicklungsprozesses, dessen Mittelpunkt die andauernde Interaktion zwischen Individuum und Umwelt bildet. Weil der Mensch aktiv an der Gestaltung seiner eigenen Erfahrungen teilnimmt und diese dann integriert, wird der Spielraum für spätere Erfahrungswerte immer stärker limitiert (siehe auch Kapitel 3.3 Vorläufer der Bindungstheorie: Folgen der frühen Mutterentbehrung). Dennoch können aktuelle Erlebnisse, vor allem Erfahrungen mit wichtigen Bezugspersonen, einen bedeutenden und verändernden Einfluss auf die Person haben, was nicht bedeutet, das vorangegangene Erfahrungen dann keine Rolle mehr spielen, eher werden diese neuen Erfahrungen zusätzlich in die Person integriert und steigern so wiederum das Level der Komplexität der menschlichen Entwicklung. Die frühkindlichen Erfahrungen bleiben dennoch abgespeichert im menschlichen „Bauplan", und die jeweilige Bedeutung, welche ebendiesen Erfahrungen zugesprochen wird, hängt von vielen verschiedenen Faktoren, wie beispielsweise von besonderen Umständen, stressigen Situationen etc. ab. (Vgl. Sroufe, Egeland, Carlson & Collins, 2009, S. 220) „The capacity to function well in school, the capacity for intimate relationships, and the capacity for resilience are developmental outcomes. Personality itself is a developmental outcome. […] This view holds whatever role one assigns to genes or other endogenous factors" (ebd., S. 237).

Die mit zunehmendem Alter auch zunehmende Komplexität des Menschen beinhaltet, dass mit dem Älterwerden auch die Möglichkeiten der Entwicklungsfreiheit abnehmen. Zwar kann sich durch (therapeutische) Interventionen oder durch Veränderungen im persönlichen Umfeld auch die „innere Karte" der Person verändern, solche Veränderungen bedürfen aber, je manifester die Persönlichkeitsstruktur des Menschen ist, immer stärkerer Anstrengungen. So bleibt die familiäre Umgebung eines Kindes normalerweise über Jahre hinweg relativ konstant, so dass auch die Entwicklung dieses in relativ vorgegebenen Bahnen verläuft. Hinzu kommt, dass ein Mensch, welcher eine Persönlichkeitsstruktur ausgebildet hat, zu einer Art Selbsterhaltung und Selbstbestätigung seiner Identität neigt, welche ihn dazu bringen, Vergangenes (auch negative Erfahrungen) zu perpetuieren. „Aber nicht nur der Druck von Seiten der Umgebung führt dazu, dass die Entwicklung eine bestimmte eingeschlagene Spur fortsetzt. Strukturelle Merkmale der Persönlichkeit haben – einmal entwickelt – ihre eigenen Mittel zur Selbstregulierung, die ebenfalls für eine Beibehaltung des einmal eingeschlagenen Weges sorgen. Zum Beispiel bestimmen vorhandene kognitive und Verhaltensstrukturen, was wahrgenommen wird und was nicht, wie eine neue Situation gedeutet wird, und welcher Handlungsplan zu ihrer Bewältigung aller Wahrscheinlichkeit nach aufgestellt wird. Vorhandene Strukturen bestimmen darüber hinaus, welche Personen und Situationen gesucht und welche gemieden werden. Auf diese Weiße beeinflusst ein Individuum selbst die Wahl seiner Umgebung" (Bowlby, 2006a, S. 328).

3.8 Zwischenfazit

Durch die Beschreibung der Bindungstheorie wurde deutlich, dass sich Bindungsrepräsentationen nicht nur auf die eigene Persönlichkeit auswirken (und nicht nur in Bezug auf die Familie von Bedeutung sind), sondern in alle Lebensbereiche übergreifen. Dies verläuft nicht einseitig (der unsicher gebundene Mensch ist auch unsicherer seiner Umwelt gegenüber, erwartet eher Negatives etc.), sondern auch die Umwelt reagiert auf unsicher gebundene Personen anders als auf solche mit sicherem Bindungsmuster. Bezogen auf junge Menschen, die sich jeglicher Einflussnahme durch Erwachsene entziehen, kann geschlussfolgert werden, dass solche keine sichere Bindungsrepräsentation entwickelt haben können – sonst würden sie in einer Krise einen anderen Lösungsweg gehen als den, sich in hochriskante und prekäre Lebensverhältnisse zu begeben.

Die Eingangsfrage, warum es junge Menschen gibt, die nicht mehr bereit sind, sich sinnvoll in unsere Gesellschaft zu integrieren, die stattdessen ein höchst risikobehaftetes Leben auf der Straße einem vergleichsweise sicheren Platz bspw. in einem Heim vorziehen, kann mit der Bindungstheorie jedoch nicht ausreichend beantwortet werden. Schließlich landen nicht alle jungen Menschen mit unsicherem oder gestörtem Bindungsmuster in prekären Lebenssituationen – viele finden ihren Weg und gehen diesen, ohne gesellschaftlich aufzufallen.

Junge Menschen, die in und an der Gesellschaft scheitern, – und damit komme ich zum zweiten, ergänzenden theoretischen Ansatz meiner Arbeit – sind oft mit weniger „Kapitalien" ausgestattet als solche, die trotz unsicherer Bindungsrepräsentation ihren Platz in der Gesellschaft finden. Oder, und das wird ein wesentlicher Aspekt dieser Arbeit sein, sie schaffen es nicht, ihr Kapitalvolumen auf herkömmliche Art und Weise zu erhalten oder zu akkumulieren. Sich in den verschiedenen Lebensbereichen zu bewähren fällt diesen Jugendlichen schwer und sie erleben häufig ihr eigenes Scheitern. Mit Bourdieus Gesellschafstheorie und mit seinem Habitusbegriff soll aufgezeigt werden, dass der Mensch sich auf der Grundlage seiner erlernten Verhaltensweisen und seiner verschiedenen Kapitalien in der Gesellschaft positioniert. Er kann sich seinen Platz in der Gesellschaft suchen, ist hier jedoch von vornherein durch die Kapitalien, die er vorweisen kann, und durch den Habitus, den er internalisiert hat, mehr oder weniger festgelegt.

4 Die Gesellschaftstheorie Bourdieus

4.1 Historischer Abriss

Pierre Bourdieus Theorie hat den Anspruch, eine Verbindung zwischen objektivistisch-strukturalistischen und subjektivistisch-phänomenologischen Ansätzen zu erzielen, um so eine praxeologische Perspektive einnehmen zu können. Seiner Ansicht nach war eine *Theorie der Praxis* notwendig, welche die Beziehungen zwischen Strukturen und Subjekten und deren eigene Rolle in diesem Kontext berücksichtigen würde. Mit seiner Theorie untersuchte er die Dichotomie zwischen gesellschaftlicher Reproduktion und individueller Lebenssituation (der „Struktur" und der „Praxis"), wobei die vermittelnden Strategien der Lebensführung („Habitus") im Mittelpunkt seines Interesses standen. (Vgl. Liebau, 1987, S. 32 ff.)[26]

Bourdieus Lebenslauf zeigt auf, dass dieser selbst habituelle Grenzen überwinden musste, um zu einem der renommiertesten Soziologen der Gegenwart zu werden. Daher soll seine Biografie kurz dargestellt werden, macht sie auch deutlich, warum dieses Thema Bourdieus Forschungsinteresse weckte. Darauffolgend soll Bourdieus Theorie im historischen Kontext verortet werden und sowohl auf Bourdieus Kritik an den wesentlichen Strömungen seiner Zeit aufmerksam gemacht werden, als auch auf für diese Arbeit interessante Kritik an Bourdieus Theorie eingegangen werden.

Pierre Bourdieu wurde am 1. August 1930 in dem französischen Dorf Denguin geboren. Nach dem Besuch des Internats in Pau und bestandenem Abitur wurde er am Lycée Louis-le-Grand in Paris auf sein Studium vorbereitet. Später berichtete Bourdieu, dass er schon in Pau seine Herkunft deutlich wahrnahm, da nur wenige Schulkinder aus der Provinz einen Platz am Gymnasium erhielten. Bourdieu begann 1951 in der Sorbonne Philosophie zu studieren und erhielt einen Platz in der École Normale Supérieure. „Der Sohn eines Dorfpostlers und einer protestantischen Mutter befand sich im intellektuellen Zentrum der ‚Grande Nation'" (Rehbein, 2011, S. 20 f.). An dieser Spitzenhochschule schloss er 1955 als Bester seines Jahrgangs das Studium mit der Agrégation in Philosophie ab und wurde Lehrer an einem Gymnasium in der französischen Provinz. Als Bourdieu 1955 zum Wehrdienst einberufen wurde, kam er in eine französi-

---

26 An dieser Stelle soll darauf verwiesen werden, dass die wesentlichen Begriffe Bourdieus bei der Erläuterung seiner Theorie definiert werden. Obwohl die Verwendung der Begriffe schon vorher notwendig ist, gebietet es m. E. der logische Aufbau dieser Arbeit, dass die Definition der Begriffe im Kapitel 4.3.1 Begrifflichkeiten vorgenommen wird.

sche Kolonie nach Algerien. „Er selbst war nun täglich mit den Schrecken des Krieges und der kolonialen Unterdrückung konfrontiert. Über das, was er sah, war er zutiefst entsetzt" (ebd., S. 22).

Um die französische Gesellschaft über die Lebensrealität der algerischen Bevölkerung informieren zu können, beschäftigte sich Bourdieu mit dem algerischen Alltag und veröffentlichte sein Werk „Sociologie d'Algérie" 1958 in der französischen Presse. Nach dem Wehrdienst blieb Bourdieu in Algerien und wurde Assistent an der Universität in Algier. Hier konnte er nun seine Forschungen über die algerische Gesellschaft weiterführen und methodisch sowie instrumentell ausweiten. Mit der Unterstützung des französischen Statistikamtes konnte Bourdieu „eine groß angelegte Fragebogenerhebung über die algerischen Haushalte" (ebd., S. 24) durchführen. Die Ausbreitungen des Kapitalismus und die „Frage nach den Bedingungen der Entstehung des Kapitalismus" (ebd.) untersuchte Bourdieu nun an der algerischen Gesellschaft, was ihn von der Philosophie zur Soziologie brachte. Die sozialen Probleme, so Bourdieus Erkenntnis, entstehen einerseits durch den Kolonialkrieg, andererseits aber durch die Durchdringung der algerischen Gesellschaft mit der kapitalistischen Wirtschaftsweise und der Verdrängung des traditionellen Wirtschaftssystems. „Bourdieu versuchte nun, alle Aspekte des Phänomens zu untersuchen: Unterschiede in der Arbeitsmoral, im ökonomischen Denken und im Konsumverhalten, Klassenstrukturen, Klassenbewusstsein, Lebensführung und vieles mehr" (ebd., S. 25).

Die Kabylen dienten Bourdieu als Beispiel einer traditionellen Gesellschaft. Da diese relativ isoliert in den Bergen Nordalgeriens lebten, ging Bourdieu davon aus, dass sie ihre ursprüngliche Lebensform noch weitgehend beibehalten hatten. Anhand der Beschreibungen der Kabylei entwickelte Bourdieu das Habituskonzept: Der Mensch erwirbt Denk-, Handlungs- und Wahrnehmungsschemata durch sein Umfeld, also durch das soziale einüben eben dieser. „Der Habitus wird von der Gesellschaft ‚eingepflanzt', so dass jeder Mensch sozial determiniert ist, aber nach seiner Einpflanzung entwickelt er eine eigene Dynamik, die nicht mit der Dynamik der Gesellschaft identisch ist" (ebd., S. 30). Wenn sich aber eine Gesellschaft nicht weiter verändert, bleiben die Denk-, Wahrnehmungs- und Handlungsschemata gleich, d.h. man kann von den gegenwärtigen Mustern auf die zukünftigen schließen, was Bourdieu von der Kabylei behauptete. Bei den Kabylen, so Bourdieu, sei die „Familie der Kern und das Modell der gesamten kabylischen Gesellschaft" (ebd., S. 31), d.h. als erstes nimmt das Subjekt sich als Familienmitglied wahr, danach als Gruppen- bzw. Dorfmitglied. Die Regeln der jeweiligen Gemeinschaft seien so Teil des eigenen Bewusstseins des Akteurs und der Akteurin und werden daher nicht als Zwang verstanden. Die Möglichkeit eines Ausschlusses aus der Gemeinschaft sorge für Konformität, außerdem das Verständnis, dass mangelnde Konformität das eigene Ansehen beschmutze. „Diese doppelte Sicherung bezeichnet Bourdieu als

‚Ehre‘" (ebd.), wobei diese auch sozial abgestuft sei: Die jeweils ältesten Männer seien in der Familie, im Clan und auch im jeweiligen Stamm die Oberhäupter.

Wurde nun aber die Anpassung der Kabylen an die Moderne notwendig, beispielsweise dadurch, dass Menschen in Städte zogen und dort nach Lohnarbeit suchen mussten, die bisher durch die Gemeinschaft des Clans oder des Stammes abgesichert waren, so wurde die Angst vor der Erwerbslosigkeit in die Denk-, Wahrnehmungs- und Handlungskategorien der Akteurinnen und Akteure einbezogen. Während sich ihr Tagesablauf nach außen nicht von den traditionell kabylischen Tagesabläufen unterschied, so waren doch deutliche Unterschiede ausmachbar: „Die traditional Lebenden waren immer ‚beschäftigt‘, auch wenn sie nicht arbeiteten, sie waren in eine Gemeinschaft integriert, sie mussten für ihren Lebensunterhalt keine Schulden machen, sie *brauchten* sich nicht um ihre Zukunft kümmern; während die Tagelöhner, Arbeitslosen und von Arbeitslosigkeit Bedrohten nicht für ihre Zukunft sorgen *konnten*, unehrenhaft Schulden machen mussten und vereinzelt waren" (ebd., S. 32).

Die Trägheit des Habitus sorgt dafür, dass eine Anpassung der Kabylen an den Kapitalismus nicht so schnell stattfand, wie es vonnöten gewesen wäre. Da der traditionale Habitus der Kabylen keine Zukunftsorientierung erforderte, geschah es beispielsweise, dass die kabylischen Landbesitzer ihr Land weit unter Marktwert verkauften um gegenwärtigen Konsumbestrebungen nachgehen zu können. So verloren sie schnell Land und Geld und mussten sich dann entweder mit Krediten behelfen (welche sozial nicht anerkannt waren) oder zur Lohnarbeit übergehen. „Bei den Menschen, die von ihrer traditionalen Gemeinschaft getrennt waren, ohne in neue Strukturen eingebunden zu werden, diagnostizierte Bourdieu eine objektive und subjektive Perspektivlosigkeit. [...] Die mittellosen Stadtbewohner [...] waren am stärksten davon betroffen. Traditionales Handeln war entwertet und den Bedingungen nicht angepasst, für kapitalistisches Handeln fehlten ihnen die Mittel und die Kenntnisse" (ebd., S. 37).

1960 kehrte Pierre Bourdieu nach Frankreich zurück und wurde Assistent von Raymond Aron an der Faculté des lettres in der Sorbonne. Ab 1962–1964 lehrte er an der Universität von Lille. Außerdem begann er mit Forschungstätigkeiten am Centre de sociologie européenne und wurde dort Generalsekretär. 1964–1984 hatte Bourdieu eine Professur für Soziologie an der Faculté des lettres in Paris inne und erhielt außerdem eine Forschungsstelle an der Ecole des hautes études en sciences sociales (EHESS). 1968 gründete Bourdieu das Centre de sociologie de l'éducation et de la culture und wurde 1975 Herausgeber der interdisziplinär ausgerichteten Zeitschrift Actes de la recherche en sciences sociales, in welcher er unter anderem in Vergessenheit geratene Soziologen wieder in das Licht der Forschung rückte. 1982 wurde Bourdieu zum „Professor für Soziologie am Collège de France berufen, was den Gipfel einer wissenschaftlichen Laufbahn in Frankreich und fast eine Art Heiligsprechung darstellt" (ebd., S. 50). Nach der Berufung auf den Lehrstuhl für Soziologie an

das berühmte Collège de France 1982, übernahm Pierre Bourdieu 1985 die Fe-
derführung bei den „Vorschlägen für das Bildungswesen der Zukunft", welche
von den Professuren des Collège de France auf Ersuchen des Präsidenten Mit-
terand verfasst wurden. 1989 gründete er die Zeitschrift Liber und wurde 1993
Mitinitiator des internationalen Schriftstellerparlaments. Außerdem erhielt er
im selben Jahr die Goldmedaille des CNRS (Centre Nationale de la Recherche
Scientifique), welcher in den folgenden Jahren noch weitere Ehrungen folgten.
Am 23. Januar 2002 erlag Pierre Bourdieu seinem Krebsleiden in Paris.[27]

4.2   Kritik und Verortung der Theorie im historischen Kontext

Im Folgenden sollen Teilaspekte verschiedener Theorien und Strömungen betrachtet werden, die Bourdieu in seine eigene Theorie integrierte, obwohl er
sich von diesen Theorien in ihrer Vollständigkeit distanzierte. Außerdem soll
auf Kritikpunkte am Habituskonzept eingegangen werden.

Schon der von Bourdieu gewählte Kapitalbegriff zeigt die Nähe, bzw. den
Einfluss, der marxistischen Klassenanalyse in Bourdieus Werk auf. Bourdieu
integriert sowohl Marx'sche als auch Weber'sche Elemente in seiner Theorie,
erweitert bzw. verändert aber den Klassenbegriff und gibt ihm eine „kulturtheoretische Wendung" (Eder, 1989, S. 15). „Das Unzulängliche der marxistischen
Klassentheorie und zumal ihre Unfähigkeit, den objektiv feststellbaren Differenzen in ihrer Gesamtheit gerecht zu werden, liegt darin begründet, daß sie,
indem sie die soziale Welt auf das Feld des Ökonomischen reduziert, die soziale
Position zwangsläufig nur noch unter Bezugnahme auf die Stellung innerhalb
der ökonomischen Produktionsverhältnisse zu bestimmen vermag, damit die
jeweilige Position in den übrigen Feldern und Teilfeldern, insbesondere den
kulturellen Produktionsverhältnissen, unter den Tisch fallen lässt […]" (Bourdieu, 1991, S. 31).

Nach Eder (1989, S. 15 ff.) bricht Bourdieu in dreifacher Hinsicht mit der
traditionellen Klassentheorie, indem er zum ersten keine „Trennung von Basis
und Überbau in der Klassenanalyse" mehr vornimmt, sondern Klassen als theoretische Konzepte versteht und die Bestimmung des Akteurs innerhalb von
Klassen aufgrund seines ökonomischen und seines kulturellen Kapitals vornimmt. Zweitens, integriert Bourdieu „die Analyse des Klassenhandelns in eine
Theorie klassenspezifischer kultureller Praktiken" (ebd.), indem er mit dem Begriff des Habitus eine Struktur welche subjektübergreifend verstanden werden
soll und durch Sozialisation erworben wird, etabliert. Drittens, versteht Bourdieu die eigene theoretische Auseinandersetzung mit der gegenwärtigen Klas-

---

27 (Vergleiche zum Kapitel: Barlösius, 2006; Rehbein, 2011)

senstruktur selbst, als Teil der Klassenstruktur und verweist somit darauf, dass auch die Forschung niemals objektiv analysieren kann, „[...] weil die Aufdeckung, die Explikation solange *partiell,* also falsch bleiben muß, als die Soziologie den Blickpunkt ausblendet, von dem aus sie selbst das Wort ergreift, anders gesagt, solange sie es unterläßt, das *Spiel in seinem Gesamtaufbau* zu erfassen" (Bourdieu, 1982, S. 33). Somit stellt er fest, dass auch die soziologische Forschung sich ständig reflektieren muss: „Damit ist eine Doppelrolle soziologischen Wissens a priori vorgegeben. Es analysiert nicht nur Gegenstände in der Gesellschaft, sondern es analysiert – als gesellschaftlicher Gegenstand, der es auch ist – sich selbst dabei immer mit" (Eder, 1989, S. 35).[28]

Bourdieu beschreibt den Bruch mit der marxistischen Denkweise folgendermaßen: „Die Konstruktion einer angemessenen Theorie des sozialen Raums setzt den Bruch mit einer Reihe von Momenten der marxistischen Theorie voraus: Bruch zunächst mit der tendenziellen Privilegierung der Substanzen [...] auf Kosten der *Relationen;* [...] Bruch sodann mit dem Ökonomismus, der das Feld des Sozialen, einen mehrdimensionalen Raum auf das Feld des Ökonomischen verkürzt, auf ökonomische Produktionsverhältnisse, die damit zu den Koordinaten der sozialen Position werden; Bruch schließlich mit dem Objektivismus, der, parallel zum Intellektualismus, die symbolischen Auseinandersetzungen und Kämpfe unterschlägt, die innerhalb der verschiedenen Felder ausgetragen werden und in denen es neben der Repräsentation der sozialen Welt um die Rangfolge innerhalb jedes einzelnen Feldes wie deren Gesamtheit geht" (Bourdieu, 1991, S. 9).

Zu Beginn seiner Rückkehr von Algerien nach Frankreich war Bourdieu eingenommen vom Strukturalismus[29]. Er besuchte die Vorlesungen von Lévi-Strauss und versuchte viele Jahre lang sein Material aus Algerien strukturalistisch zu interpretieren. Bei der Anwendung des Strukturalismus auf seine Forschungsmaterialien musste Bourdieu aber feststellen, dass die strukturalistischen Annahmen durch seine Forschungen nur selten bestätigt wurden. Rehbein (2011, S. 49) beschreibt diese Erkenntnis anhand der Heiratsstrategien der Ka-

---

28 Eine genauere Auseinandersetzung mit Bourdieus Kritik an der traditionellen Klassenanalyse ist an dieser Stelle nicht möglich, es soll aber zum tieferen Verständnis auf Eder (1989): „Klassentheorie als Gesellschaftstheorie. Bourdieus dreifache kulturtheoretische Brechung der traditionellen Klassentheorie" verwiesen werden.

29 Der Strukturalismus kann an dieser Stelle nicht weiter ausgeführt werden, eine gute Einführung findet sich bei Amborn, 1992, bei welchem erst einmal ganz allgemein davon gesprochen wird, dass der Strukturalismus die Ordnungsprinzipien und Funktionsweisen von sozialem und geistigem Leben untersuchen möchte, wobei Strukturalisten und Strukturalistinnen davon ausgehen, „daß den sichtbaren Fakten und Phänomenen Strukturen (Ordnungsprinzipien) zugrunde liegen und daß diese, um erkennbar zu werden, erst durch den nachforschenden Menschen herausgearbeitet werden müssen [...] unter *Zuhilfenahme naturwissenschaftlicher Methoden*" (ebd., S. 337).

bylen: „Aus der theoretischen Perspektive spreche man von Heiratsregeln, in der praktischen Haltung seien es eher Heiratsstrategien. [...] Dem strukturalistischen Denken zufolge ist die Heirat mit der Parallelkusine die vorherrschende, grundlegende Heiratsform, eine Struktur. Empirisch traf das in Algerien allerdings nur in drei bis sechs Prozent der Fälle zu."

Der Objektivismus beruht u.a. auf der Annahme, dass die Alltagsbegriffe in der Wissenschaft nicht zur Erkenntnis des Alltags beitragen können. Die Sozial- und Geisteswissenschaften brauchen demnach ein eigenes wissenschaftliches Vokabular, wie es auch in den Naturwissenschaften der Fall ist. Lévi-Strauss forderte eben diese Objektivierung der Alltagswelt im strukturalistischen Objektivismus, und Bourdieu ging diese Forderung in einem ersten Schritt mit. Auch er war der Meinung, dass man mit der alltäglichen Sicht auf die soziale Welt brechen müsse, um sie wissenschaftlich interpretieren und erfassen zu können. Ein zweiter Schritt, und hier distanziert sich Bourdieu vom Objektivismus, muss es aber sein, mit dem wissenschaftlichen Objektivismus zu brechen, um die alltägliche Sicht auf die soziale Welt wieder einnehmen zu können, um diese zu verstehen. „Erstens muss die alltägliche Sicht rekonstruiert und daher auch verstanden werden. Es gibt ‚eine objektive Wahrheit des Subjektiven', die eben in ihrer Existenz besteht. [...] Alle Menschen haben Vorstellungen und Erfahrungen bezüglich der Realitäten, die von der Sozialwissenschaft konstruiert werden. Zweitens bleibt auch der Mensch, der Wissenschaft betreibt, Teil der sozialen Welt. Die Soziologie ist gewissermaßen eine soziale Sicht auf eine soziale Sicht. Soziologen und Soziologinnen kennen ihre Gegenstände auch aus dem Alltag. Daher sind sie zugleich mit ihnen vertraut und durch sie befangen. [...] Der Objektivismus vernachlässigt die eigene Perspektive. Er bricht mit den Vorurteilen aller Menschen, nur nicht mit den eigenen" (ebd., S. 53). Bourdieus Forderung war es demnach, selbstkritisch zu sein und neben der Objektivierung der Alltagswelt auch eine „Selbstobjektivierung" (ebd., S. 54) stattfinden zu lassen. Die Selbstobjektivierung müsse implizieren, dass sowohl die eigenen Vorurteile als auch die theoretische Herangehensweise und die eigene soziale Position bei Forschungen mitbedacht würden. (Vgl. ebd., S. 54) „Die Soziologie hat die Überwindung der fiktiven Opposition, wie Subjektivisten und Objektivisten sie willkürlich entstehen lassen, zu ihrer Voraussetzung" (Bourdieu, Boltanski, Castel, Chamboredon, Lagneau & Schnapper, 2006, S. 12).

Der Subjektivismus erschließt sich die soziale Welt über die „subjektive Erfahrbarkeit" (Stecher, 2000, S. 11) ebendieser, wodurch sie als selbstverständliche Realität begriffen werde und „nicht hinterfragt, welche Erzeugungsprinzipien den sozialen Strukturen, in die die Erfahrungen des einzelnen eingebunden sind, zugrunde liegen" (ebd.). Bourdieu kritisiert an dieser Sichtweise, dass das Handeln einer Akteurin oder eines Akteurs immer auch äußeren Strukturen und Beziehungen folge, welche dem Subjekt nicht bewusst seien und diese Strukturen beim Subjektivismus außer Acht gelassen werden. (Vgl. ebd., S. 11 ff.)

Sowohl am Subjektivismus, als auch am Objektivismus kritisierte Bourdieu also, dass sie zu einseitig seien. Beide Strömungen ließen außer Acht, dass sie selber Teil der sozialen Welt seien, und beiden fehle es an Selbstkritik. Außerdem differenzierten beide Strömungen zwischen Individuum und Gesellschaft, stellten diese Begriffe dichotom gegenüber, und beraubten sich dadurch der Möglichkeit, die Gesellschaft im Individuum zu entdecken. „Die Soziologie hat die Überwindung der fiktiven Opposition, wie Subjektivisten und Objektivisten sie sie willkürlich entstehen lassen, zu ihrer Voraussetzung" (Bourdieu, Boltanski, Castel, Chamboredon, Lagneau & Schnapper, 2006, S. 12). In seiner Theorie der Praxis versuchte er also die verschiedenen Forschungsrichtungen zu vereinen, um so ein umfassenderes Bild von der Gesellschaft entwickeln zu können. (Vgl. Rehbein, 2011, S. 58) „Der Subjektivismus verfehlt die Bedingungen der Möglichkeit der Erkenntnis, also die Strukturen, die die Voraussetzungen des Alltags und der Praxis bilden; der Objektivismus aber verfehlt mit seinen Modellkonstruktionen, die auf die Rekonstruktion der *durchschnittlichen* Regelmäßigkeiten zielen, die Besonderheit und Individualität jeder Praxis, ihre jeweilige *Einmaligkeit*" (Liebau, 1987, S. 32). (Vgl. auch Stecher, 2000)

Nachdem deutlich wurde, dass sich Bourdieu der Erkenntnisse verschiedener Theorien seiner Zeit bediente, um so eine umfassendere Theorie entwickeln zu können, soll nun auszugsweise auf Kritik an Bourdieus Theorie eingegangen werden, die für die vorliegende Arbeit von besonderer Bedeutung ist.

Beckert-Zigelschmid (2005, S. 45) benennt Probleme, die sich offenbaren, wenn man das Habituskonzept auf das Jugendalter anwendet. Die Frage, die sich unweigerlich stellt, ist die, ob gegenwärtige Handlungen von Adoleszenten auf ihre Habitualisierung zurückzuführen sind, also ihre Historizität widerspiegeln, oder ob sie auf gegenwärtige Existenzbedingungen zurückzuführen sind. Bourdieu selbst schreibt hierzu, dass die Positionen, welche die Akteure einnehmen, immer Produkt ihrer Historie sind. Der Habitus ist also angepasst an die über Generationen hinweg entstandenen Existenzbedingungen, und darauf ausgerichtet, die eigene Position im sozialen Raum zu erhalten. Dennoch werden aktuelle Handlungen in der Habitustheorie als Ausdruck aktueller Positionen verstanden. (Vgl. ebd.)

Dieser scheinbare Widerspruch wird in Kapitel 4.3.1.1 Habitus noch diskutiert und ist für die vorliegende Arbeit von Bedeutung, da er einen Ansatz oder eine mögliche Erklärung liefert, warum pädagogische Interventionen in Familien scheitern können. In der vorliegenden Arbeit wird davon ausgegangen, dass die Handlungsmuster von Jugendlichen zwar an ihre aktuellen Positionen im sozialen Raum angepasst sind, diese sozialen Positionen aber aus ihrer Historizität entstehen – ändern sich die sozialen Positionen dramatisch, beispielsweise durch Fremdunterbringung, so gibt es Adoleszente, die mit der neuen Situation nur schwer zurechtkommen und an ihren alten Verhaltensmustern festhalten.

Ein weiterer Kritikpunkt der Autorin Beckert-Zigelschmid ist die Frage nach den Mechanismen der Entstehung des Habitus. „Der Habitus soll in der Kindheit unmerklich entwickelt werden, soweit Bourdieu. Aber es bleibt unklar, anhand welches Mechanismus das geschehen sollte. Man könnte annehmen, die Entwicklung geschehe über einen sozialisatorischen Lernprozess. Dabei sollte man sich fragen, wer, was, von wem lernt und wie mit sozialisatorischen Erfahrungen, die untypisch sind für die soziale Herkunftsposition, umgegangen wird" (ebd.). Hieran schließt die Autorin die Frage an, wann mit der Entstehung des Habitus angefangen wird, und wann die Habitusbildung als weitestgehend abgeschlossen angesehen werden kann. Außerdem fragt sich die Autorin, welche Muster vom Akteur oder der Akteurin bei der Habitualisierung übernommen werden und welche nicht, wie also Habitualisierung stattfindet, unter welchen Umständen und in welchem zeitlichen Rahmen.

Ein Beispiel für schichtuntypische Erfahrungen und deren Integration in den eigenen Habitus kann El-Mafaalani (2012) geben, der die Mühen, welchen sich Bildungsaufsteigende aus benachteiligten Milieus unterziehen, untersuchte. Er konnte feststellen, dass alle von ihm untersuchten Bildungsaufsteigerinnen und Bildungsaufsteiger Bezugspersonen aus einer höheren Schicht hatten, sie somit also sozialisatorische Erfahrungen hatten, welche untypisch für ihre eigene Herkunft waren. Diese Kontakte schufen für die Bildungsaufsteigenden den Anreiz, ihr gewohntes Umfeld zu verlassen und den Aufstieg zu versuchen. Das soll nicht bedeuten, dass jegliche atypischen sozialisatorischen Erfahrungen zu solch krassen Positionswechseln führen, es zeigt dennoch ein Beipiel für untypische sozialisatorische Erfahrungen auf (siehe hierzu Kapitel 4.3.6 Entwicklungsmöglichkeiten des Habitus). In der vorliegenden Arbeit wird die Frage nach den Mechanismen der Habitualisierung im Kapitel 5.2 Bindungstheorie und Habitustheorie: Eine sinnvolle Ergänzung aufgegriffen. Die Bindungsrepräsentation, so die Erkenntnis der vorliegenden Arbeit, ist wesentlich für die Habitualisierung. Es ist also größtenteils von den Bindungserfahrungen des Subjekts abhängig, wie es seine Umwelt wahrnimmt, und was es sich von ihr aneignet.

4.3 Grundannahmen der Theorie der Praxis

Bourdieu ging davon aus, dass man einen sozialen Raum konstruieren könne, in welchem man die Akteure und Akteurinnen nach ihrer jeweiligen Position anordnet. Bei dieser Anordnung spielen verschiedene Kapitalien eine Rolle, das ökonomische Kapital ebenso wie das soziale, bspw. in Form von Netzwerken, oder das kulturelle, bspw. in Form von Bildung. Innerhalb dieses gedachten Raumes nimmt nun ein Universitätsprofessor verständlicherweise einen anderen Platz ein als eine Maurerin. Wiederum eine Bankenmanagerin wird andere

Kapitalien zur Verfügung haben als der genannte Professor, und so an einer anderen Stelle des gedachten Raumes positioniert sein. So kann man innerhalb dieses Raumes verschiedene Klassen zusammenfassen, deren Akteurinnen und Akteure durch ihre ähnlichen Kapitalien eng beieinanderstehen. Akteure und Akteurinnen innerhalb einer solchen Klasse werden ähnlich sozialisiert und bilden dadurch einen ähnlichen Habitus aus. Dadurch findet innerhalb einer Gesellschaft eine Reproduktion der Verhältnisse, in die ein Subjekt hineingeboren wurde, statt. „Das Prinzip der primären, die Hauptklassen der Lebensbedingungen konstituierenden Unterschiede liegt im *Gesamtvolumen des Kapitals* als Summe aller effektiv aufwendbaren Ressourcen und Machtpotentiale, also ökonomisches, kulturelles und soziales Kapital" (Bourdieu, 1982, S. 196). Jedoch hat jede Akteurin und jeder Akteur die Möglichkeit, in eine andere Klasse überzuwechseln, Bourdieus eigene Biografie veranschaulicht dies. Der Akteur oder die Akteurin wird es aber in dieser ungleich schwerer haben, die Verhaltensregeln zu beherrschen, als ein Subjekt, welches in dieser Klasse aufgewachsen ist, und die Verhaltensregeln somit internalisiert hat, ohne sich dessen unbedingt bewusst zu sein. „Was aus der Perspektive des Handelnden das Ergebnis freier individueller Entscheidungen, Vorlieben und Anstrengungen ist, ist aus der Beobachterperspektive Bourdieus Ausdruck eines sozialen ‚Schicksals', das wir nur in engen Grenzen beeinflussen können, das Ergebnis einer schichtenspezifischen Sozialisation" (Baumgart, 1997, S. 199). Der gesamte Lebensstil und die Verhaltensmuster der Akteurin und des Akteurs sind an die Position im sozialen Raum angepasst. Dies gilt nach Bourdieu für alle Gesellschaften, welche sich durch Schichten unterscheiden. „Das hier vorgelegte Modell der Wechselbeziehungen zweier Räume – dem der ökonomisch-sozialen Bedingungen und dem der Lebensstile –, [...] scheint mir über den partikularen Fall[30] hinaus Geltung zu besitzen, und zwar für alle geschichteten Gesellschaften [...]" (Bourdieu, 1982, S. 11 f.).

4.3.1 Begrifflichkeiten

Anders als bei der Bindungstheorie soll im Folgenden die Theorie der Praxis anhand der von Bourdieu verwendeten Begrifflichkeiten genauer erläutert werden. Auffallend bei der Lektüre Bourdieus ist, dass er den Begriff des Subjektes durch den Begriff des sozialen Akteurs ersetzt. Er erklärt seine Entscheidung damit, dass der Mensch in seinem Handeln nicht nur automatisierte Regeln befolgt, die sich seinem Bewusstsein entziehen. Vielmehr muss der Mensch nach Bourdieu als Akteur verstanden werden, der erlernte und inkorporierte Hand-

---

30 Bourdieus Analysen betreffen die Gesellschaft Frankreichs.

lungsmuster einsetzt, und zwar strategisch, und nicht mechanisch, wie man es bei automatisierten Handlungsweisen erwarten könnte. (Vgl. Liebau, 1987, S. 60)

4.3.1.1 Habitus

Mit dem Begriff des Habitus versucht Bourdieu einen Terminus zu etablieren, welcher der „Regelmäßigkeit des Handelns" (Rehbein, 2011, S. 87) gerecht werden soll und dabei das Wissen der Akteurinnen und Akteure als Beitrag zur Konstruktion der sozialen Welt einschließt. Der Habitusbegriff versucht nicht den Akteur oder die Akteurin per se zu beschreiben, sondern er stellt einen Terminus dar, mit dem Bourdieu (1991, S. 69) den Menschen als „leibhaft gewordene Geschichte" begreifen möchte: „Der Leib ist Teil der Sozialwelt – wie die Sozialwelt Teil des Leibes. Die in den Lernprozessen vollzogene Einverleibung des Sozialen bildet die Grundlage jener Präsenz in der Sozialwelt, die Voraussetzung gelungenen sozialen Handelns […]" (ebd.) ist. Bourdieu versucht also, den Menschen zu verstehen als „Angehörigen einer historischen Zeit, einer Gesellschaft, einer Gruppe, einer Familie, als Inhaber einer Position (in der synchronen Perspektive) und als Mensch, der im Lebenslauf eine Abfolge von Positionen, die ‚trajectoire'[31], durchläuft (die diachrone Perspektive), dessen Praxis fundamental von den sozialen Strukturen, in denen er lebt und deren Teil er gleichzeitig bildet, geprägt wird, und der durch seine Praxis gleichzeitig zur Reproduktion und Produktion sozialer Strukturen beiträgt" (Liebau, 1987, S. 61).

Der Terminus des Habitus versucht den Gegensatz zwischen Individuum und Gesellschaft aufzuheben. „Der Habitus beruht auf der Aneignung sozialer Handlungsformen. Er reproduziert tendenziell diese Formen, setzt sie aber mit den Handlungssituationen in Relation. […] Der Habitus ist determiniert und schöpferisch zugleich" (Rehbein, 2011, S. 87). Da zukünftige Handlungssituationen nie vollständig der Situation des Habituserwerbs gleichen, ist das Handeln des Individuums nicht exakt vorhersagbar und er entwickelt auf Grundlage seines Habitus einen ihm eigenen Stil. Das bedeutet, jeder Akteur und jede Akteurin entwickelt zwar einen Individualhabitus, dieser ist dennoch eingebettet in den Klassenhabitus, welcher ihn oder sie einer bestimmten Klasse zuordnet. „Der Klassenhabitus gibt die *durchschnittlichen* statistisch ermittelbaren Wahrnehmungs-, Denk-, Urteils- und Handlungsmuster an, den typischen Typ also, der sich in einer Klasse ausbildet und der empirisch, im einzelnen Individuum, nie in reiner Form vorzukommen braucht" (Liebau, 1987, S. 66). Der Individualhabitus hingegen macht, eingebettet in den Klassenhabitus, den indi-

---

31 Auf den Begriff „trajectoire" wird im Kapitel 4.3.6 Entwicklungsmöglichkeiten des Habitus noch genauer eingegangen werden.

viduellen Lebenslauf deutlich, die einzigartige Stellung im sozialen Raum. „Soziale Akteure in *objektiv vergleichbarer Klassenlage* verfügen über einen *gemeinsamen Klassenhabitus* mit je besonderen Stilvarianten im *Individualhabitus;* der Klassenhabitus enthält die klassenspezifischen *Normalitätsprinzipien"* (ebd., S. 70). Um deutlich zu machen, dass der Habitus erzeugendes Prinzip ist, verwendet Bourdieu häufig den Begriff des *modus operandi.* „Der Habitus ist ein ‚modus operandi‘, weil er Praxisformen und Wahrnehmungs-, Bewertungs- und Denkschemata produziert, die als fertige Produkte – ‚opus operatum‘ – vorliegen und empirisch analysiert werden können" (Barlösius, 2006, S. 57). Somit harmonisiert der Habitus auf zwei Ebenen, er wirkt als Erzeugungsprinzip, da er Praxisformen hervorbringt, die aufeinander abgestimmt sind. Außerdem entwickelt das Individuum durch seine Sozialisierung Denk-, Wahrnehmungs- und Bewertungsschemata, die dafür sorgen, dass die Akteure und Akteurinnen ihre Umwelt ähnlich wahrnehmen. „Beim Habitus handelt es sich insoweit um eine *strukturierte Struktur,* als ihm von außen durch die gesellschaftlichen Teilungsprinzipien eine bestimmte Form aufgeprägt wird. Die wiederum befähigt ihn nur zu bestimmten Gestaltungs- bzw. Erzeugungsprinzipien und damit indirekt nur zu gewissen Wahrnehmungs-, Bewertungs- und Denkschemata. Daraus erklärt sich, dass Akteure und Gruppen, auf welche die gleichen Strukturprinzipien in der gleichen Stärke wirken, einen ähnlich strukturierten Habitus haben" (ebd., S. 63).

Die Entwicklung des Habitusbegriffes erfolgte (wie bereits im Kapitel 4.1 Historischer Abriss erwähnt) in Algerien aus der Problemstellung heraus, dass Bourdieu beobachten konnte, wie sich die Kabylen trotz der Ausbreitung der Moderne und des Kapitalismus weiterhin nach Handlungsmustern verhielten, „[…] die einer Logik der Ehre gehorchten und weder Lohnarbeit noch Kapitalakkumulation verstanden" (Rehbein, 2011, S. 88). Stellt man sich den Habitus nun als eine Art „psychosomatisches Gedächtnis" (ebd., S. 90) vor, welches Handlungsweisen abspeichert und in ähnlichen Situationen auf eben diese zurückgreift, so wird auch die Trägheit des Habitus verständlich. Durch sich wiederholendes Lernen prägt sich das Individuum ein Handlungsmuster ein, habitualisiert es. Hierbei kann man drei Arten von Habitualisierung unterscheiden, „unmerkliches Vertrautwerden, ausdrückliche Überlieferung und strukturale Übungen in Spielform" (ebd.). Somit sind die meisten Handlungen eher Folge einer unbewussten Disposition, denn einer bewussten Absicht, und das Individuum wird als durch und durch vergesellschaftet verstanden. „Bourdieu zufolge beruhen die meisten Handlungen nicht auf einer (bewussten) Intention, sondern auf einer (unbewussten) Disposition. […] Sie dienen den Interessen des Menschen ebenso wie bewusste Intentionen, ohne an ihnen orientiert zu sein. […] Die Dispositionen sind Teil der objektiven Bedingungen und erzeugen daher subjektive Erwartungen, die mit den Bedingungen übereinstimmen" (ebd., S. 91; S. 94).

Mit der Definition des Habitusbegriffs wird deutlich, dass unterschiedliche Lebensformen auch unterschiedliche Habitusformen generieren. „Der Habitus bewirkt, daß die Gesamtheit der Praxisformen eines Akteurs (oder einer Gruppe von aus ähnlichen Soziallagen hervorgegangenen Akteuren) als Produkt der Anwendung identischer (oder wechselseitig austauschbarer) Schemata zugleich systematischen Charakter tragen und systematisch unterschieden sind von den konstitutiven Praxisformen eines anderen Lebensstils" (Bourdieu, 2013, S. 278).

Gut vorstellbar werden diese habitualisierten Verhaltensweisen beim Vergleich mit anderen Gesellschaften oder Kulturen; vergleicht man beispielsweise die asiatischen Formen der Höflichkeit mit den europäischen, fällt auf, wie viele Gesten und Handlungen der Mensch unbewusst und aufgrund seiner Sozialisierung als gegeben hinnimmt und dementsprechend anwendet. Der Habitus ist also je nach Gesellschaft und auch innerhalb von Gesellschaften verschieden, je nachdem, an welche Existenzbedingungen er angepasst ist. So kann man verschiedene Gruppierungen zusammenfassen, die ähnliche Lebensstile innehaben, und so einen Klassenhabitus ausbilden. „Insofern unterschiedliche Existenzbedingungen unterschiedliche Formen des Habitus hervorbringen [...], erweisen sich die von den jeweiligen Habitus erzeugten Praxisformen als systematische Konfigurationen von Eigenschaften und Merkmalen und darin als Ausdruck der Unterschiede, die, den Existenzbedingungen in Form von Systemen differenzieller Abstände eingegraben und von den Akteuren mit den erforderlichen Wahrnehmungs- und Beurteilungsschemata zum Erkennen, Interpretieren und Bewerten der relevanten Merkmale wahrgenommen, als Lebensstile fungieren" (ebd., S. 278 f.). Der Habitus entspricht also dem eigenen sozialen Umfeld, und die eigenen Gedanken, Wünsche und Urteile passen in die soziale Welt, die selbstverständlich erscheint. Man handelt perfekt an die Situationen angepasst und empfindet sich selber dennoch als frei und autonom. „Der Systemcharakter des Habitus ermöglicht spontanes Handeln, das gleichwohl im ganzen konsistent und kohärent bleibt, das auf Situationen unmittelbar reagieren kann, auf dem Hintergrund aller Erfahrungen, die der soziale Akteur im Laufe seiner Lebens- und Bildungsgeschichte gewonnen hat" (Liebau, 1987, S. 65). Wie oben beschrieben wird der Habitus also innerhalb von sozialen Strukturen entwickelt und tendiert dazu, diese zu reproduzieren. „Des Weiteren wird unter diesen Bedingungen die Sozialordnung ständig bestätigt und ihr willkürlicher, historischer Charakter geleugnet" (Rehbein, 2011, S. 99).

Die bisherigen Ausführungen über den Habitus lassen den Gedanken aufkommen, dass die Möglichkeiten der Akteurin und des Akteurs durch die Reproduktion der Verhältnisse stabil und sozial determiniert sind. Der Habitus und die Reproduktion der Verhältnisse als das Schicksal des Individuums, dem es sich nicht entziehen kann. Eine solche Theorie widerlegt Bourdieu jedoch mit seiner eigenen Biografie. Der Habitus darf also nicht als beherrschendes Element im gesamten Handeln des Akteurs und der Akteurin verstanden werden, vielmehr stellt er ein System von Dispositionen dar, welches zwar dauerhaft, aber nicht unveränderlich ist. „Diesem Dispositionssystem wohnt eine Tendenz zur Abgestimmtheit inne, es ist aber weder notwendigerweise völlig an die soziale Praxis angepasst noch vollkommen in sich kohärent und geschlossen" (Barlösius, 2006, S. 84). Außerdem ist auch die Struktur, der eine Gesellschaft unterliegt, im stetigen Wandel, weshalb auch der Habitus einer ständigen Anpassung ausgesetzt ist. (Vgl. ebd.)

Dennoch zeigt der Habitus Grenzen auf. Sollte er beispielsweise vom gesellschaftlichen Wandel überholt werden, so reagiert das Individuum nach Verhaltensmustern, die seinem Habitus entsprechen, den aktuellen gesellschaftlichen Gegebenheiten aber eventuell nicht mehr gerecht werden (siehe auch Kapitel 4.1 Historischer Abriss, hier wird auf die Kabylen verwiesen, welche dem um sich greifenden Kapitalismus so schnell ausgesetzt wurden, dass sie aufgrund ihrer Habitualisierung weiterhin an den Strukturen der traditionalen kabylischen Gesellschaft festhielten, obwohl dies durch den sozialen Wandel nicht mehr zielführend war). (Vgl. ebd., S. 84 ff.)

Auch der Lebenslauf eines Akteurs oder einer Akteurin zwingt den Habitus zu ständigen Anpassungsleistungen. Hier kann man davon ausgehen, dass sich der Habitus innerhalb bestimmter Grenzen den Veränderungen anpasst, sind die Veränderungen aber zu groß, so kann sich das Individuum in seinen Denk-, Wahrnehmungs- und Handlungsschemata nicht schnell genug angleichen und es entsteht ein unstimmiges Bild des Habitus. Als Beispiel kann das Individuum genannt werden, das einen immensen materiellen Verlust erleidet und dadurch nur noch begrenzte Ressourcen hat. Sein Habitus wird sich nur zögerlich auf die neue Situation einstellen können, und der Akteur oder die Akteurin wird möglicherweise überheblich, da seinen oder ihren Verhältnissen nicht angepasst, erscheinen. (Vgl. ebd.)

Eine weitere Ursache der habituellen Veränderung sieht Bourdieu in der *Bewusstwerdung:* Werden die strukturellen Bedingungen, die auch zu einer Reproduktion des Habitus führen, vom Individuum in Frage gestellt, so kann ein Bruch zwischen den inkorporierten und den objektivierten Strukturen entstehen. Soziale Bewegungen, wie bspw. die Antidiskriminierungsbewegung, zeigen solche Bewusstwerdungen. (Vgl. ebd.)

4.3.1.2 Feld

„Das Denken in Feld-Begriffen erfordert eine Umkehrung der gesamten Alltagssicht von sozialer Welt, die sich ausschließlich an sichtbaren Dingen festmacht: dem Individuum, *ens realissimmum,* mit dem uns ein gewissermaßen primordiales ideologisches Interesse verbindet; der Gruppe, die nur scheinbar durch die zeitweisen oder dauerhaften, informellen oder institutionalisierten Beziehungen zwischen ihren Mitgliedern bestimmt wird; ja selbst noch den als *Interaktionen,* das heißt als tatsächlich vollzogenen, intersubjektiven Beziehungen verstandenen Relationen" (Bourdieu, 1991, S. 71).

Der Habitus bildet sich, wie bereits erwähnt, in bestimmten sozialen Feldern aus, welche wiederum Bestandteil des sozialen Raumes sind und innerhalb dieses relativ autonom existieren. Als Feld bezeichnet werden die „[…]spezifischen sozialen Einheiten und Einrichtungen, aus denen sich die Gesellschaft zusammensetzt" (Barlösius, 2006, S. 90). So existiert das Feld der Ökonomie, der Kultur, der Wissenschaft, der Kunst, der Bildung etc. (vgl. Liebau, 1987, S. 71). Durch die habituelle Prägung in einem sozialen Feld ergibt sich, dass die Grundintentionen der Akteurinnen und Akteure in eben diesem Feld aufeinander abgestimmt, bzw. einander sehr ähnlich sind. Hieraus ergeben sich für spezifische Felder spezifische Handlungsweisen und dadurch Differenzierungs- und Autonomisierungsprozesse der Felder. Die verschiedenen Felder sind gesellschaftlichen Strukturierungen unterworfen, beispielsweise spielt in bestimmten religiösen Feldern die Geschlechtszugehörigkeit eine große Rolle, im politischen Feld hingegen verbaut die Geschlechtszugehörigkeit nicht mehr den Weg zu höheren Positionen innerhalb dieses Feldes. Das Individuum, welches im sozialen Feld handelt, hat also bestenfalls einen Habitus, der an dieses Feld angepasst ist – ähnlich wie der Fußballspieler oder die Fußballspielerin die Regeln des Spiels kennt, diese unbewusst beherrscht und somit weiß, wie er oder sie handeln muss, kann das Individuum in einem Feld, das es kennt und dessen Habitus es beherrscht, sicherer handeln als in einem anderen Feld, in welchem es nicht sozialisiert wurde. „Die dort erworbenen Fähigkeiten sind übertragbar, aber auf anderen Feldern nicht notwendig genauso wertvoll wie praktikabel" (Rehbein, 2011, S. 106). Die eigene Biografie erfordert vom Individuum oft einen Wechsel in andere Felder und damit auch eine Veränderung oder Anpassung des Habitus. Beispielsweise ist der Übergang von der Grundschule in die weiterführende Schule mit einem Feldwechsel und einer habituellen Anpassung verbunden. „Und mit jedem Feldwechsel sind habituelle Umprägungen verbunden, die sich in den Wahrnehmungs-, Bewertungs- und Denkschemata und den Praxisformen niederschlagen, ohne diese jedoch grundlegend zu verändern. […] Das Feld ‚löscht' den mitgebrachten Habitus nicht aus, es drückt ihm aber eine feldspezifische Prägung auf" (Barlösius, 2006, S. 90 f.).

Die Akteurinnen und Akteure versuchen in den Feldern die bestmöglichen Positionen einzunehmen, innerhalb der Felder findet demnach ein ständiges Kräftemessen, ein Kampf um bessere Positionen statt. Die soziale Position im jeweiligen Feld sorgt für Möglichkeiten innerhalb dieses Feldes Einfluss zu nehmen – je besser man positioniert ist, desto mehr Macht hat man in eben diesem Feld. (Vgl. Rehbein, 2011, S. 107) „In der Praxis, d. h. innerhalb eines jeweils besonderen Feldes sind inkorporierte (Einstellungen) wie objektivierte Merkmale der Akteure (ökonomische und kulturelle Güter) nicht alle gemeinsam und gleichzeitig effizient. Vielmehr legt die spezifische Logik eines jeden Feldes jeweils fest, was auf diesem Markt *Kurs* hat, was im betreffenden Spiel relevant und *effizient* ist, was *in Beziehung auf dieses Feld* als spezifisches Kapital und daher als Erklärungsfaktor der Formen von Praxis fungiert. Konkret heißt das, daß sozialer Rang und besondere Verfügungsgewalt, welche den Akteuren innerhalb eines Feldes zugewiesen werden, zunächst einmal vom spezifischen Kapital abhängen, das zu mobilisieren sie in der Lage sind, […]. [In einer,] in einem bestimmten historischen Moment gezogenen Bilanz der Klassenkämpfe, in denen es um diese Güter oder Praktiken geht (Kaviar oder avantgardistische Malerei, Nobel-Preis oder politische Macht, fortschrittliche Meinung oder Modesport etc.), liegt jene Ausprägung vor, die das objektivierte (soziale Merkmale) wie das inkorporierte Kapital (Habitus) *innerhalb des betreffenden Feldes* annimmt – jenes Kapital, das, die soziale Klasse definierend, zugleich der Erzeugung der distinktiven, d. h. klassifizierten und klassifizierenden Praxisformen zugrunde liegt und einen bestimmten Zustand des Systems der Merkmale darstellt, welche die Klasse zu einem allgemeinen, den innerhalb aller möglichen Felder eingenommenen Rang definierenden Explikations- und Klassifikationsprinzip werden lassen" (Bourdieu, 1982, S. 194 f.). Je nachdem, welche Position ein Individuum auf dem Feld also einnimmt, stehen ihm bestimmte Optionen offen, hat es Möglichkeiten und Berechtigungen, die seiner Position entsprechen. „Welche Handlungsbefugnisse und Handlungsmöglichkeiten ein Individuum sich erschließen kann, hängt von seiner Position in der Sozialstruktur ab bzw. genauer: von der Relation zwischen *positionellen* Kompetenzen und *individuellen* Kompetenzen, dem Individualhabitus" (Liebau, 1987, S. 72).

Die Prägung des Habitus durch das Feld wurde oben erörtert. Jedoch darf man die Prägung des Feldes durch den Habitus nicht vernachlässigen. Ein Beispiel für die Feld-Habitus-Symbiose ist das Zeitungswesen im literarischen Feld. Durch Bildung und Alphabetisierung der Bevölkerung konnte ein Habitus entstehen, welcher sein Interesse am Weltgeschehen durch Lesen befriedigen konnte. Zeitungen für verschiedene Genres entstanden und waren über viele Jahrzehnte hinweg das Medium der Menschen, um ihren Interessen nachzugehen. Durch die zunehmende Expansion der neuen Medien konnte das Interesse am Weltgeschehen (Habitus!) nun auch durch Internet, Fernsehen etc. befriedigt werden und das Zeitungswesen (Feld!) veränderte sich in den letzten Jahren dramatisch. „Soziale Felder sind somit auf Habitusformen angewiesen, durch die sie immer wieder reproduziert werden, wie umgekehrt sich stabile Habitusformen nur dort entwickeln können, wo sie von einem Feld nachgefragt werden" (Barlösius, 2006, S. 98 f.).

Wie innerhalb des Feldes Hierarchien herrschen und den Akteurinnen und Akteuren dadurch Positionen zugewiesen werden, so sind auch die Felder an sich hierarchisch strukturiert. Machtschwache Felder können zwar ihre eigenen

Gesetze entwickeln, die im eigenen Feld Gültigkeit besitzen, jedoch wird es für machtschwache Felder schwierig werden, diese Gesetze in machtstärkeren Feldern zu vertreten oder gar zu etablieren. Machtstarke Felder hingegen können ihre Gesetze in machtschwächere Felder übertragen oder diesen oktroyieren: „Ein Beispiel dafür ist das ökonomische Feld, das in den letzten Jahren seine Interessen vermehrt auf anderen Feldern durchsetzen konnte. So wird es für das Feld der Bildung immer schwieriger, seinen Nomos der individuellen Bildungsfähigkeit gegenüber dem ökonomischen Interesse der vollständigen Verwertbarkeit von Bildungsinhalten auf dem Arbeitsmarkt zu behaupten" (Barlösius, 2006, S. 96).[32] Felder sind also nicht per se autonom, die jeweilige Autonomie eines Feldes hängt von seiner Position und seiner Macht gegenüber anderen Feldern ab.

Das Feld als solches ist ein wissenschaftliches Konstrukt d.h., es ist nicht tatsächlich vorhanden, und es hat nach Bourdieu auch keine deutlichen Grenzen. Rehbein (2011, S. 108 f.) benennt die Grenzen eines Feldes dort, wo seine Wirkmechanismen aufhören, wo also die Regeln des Feldes nicht mehr gelten und die Einsätze, welche der Akteur oder die Akteurin in diesem Feld gewinnbringend nutzen konnte, an Wert verlieren. In der Praxis, so Rehbein, bewegt man sich auf mehreren Feldern gleichzeitig und die Grenzen der Felder können nicht klar gezogen werden. „Eine eindeutige Bestimmung der Grenze wird die Erkenntnis vermutlich einschränken. Vielmehr durchdringen die Felder einander, jedes Feld enthält Elemente anderer Felder" (Rehbein, 2011, S. 109).

4.3.1.3 Kapital

Der Kapitalbegriff ist in Bourdieus Theorie die Schnittstelle zwischen Feld und Habitus. Ein Individuum kann auf einem Feld nur erfolgreich sein, wenn es neben dem feldspezifischen Habitus auch das notwendige Kapital zur Verfügung hat. (Vgl. Rehbein, 2011, S. 111) „Die gesellschaftliche Welt ist akkumulierte Geschichte. Sie darf deshalb nicht auf eine Aneinanderreihung von kurzlebigen und mechanischen Gleichgewichtszuständen reduziert werden, in denen die Menschen die Rolle von austauschbaren Teilchen spielen. Um einer derartigen Reduktion zu entgehen, ist es wichtig, den Kapitalbegriff wieder einzuführen,

---

32 Eine sehr deutliche Tendenz in diese Richtung zeigt die momentane Umstrukturierung des finnischen Schulsystems. Die Struktur der Lerninhalte in verschiedene Fächer soll aufgelöst werden zugunsten von Phänomenen, die den Schülerinnen und Schülern vermittelt werden sollen. Diese Phänomene orientieren sich an realwirtschaftlichen Themen (statt Mathematik könnte dann beispielsweise „Gastronomie" unterrichtet werden, die Schüler und Schülerinnen könnten hier lernen wie man Rechnungen schreibt, Speisen und Getränke kalkuliert etc.). (Garner, 2015)

und mit ihm das Konzept der Kapitalakkumulation mit allen seinen Implikationen" (Bourdieu, 1983, S. 183). Der Kampf um bessere Positionen im Feld beinhaltet neben sozialen Fähigkeiten, die im Habitus verwurzelt sind, weitere Kapitalien. Beispielsweise kann man zwar ökonomisch sehr geschickt sein, dennoch ist man nicht zwingend Großunternehmerin oder Großunternehmer, hierfür bedarf es neben dem Habitus (ökonomisches Geschick) noch verschiedener Kapitalien wie ökonomisches Kapital, oder soziale Netzwerke, welche die Person in ihrem Vorhaben protegieren. „Alle sozial erforderlichen Handlungsressourcen subsummiert Bourdieu unter dem Begriff des *Kapitals*" (Rehbein, 2011, S. 111). Bourdieus Interesse galt der Frage, wie sich ökonomische Ungleichheiten reproduzieren – er erweiterte für seine Forschung daher den Kapitalbegriff, sodass er sich auf die „Gesamtheit der Erzeugung und des Austauschs von Arbeit, Waren und sonstigen Reichtümern bezieht" (Liebau, 1992, S. 137).

So differenzierte er drei bzw. vier wesentliche Kapitalformen:

- Das *ökonomische Kapital* ist die bekannte und den Menschen vertraute Kapitalform. Es umfasst Geld, Besitz, Eigentum und alles, was direkt in Geld konvertierbar ist.

- *Kulturelles Kapital* kann man in drei verschiedenen Formen besitzen: das *inkorporierte kulturelle Kapital* besteht aus kulturellem Wissen und aus Fähigkeiten, die das Individuum durch seine Sozialisierung habitualisiert hat. Die „Art des Auftretens, des Sprechens und des Sich-Verhaltens […]" (Barlösius, 2006, S. 109) ist hiermit gemeint. „Die Inkorporierung von kulturellem Kapital kann sich – je nach Epoche, Gesellschaft und sozialer Klasse in unterschiedlich starkem Maße – ohne ausdrücklich geplante Erziehungsmaßnahmen, also völlig unbewußt vollziehen" (Bourdieu, 1983, S. 187). *Institutionalisiertes kulturelles Kapital* meint Titel wie beispielsweise Schulabschlüsse, Studienabschlüsse, Doktortitel etc., weil diese den Erwerb des kulturellen Kapitals sozusagen belegen. „Titel schaffen einen Unterschied zwischen dem kulturellen Kapital des Autodidakten, das ständig unter Beweiszwang steht, und dem kulturellen Kapital, das durch Titel schulisch sanktioniert und rechtlich garantiert ist, die (formell) unabhängig von der Person ihres Trägers gelten" (ebd., S. 189 f.). Schließlich gibt es noch das *objektivierte kulturelle Kapital*, welches Bücher, Kunstwerke, kulturelle Instrumente etc. umfasst und an das jeweilige kulturelle Feld der Akteurin oder des Akteurs angepasst ist. „Kulturelle Güter können somit entweder zum Gegenstand materieller Aneignung werden; dies setzt ökonomisches Kapital voraus. Oder sie können symbolisch angeeignet werden, was inkorporiertes Kapital voraussetzt" (ebd., S. 188 f.).

- *Soziales Kapital* meint die Zugehörigkeit zu verschiedenen Gruppen, Vereinen, die Herkunftsfamilie und die daraus entstehenden Ressourcen. Das soziale Kapital „verweist auf Netzwerke im Sinne sozialer Beziehungen, auf die man zur Durchsetzung bestimmter Ziele zurückgreifen kann, auf das, was man umgangssprachlich als ‚Vitamin B' bezeichnet" (Joas & Knöbl, 2013, S. 540). Das soziale Kapital steht in Beziehung zum ökonomischen und zum kulturellen Kapital, da die Akteure und Akteurinnen soziale Netzwerke bilden mit anderen Individuen, die ihrem Kapitalumfang in etwa entsprechen. „Obwohl also das Sozialkapital nicht unmittelbar auf das ökonomische und kulturelle Kapital eines bestimmten Individuums oder auch der Gesamtheit derer, die mit ihm verbunden sind, reduziert werden kann, ist es doch niemals völlig unabhängig davon; denn die in den Tauschbeziehungen institutionalisierte gegenseitige Anerkennung setzt das Anerkennen eines Minimums von ‚objektiver' Homogenität unter den Beteiligten voraus" (Bourdieu, 1983, S. 191).

Die verschiedenen Kapitalien können ineinander konvertiert werden, d.h. man kann beispielsweise mit ökonomischem Kapital objektiviertes kulturelles Kapital erwerben oder durch soziales Kapital an ökonomisches Kapital gelangen. „Das *ökonomische Kapital* ist unmittelbar und direkt in Geld konvertierbar und eignet sich besonders zur Institutionalisierung in der Form des Eigentumsrechts; das *kulturelle Kapital* ist unter bestimmten Voraussetzungen in ökonomisches Kapital konvertierbar und eignet sich besonders zur Institutionalisierung in Form von schulischen Titeln; das *soziale Kapital*, das Kapital an sozialen Verpflichtungen oder ‚Beziehungen', ist unter bestimmten Voraussetzungen ebenfalls in ökonomisches Kapital konvertierbar und eignet sich besonders zur Institutionalisierung in Form von Adelstiteln" (ebd., S. 185). Der erweiterte Kapitalbegriff macht es nun möglich, die Klassenstruktur einer Gesellschaft zu bestimmen, indem man sowohl die „*Kapitalstruktur* (die darstellt, aus welchen Kapitalformen sich das Gesamtkapital dieser Person zusammensetzt)" (Joas & Knöbl, 2013, S. 540) als auch das „*Kapitalvolumen*" (ebd.) untersucht. Als Beispiel benennen Joas & Knöbl (ebd.) die Universitätsprofessoren: „Universitätsprofessoren wären im allgemeinen hinsichtlich ihres ökonomischen Kapitals in die mittleren Ränge einer modernen Gesellschaft einzuordnen, besitzen aber gleichzeitig ein extrem hohes kulturelles Kapital (haben viele Titel, besitzen nicht nur viele Bücher, sondern haben viele davon sogar gelesen) und nicht selten relativ viele soziale Beziehungen zu verschiedensten Personenkreisen, so daß die Beurteilung ihrer gesellschaftlichen Stellung eine mehrdimensionale Darstellungsweise erfordert."

Die Kapitalien sind also essenziell für die Bestimmung der Position der Person im Feld, wobei bestimmte Felder immer auch bestimmte feldspezifische Kapitalien hervorbringen. Im Museum spielt beispielsweise in erster Linie die kulturelle Bildung der Akteurin und des Akteurs eine Rolle, ob sie oder er hingegen reich ist oder über gute Netzwerke verfügt, ist nicht von erstrangigem Interesse. Dennoch muss der Mensch sich auch den Eintritt leisten können, das

Mischverhältnis der verschiedenen Kapitalien spielt also auch immer eine Rolle in den sozialen Feldern. (Vgl. ebd.)

Jede Kapitalart kann schließlich noch in *symbolisches Kapital* umfunktioniert werden und meint den Ruf oder das Renommee einer Person. „Jede Art von Kapital kann Gegenstand der Akzeptanz oder Wertschätzung und zur symbolischen Durchsetzung von Machtansprüchen eingesetzt werden" (Rehbein, 2011, S. 113). Beispielsweise wird man der Expertise einer Berufsmusikerin über ein Musikstück mehr Beachtung schenken, als der des Nachbarn, welcher ab und an mal Radio hört. Kapital, welches schon so tief in die Denk- und Wahrnehmungsmuster des Individuums eingedrungen ist, dass dieses sich gar nicht mehr bewusst macht, dass es aufgrund dieses Kapitals urteilt, erlangt symbolischen Charakter. „Dass man über die Legitimität dieser Wertungen nicht mehr nachdenkt, sondern sie als selbstverständlich anerkennt, das ist die Macht des symbolischen Kapitals – kurz: der symbolischen Macht" (Barlösius, 2006, S. 110). Das symbolische Kapital schafft es also „Machtbeziehungen zu Sinnbeziehungen" (ebd., S. 111) umzuwandeln. Das genannte Beispiel verdeutlicht das, denn wer würde in Frage stellen, dass es sinniger ist, der Berufsmusikerin in ihrer Expertise Vorrang zu gewähren. Die Machtverhältnisse in den verschiedenen Feldern werden durch das symbolische Kapital somit legitimiert. „Symbolisches Kapital – anderer Name für Distinktion – ist nichts anderes als Kapital (gleich welcher Art), wahrgenommen durch einen Akteur, dessen Wahrnehmungskategorien sich herleiten aus der Inkorporierung der spezifischen Verteilungsstruktur des Kapitals, mit anderen Worten: ist Kapital, das als selbstverständliches erkannt und anerkannt ist" (Bourdieu, 1991, S. 22).[33]

4.3.2 Die Struktur der Gesellschaft

Die soziale Welt lässt sich, genau wie technische Konstrukte, in einem Koordinatensystem darstellen, wobei der soziale Raum konstruiert wird durch „die Gesamtheit der Eigenschaften (bzw. Merkmale), die innerhalb eines fraglichen sozialen Universums wirksam sind, das heißt darin ihrem Träger Stärke bzw. Macht verleihen" (ebd., S. 9). Die Koordinaten des sozialen Raumes werden bestimmt durch „Kapitalvolumen, Kapitalstruktur und zeitliche Entwicklung dieser beiden Größen" (Bourdieu, 2013, S. 195 f.). Jedes Individuum nimmt innerhalb dieses sozialen Raumes in einem bestimmten Feld eine Position ein, die seinem Kapital entspricht. Die Höhe des Gesamtkapitals eines Akteurs oder einer Akteurin und die Zusammensetzung der verschiedenen Kapitalsorten bestimmen die Position im sozialen Raum, wobei die Positionen mit Kompeten-

---

33 Eine lesenswerte Ausarbeitung der Kapitalbegriffe findet sich in: Bourdieu 1983.

zen verbunden sind, „mit *Handlungsbefugnissen* und *Handlungsmöglichkeiten,* die freilich, damit sie realisiert werden können, *Handlungsfähigkeiten* voraussetzen" (Liebau, 1987, S. 72). Die Möglichkeiten eines Individuums hängen also von seinem Kapital und von seinem Habitus ab oder auch: „Die soziale Stellung eines Akteurs ist folglich zu definieren anhand seiner Stellung innerhalb der einzelnen Felder […]" (Bourdieu, 1991, S. 10). Der soziale Raum ist hierarchisch strukturiert, die Person nimmt entsprechend ihrer Kapitalien eine bestimmte Position ein, versucht aber stetig, diese Position zu verbessern, wodurch das Feld immer ein Ort der Kämpfe um die Veränderung der bestehenden Verhältnisse ist. Durch die Machtkämpfe und Hierarchisierung der Felder wird anerkannt, dass die Akteurinnen und Akteure mit viel feldspezifischem Kapital auch die Macht innehaben. Diejenigen mit wenig feldspezifischem Kapital werden „nach oben" schauen und streben, und somit die Hierarchie legitimieren. (Vgl. Barlösius, 2006, S. 115)

So entstehen, je nach Position im Feld, verschiedene Klassen, welche nach Bourdieu aber als rein theoretischer Natur verstanden werden sollen. „Ausgehend von den Stellungen im Raum, lassen sich *Klassen* im Sinne der Logik herauspräparieren, das heißt Ensembles von Akteuren mit ähnlichen Stellungen, und die, da ähnlichen Konditionen und ähnlichen Konditionierungen unterworfen, aller Voraussicht nach ähnliche Dispositionen und Interessen aufweisen, folglich auch ähnliche Praktiken und politisch-ideologische Positionen" (Bourdieu, 1991, S. 12). Die verschiedenen Klassen erzeugen Denk-, Wahrnehmungs- und Handlungsschemata, welche an das jeweilige Feld angepasst sind: „Wie Federvieh mit größerer Wahrscheinlichkeit Flügel besitzt als Tiere mit Fell, so sind auch Menschen mit einem höheren kulturellen Kapital mit größerer Wahrscheinlichkeit Museumsbesucher als solche ohne" (ebd., S. 16). Der Mensch muss sich diese nicht aneignen im Sinne von Regeln, die er erlernen muss, vielmehr erwirbt er die klassenspezifischen Handlungsdispositionen durch die Gestaltung seines Alltags. „Auf diese Weise ‚verleibt' er sich die jeweils klassenspezifischen *Habitusformen* ein. Sie werden zum weitgehend unbegriffenen, automatisch geäußerten Bestandteil seines Gestus, seines Aussehens, seiner Mentalität etc." (Hradil, 1989, S. 114f.). Die Habitusformen werden schon in der Kindheit angelegt und verinnerlicht, sie sind relativ stabil, „da immer wieder in typischer Weise gesehen, gehandelt und Realität konstruiert wird" (ebd., S. 115). Die Stabilität des Habitus und seine Tendenz zur Reproduktion führen dazu, dass die Felder in ihrer Struktur bestätigt werden und somit auch relativ stabil bleiben: „Die Erfahrung von sozialer Welt und die darin steckende Konstruktionsarbeit vollziehen sich wesentlich in der Praxis, jenseits expliziter Vorstellung und verbalem Ausdruck. […] Die Wahrnehmungskategorien resultieren wesentlich aus der Inkorporierung der objektiven Strukturen des sozialen Raums. Sie sind es folglich, die die Akteure dazu bringen, die soziale Welt so wie sie ist hinzunehmen, als fraglos gegebene, statt sich gegen sie aufzulehnen und ihr andere, wenn nicht sogar vollkommen konträre Möglichkeiten entgegenzusetzen: Der Sinn für die eigene soziale Stellung als Gespür dafür, was man ,sich erlauben' darf und was nicht, schließt ein das stillschweigende Akzeptieren der Stellung [...]" (Bourdieu, 1991, S. 17 f.).

> „Die Struktur des Raumes sozialer Positionen bestimmt mithin über die objektive Verteilung der formalen Zuständigkeiten in der Gesellschaft und legt damit wesentlich die quantitativen und qualitativen Verhältnisse zwischen den verschiedenen gesellschaftlichen Gruppen fest. Sie bestimmt damit aber gleichzeitig auch wesentlich über die *Struktur der Existenzbedingungen* [eigene Hervorhebung, Anm. J.S.] für die sozialen Akteure mit; denn in den sozialen Positionen sind je unterschiedliche Handlungsschemata sedimentiert und festgeschrieben" (Liebau, 1987, S. 74 f.).[34]

In Abbildung 2 dargestellt, ist der Raum der sozialen Positionen und der Raum der Lebensstile[35] nach Pierre Bourdieu. Jedoch muss man sich vergegenwärtigen, dass dieses Schaubild eine Momentaufnahme darstellt, die sich durch die Machtkämpfe in den Feldern und den Veränderungen des Kapitals bereits verändert hat, und sich schnell auch wieder ändern kann und wird. Außerdem soll der Raum der Lebensstile nicht bedeuten, dass jeder Akteur oder jede Akteurin genau diese Interessen verfolgt oder genau den Lebensstil annimmt, der seiner oder ihrer Position im sozialen Raum am nächsten ist. Vielmehr ist es wahrscheinlicher, dass sich ein Hochschullehrer für Schach interessiert, als dass sich eine Landarbeiterin dafür begeistert. Selbstverständlich muss auch beachtet werden, dass dieses Schaubild für die französische Gesellschaft der 1960er-Jahre angefertigt wurde. Auf der Y-Achse, also von unten nach oben, wird das Gesamtkapital der Akteurin oder des Akteurs gemessen, je weiter oben man im Schaubild angesiedelt ist, über desto mehr Gesamtkapital verfügt man. Die X-Achse beschreibt das ökonomische und das kulturelle Kapital, ist man rechts angesiedelt, nimmt das ökonomische Kapital eine gewichtigere Rolle ein als das kulturelle Kapital, weiter links verhält es sich umgekehrt. Der genannte Hochschullehrer verfügt also nach diesem Schaubild über ein relativ hohes Gesamtkapital, bei welchem das kulturelle Kapital das ökonomische Kapital überwiegt. Die Landarbeiterin zeichnet sich hingegen durch ein insgesamt sehr geringes Gesamtkapital aus und das ökonomische Kapital überwiegt das kulturelle Kapital. „Was existiert, das ist ein *Raum von Beziehungen*, ebenso wirklich wie der geographische, worin Stellenwechsel und Ortsveränderungen nur um den Preis

---

34 Bourdieu (1991, S. 76) verweist hier auf Konfuzius, welcher auf die Rechtfertigung von Namen hinwies: „Der Herrscher handle als Herrscher, der Untertan als Untertan, der Vater als Vater, der Sohn als Sohn."
35 Auf die Lebensstile wird im Kapitel 4.3.3 Lebensstil, Lebensführung, Geschmack ausführlicher eingegangen.

von Arbeit, Anstrengungen und vor allem Zeit zu haben sind (dem *Aufsteiger* sieht man die Kletterei an)" (Bourdieu, 1991, S. 13).

Abbildung 2: Raum der sozialen Positionen und Raum der Lebensstile nach Pierre Bourdieu, 1982, S. 212 f.

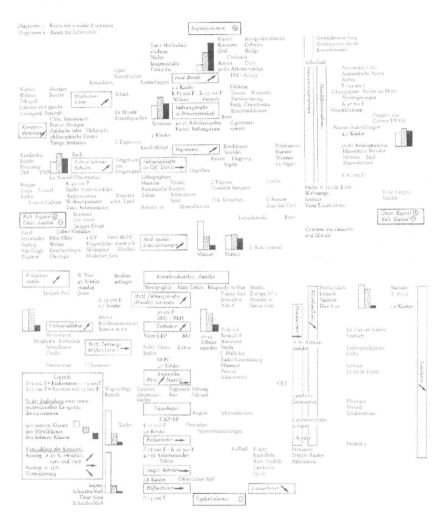

„Sozialer Raum: das meint, daß man nicht jeden mit jedem zusammenbringen kann – unter Mißachtung der grundlegenden, zumal ökonomischen und kulturellen Unterschiede" (Bourdieu, 1991, S. 14).[36] Die Gesellschaft unterteilt Bour-

---

36 Bourdieu merkt hier an, dass zwar ein Zusammenschluss von Gruppen unterschiedlicher Kapitalien nicht ausgeschlossen werden kann (beispielsweise ein Zusammenschluss auf-

dieu grob in drei Gruppen, die versuchen, ihre Position im sozialen Raum zu verbessern. Die Oberschicht, welche sich zusammensetzt aus einerseits Akteuren und Akteurinnen, die ein hohes kulturelles Kapital besitzen und andererseits aus Akteurinnen und Akteuren mit hohem ökonomischen Kapital, tut dies durch Exklusivität, durch Abgrenzung zu den anderen Gruppen.[37] Die Mittelschicht, welche man auch wieder grob in eine ökonomische und in eine kulturelle Fraktion unterteilen kann, zeichnet sich hingegen dadurch aus, sich an der Oberschicht zu orientieren und zu versuchen ihr „nachzueifern", indem sie versucht sich an die kulturellen Gegebenheiten der Oberschicht anzupassen. Bei der Unterschicht hingegen dominiert die Notwendigkeit, d.h. die Frage, wie man die eigene Existenz sichern kann. Die entwickelten Denk-, Wahrnehmungs- und Handlungsschemata einer Akteurin oder eines Akteurs sind also an ihre oder seine Stellung im sozialen Raum angepasst und werden dadurch nicht als gleichwertig innerhalb der Gesellschaft anerkannt. „Nicht jeder, nicht einmal die Mehrheit der Bevölkerung hat die Chance, den ‚guten', d.h. den ‚legitimen' Geschmack zu entwickeln, der in der Konkurrenz um soziale Anerkennung und Privilegien den höchsten Profit abwirft" (Baumgart, 1997, S. 200). Den „guten Geschmack" definiert nämlich die herrschende Klasse, somit wird Kultur zur symbolischen Macht, zum Instrument der herrschenden Klasse, sich abzugrenzen und „[…] darum geht es letztlich im politischen Kampf, einem untrennbar theoretisch und praktisch geführten Kampf um die Macht zum Erhalt oder zur Veränderung der herrschenden sozialen Welt durch Erhalt oder Veränderung der herrschenden Kategorien zur Wahrnehmung dieser Welt"

---

grund der ethnischen Herkunft), dass diese Gruppierungen aber meist doch auch im Groben wieder den genannten Gliederungsprinzipien unterworfen sind (Vgl. Bourdieu, 1991, S. 14)

37 Am Beispiel des Sports erläutert Bourdieu (1982, S. 345 ff.) anschaulich, dass neben ökonomischem Kapital auch andere, nicht so offensichtliche „Gebühren" bezahlt werden, um exklusive Sportarten zu betreiben (er benennt bspw. Golf, Jachtsegeln, Reiten), welche dann der Abgrenzung zu anderen Klassen dienen; u.a. das frühzeitige Erlernen solcher Sportarten, das Verständnis der eigenen Körperlichkeit etc.: „Gewinnt der aristokratische Asketismus der gehobenen Lehrer und Professoren seinen exemplarischen Ausdruck im *Bergsteigen,* das mehr noch als wandern mit seinen einschlägigen Wanderwegen […] zugleich Herr über seinen eigenen Körper wie über eine dem gewöhnlichen verwehrte Natur zu sein, bei geringsten finanziellen Kosten ein Höchstmaß an Distinktion, Distanz und physischer wie geistiger ‚Höhe' zu erreichen erlaubt; realisiert sich der gesundheitsbezogene Hedonismus der Ärzte und modernen Führungskräfte, denen die finanziellen wie – aufgrund frühester Gewohnheit – kulturellen Hilfsmittel gegeben sind, sich Aktivitäten mit höchstem Prestige zu verschreiben und dabei den gemeinen Menschenansammlungen zu fliehen, in Bootstouren, Baden auf offener See […], so erhoffen sich die Unternehmer die gleichen Gewinne an Distinktion und Auszeichnung vom Golf, von seiner aristokratischen Etikette und seinem vom Englischen geborgten Vokabular [etc. …]" (Bourdieu, 1982, S. 349 f.).

(Bourdieu, 1991, S. 18 f.). Gesellschaftlicher Wandel geschieht dadurch, dass die aufstiegsorientierten Klassen versuchen, die Differenz zu den herrschenden Klassen zu verringern, indem sie deren Lebensstil kopieren und somit den „guten Geschmack" der herrschenden Klasse anerkennen und legitimieren und zur Verfestigung der bestehenden Strukturen beitragen. „Weil die Haltungen und Meinungen der unteren Schichten, nach Bourdieu, von den Haltungen und Meinungen der Herrschenden abgeleitet sind, sich systematisch auf sie beziehen, weil sie *nacheifern* (im Extrem in der kleinbürgerlichen Prätention), um ihr Kapital und die damit gegebenen Profitchancen zu erweitern, können sie sich aus den symbolischen Systemen der Doxa[38] nicht aus eigenen Kräften, wenn überhaupt, befreien und tragen damit, wenn gewiß auch unfreiwillig, zur Legitimation der Doxa, zur Legitimation der Herrschaft bei" (Liebau, 1987, S. 77).[39]

4.3.3 Lebensstil, Lebensführung, Geschmack

Die Struktur des sozialen Raumes lässt sich auch physisch fassen. So entstehen Wohnviertel, Kleidungsstile, Mittel der Fortbewegung, usw., in Abgrenzung zueinander. Die gute Wohngegend kann nur existieren, wenn auch die weniger gute Wohngegend existiert. Wesentlich ist, dass die Unterscheidung nicht nur substanziell passiert, sondern auch die relationale Komponente Gewicht erlangt. Ein teurer Oldtimer mit „Seltenheitswert" beispielsweise kann substanziell nicht erklärt werden, wenn man jedoch die relationalen Prozesse miteinbezieht, so steht der Oldtimer für eine Abgrenzung zu anderen Akteuren und Akteurinnen, für eine sozialstrukturelle Verortung und für die Klassifizierung der Akteurin oder des Akteurs. (Vgl. Barlösius, 2006, S. 123). Neben ökonomischen Unterscheidungs- und Abgrenzungsmerkmalen generieren auch die jeweiligen Habitusformen die *feinen Unterschiede*. Der soziale Raum und der Raum der Lebensstile sind prinzipiell analog, da sie durch den jeweils anderen Raum bedingt werden. Die Habitualisierung des Individuums spiegelt seine Position im sozialen Raum wider und prägt so seinen Lebensstil. (Vgl. Beckert-Zieglschmid, 2005, S. 33 f.)

Die internalisierten Strukturen wirken in jeden (noch so individuell scheinenden) Aspekt unseres Daseins hinein, auch die Geschmacksentwicklung, wie sie oben schon kurz angerissen wurde, ist nach Bourdieu nicht individuell, sondern Ausdruck der Habitualisierung: „Über Geschmack streitet man nicht – nicht, weil jeder Geschmack natürlich wäre, sondern weil jeder sich in der Na-

---

38 Die Anerkennung der willkürlichen Funktionsmechanismen und Regeln der jeweiligen Felder durch ihre Akteure nennt Bourdieu *Doxa* (vgl. Zips & Rest, 2010).

39 (Vgl. zum Kapitel auch: Beckert-Zieglschmid, 2005, S. 24; Joas & Knöbl, 2013)

tur begründet wähnt – was er, als Habitus, ja auch gewissermaßen ist –, mit der Konsequenz, den anderen Geschmack dem Skandalon der Gegen-Natur zu über-antworten, ihn als abartig zu verwerfen […]" (Bourdieu, 1982, S. 105). Auch der eigene Körper, die Körperlichkeit, die Körperhaltung, der Gang etc., sind ge-prägt von der Sozialisation der sozialen Person. „Welche *Haltung,* welche Kör-perlichkeit in der und durch die Praxis, in der sie konstituiert wird und die sie gleichzeitig ihrerseits konstituiert, erworben worden ist, ist darum in der Regel eines der untrüglichsten Merkmale, die als Hinweise auf die gegenwärtige und vergangene Position eines Individuums im sozialen Raum genommen werden können" (Liebau, 1987, S. 68). Haltung annehmen, sich-gerade-halten, das Mes-ser in die rechte Hand nehmen, all das sind Beispiele, die man erst einmal der Eigenart des Individuums zusprechen würde, die jedoch bei genauerer Betrach-tung die Folge von inkorporierten sozialen Strukturen sind, wie nun am Beispiel des Körperkultes der verschiedenen Klassen veranschaulicht werden soll: „Es hat alles den Anschein, als hinge die Wahrscheinlichkeit, daß jemand einen be-stimmten Sport betreibt […], von der Wahrnehmung und Einschätzung der in-nerlichen wie äußerlichen Gewinne und Kosten der einer jeden Sportart ab, letztlich also von den Dispositionen des Habitus […]." (Bourdieu, 1982, S. 338 ff.).

Die körperlichen Praxisformen und Betätigungen der unteren Klassen zeigen ein „instrumentelles Verhältnis zum eigenen Körper" (ebd.) auf und schlagen sich in der Wahl von Sportarten nieder, die „höchsten Krafteinsatz und – wie Boxen – eine bestimmte Schmerzunempfindlichkeit erfordern oder sogar den Einsatz *des gesamten Körpers* (wie Motorradfahren, Fallschirmspringen, alle For-men von Akrobatik und in bestimmtem Umfang alle Kampfsportarten)." (ebd.).

Demgegenüber wählen Akteure und Akteurinnen aus der Mittelschicht eher Sportarten aus, die ihrer Gesundheit dienen: „Alles scheint darauf hinzuweisen, daß die Beschäftigung mit Körperkultur in ihrer elementaren Form, als Ge-sundheitskult, in Verbindung nicht selten mit einem übersteigerten Asketismus der Nüchternheit und Diätstrenge, zunächst innerhalb der Mittelklasse auftritt […], in jenen Kreisen also die sich bekanntermaßen um ihr Äußeres – mithin ihren ‚Leib-für-den-Anderen' – erhebliche Gedanken machen. […] – geht es ihnen doch um das Gefühl der Übereinstimmung mit den herrschenden sozia-len Normen der Selbstdarstellung als der Voraussetzung für das Vergessen ihrer selbst wie ihres ‚Leibes-für-den-Anderen'. […] Körperkultur, generell alle strikt gesundheitsdienlichen Aktivitäten und Praktiken wie Wandern oder ‚jogging' weisen freilich noch weitere Affinitäten zu den Dispositionen der unter dem Aspekt des kulturellen Kapitals wohlhabendsten Fraktionen der Mittelklassen und der herrschenden Klasse auf: Derartige Aktivitäten, die ihren spezifischen Sinn zumeist nur im Kontext eines vollkommen abstrakt-theoretischen Wissens um die Auswirkungen von Übungen gewinnen, […] setzen den rationalen Glauben in die von ihnen für die Zukunft verheißenen und häufig kaum merk-lichen Gewinne voraus (wie Schutz gegen das Altern oder gegen altersbedingte

Unfälle – ein wahrlich nur abstrakter und negativ bestimmter Gewinn)." (Bourdieu, 1982, S. 338 ff.). (Vgl. Liebau, 1987, S. 67)

Somit drücken die *feinen Unterschiede* zwischen den Individuen, die Vorlieben, der Geschmack, die Wohnungseinrichtung etc. nicht Individualität aus, sondern sind „Ausdruck unserer Position im sozialen Raum" (Baumgart, 1997, S. 200). Bourdieu geht dabei von unterschiedlichen Entwicklungsmöglichkeiten des Geschmacks aus, welche abhängig von den Existenzbedingungen der jeweiligen Akteure und Akteurinnen sind. Durch den Gesamtumfang des Kapitals eines Individuums kann dieses entweder einen Notwendigkeitsgeschmack entwickeln, welcher sich durch „die Befriedigung elementarer, vor allem körperlicher Bedürfnisse" (Beckert-Zieglschmid, 2005, S. 32) äußert. Hiermit sind die unteren Positionen gemeint, welche beispielsweise aufgrund von harter körperlicher Arbeit, kalorienreiches und fettiges Essen bevorzugen. Der Notwendigkeitsgeschmack (oder auch populäre Geschmack) wird also als Geschmack verstanden, der am „Notwendigen und Praktischen" (El-Mafaalani, 2012, S. 82) orientiert ist und die unmittelbare Bedürfnisbefriedigung erfüllen soll. Mit zunehmendem Kapital kann sich der mittlere Geschmack ausbilden. Dieser Geschmack ist vor allem dem Kleinbürgertum eigen und orientiert sich am Geschmack der Oberschicht „ohne diesem legitimen Geschmack zu entsprechen" (ebd.). Der legitime Geschmack schließlich, welcher sich losgelöst von Notwendigkeiten und mit der Intention gerade die Notwendigkeit zu verleugnen entwickelt, ist den privilegierten Schichten vorbehalten: „Die Betonung des Nicht-Notwendigen, aber Ästhetischen, und von Exklusivität erfordert einen deutlich wahrnehmbaren Seltenheitswert in Bezug auf Güter und Stilformen" (ebd.). (Vgl. auch Barlösius, 2006; Joas & Knöbl, 2013; Liebau, 1987)

„Der Geschmack ist *amor fati,* Wahl des Schicksals, freilich eine unfreiwillige Wahl, durch Lebensumstände geschaffen […]" (Bourdieu, 1982, S. 290).

4.3.4 Der primäre Habituserwerb während der Kindheit

Die Theorie Bourdieus geht von der genetischen Perspektive des Habituserwerbs aus. Das bedeutet, ein Kind wird in bestimmte Umstände hineingeboren, in eine Familie, die einen bestimmten Platz im Sozialraum einnimmt, und es wächst demnach auch in einem bestimmten Umfeld auf. Die Umgebung, in der das Kind aufwachsen wird, die Kapitalien, die in der Familie vorhanden sind, die äußeren Umstände – all das wird das Kind vom ersten Moment an prägen.[40]

---

40 Liebau (1987, S. 82) verweist in diesem Kontext auch auf die pränatale Sozialisation des Kindes, welches im Bauch seiner Mutter schon bestimmte Lebensumstände erlebt – bspw.

Und nachdem die äußeren Umstände zutiefst internalisiert sind, wird auch der Umgang mit dem Kind vom ersten Augenblick an ganz selbstverständlich an den Habitus der Familie angepasst sein; die Art, wie man auf sein Weinen reagiert, wie man es füttert, ob es ein eigenes Zimmer haben wird, die Reaktionen von Freundinnen und Freunden, Bekannten, Verwandten etc. – all diese äußerlichen und inneren Einflüsse, die eng miteinander verwoben sind und einander bedingen, werden das Neugeborene vom ersten Moment seines Daseins an prägen. Und vorerst kann das Kind diese Umstände nicht wirklich beeinflussen, mit Ausnahme der verbalen Äußerung seiner biologischen Bedürfnisse. „Das Kind wird also von Anfang an in die Bedingungen einsozialisiert, in die es hineingeboren ist; und es wird im Lauf der Zeit genau jene Kompetenzen erwerben, die ihm eine aktive Bewältigung seiner Lebenslage ermöglichen. Es bleibt ihm nämlich gar nichts anderes übrig, da es keine Alternativen kennenlernt" (Liebau, 1987, S. 83). Durch die Teilnahme an der Gesellschaft erlernt also das Kind jene Kompetenzen, die in seinem kulturellen Umfeld von Bedeutung sind, es nimmt einerseits an der Gesellschaft und den Praxisformen der es umgebenden Personen Teil, andererseits kann es so seine eigenen Praxisformen kontinuierlich erweitern und überprüfen. Die Aneignung der Praxisformen geschieht aber eben nicht im gesamten „Spektrum der Möglichkeiten praktischen oder sozialen Verhaltens" (ebd.), sondern nur in dem vorher schon festgelegten Ausschnitt der durch „erfahrbare Praxis" (ebd.) definiert ist. Soziale Strukturen werden so vererbt, das Kind habitualisiert die Verhaltensformen der es umgebenden Personen und „reproduziert in dem Maße, in dem es seine Kompetenzen entwickelt, die Praxisformen in die es einsozialisiert worden ist – Praxisformen, die für die soziale Lage seiner *Eltern* passen" (ebd., S. 84).[41] (Vgl. auch Beckert-Zieglschmid, 2005, S. 25 f.)

Diese erworbenen Dispositionen können „klassen-, gruppen- oder sogar familienspezifische generative Prinzipien" (Liebau, 1987, S. 84) sein, wie beispielsweise die Religionszugehörigkeit, die Art und Weise, wie man Messer und Gabel zu halten hat, der Dialekt etc. und machen die Zugehörigkeit zu einer bestimmten Teilkultur in der Gesellschaft aus: Ein Kind aus der Unterschicht wird anderes Essen serviert bekommen und auch die Essensmanieren werden sich von denen eines Kindes aus der Oberschicht unterscheiden. Daneben erwerben Kinder aber auch allgemeingültige Praxisformen, wie beispielsweise die

---

ob die Mutter gestresst und besorgt ist, ob sie achtsam mit sich und ihrer Ernährung umgeht etc.

41 Hier wird ein weiterer Aspekt der „Negativkreisläufe" angesprochen (obwohl sie hier natürlich nicht nur negativ zu interpretieren sind): Während sich bei der Bindungstheorie negative Kreisläufe auf die bindungstheoretische Perspektive konzentrierten (siehe Kapitel 3.3 Vorläufer der Bindungstheorie: Folgen der frühen Mutterentbehrung) geht es hier um Kreisläufe, die sich durch die Sozialisation des Kindes bedingen.

Sprache, Essensformen im Allgemeinen, bestimmte Festbräuche, usw., die für bestimmte Gesellschaften eine allgemeine Gültigkeit besitzen. Die genannten Kinder werden beispielsweise beide grundlegende Essensmanieren, die sich gleichen, kennenlernen. Die Verknüpfung der allgemeingültigen Praxisformen und der Dispositionen, die die Zugehörigkeit zu einer bestimmten Gruppierung ausmachen, bestimmen dann den Habitus eines Individuums und seine Zugehörigkeit zu einer bestimmten Teilkultur. (Vgl. Liebau, 1987, S. 82 ff.) Die Aneignung der allgemeinen und der spezifischen Habitusformen erfolgt, logischerweise, in sich verzahnt, daher „sind Entwicklungsprozesse nicht erst ‚offen' und werden dann immer stärker ‚eingegrenzt', sondern sie sind von vornherein gleichzeitig ‚offen' *und* ‚begrenzt'. Daraus folgt die fundamentale Bedeutung des primären Habituserwerbs. Hier wird nämlich die Gestalt der generativen Kompetenzen eines Individuums gebildet, die die Grundlage seiner gesamten späteren Entwicklung darstellt" (vgl. ebd., S. 84). Hier wird deutlich, dass die unbewusste Aneignung des klassen- und familienspezifischen Habitus weitreichende Konsequenzen für das Individuum hat. Der primäre Habitus, welcher sich in allen Lebensbereichen widerspiegelt, wirkt in gewisser Weise determinierend und reduziert die Möglichkeiten des Akteurs oder der Akteurin im weiteren Lebensverlauf. Die habituelle Prägung führt zu einer „Anerkennung der Verhältnisse wie sie sind" (ebd., S. 85) und beinhaltet den „Wunsch, diese Verhältnisse aufrecht zu erhalten" (ebd.), weshalb der Habitus zur Reproduktion neigt. Diese Neigung zur Reproduktion und zur Anerkennung der Verhältnisse beschränkt sich nicht auf die frühe Kindheit (obwohl sie hier wahrscheinlich am unreflektiertesten geschieht, da das Kind keinerlei Vergleichsmöglichkeiten hat) sondern zieht sich durch die gesamte Biografie einer Akteurin oder eines Akteurs. Neben der Familie, als Ort der primären Habitusbildung, kommen später noch Kindertagesstätten, die Schule, Peergroups etc. hinzu. (Vgl zum Kapitel: Liebau, 1987, S. 82–85)

Dieses Kapitel macht deutlich, wie gut die Habitustheorie und die Bindungstheorie einander ergänzen können. Beide Wissenschaftler zogen aus ihren Forschungen die gleichen Schlüsse, nämlich, dass die Prägung in den ersten Lebensjahren immense Auswirkungen auf die gesamte Biografie des Individuums hat. Während Bourdieu seinen Blick auf die Sozialisation in den ersten Lebensjahren richtete und somit auf alle sozialen Facetten der Prägung aufmerksam machen konnte, fokussierte Bowlby den Blick auf die Bindung zur Bezugsperson und konnte so detaillierte Auskünfte über eben diese geben.

4.3.5 Bildung und Habitus

Als wesentliche Instanzen bei der Reproduktion der Sozialstruktur benannte Bourdieu die Bildungseinrichtungen. Ein Ansatzpunkt von ihm war es, aufzuzeigen, dass schulische Erfolge keineswegs nur individuellen Leistungen zuzurechnen seien, sondern, dass viele weitere Selektionsmechanismen im Bildungssystem greifen – dass also eine Chancengleichheit, wie sie postuliert wird, nicht existiert. Somit erfüllen Bildungseinrichtungen nach Bourdieu den Sinn, die Sozialstruktur zu reproduzieren und die herrschenden Klassen zu bestätigen und zu festigen. „Das Bildungssystem soll daher die Eigenschaften, die ein innerhalb der Elite ausgebildeter Habitus gleichsam automatisch erwirbt, belohnen und Kindern, die anders sozialisiert sind, den Aufstieg in die Elite verbauen oder erschweren" (Rehbein, 2011, S. 128). Die Fähigkeiten, welche in Bildungsinstitutionen Voraussetzung für eine erfolgreiche Absolvierung eben dieser sind, werden weder explizit benannt noch gehören sie zum „offiziellen Bildungskanon" (Barlösius, 2006, S. 79), und die Vermittlung dieser Fähigkeiten findet nur bedingt in den Bildungseinrichtungen selbst statt. Vielmehr entscheidet der Habitus des Individuums, ob es sich in der Bildungsinstitution erfolgreich durchsetzen kann oder nicht. „Die erwarteten Fähigkeiten gehören zu den Dispositionen des Habitus, die Schüler wie Studenten von Zuhause mitbringen oder an denen es ihnen bereits mangelt, bevor ihr erster Schul- oder Studientag beginnt" (ebd.). Zu diesen Voraussetzungen zählen unter anderem sprachliche Ausdrucksfähigkeit, ein bildungsbürgerliches Auftreten, kulturelle Gepflogenheiten, die für die Bildungsinstitution von Nutzen sind; kurz, ein Habitus, welcher an das Bildungsbürgertum angepasst ist (aus dessen Reihen auch hauptsächlich die Lehrkräfte stammen). Vor allem die Sprache ist ein wichtiges Unterscheidungsmerkmal; teilweise hat die in Bildungsinstitutionen angewendete Ausdrucksweise nicht viel mit der Sprache der sozialen Herkunft gemein, bzw. sie ist dieser nur dann ähnlich, wenn der Schüler oder die Schülerin aus einer bildungsnahen Schicht stammt. Obwohl das Bildungssystem also nach außen den Schein wahrt, es sei chancengleich für Alle, und man könne, egal mit welcher sozialen Herkunft, alles innerhalb der Bildungsinstitutionen erreichen, fängt die Selektion schon mit außerschulischen Mechanismen an: einer Kultur und einer Sprache, welche die Akteurin oder der Akteur beherrschen muss, um erfolgreich sein zu können. „Der schulische Erfolg, der auf einem sozialen Privileg beruht, wird als Ergebnis individueller Begabung oder Leistung gedeutet. Auf diese Weise werden sozial erzeugte Bildungsunterschiede legitimiert" (ebd., S. 80).

Deutlich wird in diesen Ausführungen, dass Schüler und Schülerinnen, deren familialer Habitus den schulischen Habitusformen gleicht, bessere Chancen haben, im Bildungssystem Erfolge zu erzielen. „Wenn die Schule als kulturell durch die Habitusformen der kulturellen Mittel- und Oberschichten geprägte Institution ihre Leistungskriterien zur Geltung bringt, so privilegiert sie damit genau jene Kinder, die aus den ihr entsprechenden Milieus stammen" (Liebau, 1987, S. 86). Mit dem Anschein der Gleichberechtigung werden also bildungsnahe Schichten im Schulsystem bevorzugt, da ihre primäre Habitualisierung ihnen Vorteile verschafft. Diese Kinder haben es leichter, in der Schule höhere

Schulabschlüsse zu erzielen, haben dadurch wiederum bessere Möglichkeiten, in höhere berufliche Positionen zu kommen und erhalten so den Kreislauf der Reproduktion der Sozialstruktur aufrecht. „Während die Oberschichten die legitime Kultur bestimmten, an der sich das Bildungswesen orientiert, und dementsprechend nur ihrem Habitus zu folgen brauchen, um im Bildungswesen erfolgreich zu sein, mussten die Unterschichten sich an eine Kultur anpassen, mit der sie nicht vertraut waren und die ihrem Habitus widersprach" (Rehbein, 2011, S. 127).

Der Erfolg der Selektion durch das Bildungssystem liegt vor allem darin, dass die formale Chancengleichheit aufrechterhalten wird und somit schulischer Erfolg und schulisches Versagen als *individuelle* Leistungsfähigkeit" (Liebau, 1987, S. 86) der Schülerinnen und Schüler verstanden werden, „die Einsicht in die soziale Konstitution dieser Prozesse bleibt ihnen systematisch versperrt" (ebd.).[42] So hat die „relative Autonomie des Bildungswesens" (ebd.) in zweierlei Hinsicht Erfolg: die angeblich neutralen Leistungskriterien sorgen für eine Reproduktion der Sozialstruktur der Gesellschaft und vor allem auch für die „subjektive Anerkennung und Legitimierung der gesellschaftlichen Hierarchie durch Gewinner und Verlierer im schulischen Leistungswettbewerb, weil Erfolg und Mißerfolg scheinbar in den Differenzen des individuellen Leistungsvermögens begründet sind" (ebd.).

Wie oben bereits ausgeführt, bildet unter anderem die sprachliche Ausdrucksfähigkeit eine Prämisse für den schulischen Erfolg. Die sprachliche Kompetenz der Schüler und Schülerinnen bestimmt also wesentlich mit, ob sie schulisch erfolgreich sein können – bedenkt man, dass Unterricht hauptsächlich durch Kommunikation stattfindet, so ist das auch nicht weiter verwunderlich. „Ihre hohe sprachliche Kompetenz bildet die Grundlage, auf der die Kompetenz zur Bewältigung konkreter Aufgabenstellungen anhand vorgegebener *Regeln*, darüber hinaus aber auch die Kompetenz zur *sprachlichen und logischen Rekonstruktion und Explikation* der Regeln, nach denen die konkreten Operationen verlaufen, erworben werden können" (ebd., S. 87). Liebau (ebd., S. 87 f.) beschreibt, dass Schülerinnen und Schüler neben dem praktischen Werkzeug, welches zur Lösung von schulischen Aufgaben notwendig ist, auch die „*symbolische Struktur* von Lösungsstrategien" beherrschen können und erkennen müs-

---

42 Liebau (1987, S. 193 f.) merkt hier an, dass diese Thesen in den 60ern entwickelt wurden. In den 1970ern und 1980ern hat sich gerade in der BRD einiges getan und das Verständnis der Zusammenhänge bei Schülern und Schülerinnen hat zugenommen. Liebau kritisiert jedoch, dass dies eher zu einer umgedrehten Argumentation geführt hat als zu einer Veränderung. Die soziale Ausgangslage wird nun angeführt als ein determinierendes Schicksal, welchem der Schüler oder die Schülerin nicht entrinnen kann, das eigene Verhalten wird also mit den soziologischen Aussagen begründet und rechtfertigt „die *Verweigerung der Arbeit an der eigenen Entwicklung*".

sen. Und erst diese Verbindung von symbolischer und praktischer Beherrschung führt zu den in der Schule geforderten und geförderten „komplexen und rationalen" (ebd., S. 88) Denkweisen, welche wiederum Bestandteil der legitimen Kultur sind. Schüler und Schülerinnen mit entsprechender Vorsozialisation der legitimen Kultur werden also in der Schule mit einem bekannten Habitus konfrontiert, den sie problemlos assimilieren können. Ganz im Gegenteil zu Schülerinnen und Schülern, welche sich nicht schon durch ihre primäre Sozialisation den Schulhabitus aneignen konnten, „weil in ihren Familien eben nicht eine komplexe sprachliche Auseinandersetzung die Interaktionen und Praktiken beherrscht, sondern praktisch und technisch eingespielte Handlungsmuster" (ebd.) vorherrschen.

Wie an anderer Stelle schon erwähnt (siehe Kapitel 4.3.2 Die Struktur der Gesellschaft), steht bei Familien aus der Unterschicht der „Kampf ums Überleben" im Vordergrund, das heißt gegenwärtige materielle Probleme stehen im Fokus und absorbieren die Energie – das Kapital an kulturellen, sozialen und ökonomischen Ressourcen ist außerdem gering. Der „Habitus der Notwendigkeit" (El-Mafaalani, 2012, S. 84) reicht tief in alle Bewusstseinsebenen hinein. Ein Kind, das mit der Internalisierung eines Notwendigkeitshabitus aufwächst, versteht nicht, warum es Dinge lernen soll, die es nicht unmittelbar auch brauchen kann. Für das Kind macht es keinen Sinn, singen zu lernen, wenn es nicht Sängerin oder Sänger werden möchte und die ästhetische Komponente von schönem Gesang spielt beim Notwendigkeitsgeschmack keine große Rolle. (Vgl. ebd.)

In der Schule finden sich solche Kinder von Anfang an in einer unterlegenen Position, ihre Habitusform ist nicht angepasst an den schulischen Habitus und im Gegensatz zu den oben beschriebenen Kindern können sie sich meist nur mit der *praktischen Beherrschung* der Lösung konkreter Aufgaben" (Liebau, 1987, S. 88) behelfen – eine symbolische Beherrschung bleibt oft aus. „Dementsprechend lernen sie auch eine Form der Selbsteinschätzung, die zwar den Stolz auf praktische Überlebensfähigkeiten, aber gleichzeitig die Anerkennung der Legitimität der Überlegenheit der anderen und der eigenen Unterlegenheit enthält" (ebd.). Die Stigmatisierung ihrer Habitusform erkennen sie an und nehmen sie als Teil ihres Selbstbildes auf, was wiederum den Reproduktionskreislauf sozialer Strukturen begünstigt. (Vgl. ebd.)

Neben diesen genannten Faktoren konnten Studien aufzeigen, dass auch die Leistungsbewertung durch Lehrer je nach Herkunft des Schülers oder der Schülerin variiert: Kinder aus unteren sozialen Schichten erhalten bei gleicher Leistung seltener die Empfehlung zum weiterführenden Schulbesuch, als Kinder der bildungsnahen Schicht. Thole & Schoneville (2010, S. 150 f.) beziehen sich auf Studien, in denen festgestellt wurde, dass Eltern der oberen Schichten mit viel höherer Wahrscheinlichkeit ihre Kinder auch dann in ein Gymnasium schicken würden, wenn die schulischen Leistungen nicht unbedingt dafür sprechen, zusätzlich sind die Eltern von unteren Schichten entscheidungsunsicherer in Bezug auf die schulische Laufbahn ihrer Kinder. „Die Chance von Jugendlichen aus dem oberen ökonomischen, sozialen und kulturellen Viertel der Gesellschaft, ein Gymnasium statt eine Realschule zu besuchen, ist bei gleichen Fähigkeiten (kognitiven Grundfähigkeiten, mathematischer Kompetenz) fast sechsmal so hoch wie für Jugendliche aus dem dritten Viertel […und damit einhergehend, Anm. J.S.:] Der Widerstand der oberen Schichten gegen den sozialen Abstieg ihrer Kinder ist stärker ausgeprägt als der Wille der unteren Schichten zum sozialen Aufstieg" (Geißler, 2006, S. 292 f.).

4.3.6 Entwicklungsmöglichkeiten des Habitus

Im Kapitel 4.3.1.1 Habitus wurde auf die Möglichkeit der Veränderung des Habitus kurz eingegangen. Es wurde beschrieben, dass der Habitus nicht deterministisch zu verstehen ist (der Habitus als das Schicksal des Menschen), sondern innerhalb bestimmter Grenzen schon allein durch die Biografie des Menschen einem stetigen Wandel ausgesetzt ist. Da die vorliegende Arbeit darauf ausgelegt ist, aufzuzeigen, dass Veränderungen im Lebenslauf möglich sind, dass diese aber umso schwerer sind, je stärker sie von den erlernten Verhaltensmustern abweichen, ist die prinzipielle Veränderbarkeit des Habitus ein essenzieller Punkt dieser Arbeit. Im Folgenden soll daher noch einmal intensiver darauf eingegangen werden.

Obwohl der Habitus eine wegweisende Richtung hat, ist er dennoch nicht als determinierende Einheit zu verstehen. Somit ist auch die Sicherheit, den Lebensverlauf eines Akteurs oder einer Akteurin vorauszusagen, nicht gegeben – dennoch kann man mit einiger Wahrscheinlichkeit prognostizieren, in welche Richtung sich eine Biografie entwickeln wird. Den Lebensverlauf bezeichnet Bourdieu als „trajectoire"; er soll die verschiedenen Stationen eines Menschen im Laufe seines Lebens verdeutlichen. Mit dem Trajectoire meint Bourdieu nicht nur das Älterwerden, sondern die verschiedenen sich verändernden Dimensionen des Mensch-Seins: Von Säuglingen zu Kleinkindern, Kindern, Jugendlichen, jungen Erwachsenen etc., aber auch von Kindern zu Schülerinnen oder Schülern, Auszubildenden/Studierenden etc. oder von Kindern zu politisch interessierten Jugendlichen, Mitgliedern einer Partei, Vorstandsmitgliedern einer Partei. Die verschiedenen Positionen, ob im sozialen, im kulturellen, im politischen oder im wirtschaftlichen (usw.) Bereich, sind mit trajectoire gemeint und das Individuum kann so in seinen mannigfaltigen Positionen wahrgenommen werden. „Mit diesem Begriff rückt die diachrone Perspektive in den Vordergrund. Jede Position erfordert spezifische Kompetenzen im Sinne von ‚Können'; jede ist mit spezifischen Kompetenzen im Sinne von ‚Befugnis' verknüpft" (Liebau, 1987, S. 90). Die Positionen an sich sind jedoch bestimmte

Positionen in einem bestimmten Feld – sie haben mit der Persönlichkcit der Akteurin oder des Akteurs zunächst einmal wenig zu tun. Die Kompetenzen für die jeweilige Position hat ein Akteur oder eine Akteurin auch nicht automatisch inne, sondern sie müssen erlernt werden. Manche Positionen erfordern das Erlernen beispielsweise durch ein Studium, andere wiederum unterliegen dem „Learning-by-doing", wie es beispielsweise in der Elternschaft der Fall ist. Die Aufgabe des Individuums ist es also, in diese Position „hineinzuwachsen", d. h. die daraus erwachsenden Anforderungen kompetent zu erfüllen. Die Einnahme einer neuen Position setzt also eine Anpassung des Habitus voraus, „Habitus und Position müssen in Übereinstimmung gebracht werden" (ebd.). Dies geschieht durch Lernen und ist immer dann der Fall, wenn eine neue Position zum ersten Mal eingenommen wird und so Diskrepanzen zwischen dem Habitus und der Position auftreten. Dabei kann das Lernen nach Bourdieu nicht als „frei oder beliebig" (ebd., S. 91) verstanden werden, sondern die Position, welche das Individuum anstrebt, weist ihm Kompetenzen, die es zu erlangen hat und Verhalten, das es offenbaren soll, zu. (Vgl. ebd.)

Die möglichen Positionen, die eine Person einnehmen kann sind aber alles andere als beliebig – innerhalb ihres Befugnisrahmens kann die Person sich freilich entscheiden – Positionen sind jedoch häufig (und gerade im beruflichen Kontext) mit Qualifikationen und Qualifikationsnachweisen verbunden. Liebau (1987, S. 91) unterscheidet drei Formen von Positionen: einmal die genannten beruflichen Positionen, welche häufig den Qualifikationsnachweis in Form von Zertifikaten erfordern, außerdem diejenigen Positionen, welche an „informelle, jedoch deswegen nicht weniger strenge Kompetenznachweise" gebunden sind, wie es beispielsweise in der Politik oder in der Kultur durch Wahlen, Delegation etc. der Fall ist, und zum dritten gibt es Positionen, wie beispielsweise die familiäre Position, die theoretisch jedem Akteur und jeder Akteurin offen stehen. Wesentlich, so Liebau, (ebd.) ist die Abgestimmtheit zwischen Individuum und Position: „der Abstand zwischen positioneller Kompetenz und individueller Kompetenz darf weder formal noch inhaltlich zu groß sein." Dass nun nicht jede Akteurin oder jeder Akteur jede beliebige Stellung im sozialen Raum einnehmen kann, wird durch die vorherigen Erläuterungen deutlich. Ein Individuum kann zwar eine neue Position einnehmen, diese muss aber zu seinem Habitus passen und auf diesen aufbauen. Außerdem ist der Habitus auf Reproduktion ausgelegt (vgl. Kapitel 4.3.1.1 Habitus), das heißt Positionen, die in Frage kommen, sind am elterlichen Status oder der nächsthöheren Ebene ebendieses orientiert, der Habitus ist also „auf die Positionen, die für den sozialen Akteur i. d. R. infrage kommen, prinzipiell eingestellt; zwar nicht auf die Einzelheiten, die mit einer Position in ihrem spezifischen Feld verbunden sind, sehr wohl aber auf die Strukturen, die sich jeweils ähneln" (ebd.).

Neben der logisch aufeinander aufbauenden Abfolge von Kompetenzen, wie sie soeben dargestellt wurde, gibt es auch den nicht stringent verlaufenden Ha-

bitus, wie er beispielsweise bei Bildungsaufsteigerinnen und Bildungsaufsteigern zu finden ist. Diese Form des sozialen Aufstiegs ist um einiges mühsamer
als die oben beschriebene. Zum einen ist da das Risiko des Scheiterns, zum anderen setzt der Aufstieg in ein anderes Milieu eine sukzessive Umwandlung des
Individualhabitus voraus. Diese Transformation geht (anders als die oben beschriebene Anpassung, die zwar Lernen für eine neue Position erfordert, den
Spagat zwischen neuer Position und individueller Kompetenz aber nicht zu
groß wählt) mit grundlegenden Veränderungen des primären und sekundären
Habituserwerbs einher, das heißt, durch die prinzipielle Geschlossenheit des
Habitus „werden in dem Moment, in dem diesem System grundlegend neue
Elemente zugeführt werden, *alle Relationen* innerhalb des Systems berührt; es
muss eine *neue Ordnung* etabliert werden. Zwar können die alten Elemente ggf.
erhalten werden – manche werden freilich auch ‚unterdrückt‘ oder ‚verdrängt‘ –,
aber sie gewinnen innerhalb des Systems der Dispositionen einen neuen relativen Ort: mit der Folge einer *Konversion,* die mit erheblichen *Krisen* für das
Individuum verbunden sein kann“ (ebd., S. 92). El-Mafaalani (2014, S. 25) beschreibt anhand von Interviews mit Bildungsaufsteigern und Bildungsaufsteigerinnen die immanenten habituellen Veränderungsleistungen, die diese erbringen müssen. „Erstens liegt bei den Aufsteigerinnen und Aufsteigern eine
Wandlung des Notwendigkeitsdenkens vor und zwar hin zu einem selbstbezüg-
lichen Entwicklungsdenken“, was bedeutet, dass allen Aufsteigern und Aufsteigerinnen während der Kindheit und der Jugend ein Habitus der Notwendigkeit
zugrunde lag (wie er weiter oben schon für Unterschichten charakterisiert wurde: vgl. Kapitel 4.3.3 Lebensstil, Lebensführung, Geschmack) und die Veränderung ebendieses festgestellt werden konnte. „Zweitens ist eine Wandlung der
Selbst-Welt-Verhältnisse und des biographischen Entwurfs beobachtbar. Dabei
kommt es zu einem Infragestellen des eigenen Weltbildes und der eigenen
Möglichkeiten“ (ebd.). Die Steigerung der eigenen Autonomie versucht dann
die „Schranken“, von denen sich die Akteurinnen und Akteure begrenzt fühlen,
zu öffnen. „Drittens ist eine umfassende Distanzierung von habituellen Praktiken und Strategien aus dem Herkunftsmilieu auf den Ebenen, die oben skizziert
wurden, typisch. Es kommt zu einer impliziten oder offenen Ablehnung der
Herkunft, aber nicht im Hinblick auf die materiellen Existenzbedingungen,
sondern *bezogen auf ästhetische, kognitive, körperliche und moralische Aspekte*
[Hervorhebung J. S.]“ (ebd.). El-Mafaalani beschreibt diese Distanzierung zum
Herkunftsmilieu auch als eine Selbstdistanzierung, da die primäre und sekundäre Sozialisation infrage gestellt und neu bewertet werden muss. Bei den interviewten Akteuren und Akteurinnen konnten Veränderungen der Milieuzuge-
hörigkeit und der Persönlichkeit festgestellt werden, aber auch Veränderungen
im „Sprachgebrauch, Erscheinungsbild und Lebensstil [...] Hier deutet sich bereits an, dass beim Aufstieg enorme soziale und psychische Hürden überwun-
den werden müssen“ (ebd.). Die Veränderung des Individualhabitus und der

beschriebene Bruch mit der eigenen Vergangenheit können nur angestrebt werden, wenn in irgendeiner Form Erfahrungen „mit anderen Systemen von Selbstverständlichkeiten, mit anderen Denk-, Urteils-, Wahrnehmungs und Handlungsmustern" (Liebau, 1987, S. 93) gemacht werden konnten. In El-Mafaalanis (2014) Studie standen alle Teilnehmerinnen und Teilnehmer im Kontakt zu milieuhöheren Akteuren oder Akteurinnen und konnten so mit anderen Systemen in Kontakt kommen. Liebau beschreibt als Institutionen der Kontaktaufnahme u. a. die Schule, Vereine oder politische Organisationen als Orte der Heterogenität von Mitgliedschaften und somit der Möglichkeit, neue Lebensweisen zu entdecken und zu reflektieren. (Vgl. Liebau, 1987, S. 93 f.) Bei der Beschreibung dieser nicht linear verlaufenden Biografien muss jedoch im Blick behalten werden, dass diese Form der habituellen Veränderung einigen wenigen vorbehalten ist: „Aber es sind, schon per definitionem, *Minderheiten,* die solche Veränderungen des Ursprungshabitus erfahren" (ebd., S. 94).

Die Entwicklungsmöglichkeiten des Habitus wurden hier noch einmal ausführlicher dargestellt, da sie essenziell zum Verständnis der vorliegenden Arbeit beitragen. Wird die Leserschaft sich darüber bewusst, dass jedes Individuum die primäre und sekundäre Habitualisierung so sehr internalisiert, dass sie Teil des Selbst und somit auch Teil der eigenen Identität wird und weit über reflektierbare Verhaltensweisen hinausgeht, so wird auch verständlicher, wie schwer eine Veränderung des eigenen Habitus ist und mit welchen Opfern eine solche Veränderung einhergeht.

4.4   Exkurs: Die Sozialkapitaltheorie nach Coleman

Während Bourdieu soziales Kapital als „*Modus der sozialen Reproduktion*" (Stecher, 2001, S. 141) definiert und Beziehungen, Netzwerke etc. als Kapital erachtet, welches soziale Ungleichheiten reproduziert, beschäftigt sich Coleman mit der Gestaltung von Beziehungen als soziales Kapital, also mit der Frage, wie Beziehungen generiert werden und welche Wirkung diese auf die verschiedenen Akteure haben. „Social capital within the family that gives the child access to the adult's human capital depends both on the physical presence of adults in the family and on the attention given by the adults to the child. The physical absence of adults may be described as a structural deficiency in family social capital. […] Even if adults are physically present, there is a lack of social capital in the family if there are not strong relations between children and parents. […] Whatever the source, it means that whatever human capital exists in the parents, the child does not profit from it because the social capital is missing" (Coleman, 1988, S. 111). Dieses Zitat macht deutlich, dass der Austauschprozess von Kapitalien in Familien laut Coleman nur dann erfolgreich vonstattengeht, wenn die Familienmitglieder zueinander in Beziehung treten. Wenn Eltern beispielsweise selten Zuhause sind und dadurch nicht oft mit ihren Kindern in Kontakt treten, dann findet auch weniger Austausch von Kapital statt, als wenn Eltern in kontinuierlicher Beziehung zu ihren Kindern stehen. Und je besser diese Beziehung ist, desto leichter gestaltet sich der Kapitaltransfer: „Soziales Kapital bezieht sich nicht auf das, *was* zwischen Akteuren getauscht bzw. transferiert wird, sondern darauf, *wie* dieser Transfer zustande kommt" (Stecher, 2001, S. 54). Die relative Geschlossenheit sozialer Systeme und deren Stabilität sind Merkmale, die Stecher (ebd., S. 57 ff.) als positiv korrelierend mit der Entwicklung von sozialem Kapital benennt. Beim Beispiel der Familie ist die Beziehungsstruktur als hochwertiger einzustufen, wenn alle Familienmitglieder zu- und untereinander eine positive Beziehung haben. „Ein enges Geflecht wechselseitiger Beziehungen zwischen den beteiligten Akteuren erhöht das Vertrauen und somit das soziale Kapital, das das jeweilige Netzwerk seinen Mitgliedern zur Verfügung stellt" (ebd., S. 58 f.). In Bezug auf das enthaltene soziale Kapital ist eine Beziehung als geringer einzustufen, wenn beispielsweise beide Elternteile zwar mit dem Kind in Beziehung treten, untereinander aber keine Beziehung herstellen. Die oben angesprochene Stabilität von Beziehungen ergibt sich daraus, dass teilweise in Beziehungen investiert wird und diese Investitionen sich erst später auszahlen, außerdem fördert eine gemeinsame Vergangenheit das Vertrauen zwischen den Individuen. Eine weitere Eigenschaft von sozialem Kapital ist, dass es ständig erneuert werden muss, da es ansonsten an Wert verliert. Somit gewinnt Stabilität für die Produktion von sozialem Kapital, und demnach auch für die Genese von guten Beziehungsstrukturen große Bedeutung. (Vgl. Stecher, 2001, S. 59)

Eine tiefere Analyse von Colemans Sozialkapitalkonzept ist an dieser Stelle nicht möglich. Eine interessante Ausarbeitung findet sich bei Stecher (2001). In dieser Dissertation sollte sie dennoch vorgestellt werden, da auch hier die Nähe zur Bindungstheorie deutlich wird. Die Erkenntnis, dass die Art der Beziehung, die innerhalb von Familien vorherrscht und die qualitative Zeit, die Familien miteinander verbringen können, auch Kapital ist, entspricht der Forschungstradition der Bindungstheorie.

4.5 Sozialisation, Bildung und Habitusentwicklung während der Adoleszenz

Zinnecker (2003, S. 56) geht davon aus, dass Jugend an sich als soziales Feld verstanden werden kann, „dem sowohl politische, pädagogische oder psychologische Jugendexperten, Jugendliche selbst, aber auch Jugendforscher oder normative Institutionen wie das Jugendmoratorium zugehören." In diesem Feld treffen dann die ältere Generation und die jüngere Generation an einem sozialen Ort aufeinander, wobei die ältere Generation zum Teil auch durch Institutionen vertreten wird, die unterschiedliche Interessen verfolgen. So kommt es innerhalb des sozialen Feldes „Jugend" zu massiven Auseinandersetzungen und Interessenskonflikten, die Zinnecker (ebd., S. 57) in Ansätzen benennt: „Wer ist legitimiert, die Ziele des Programms Jugend zu formulieren? Wer betreut und belehrt, verwaltet und kontrolliert die jugendlichen Kohorten und Subgruppen? [...] Hat sich am Ende die gesamte Investition in die jüngere Generation gelohnt?" Eine der Hauptachsen des sozialen Feldes Jugend „die die Akteure und Positionen im Konkurrenzkampf des Feldes voneinander unterscheiden" (ebd.) ist, so der Autor, die Zuordnung zu einem pädagogischen Raum oder einem ent-pädagogisierten Raum. Im pädagogischen Raum würden zweifelsohne Teile der Bildungsinstitutionen oder bestimmte familiäre Interaktionen angesiedelt werden können, wohingegen der ent-pädagogisierte Raum eher durch Peergroups oder teilweise die Medien charakterisiert werden könnte. (Vgl. ebd.)

Auf den pädagogischen Raum geht auch Bourdieu (2013, S. 150 f.) ein: „Familie und Schule fungieren als Orte, an denen sich durch die bloße Verwendung die für einen bestimmten Zeitpunkt als nötig erachteten Kompetenzen herausbilden; zugleich und untrennbar damit verbunden als Orte, an denen sich der *Preis* dieser Kompetenzen ausbildet. D. h., sie fungieren als Märkte, die kraft positiver wie negativer Sanktionen die Leistung kontrollieren – die verstärken was ‚annehmbar' ist, entmutigen, was dem widerspricht, die entwertete Fähigkeiten zum Verschwinden zwingen [...].“

Im Folgenden soll die sich verändernde Habitualisierung während der Jugend angesprochen werden, um dann auf die verschiedenen sozialen Felder (Familie, Peergroup, Liebesbeziehungen, Schule) im Kontext der Theorie, einzugehen. Wie auch bei der Bindungstheorie sollen abschließend ausgewählte Risikofaktoren von Jugendlichen, diesmal unter dem Aspekt der Theorie Bourdieus, beleuchtet werden.

4.5.1 Habitus und Adoleszenz

In der Kindheit werden Verhaltensweisen hauptsächlich durch Nachahmen gelernt, während die Jugendphase dadurch gekennzeichnet ist, dass Handlungen individuell kognitiv bewertet werden. Jugendliche beobachten die Verhaltensweisen in ihrem Umfeld, dem Elternhaus, der Peergroup, im Verein etc., die jeweiligen Handlungen werden wahrgenommen und interpretiert und es wird eingeschätzt, ob die Person Erfolg mit ihren Verhaltensweisen hat. Die Interpretation und Bewertung erfolgen anhand eigener Maßstäbe und zwar aufgrund von früher gemachten Erfahrungen. „Auf diese Weise nimmt die vielfältige Beobachtung einen immer größeren Stellenwert ein und zahlreiche Beobachtungsprozesse gehen der Ausführung konkreten Verhaltens voraus" (Beckert-Zieglschmid, 2005, S. 68).

Während in der Kindheit die primären Bezugspersonen im Mittelpunkt stehen und die soziale Anerkennung durch eben diese das Ziel der Handlungen des Kindes ist, rücken nun während der Adoleszenz auch andere Jugendliche ins Zentrum der Aufmerksamkeit und der Aufbau eigener sozialer Beziehungen steht im Vordergrund. „Aufgrund dieser Entwicklung verschwinden die Eltern als primäre sozialisatorische Instanz und die Peers werden zu einer in dieser Phase (fast) gleichwertigen Instanz" (ebd.). Denk-, Wahrnehmungs- und Handlungsschemata werden also in der Jugendphase nicht mehr nur durch die primären Bezugspersonen bestimmt, sondern auch die Peergroup nimmt bei der Habitualisierung von Jugendlichen eine gewichtige Rolle ein.

So benennt Stecher (2001, S. 48) die Ablösung vom Elternhaus und die zunehmende Autonomisierung der Jugendlichen als wesentliche Entwicklungsaufgabe während der Adoleszenz (siehe hierzu auch Kapitel 3.6.1 Entwicklungsaufgaben in der Adoleszenz aus Sicht der Bindungstheorie: Hier wird auf den bindungstheoretischen Aspekt von Entwicklungsaufgaben im Jugendalter genauer eingegangen). Soziale Beziehungen werden bearbeitet, indem der autoritative Charakter von Eltern-Kind-Beziehungen zu einer Beziehung auf Augenhöhe umorganisiert wird und selbstgewählte Beziehungen zu Gleichaltrigen eingegangen werden. Historisch gewandelt haben sich laut Stecher die Normen, über welche in Familien verhandelt wird, und die Zeitpunkte, zu denen Jugendliche ihre Freiheiten einfordern: „Jugendliche wollen immer früher immer mehr" (ebd.). Neben den verschiedenen Beziehungen, die sich im Laufe der Jugend verändern oder neu eingegangen werden, benennt Stecher als weitere Entwicklungsaufgabe das Verhältnis von Jugendlichen zur Schule. „Dem Schulhabitus, das heißt den Einstellungen dem Lernen und der Schule gegenüber, kommt im Übergang von der Kindheit in die Jugend dabei eine besondere Bedeutung für die schulische Entwicklung zu" (ebd., S. 50). In der Kindheit angelegte, positive Lernhaltungen, verfestigen sich in der Pubertät und können so einen weiteren Schulerfolg positiv beeinflussen. Auch die „Entwicklung der schulischen Selbstwirksamkeitsüberzeugungen" (ebd.) sind während der Adoleszenz von immanenter Bedeutung, da hier schulische Veränderungen, wie beispielsweise der Übergang in weiterführende Schulen, anstehen.

4.5.2 Familie als soziales Feld während der Adoleszenz

Wie prägend das Elternhaus für Kinder ist, wurde im Kapitel 4.3.4 Der primäre Habituserwerb während der Kindheit erörtert. Kinder werden demnach in einen bestimmten Kontext hineingeboren, in welchem sich ihr Habitus ausbildet – angepasst an die strukturellen Bedingungen. Ein Verständnis dafür, dass Kindern und Jugendlichen nicht alle Möglichkeiten offen stehen, sondern sowohl ihre Kapitalien als auch ihr Habitus zum Großteil dem *familiären Erbe* entsprechen, wird im Folgenden vorausgesetzt und es wird sich den Strukturen innerhalb von Familien zugewandt.

Die Position einer Familie im sozialen Raum ist mit verantwortlich für die Anforderungen, die Eltern an ihre Kinder stellen, außerdem ist sie auch bedeutsam für die Einstellung der Eltern zur Adoleszenz. Ist das Elternhaus in Besitz von hohem Kapitalvolumen, dann „steht die Selbstentfaltung der jungen Generation im Vordergrund […]. Biografische Zeit steht in großem Umfang zur Verfügung" (Stecher, 2001, S. 22). Das bedeutet, Jugendlichen (oder jungen Erwachsenen) wird die Zeit zur Selbsterfahrung (beispielsweise durch Auslandsaufenthalte) eingeräumt. Bei Familien mit geringem Kapitalvolumen wird Jugend hingegen als „kurze Übergangszeit in die Erwachsenengesellschaft" (ebd.) verstanden und die „rasche ökonomische Selbstständigkeit" (ebd.) ist hier das Ziel. Die Kämpfe um den Platzerhalt oder die Verbesserung des eigenen Platzes in den verschiedenen Feldern wurden oben ausführlich beschrieben (siehe Kapitel 4.3.1.2 Feld), und können auch in Familien beobachtet werden. „Das Interesse an passablen Schulleistungen des Nachwuchses, als Voraussetzung einer entsprechend passablen und – das heißt vielfach auch: – ‚standesgemäßen' nachschulischen Karriere, wäre hier anzuführen. Denn im Falle des Scheiterns vermindert der Jugendliche nicht nur seine beruflichen Aussichten, er setzt auch den Herkunftsstatus und mithin das aufs Spiel, was die Elternfamilie bereits erreicht hat" (Engel & Hurrelmann, 1994, S. 78).

Freilich spielen auch die verschiedenen Kapitalien, mit welchen eine Familie ausgestattet ist, eine immanente Rolle für Jugendliche beim Durchlaufen der Adoleszenz. „Die unter dem Begriff *ökonomisches Kapital* zusammengefaßten sozialstrukturellen Kennzeichen einer Familie werden als bedeutsam erachtet, weil sie die Qualität der immateriellen, interpersonellen Familienbedingungen und die verfügbaren Ressourcen der Familien beeinflussen, die wiederum dem intellektuellen und sozialen Kapital der Familie zugeordnet werden" (Wild & Wild, 1997, S. 56). Familien mit geringem ökonomischen Kapital siedeln sich also auch im sozialen Raum an anderer Stelle an, als Familien mit höherem ökonomischen Kapital (siehe auch Kapitel 4.3.2 Die Struktur der Gesellschaft). Wie wirkt sich vor diesem Hintergrund das ökonomische Kapital einer Familie und negative Veränderungen desselben auf die psychosoziale Entwicklung Jugendlicher aus? Butz und Boehnke (1997, S. 80) gehen dieser Frage nach und resümieren, dass „ein direkter Zusammenhang zwischen finanziellen Einbußen in Familien und Entwicklungsauffälligkeiten Jugendlicher nicht existiert." Innerhalb von Familien führe aber ökonomischer Druck, zum Beispiel in Form von drohendem Arbeitsplatzverlust, zu Spannungen, welche sich wiederum negativ auf das Familienklima auswirken können und so möglicherweise zu Entwicklungsproblemen bei Jugendlichen führen. Die „psychosoziale Befindlichkeit der Eltern" (ebd.) ist letztendlich ausschlaggebend dafür, ob eine ökonomische Krise negative Auswirkungen auf die Entwicklung von Jugendlichen hat oder nicht.

„Ist die Befindlichkeit der Eltern schlecht, deren Partnerbeziehung beeinträchtigt und das Eltern-Kind-Verhältnis negativ, so kann die Familie […] nicht mehr ihre ‚Bündnisfunktion gegen die Gesellschaft' wahrnehmen, die Jugendlichen sonst den Übergang ins Erwachsenenalter erleichtert" (ebd.). Die ökonomische Situation einer Familie hat also (neben der prägenden Wirkung, die u.a. unter Kapitel 4.3.4 Der primäre Habituserwerb während der Kindheit erläutert wurde) einen indirekten Einfluss auf die Entwicklung von Jugendlichen, nämlich insofern, als dass sie durch Existenzängste der Eltern zu einem insgesamt schlechteren Familienklima beitragen kann. (Vgl. auch Butz & Boehnke, 1997; Zinnecker, 1997)

Auch das kulturelle Kapital einer Familie bestimmt wesentlich den Werdegang von Adoleszenten mit. Eine Familie mit hohem kulturellen Kapital positioniert sich im sozialen Raum an anderer Stelle als eine Familie mit niedrigem kulturellen Kapital und mit großer Wahrscheinlichkeit positioniert sich diese Familie näher an Mitgliedern von Bildungseinrichtungen (Lehrkräften, Doktorinnen und Doktoren, Professoren und Professorinnen), als eine Familie, welche niedriges oder kein kulturelles Kapital aufzuweisen hat. Somit wird es Adoleszenten mit hohem familiären, kulturellen Kapital auch leichter fallen, einen Habitus auszubilden, der angepasst ist an den schulischen Habitus, wodurch ihnen die Anhäufung von kulturellem Kapital leichter fallen wird als Jugendlichen, welche diese familiären Grundvoraussetzungen nicht erfüllen. Die sekundäre Habitualisierung durch die Gesellschaft hängt also wesentlich von der primären Habitualisierung in der Familie ab. Jegliche Formen der Erziehung[43] fallen unter das kulturelle Kapital einer Familie und sind stark abhängig von der Position der Familie im sozialen Raum. Somit ist das kulturelle Kapital ein wesentliches innerhalb der Familie, um Jugendliche gut durch ihre Adoleszenz zu begleiten. „Mit den Bildungsabschlüssen der Eltern und der Kinder sind lediglich die Ausgangs- und Endpunkte eines jahrelangen, zeit- und kostenintensiven kulturbezogenen Interaktionsprozesses zwischen den Familiengenerationen erfasst. […] der Begriff des kulturellen Kapitaltransfers […] umfasst sämtliche Interaktionshandlungen in der Familie, die durch ihren kulturellen Gehalt im weitesten Sinne gekennzeichnet sind. Hierzu zählen beispielsweise die spezifischen kulturbezogenen Erziehungsziele der Eltern, ihr kognitiver Vermittlungsstil oder der sprachliche Kommunikationsmodus in der Familie" (Stecher & Zinnecker, 2007, S. 394).

Das kulturelle Kapital, welches sich auch durch inkorporiertes kulturelles Kapital auszeichnet, kann gut mit der Bindungstheorie in Verbindung gebracht werden, da es auch in dieser um den Wert eines guten Bindungsaufbaus und

---

43 Wie auch schon im Kapitel 4.3.4 Der primäre Habituserwerb während der Kindheit besprochen.

einer förderlichen Erziehung geht und davon ausgegangen wird, dass man die eigenen Muster so internalisiert, dass man sie selber in der Erziehung auch wieder anwendet (siehe hierfür den ersten Teil dieser Dissertation über Bindung, insbesondere Kapitel 3.3 Vorläufer der Bindungstheorie: Folgen der frühen Mutterentbehrung und Kapitel 3.4 Grundannahmen der Bindungstheorie). Stecher & Zinnecker (2007, S. 401) benennen auch den unerwünschten kulturellen Transfer, bei welchem „Kulturen der Gewalt, des Traumas, der psychosozialen Deprivation, des gesellschaftlichen Versagens und Scheiterns" von Eltern an ihre Kinder weitergegeben werden.

Stecher (2001, S. 312ff.) übernimmt in seiner Studie über die Wirkung sozialer Beziehungen bei Kindern und Jugendlichen den oben vorgestellten erweiterten Sozialkapitalbegriff nach Coleman (siehe Kapitel 4.4 Exkurs: Die Sozialkapitaltheorie nach Coleman) und definiert als wesentliche Merkmale von sozialem Kapital unter anderem das „Familienklima": sind Familienbeziehungen von Harmonie und gegenseitiger Unterstützung geprägt, dann nehmen Kinder und Jugendliche sich selbstbewusster im Umgang mit schulischen Problemen wahr und neigen seltener zu delinquenten Verhaltensweisen oder depressiven Verstimmungen. Die „Empathie der Eltern" (ebd.), je einfühlsamer die Eltern auf ihr Kind reagieren, desto besser gelingt eine gute Entwicklung gerade auch beim Übergang von der Kindheit in die Jugendphase, oder die „Erziehung zur Selbstständigkeit" (ebd.), je mehr die Erziehung auf Freiraum und Autonomie der Kinder und Jugendlichen abzielt, desto selbstbewusster verhalten diese sich bei schulischen Problemen, sind weitere Indikatoren für soziales Kapital nach Stecher.[44]

Dieses Kapitel legt dar, inwiefern die verschiedenen Kapitalien in Familien wesentlich für die erfolgreiche Bewältigung der Entwicklungsaufgaben von Jugendlichen sind und wie prägend sie sich auf die Phase der Adoleszenz auswirken können. Deutlich wird auch, dass die verschiedenen Kapitalien eng miteinander verwoben sind. Das ökonomische Kapital einer Familie hat entscheidenden Einfluss auf das soziale und auch auf das kulturelle Kapital eben dieser: Hat eine Familie dauerhaft zu wenig davon und ist sie von Existenzängsten geplagt oder müssen beide Eltern Vollzeit arbeiten, um die Familie zu ernähren und den Lebensstandard zu sichern, dann kann sich das negativ auf ihr soziales Kapital auswirken: auf die Beziehungen untereinander, die Empathie füreinander etc. Auch das kulturelle Kapital kann betroffen werden, erstens durch das schlichte sich-kulturellen-Konsum-nicht-leisten-können, aber auch dadurch,

---

44 Die Ausführungen von sozialem Kapital innerhalb von Familien ist für die vorliegende Arbeit von großer Bedeutung, zeigt die Studie Stechers und seine Definition von sozialem Kapital die unmittelbare Nähe zur Bindungstheorie auf. In der Bindungstheorie werden das Familienklima, Empathiefähigkeit der Eltern und die Erziehung zur Selbstständigkeit im Jugendalter als wesentliche Merkmale einer guten Bindung angesehen.

dass die Anhäufung von (inkorporierten) kulturellem Kapital Zeit beanspru-
chen würde, die nicht vorhanden ist. Ist kulturelles Kapital in einer Familie nicht
oder nur bedingt vorhanden, so kann man davon ausgehen, dass Kultur und
Bildung in dieser Familie keine große Rolle spielen, was sich langfristig wiederum auf das ökonomische Kapital auswirken kann. Das soziale Kapital wiederum ist ein Kapital, welches vor allem durch Zeitinvestition vermehrt wird.
Diese Zeit muss vorhanden sein, um gute Beziehungen schaffen zu können.

4.5.3 Peergroup als soziales Feld während der Adoleszenz

Die Prägung des Habitus nimmt (wie im Kapitel 4.3.4 Der primäre Habituserwerb während der Kindheit beschrieben) schon während der Kindheit ihren
Lauf und ist sowohl bestimmt vom Habitus der primären Bezugspersonen, als
auch vom jeweiligen Klassenhabitus – der Stellung im sozialen Raum also. Auch
bei der Wahl der Peergroup werden Jugendliche von Faktoren wie dem physischen Standort, dem Klassenhabitus und der Habitualisierung während der primären Kindheit geleitet: „Der wahrscheinlichere Fall ist jedoch der, dass die
Jugendlichen lediglich mit Peers zusammenkommen, die sich in der gleichen
Klassenlage befinden. Die Peers verfügen über einen gleichen klassenspezifischen Habitus, bzw. befinden sich an ähnlicher Stelle während des Habitualisie-
rungsprozesses" (Beckert-Zieglschmid, 2005, S. 71). Die Welt der Gleichaltrigen
bietet vielfältige „Lern-, Erfahrungs- und Experimentierchancen" (Engel &
Hurrelmann, 1994, S. 82) für Jugendliche die vor die gleichen Entwicklungsaufgaben gestellt sind, ähnliche Interessen und Probleme haben und sich, allgemein
gesprochen, in einer ähnlichen Situation befinden. Gerade in der Peergroup
können alle Formen von Kapital wesentlich sein und akkumuliert werden. Kapital, in Form von „Gütern mit Statusgehalt" (ebd., S. 85), spielt bei Jugendlichen eine gewichtige Rolle, um ihre Position in der Peergroup zu finden und zu
festigen: „Da jedoch nicht jeder Jugendliche über die gleichen Ressourcen zum
Erwerb solcher *Statusgüter* verfügt, werden letztere zu einem knappen und
schon deswegen begehrenswerten Gut. […] Daß der auf die Verfügbarkeit solcher Güter gegründete Vorrang höchst labil sein kann, ergibt sich aus der Logik, nach der sich der Statuswettbewerb vollzieht" (ebd., S. 86).

   Innerhalb des sozialen Feldes der Peergroup findet eine deutliche Hierarchisierung statt, die Jugendlichen müssen sich am Gruppengeschehen beteiligen
und sich „beweisen", um eine bestimmte Position einnehmen zu können. Hat ein
junger Mensch das Zeug dazu, die Gruppe zu leiten, oder zeigt er sich als Mit-
läufer? „Die Frage sozialer Akzeptanz ist auch eine der Position, die im sozialen
Geschehen der Gleichaltrigengruppe eingenommen wird. Denn in *rang*orientierten Systemen bedeutet eine marginale Position zugleich eine inferiore Position und damit auch schnell ein Stigma für den Positionsinhaber" (ebd., S. 84).

Die Peergroup, verstanden als ein Ort der informellen Bildung, spielt eine wesentliche Rolle für die Art und Weise der Anhäufung von kulturellem Kapital. Harring (2010) konnte feststellen, dass sich deutliche schichtspezifische Unterschiede ergeben, wenn man Jugendliche anhand ihrer Freizeitgestaltung verschiedenen Clustern zuordnet.

Jugendliche, welche ein Gymnasium besuchen, nutzen ihre Freizeit häufig, um Printmedien (Bücher, Zeitschriften) zu konsumieren oder am PC zu arbeiten (im Sinne der eigenen Weiterqualifizierung). Musik, sowohl im Sinne von Musikkonsum als auch die Fähigkeit, ein eigenes Musikinstrument spielen zu können, spielt bei diesen Jugendlichen eine große Rolle. Als Treffpunkte mit anderen Gleichaltrigen kommen für Gymnasiastinnen und Gymnasiasten sehr viele Orte in Betracht. Die Schule, das Zuhause, Cafés oder Eisdielen sind beliebte Treffpunkte, hingegen werden „Vereine, Jugendverbände und Jugendzentren von diesen Jugendlichen insgesamt eher gemieden" (ebd., S. 34). Bei diesen „*bildungselitären Freizeitgestaltern*" (ebd.) scheint die Auswahl von „Freizeit- und Bildungsorten, sowie -prozessen" (ebd., S. 35) gezielt gestaltet und als bewusster Ausgleich für die sehr hohe Bildungsorientierung zu stehen. Eine Stichprobe von Harring ergab, dass sich in diesem Cluster hauptsächlich ältere Jugendliche (zwischen 16 und 18 Jahren) befinden, von denen über zwei Drittel weiblich sind, und nur ein Fünftel eine nicht-deutsche Herkunft aufzuweisen hat. Insgesamt bildet diese Gruppe mit nur 6,7 % der Gesamtuntersuchungsmenge das kleinste Cluster.

Das größte Cluster wird durch die „*peerorientierten Allrounder*" (ebd.) gestellt. In diesen Kontext fallen alle Jugendlichen, die viele verschiedene Möglichkeiten der Freizeitgestaltung nutzen, von Vereinszugehörigkeit, über Sportarten, Kino, Disko, Musikhören etc. und diese am liebsten innerhalb ihres Freundesnetzes ausüben. „Gemeinsame Unternehmungen mit der Familie treten verstärkt in den Hintergrund, vielmehr organisiert man die frei zur Verfügung stehende Zeit an unterschiedlichen Orten *in* und *mit* der Peergroup" (ebd.). Alleine Zuhause zu „chillen" ist für diese Jugendlichen keine wichtige Freizeitbeschäftigung (im Gegensatz zu den oben genannten bildungselitären Freizeitgestaltenden). Diese Gruppe besteht zu 61,1 % aus Mädchen und die Jugendlichen dieser Gruppe sind zum Großteil zwischen 16 und 21 Jahren alt. Tendenziell wird bei dieser Untersuchungsgruppe ein höherer Bildungsabschluss angestrebt, obwohl die Zusammensetzung des Clusters dennoch sehr heterogen in Bezug auf den angestrebten Schulabschluss ist. Festzustellen ist außerdem, dass auch in diesem Cluster vorwiegend Jugendliche aus Familien ohne Migrationshintergrund vertreten sind. „Das Hineintauchen in unterschiedliche Freizeitwelten und die Auseinandersetzung mit sehr vielschichtigen Lebenskontexten ermöglicht den Jugendlichen die Konstruktion von äußerst differenzierten Lernarrangements, die komplexe Bildungsprozesse nach sich ziehen" (ebd.).

Mit einem Viertel der befragten Jugendlichen stellen die *„passiven Medien-freaks"* (ebd., S. 36) ein weiteres Cluster dar, in welches hauptsächlich die jüngeren Adoleszenten fallen. 84,9% dieser Jugendlichen sind zwischen zehn und 15 Jahre alt, und die meisten von ihnen sind medial hervorragend ausgestattet. Diese Gruppe ist leicht männlich dominiert und fällt dadurch auf, dass in ihr überproportional häufig Jugendliche mit Migrationshintergrund vertreten sind. Gesamt- und Realschüler und -schülerinnen sind hier überrepräsentiert, hingegen sind Gymnasiastinnen und Gymnasiasten in diesem Cluster eher selten. Ihre Freizeitgestaltung findet hauptsächlich vor dem PC (spielen oder Nutzung des Internets) oder dem TV statt. Außerdem bevorzugen diese Jugendliche das „Zuhause-rumhängen" und nichts tun. Freundschaften werden nur vereinzelt angegeben, soziale Kontakte und Beziehungen finden eher innerfamiliär statt. „Interaktionen in größeren außerfamiliären Gruppen (Cliquen), zum anderen Geschlecht sowie interethnische Kontakte werden eher gemieden bzw./oder können nur selten aufgebaut werden" (ebd., S. 37). Informelle Bildungsprozesse finden somit bei diesem Cluster hauptsächlich medial oder innerfamiliär statt und daher auch innerhalb der „eigenen kulturellen Grenzen" (ebd.).

Das vierte Cluster der *„eingeschränkten Freizeitgestalter"* (ebd., S. 38) stellt innerhalb der Untersuchung mit 27,1% die zweitgrößte Population dar, welche sich hauptsächlich aus Jugendlichen aus Brennpunktstadtteilen (die Gesamtschüler und Gesamtschülerinnen sind hier überproportional häufig vertreten) zusammensetzt. Bei den Jugendlichen ohne Migrationshintergrund ist in diesem Cluster das Geschlechterverhältnis ausgewogen, bei Jugendlichen mit Migrationshintergrund dominieren die Mädchen deutlich mit 66,7%, woraus zu schließen ist, dass bei Jugendlichen mit Migrationshintergrund vor allem die Mädchen zu den eingeschränkten Freizeitgestaltern zählen. Über ein Drittel dieser Adoleszenten sind zwischen zehn und zwölf Jahre alt und das Verhältnis zwischen Jugendlichen mit Migrationshintergrund und ohne Migrationshintergrund ist ausgewogen. Dieses Cluster zeichnet sich vor allem dadurch aus, dass die Jugendlichen durch mangelnde Zeit sehr eingeschränkt in ihrer Freizeitgestaltung sind. „Ein Großteil ist in innerfamiliären Bereichen eingebunden und muss einer Reihe von Haushaltspflichten nachgehen" (ebd.). Vor allem bei Vereinszugehörigkeit, Sport und medialer Freizeitgestaltung sind diese Jugendlichen unterrepräsentiert. Kulturelles Kapital in Form von informellen Bildungsprozessen kann hier hauptsächlich innerhalb der Familie angehäuft werden. „Hier fungiert die Familie als zentraler informeller Bildungsort und informelle Bildungsinstitution" (ebd., S. 39).

Ein fünftes (und das zweitkleinste mit 12,7%) Cluster stellen die *„Organisierten"* (ebd.) Jugendlichen dar, Adoleszente, die hauptsächlich in Verbänden, Vereinen und einer „stark organisierten und strukturierten Freizeitwelt" (ebd., S. 40) auftreten. Non-formelle Bildungsorte wie Sportvereine spielen für diese Jugendlichen eine wesentliche Rolle, fast drei Viertel der jungen Menschen gehören einem Verein an. Schule spielt hingegen in Bezug auf Peerbeziehungen eine untergeordnete Rolle. Stärker als in den anderen Clustern werden den Eltern Problemlösekompetenzen attestiert und die Familie „bietet ein Moratorium und damit Rückzugsmöglichkeiten, um außergewöhnliche Situationen mit Hilfe von Eltern lösen zu können" (ebd., S. 41). Freizeit hingegen bietet „einen anderen festen Rahmen insbesondere für die Erprobung von eigenen Interessen und Vorlieben" (ebd.). Während in diesem Cluster alle Altersklassen vertreten sind, fällt auf, dass der Großteil der Jugendlichen (76,2 %) männlich ist und ein enorm hoher Anteil (54 %) einen Migrationshintergrund hat. Verglichen mit den anderen Clustern finden sich hier mehr Jugendliche aus Hauptschulen. (Vgl. Harring, 2010)[45]

Deutlich wird bei dieser Untersuchung, dass jüngere Jugendliche eher zu den Kategorien „passive Medienfreaks" und „eingeschränkte Freizeitgestalter" gezählt werden, welche viel stärker an das Zuhause gebunden sind und den Peers noch keine allzu große Bedeutung beimessen. Jugendliche mit Migrationshintergrund lassen sich auch eher diesen zwei Clustern zuordnen, wobei allerdings das Cluster der „Organisierten" vor allem bei männlichen Jugendlichen mit Migrationshintergrund am deutlichsten überrepräsentiert ist. Jugendliche aus höheren Schulformen und Jugendliche, die einen höheren Schulabschluss anstreben, sind eher den ersten zwei Clustern zuzuordnen. Stellt man diese Auswertungen in den Kontext zur Theorie Bourdieus, so verwundern die Ergebnisse keineswegs. Dass sich Jugendliche mit ähnlichen Kapitalien und ähnlicher Habitualisierung auch in ähnlichen Freizeitkontexten wiederfinden, scheint eine logische Schlussfolgerung. Auch Thole & Schoneville (2010, S. 156) vertreten die Ansicht, dass sowohl die soziale, als auch die ethnische Herkunft bei der Bildung von Szenen und Peergroups eine große Rolle spielen. „Maskulin-, körper- und aktionsorientierte Jugendliche kommen in der Regel aus Familien mit einem niedrigen Sozialstatus. Hingegen rekrutieren sich eher ‚subjektorientierte' Jugendliche aus Familien mit einem höheren sozialen Status" (ebd.).

Die Ausführungen über das soziale Feld der Peergroup während der Adoleszenz machen deutlich, dass diese vor allem im Hinblick auf informelle Bildungsprozesse eine wesentliche Rolle spielt. Auch hier findet aber eine Separierung „in Abhängigkeit zum Geschlecht, Bildungsstand, Alter und Migrationshintergrund" (Harring, 2011, S. 329) statt. Das heißt, die scheinbare Freiheit, Freundschaften einzugehen, ist doch begrenzt hinsichtlich der Kapitalstruktur von Jugendlichen, welche Auswirkungen auf viele weitere Bereiche ebendieser hat (Wohnort, Bildungsinstitution, ökonomische Ausstattung, Habitualisierung etc.).

---

45 Diese Daten sind einer Pilotstudie entnommen, Harring (2010) gibt an, dass sie weiterer Überprüfung bedürfen und nicht repräsentativ sind. Eine Tendenz lässt sich m. E. dennoch ableiten.

4.5.4 Liebe als soziales Feld während der Adoleszenz

Die Jugendphase ist wesentlicher Zeitraum für das Ausloten von Wünschen, Anforderungen und Erwartungen an Liebesbeziehungen. Romantische Beziehungen eingehen und positiv gestalten zu können, gehört für Jugendliche zu den Entwicklungsaufgaben (siehe Kapitel 3.6.1 Entwicklungsaufgaben in der Adoleszenz aus Sicht der Bindungstheorie). Dabei stellt die Adoleszenz den Zeitraum dar, in welchem Beziehungen ausprobiert werden können, weshalb sie tendenziell kürzer sind, als die von Erwachsenen. Mit zunehmendem Alter nimmt aber auch die Dauerhaftigkeit von Beziehungen zu. „Die Aufgabe des Jugendlichen ist die Integration der Bedürfnisse nach Sexualität und Intimität, wobei die Jugendzeit die Möglichkeit bietet, unterschiedliche Typen von Beziehungen zu erproben, in denen diese beiden Bedürfnisse befriedigt werden können" (Größ, 2008, S. 22).

Wesentliche Einflussfaktoren auf die Beziehungsgestaltung, so Wendt (2010), sind die Herkunftsfamilie und die Peergroup. Die Herkunftsfamilie insofern, als dass sie für die Jugendlichen als das Modell für Beziehungen wirkt und somit auch problematische Verhaltensweisen übernommen werden (wie schon im Kapitel 3.6.4 Beziehungsfähigkeit in der Jugend im Kontext zur Bindung angesprochen, sind „Kommunikations- und Konfliktstile […], Gewalttätigkeit in der Beziehung […], oder Eheerwartungen" (Wendt & Walper, 2006, S. 421), Beispiele für negative Transmissionen von Eltern auf ihre Kinder). Belastende Familienverhältnisse können einhergehen mit der sehr frühen Aufnahme von Beziehungen, welche sich aber oft negativ, „im Sinne einer frühen Selbstständigkeit und Abkehr vom Elternhaus bei hoher Peerintegration" (ebd., S. 422) und damit einhergehend, mit „einer generellen Devianzneigung, wie Alkoholkonsum, Rauchen, geringer Leistungsorientierung, oder Toleranz gegenüber Devianz" (ebd.) auf die Jugendphase auswirkt.

Die Peergroup ist der Ort an dem die Beziehungsvorstellungen ausprobiert und Kontakte zum anderen Geschlecht initiiert werden können. So lernen 39 % der Jugendlichen den Partner oder die Partnerin im Bekanntenkreis kennen und 26 % geben die Schule/den Ausbildungsort an. Obwohl man denken könnte, dass das Internet immer mehr die Rolle der Beziehungsbörse übernimmt, gaben in der zitierten Studie nur 10 % an, die Partnerin oder den Partner im Internet kennengelernt zu haben. (Vgl. Wendt, 2010) Während vor Beginn der Adoleszenz gleichgeschlechtliche Freundschaften im Vordergrund stehen und das „Bedürfnis nach Intimität und Gemeinsamkeit" (Größ, 2008, S. 22) erfüllen, werden mit der Pubertät gegengeschlechtliche Beziehungen interessant, in welchen das Bedürfnis nach „sexuellem Kontakt und Intimität" (ebd.) ausgelebt werden kann.

Die Funktion, welche eine Beziehung erfüllt, spielt je nach Alter unterschiedliche Rollen. So geht es jüngeren Adoleszenten um den „Erwerb von sozialen Kompetenzen im Umgang mit dem anderen Geschlecht und Aufbau von

Identität" (Wendt, 2010, S. 5). Ab 14 Jahren etwa geht es bei der Beziehungs-
wahl eher um die Anhäufung sozialen Kapitals innerhalb der Gleichaltrigengruppe, der Partner oder die Partnerin wird also nach Kriterien wie dem „richtigen Aussehen" ausgesucht, um in der Peergroup den eigenen Status zu erhalten
oder zu verbessern. Und ab ca. 17 Jahren geht es bei der Beziehungsgestaltung
„um echte emotionale und sexuelle Befriedigung in der Partnerschaft. Die Partnerschaften sind nun von größerer Dauer" (ebd.).

Während die Beziehung für Jugendliche nach wie vor der Ort ist, an dem
vorwiegend erste sexuelle Erfahrungen gesammelt werden (bei „80 % der Mädchen und 72 % der Jungen fand das erste Mal im Rahmen einer festen Partnerschaft statt" (ebd., S. 2)), macht Wendt darauf aufmerksam, dass die sozialräumliche Verortung der Jugendlichen in Bezug auf „problematisches Sexualverhalten" (ebd., 2012, S. 62) eine große Rolle spielt. Eine niedrige Schulbildung
von Jugendlichen oder negative Erfahrungen im Elternhaus führen zu früheren
sexuellen Beziehungen und diese wiederum gehen mit unzuverlässigerer Verhütung einher (auch weil die Jugendlichen dann häufig keine schulische Sexual-
aufklärung erfahren). Haben die Eltern eine niedrige Schulbildung, dann wirkt
sich diese bei Jugendlichen auf die Wahl der Verhütungsmethoden aus – hier
werden öfter unsichere Verhütungsmethoden gewählt. „Hauptschülerinnen haben ein etwa fünfmal höheres Risiko, minderjährig schwanger zu werden als
Gymnasiastinnen. Sozial benachteiligte Mädchen ohne Ausbildungs- bzw. Ar-
beitsplatz, mit arbeitslosen Eltern bzw. Partnern sind häufiger von einer Teenager-
schwangerschaft betroffen" (ebd.).

4.5.5 Schule als soziales Feld während der Adoleszenz

Die Schule ist offensichtlich eines der sozialen Felder, in welchem sich Jugendliche bewegen. Während oben (siehe Kapitel 4.3.5 Bildung und Habitus) auf die
Reproduktion von Ungleichheit durch die Schule ausführlicher eingegangen
wurde, soll es im Folgenden darum gehen, das soziale Feld der Schule aus Perspektive der Mikroebene noch einmal genauer zu betrachten.

Schichtzugehörigkeit in Zusammenhang mit „Familienklima, den elterlichen
Erziehungszielen und -praktiken sowie den Leistungserwartungen und -stan-
dards und dem schulbezogenen Engagement der Eltern" (Wild & Wild, 1997,
S. 61), hat unumstritten einen großen Einfluss auf die Schulkarriere von Jugendlichen. Neben dem ökonomischen Kapital, welches wie oben beschrieben
(Kapitel 4.5.2 Familie als soziales Feld während der Adoleszenz) neben der sozialstrukturellen Verortung von Familien, auch das Familienklima nachhaltig
beeinflussen kann, spielt wie erwähnt auch das kulturelle Kapital für die Schullaufbahn von Jugendlichen eine nicht zu unterschätzende Rolle. „Dazu zählen
u. a. der Bildungsgrad und die leistungsbezogenen Einstellungen beider Eltern-

teile, der intellektuelle Anregungsgehalt der Familie und die Partizipation der Eltern am Schulleben ihres Kindes" (ebd., S. 57). Weiterhin (auch im Sinne von kulturellem Kapital) werden die Erwartungen und Wünsche von Eltern in Bezug auf die schulische Karriere ihrer Kinder benannt, welche in Verbindung mit oben genannten Faktoren (Bildungsgrad, Interesse, intellektuelle Anregung) zu einem wesentlichen die Bildungslaufbahn der Jugendlichen beeinflussenden Faktor werden können. „So sollte der Berufsstatus der Eltern und ihr eigener Bildungshintergrund nicht nur entscheidend dafür sein, welche Schulabschluß-wünsche sie an ihre Kinder herantragen, sondern auch dafür, welche Erziehungspraktiken und schulbezogenen Aktivitäten sie zur Erreichung ihrer Erziehungsziele einsetzen" (ebd., S. 61). Und auch das soziale Kapital einer Familie, also die Qualität der Beziehungen der einzelnen Familienmitglieder (siehe Kapitel 4.4 Exkurs: Die Sozialkapitaltheorie nach Coleman; Kapitel 4.5.2 Familie als soziales Feld während der Adoleszenz) spielt verständlicherweise eine große Rolle für die schulische Karriere von Jugendlichen. Die Lernmotivation von Jugendlichen steigt, je mehr diese sich „von ihren Eltern unterstützt, wertgeschätzt und in ihrem Autonomiebestreben ernst genommen" fühlen (ebd., S. 73). Somit hat die Qualität von Eltern-Kind-Beziehungen einen Einfluss auf die Intensität, mit welcher sich Jugendliche mit Lernstoff auseinandersetzen.

Mit Eintritt in die Schule findet immer ein Kompromiss zwischen dem eigenen Habitus und dem Feld der Schule statt. Während der Habitus mancher Schülerinnen und Schüler (vor allem von denjenigen der Mittelschicht, wie in Kapitel 4.3.5 Bildung und Habitus beschrieben wurde) von Anfang an angepasst ist an das Feld der Schule und somit keine größeren Schwierigkeiten, sich in dieses neue Feld einzufinden, entstehen, gibt es andere Schüler und Schülerinnen, welchen es nicht oder nur schwer möglich ist, die neuen Regeln und Anforderungen der Schule in ihre eigene herrschende Ordnung zu integrieren. Von Rosenberg (2008, S. 41) geht in diesem Kontext von einer primären und einer sekundären Anpassung der Schülerinnen und Schüler aus. Am Beispiel eines Kindes, welches in einer Klausur ein Lösungsblatt neben sich liegen hat und zur Lehrkraft sagt, das sei ein Schmierblatt, veranschaulicht er die Form der sekundären Anpassung: Das Kind kennt die Regeln der Klausur, es weiß, dass es kein Lösungsblatt bei sich haben darf. Als die Lehrkraft es auf das Blatt anspricht, behauptet das Kind, es sei ein Schmierblatt und erklärt in dem Interview, dass alle Schüler und Schülerinnen das so gemacht hätten. „Es entsteht eine kollektive Strategie, das geltende Regelwerk stillschweigend zu unterlaufen, ohne sich dabei öffentlich gegen die Regeln der Institution zu stellen" (ebd., S. 41 f.). Als primär angepasst hingegen wird ein Kind verstanden, das „die offiziellen Zwecke und Regeln der Institution in den Vordergrund des Handelns stellt" (ebd., S. 43). Schülerinnen und Schüler, welche nicht schon bei Schuleintritt über den geforderten Habitus verfügen, müssen entweder die Bereitschaft entwickeln, ihren Habitus dem geforderten anzupassen und so den Bildungsaufstieg zu versuchen, wobei natürlich das Risiko des Scheiterns vorhanden ist. Oder sie versuchen, sich den Anforderungen zu entziehen, den bisher ausgebildeten Habitus zu erhalten und zu schützen und so auch nicht zu sehr am eigenen Selbstbild zu rütteln, was dann wiederum häufig in der Schule als abweichendes oder unerwünschtes Verhalten verstanden wird. „Das im wahren Wortsinn ‚abweichende' Verhalten, was als sichtbarer Ausdruck von habituellen Abweichungen verstanden werden kann, wird dann in der Schule häufig als unerklärlicher Widerstand, als mutwillige Protesthaltung oder als Überforderung wahrgenommen und als individuelles Defizit der betreffenden Lernenden ausgelegt" (El-Mafaalani, 2012, S. 86). El-Mafaalani (ebd.) beschreibt solches abweichendes Verhalten als eine Lösungsstrategie von Jugendlichen „die Nicht-Passung von Habitus und Umfeld aufzulösen".

Nur ein verschwindend geringer Anteil von Jugendlichen gab in einer Studie von Engel & Hurrelmann (1994, S. 63 ff.) an, dass schulische Leistungen ihnen nicht wichtig seien (ungefähr 5 %). Fast 60 % der Jugendlichen erläuterten, dass ihnen auch das Arbeiten nach der Schule sehr wichtig sei und ein Leben ohne Arbeit für sie keinen Sinn mache. Interessant an dieser Studie ist auch, dass von den befragten Hauptschülerinnen und Hauptschülern nur ein Fünftel tatsächlich den Hauptschulabschluss anstrebte, knapp die Hälfte wollte einen Realschulabschluss machen und 10 % planten das Abitur zu erreichen. Der Versuch „nach oben" zu streben, wie er bei Bourdieu benannt wird, wird hier deutlich.

Auch die Peergroup spielt m. E. eine gewichtige Rolle bei der erfolgreichen Schulbewältigung; wie weiter oben angesprochen, tritt während der Adoleszenz die Peergroup als wesentliche Sozialisationsinstanz neben die primären Bezugspersonen (siehe Kapitel 4.5.1 Habitus und Adoleszenz) und das einfache Nachahmen der Bezugsperson, durch welches die Kindheit gekennzeichnet ist, wird abgelöst durch ein Vergleichen während der Pubertät und die Internalisierung derjenigen Handlungsstrukturen, welche für Jugendliche am Erfolgversprechendsten wirken. So ist es vorstellbar, dass sich Jugendliche durch abweichendes Verhalten innerhalb der Schule eine Kapitalakkumulation innerhalb der Peergroup erhoffen. Zum Beispiel frech-Sein, Schlagfertigkeit oder ein Verhalten an der Grenze zur Respektlosigkeit gegenüber den Lehrkräften kommen sicherlich auch bei bildungsnahem Habitus im Klassenzimmer vor und können wahrscheinlich am ehesten dadurch erklärt werden, dass Schüler so versuchen ihre Position innerhalb der Peergroup zu sichern oder zu verbessern.[46]

---

46 Im nächsten Kapitel soll auf Risikofaktoren während der Adoleszenz eingegangen werden (Kapitel 4.5.6.2 Riskante Verhaltensweisen als Risikofaktoren); die Ausführungen darüber, dass der Vorteil einer riskanten Aktion höher eingeschätzt wird als ihr Nachteil, können auch in Bezug auf abweichendes Verhalten in Schulen herangezogen werden und so für ebendieses Erklärungen liefern.

4.5.6 Mögliche Risikofaktoren während der Adoleszenz

Im Folgenden sollen exemplarisch Risikofaktoren vorgestellt werden, die in Bezug auf die Gesellschaftstheorie von Bourdieu Bedeutung für die vorliegende Arbeit haben. Hierbei soll es nicht um eine Auflistung aller möglichen Faktoren gehen, die riskant sein könnten für das erfolgreiche Bewältigen der Jugendphase, eher soll beispielhaft aufgezeigt werden, wie sich verschiedene Faktoren positiv oder negativ auf die Jugendlichen auswirken können.

4.5.6.1 Sprache als Risikofaktor

Wie die soziale Schicht Einfluss nimmt auf den Lebenslauf von Akteuren und Akteurinnen, wurde im theoretischen Teil erläutert (siehe Kapitel 4.3.3 Lebensstil, Lebensführung, Geschmack; Kapitel 4.3.5 Bildung und Habitus). Im Folgenden soll es um die Sprache als soziale Lernerfahrung und ihre Auswirkungen auf die Biografie von Akteurinnen und Akteuren gehen. Roeder (1979, S. 3) beschreibt ein Unterschichtsszenario exemplarisch anhand einer Familie in beengtem Wohnraum und mit vielen Kindern. Der Vater geht einer Tätigkeit nach, in welcher er nicht viel kommunizieren muss, die berufliche Karriere der Mutter ist von Gelegenheitsjobs geprägt, beide Eltern haben einen geringen Schulabschluss und auch die Großeltern lebten schon in solchen Verhältnissen. „Diese Existenz ist gewissermaßen zur zweiten Natur geworden; […] Der Anteil an der Kultur der Gesellschaft ist eingeengt auf deren restringierteste Manipulationsinstrumente: Boulevard-Blätter und Produkte der Traumfabriken" (ebd.). Die Kommunikation innerhalb dieser Familie beschreibt Roeder als „konkret-expressiv, bleibt status- nicht personenbezogen" (ebd.) und außerdem auch außerhalb der Familie aufs gleiche Milieu (enge Nachbarschaft) beschränkt. Durch die wenige Kommunikation produzieren Kinder der Unterschicht mit 16 Monaten weniger Laute im Vergleich zu Kindern aus der Mittelschicht. „Diese Differenz scheint sowohl auf den offeneren und/oder häufigeren Ausdruck von Gefühlen der Zuwendung als auch auf die größere Häufigkeit sprachlicher Stimulierungen in der Mittelschicht zurückführbar. Schon das Lächeln eines Erwachsenen reizt zu häufigerer Lautbildung an" (ebd., S. 4f.). Außerdem, so Roeder (ebd., S. 7), unterscheiden sich Individuen aus der Unterschicht „von denen der Mittelschicht durch einen kleineren Wortschatz und eine syntaktisch weniger differenzierte Sprache." Sprachliche Leistungen sind also auch im Zusammenhang mit der Schichtzugehörigkeit zu betrachten. Mit Eintritt in die Schule wird das Risiko, den sprachlichen Anforderungen der Lehrkräfte, sei es durch Aufsätze oder durch Wortmeldungen, nicht zu genügen, wenn man aus der Unterschicht stammt, deutlich. Jugendliche mit einem angepassten Sprachhabitus dürften es in der Schule leichter haben, den

Ton zu treffen, den die Lehrkräfte erwarten, als Jugendliche aus der Unterschicht.

4.5.6.2 Riskante Verhaltensweisen als Risikofaktoren

Risikofaktoren, so arbeiten Engel & Hurrelmann (1994) in ihrer Studie heraus, entstehen unter anderem, weil Jugendliche mit ihrem riskanten Verhalten den Vorteil, den dieses hat, höher einschätzen als den Nachteil: „Der Griff zur Zigarette z. B. sorgt für eine bestimmte Aufmerksamkeit im sozialen Nahbereich […]. Oder – ein anderes Beispiel – die Aggressivität gegen einen Mitschüler hat zur Folge, daß in der Gleichaltrigengruppe ein deutlicher Achtungserfolg erzielt wird" (ebd., S. 10). Die Intention der Schülerin oder des Schülers ist also, mit Bourdieu ausgedrückt, eine Anhäufung des sozialen Kapitals oder eine Verbesserung im sozialen Feld der Peergroup. „So sehr also die Auswahl des Risikoverhaltens immer auch ein Signal dafür ist, daß eine objektiv problematische Verhaltensweise gewählt wird, die ein Anzeichen für Entwicklungsschwierigkeiten oder zumindest Probleme bei der Bewältigung von täglichen Lebensanforderungen ist, so sehr handelt es sich doch zugleich um eine Verhaltensauswahl, die nicht etwa zufällig, sondern mit Intentionalität getroffen wird, weil bestimmte Zielvorstellungen mit dieser Verhaltensweise erreicht werden" (ebd., S. 10 f.). Je nach Habitualisierung tut sich ein Individuum mit den von der sozialen Umwelt erwarteten Verhaltensweisen leichter oder aber es kann mit den Erwartungen von außen relativ wenig anfangen, beziehungsweise ebendiese nicht in sein gängiges Habituskonzept integrieren. Wenn die eigene Habitualisierung also nicht mit dem Umweltangebot übereinstimmt, kann es zu riskantem Verhalten kommen. „Risikoverhaltensweisen, […], stellen *eine persönliche Option im Verhalten dar, die aus einer mehr oder weniger großen Auswahl von Alternativen heraus getroffen wird*" (ebd., S. 12).

4.5.6.3 Sozialraum als Risikofaktor

Als Brennpunkte werden Wohngebiete in Städten oder Stadtnähe bezeichnet, die weder „ökonomisch noch sozial oder stadtstrukturell/soziokulturell attraktiv sind. […] in denen sich die Problemlagen raumbedingt strukturell ergeben und raumbezogen fokussieren" (Baum, 1998, S. 60 f.). Den Jugendlichen aus sozialen Brennpunkten wird die Diskrepanz zu besser gestellten Wohnvierteln im Kontakt mit anderen Jugendlichen bewusst; sie realisieren, dass diese deutlich mehr Zugänge zu jugendtypischen Handlungs- und Erlebnisfeldern haben und erfahren dadurch ihre eigenen „sozialökonomischen und soziokulturellen Beschränkungen und Inkompetenzen im Handeln" (ebd., S. 65). Daraus resultiert, dass sie sich aus dem öffentlichen Raum mehr und mehr zurückziehen und sich auf ihr Milieu (den sozialen Brennpunkt) beschränken, welches ihnen vertraut ist. Der Rückzug geschieht auf vielen verschiedenen Ebenen: sozial segregieren sich Jugendliche dadurch, dass sie oft mit den jugendtypischen Angeboten in der Stadt nichts anfangen können, weil diese zu wenig auf ihre Habitualisierung abgestimmt sind oder weil sie ihnen aus ökonomischem Mangel nicht zugänglich sind. Soziale Brennpunkte sind meist so strukturiert, dass stadttypische Erfahrungen, wie beispielsweise das Bummeln durch die Fußgängerzone, nicht gemacht werden können. Konsummöglichkeiten und kulturelle Institutionen sind meist in solchen Stadtteilen nicht oder nur sehr gering ausgebaut. So bieten soziale Brennpunkte keine Möglichkeit, „in der man lernen und erfahren kann, was Urbanität bedeutet" (ebd.). Die räumliche Segregation der Brennpunktviertel verschärft die Lage noch, zwar wäre diese leicht zu überwinden, indem Jugendliche einfach in die Stadt gingen, die Problematik ergibt sich hier aber durch die sozialökologischen Distanzen, die „weder alleine aus dem Sozialisationsmilieu und den dort prägenden Beziehungsmustern noch alleine aus der räumlichen und sachlichen Gliederung und Struktur des bebauten Umfelds begründbar sind, sondern nur aus der Dialektik von sozialen Beziehungen und deren sozialräumlichen Kontexten" (ebd., S. 66).

So kann man davon ausgehen, dass Jugendliche, die in sozialen Brennpunkten aufwachsen, zwar urban aufwachsen, die Stadt aber „in ihrer jugendspezifischen Ausprägung als Erlebnisort, als Ort des Konsums, der Begegnung und der Kommunikation" (ebd.) nicht erfahren können. Dies geschieht einerseits durch die räumliche Separierung und die Habitualisierung von diesen Jugendlichen, welche das Desinteresse an der „Stadt als Erlebnisort" (ebd.) fördert und außerdem durch die sozialökologischen Barrieren, die es Jugendlichen aus sozialen Brennpunkten schwerer machen, sich aus ihrem vertrauten Milieu zu begeben. So entsteht das Gefühl der relativen Deprivation. Die Jugendlichen fühlen sich sozial ausgeschlossen am Stadtgeschehen, weil sie spüren, dass sie sich nicht wirklich integrieren können und ziehen sich als Folge zurück in ihren sozialen Brennpunkt. Der Austausch mit Bewohnern und Bewohnerinnen aus anderen Wohngegenden wird dann immer geringer, freiwillig kommen diese nicht in den sozialen Brennpunkt (schon alleine deshalb nicht, weil es keine öffentlichen Plätze oder kulturellen Angebote gibt), wenn überhaupt, dann kommen sie in ihrer Funktion als Besucherinnen oder Besucher von bestimmten Familien, als amtsinnehabende Personen etc. (Vgl. ebd.)

Innerhalb der sozialen Brennpunkte können aber jugendtypische Entwicklungsaufgaben teilweise nicht oder nur schwer gelöst werden, wodurch der Sozialraum zum Risikofaktor werden kann. Baum (ebd., S. 70) benennt beispielsweise die „räumlich-soziale Dichte der Interaktionen im Wohngebiet", welche zu einer hohen Kontrolle durch die Familie und wenig zum Experimentieren und Ausprobieren innerhalb der Peergroup führt. Autonomisierungsprozesse von der Familie werden so nicht möglich gemacht oder zumindest erschwert. Eine weitere Entwicklungsaufgabe im Jugendalter ist die Vorbereitung auf eine berufliche Karriere, welche für Jugendliche aus Brennpunktvierteln häufig nur schwer zu lösen ist. „Sie streben zwar eine Arbeit an, es bauen sich ihnen aber so viele Hindernisse in den Weg, die sie für unüberwindbar halten, daß sie aufgeben. Die Schwellen sind zu hoch und sie haben nicht gelernt, mit den sich daraus ergebenden notwendigen Anstrengungen, Konflikten, Motivationslagen umzugehen" (ebd., S. 71).

4.6 Zusammenfassung der Theorie Bourdieus und Zwischenfazit

Essenziell für die vorliegende Arbeit ist das Verständnis, dass das Individuum sich von Geburt an durch die Ausstattung mit verschiedenen familiären Kapitalien im sozialen Raum positioniert. Somit stehen zwar theoretisch weiterhin alle Türen offen und jede Akteurin und jeder Akteur kann mit immensem Aufwand die Position im sozialen Raum wechseln (Bourdieu selber lebte das ja vor!), in der Praxis jedoch bleiben die meisten Akteure und Akteurinnen innerhalb der Position im sozialen Raum, in welche sie schon hineingeboren wurden und streben innerhalb ihrer habituellen Grenzen nach oben. Bourdieu erklärt das damit, dass der Habitus an die Bedingungen, welche in der jeweiligen Klasse vorherrschen, angepasst ist und zur Reproduktion und Trägheit neigt. Das Streben in eine andere Klassenlage würde eine tiefgreifende Veränderung des eigenen Habitus bedeuten und somit das Infragestellen und teilweise Aufgeben oder Verändern der eigenen Persönlichkeit (bspw. des Geschmacks, des Sinns für Humor etc.).

Kinder wachsen also mit Zugriff auf das familiäre Kapital auf und machen sich den familialen Habitus zu eigen. Sie haben somit, je nach Klassenlage ihrer Familie, von Anfang an bessere oder schlechtere Startbedingungen, welche sich in ihrer gesamten Biografie widerspiegeln werden. Unter anderem durch das ökonomische Kapital der Familie entscheidet sich, in welchem Viertel man aufwächst und mit welchen (ökonomischen) Ressourcen man ausgestattet wird und auch schulischer Erfolg ist einfacher zu erreichen, je näher der eigene Habitus an den in der Schule geforderten Habitus angepasst ist. Auch scheinbar klassenübergreifende Institutionen, wie Sportvereine für Jugendliche, sind nach Bourdieu kein Melting pot der Klassenlagen, sondern auch sportliche Interessen bilden sich entsprechend der Klassenlage aus[47].

---

47 Leider wird in der vorliegenden Dissertation nicht weiter auf den (sehr interessanten!) Aspekt von Vereinszugehörigkeit in Auseinandersetzung mit vorhandenem Kapital und

Während das kulturelle und das ökonomische Kapital deutlich vom familiären Zugriff auf eben diese geprägt ist, scheint das Sozialkapital für Jugendliche ein elternunabhängiges Kapital darzustellen – die Auswahl der Peergroup und die Positionierung innerhalb dieser ist scheinbar (!) eine höchst individuelle Entscheidung. Jedoch ist auch hier sowohl die Soziallage (wo trifft man überhaupt auf andere Peers, in welcher Schulform, in welchem Viertel etc.), als auch die Habitualisierung (kann auf ähnliche Erfahrungen, Gemeinsamkeiten etc. zugegriffen werden) von größter Bedeutung, denn beide wirken restringierend auf die Auswahlmöglichkeiten ein.

In Bezug auf die Fragestellung dieser Arbeit wurde deutlich, dass Jugendliche mit geringerem Kapitalvolumen auch tendenziell schlechtere Bedingungen in den verschiedenen Bewährungsfeldern haben. So ist bei einem sehr niedrigen Kapitalvolumen innerhalb der Familie das Risiko höher, dass sich das auch in den Beziehungen zwischen den einzelnen Familienmitgliedern bemerkbar macht. Wenn eine Familie bspw. permanent von finanziellen Sorgen betroffen ist, kann sich dies durch eine schlechtere Stimmung der einzelnen Familienmitglieder und/oder die vermehrte Abwesenheit beider Eltern, welche arbeiten gehen müssen, bemerkbar machen. Oder geringes kulturelles Kapital kann bspw. geringere Fördermöglichkeiten nach sich ziehen. In Bezug auf die Peergroup wurde deutlich, dass die scheinbare Freiheit bei der Wahl der Freunde und Freundinnen schon allein durch sozialräumliche Faktoren begrenzt ist. So ist es wahrscheinlicher, sich Freundinnen und Freunde im selben Viertel, in derselben Schule oder beim Ausüben desselben Sports zu suchen und somit Freundschaften mit ähnlich zusammengesetztem Kapitalvolumen zu finden. Auch bei Paarbeziehungen während der Adoleszenz wurde im Kontext zum Kapitalvolumen deutlich, dass Jugendliche mit niedrigem kulturellem Kapital bspw. zu riskanterem Sexualverhalten neigen. Und auch die schulischen Möglichkeiten steigen offensichtlich mit höherem Kapitalvolumen der Jugendlichen bzw. ihrer Familie.

Jedoch wird ebenfalls offensichtlich, dass die Theorie Bourdieus in Bezug auf Jugendliche, welche sich den gesellschaftlichen Anforderungen komplett entziehen und ein Leben mit einem insgesamt viel geringerem Kapitalvolumen einem Leben in ihrer Familie oder in einer Jugendhilfeeinrichtung vorziehen, keine befriedigenden Antworten liefern kann. Die Zusammenführung der beiden besprochenen Theorien im nächsten Kapitel soll hier den Blickwinkel erweitern, sodass ein Erklärungsmodell für die Forschungsfrage dieser Dissertation entwickelt werden kann.

Habitualisierung von Jugendlichen eingegangen werden, da die von mir interviewten Mädchen keinem Verein angehörten. Zwei der drei Mädchen wuchsen absolut bildungsfern auf, eine mögliche These wäre, dass die Schichtzugehörigkeit dieser Mädchen ein Grund ist, keinem Verein anzugehören.

5 Die Zusammenführung beider Theorien im Hinblick auf die Schwerpunkte der vorliegenden Arbeit

Nachdem nun die Bindungstheorie Bowlbys und die Sozioanalyse Bourdieus vorgestellt wurden, sollen sie aufeinander bezogen werden und sich einander ergänzen lassen.

Im Folgenden soll der Fokus zuerst auf den Zusammenhang zwischen Bindungssicherheit und Schichtzugehörigkeit gelegt werden, um so noch einmal zu verdeutlichen, wie die Verortung im sozialen Raum, die Ausstattung mit Kapitalien und die damit einhergehende Habitualisierung auch Auswirkungen auf die Ausbildung der Bindungssicherheit haben können. Sodann sollen Gemeinsamkeiten beider Theorien erarbeitet werden und es soll dargestellt werden, warum sich diese so sinnvoll ergänzen, wenn man der Frage nachgeht, warum manche Jugendliche an den Anforderungen scheitern, die unsere Gesellschaft an sie stellt.

5.1 Sozialer Raum und Bindung

Wie schon erläutert, besteht eine Korrelation zwischen Bindungssicherheit und Schichtzugehörigkeit (siehe Kapitel 3.4.7 Schichtzugehörigkeit und Bindungssicherheit). Kinder aus der Unterschicht sind häufiger unsicher gebunden als Kinder aus der Mittelschicht; wiederum sind unsicher gebundene Kinder häufiger sozial auffällig als sicher gebundene Kinder. Die Frage, die sich einem aufdrängt, ist die, ob es also gerechtfertigt ist, bei unsicherer Bindung von einem erhöhten Risiko zu sozialen Auffälligkeiten auszugehen oder ob hier falsche Schlüsse gezogen wurden und man eher den sozialökonomischen Status der Familie ins Blickfeld nehmen muss, um die Herkunft von sozialen Problemen und Auffälligkeiten bei Jugendlichen zu erforschen. Hopf (2005, S. 71 ff.; S. 140 ff.) widmet sich dieser Kritik an der Bindungstheorie. Sie stellt Forschungsberichte aus der Minnesotastudie (siehe auch Kapitel 3.5.1 Studien zur Bindung im weiteren Lebensverlauf) einer von Fagot und Kavanagh erhobenen Studie gegenüber, in der versucht wurde, die Korrelation zwischen sozial auffälligem Verhalten und Bindungssicherheit kritisch zu hinterfragen. In der bei Hopf vorgestellten Studie von Fagot und Kavanagh konnten nur teilweise Zusammenhänge zwischen Bindungssicherheit und sozial auffälligem Verhalten festgestellt werden, „woraus die Autorinnen schließen, man solle mit den aus der Bindungstheorie abgeleiteten Prognosen insgesamt vorsichtiger sein" (ebd., S. 141). Hopf erhielt durch eine Gegenüberstellung und Interpretation der Daten aus der Minnesotastudie und der Studie von Fagot und Kavanagh wesentliche sozialökonomische Informationen, welche die Sicht der Bindungstheorie deutlich erweitern. Die Minnesotastudie setzte sich aus Müttern der Unterschicht zusammen, „die unter besonders schweren ökonomischen, sozialen und psychischen Bedingungen lebten: mit niedrigem Einkommen, niedrigem Bildungsstand, schwierigen Lebensverhältnissen und häufig ohne Partner" (ebd.). Die Studie von Fagot und Kavanagh hingegen setzte sich aus einer ganz anderen Schicht zusammen: ca. die Hälfte der Mütter und Väter hatte einen College-Abschluss oder eine höhere Ausbildung und nur zwei Mütter waren Vollzeit beschäftigt. Ein weiterer essenzieller Unterschied bestand darin, dass 90% der Mütter in einer festen Partnerschaft lebten. Während in der Minnesotastudie 17 von 96 Kindern mit etwa vier Jahren durch soziales Problemverhalten (also wenig soziale Kompetenzen, Aggressionen, Disziplinprobleme) auffielen, waren es in der Vergleichsstudie nur sechs von 109 Kindern, die durch oben genanntes Verhalten auf sich aufmerksam machten. Hopf schließt daraus, dass die sozialen und die ökonomischen Bedingungen, in denen Kinder aufwachsen, für deren Sozialverhalten mitverantwortlich sind. „Wenn die ökonomischen und sozialen Verhältnisse besonders schlecht sind, gibt es zusätzlich zu den durch unsichere Bindungsbeziehungen gegebenenfalls erzeugten Problemen eine Reihe weiterer Probleme, die sich auch in der sozialen Entwicklung niederschlagen. Zu ihnen gehören: der niedrige Bildungsstand der Eltern und die geringere kognitive Förderung der Kinder, die besonderen Belastungen der alleinerziehenden Mütter und ihre Zeitprobleme, mehr Gewalt in den Familien und ein geringeres Niveau sozialer Unterstützung" (ebd., S. 142). Hopf macht in ihrem Werk darauf aufmerksam, dass Bindungsunsicherheiten also auch sozialökonomisch bedingt sein können; dass also Eltern der unteren Schichten ein höheres Risiko haben, eine unsichere Bindung zu ihren Kindern aufzubauen, da sie parallel zur Kindeserziehung oft viele Probleme ökonomischer und sozialer Art bewältigen müssen. Die weiterführende Idee für die Wissenschaft muss es also sein, die Bindungstheorie um eine Sozialtheorie zu erweitern, um auch die sozioökonomischen Faktoren, die zu einer unsicheren Bindung führen können, zu erforschen. Die verschiedenen genannten Längsschnittstudien haben zwar die schichtspezifischen Besonderheiten berücksichtigt (indem sie anhand von Bildung oder ökonomischer Lage etc. die Familien auswählten), eine weiterführende Analyse auch auf theoretischer Ebene fand aber m.W. bisher nicht statt.

5.2 Bindungstheorie und Habitustheorie: Eine sinnvolle Ergänzung

Die aufmerksame Lektüre beider Theorien führt der Leserschaft viele Gemeinsamkeiten vor Augen. Beide Theorien sind in etwa zur gleichen Zeit entstanden und bedienen sich der Empirie zur Verifizierung ihrer Thesen, was in der Soziologie nicht ungewöhnlich, in der Psychologie zu jener Zeit allerdings revolutionär war. Für die vorliegende Dissertation sind einige weitere Punkte, in welchen beide Theorien übereinstimmen, wesentlich:

Gemeinsam ist beiden Theorien, dass sie prinzipiell von der Reproduktion der bestehenden Verhältnisse ausgehen. Ein Elternteil, das selber als Kind unsicher gebunden war, wird mit größerer Wahrscheinlichkeit keine sichere Bindung zum eigenen Kind aufbauen können, als ein Elternteil mit sicherer Bindungsrepräsentation. „Negative Erfahrungen werden von dem heranwachsenden Kind auf eine Art und Weise internalisiert, die zu weiteren negativen Erfahrungen führt und somit den Teufelskreis der Neurose aufrecht erhält" (Holmes, 2002, S. 61). Ein Akteur oder eine Akteurin aus der Unterschicht hat einen Habitus, der an die Unterschicht angepasst ist und so auch zur Reproduktion tendiert. „Die Kompetenzen tendieren zur *Reproduktion ihrer Entstehungsbedingungen*, zur Fortsetzung der Vergangenheit nach dem Muster der *Self-Fulfilling-Prophecy*. Als *Produkt der Existenzbedingungen* sind sie auf eben diese *Bedingungen* abgestimmt; sie werden weniger durch explizite Pädagogik als vielmehr durch *praktische, alltägliche Eingewöhnung gelernt* und bleiben *stabil*, solange keine *Krisen* auftreten" (Liebau, 1987, S. 70).

Gemeinsam ist außerdem, dass die frühesten Erfahrungen eine gewichtige Rolle einnehmen. Die Bindungstheorie geht davon aus, dass Bindungserfahrungen im Alter von null bis drei Jahren wesentlich sind für alle weiteren Bindungserfahrungen eines Individuums und auch die Habitustheorie räumt der primären Habitualisierung im Elternhaus eine hohe Bedeutung ein, die sich im gesamten Lebensverlauf widerspiegelt. Die Historizität im doppelten Sinn ist wesentliches Element beider Theorien, da sowohl die Bindungsentwicklung als auch die Habitualisierung von den gesellschaftlichen Bedingungen beeinflussbar ist; und auch die individuelle Geschichtlichkeit, die persönliche Einbettung in soziale Kontexte, prägt zutiefst die Persönlichkeit des Individuums. „In einer Beziehung interagieren demzufolge Personen mit gemeinsamer Vergangenheit, die den Bezugsrahmen bildet, durch den die aufeinander bezogenen Handlungen ihre Bedeutung erhalten" (Youniss, 1994, S. 110).

Beide Theorien beinhalten, dass der Habitus oder die Bindung des Individuums prinzipiell veränderbar sind, womit einer deterministischen Sichtweise auf die Gegebenheiten nicht stattgegeben wird. Somit machen beide Theorien deutlich, dass die Voraussetzungen für die Erreichbarkeit bestimmter Ziele bei den verschiedenen Akteurinnen und Akteuren je nach Bindung/Habitus unterschiedlich sind, dass diese Ziele aber dennoch von jedem Akteur und jeder Akteurin mit der Bereitschaft, sich diese hart erarbeiten zu müssen, erreichbar sein können.

Die in den Sozialwissenschaften momentan vorherrschende Idee der Enttraditionalisierung, Pluralisierung und Individualisierung von Lebenslagen wurde auch in der Jugendforschung umgesetzt. So wurde in den vergangenen Jahren ein Weg eingeschlagen, welcher bei Jugendlichen davon ausgeht, dass „die Sicherheiten traditionsbezogener Bindungen und die Stabilität und Nähe sozialer Milieus verloren geht" (Thole & Schoneville, 2010, S. 149). Die zitierten Autoren kritisieren diese Sichtweise und gehen davon aus, dass weiterhin soziale Herkunft und die Verortung im Sozialraum eine wesentliche Rolle bei der Wahl der Freundschaften und vor allem auch bei den Möglichkeiten von Jugendlichen, Freundschaften zu schließen, spielen. „Dass die Formierung von jugendlichen Netzwerken auch unter den Bedingungen kultureller und sozialer Freisetzungsprozesse immer noch unter – mehr oder weniger reflexivem – Bezug auf die Herkunftsmilieus und die sozialen Verortungen im Raum der gesellschaftlichen Klassen erfolgt, wird von der ‚post-strukturalistischen' phänomenologischen Jugendforschung weitgehend übersehen" (ebd., S. 150). Die in dieser Arbeit vorgestellten Theorien bestätigen diese Überlegungen.

„*Habitus* ist der Begriff, mit dem Bourdieu die im Individuum gewordene Gesellschaft zu rekonstruieren versucht, genauer: die *Individuum gewordene Gestalt von Gesellschaft.* Habitus ist also ein Begriff, mit dem nicht etwa eine *vollständige* Bestimmung des Subjekts versucht wird, sondern dieser Begriff analysiert das Subjekt *nur als sozialen Akteur,* also unter der soziologischen Perspektive. Es ist der Mensch als *Zustand des Sozialen,* der mit diesem Begriff thematisch wird, *nicht* der ganze Mensch oder das Subjekt im normativen Sinn" (Liebau, 1987, S. 61) Der Habitus ist also die Verinnerlichung der äußeren Strukturen, je nach Klasse oder Milieu habitualisiert der Akteur oder die Akteurin bestimmte Verhaltensmuster. Auch die familiäre Struktur ist angepasst an äußere Strukturen, die Art der Erziehung, der Fokus auf das, was wesentlich erscheint, ist abhängig von der sozialen Position der Individuen. Jedoch gibt es in allen Schichten, Milieus und Klassen Menschen, die besser im Leben zurechtkommen und andere, die es schwerer haben. Und hier macht es Sinn, die Bindungstheorie hinzuzuziehen, da diese das Habitus-Konstrukt um einen wesentlichen Aspekt erweitert: Die Fürsorgebereitschaft der primären Bezugsperson ist entscheidend, ob eine sichere Bindung entstehen kann oder nicht. Wiederum ist eine sichere Bindung zumindest ein Resilienzfaktor, welcher die Biografie eines Menschen positiv beeinflussen kann. Aber auch die Möglichkeiten, eine sichere Bindung anzubieten, sind eingebettet in soziale Kontexte. So kann man davon ausgehen, dass eine sichere Bindung leichter entstehen kann, wenn die Bindungsperson die Zeit und die Möglichkeit hat, sich intensiv um die Bindung zu bemühen – ökonomische Probleme o.ä. können sich demnach auch negativ auf den Bindungsaufbau auswirken.

Bourdieu bezieht in seiner Theorie Mikro- und Makroebene aufeinander und arbeitet heraus, dass beide sich wechselseitig bedingen, dass das Individuum also bis in sein innerstes Wesen geprägt ist durch die gesellschaftlichen Einflüsse, die es umgeben. Als Überleitungswerkzeug nutzt er das Habitus-Konstrukt. Die Bindungstheorie vertieft aus einem weiteren Blickwinkel die Mikroebene und zeigt auf, wie sich diese auf die Makroebene auswirken kann, indem sie deutlich macht wie prägend Bindungserfahrungen für die gesamte Biografiegestaltung sind. Die Bindungstheorie erweitert also die Sozialtheorie um einen Aspekt, welcher beim Verständnis von Jugendlichen, die an den gesellschaftlichen Anforderungen scheitern, von immenser Bedeutung ist. Die „inneren Schranken" und die „äußeren Beschränkungen" im Lebensverlauf von Jugendlichen können durch diese Verknüpfung wesentlich differenzierter herausgearbeitet werden. „In gewisser Hinsicht ist die psychologische Analyse die unverzichtbare Vorbedingung jeder Untersuchung; aber auf einer tieferen Ebene – dies jedenfalls ist unsere Hypothese – gewinnt sie ihre ganze Bedeutung erst dann, wenn man sie den Erfordernissen gegenüberstellt, die sich aus den Verhaltensregelmäßigkeiten ergeben, die von der Soziologie erfaßt werden. Denn während es zwar wichtig ist, die psychischen Funktionen und Bedeutungen zu beschreiben und zu definieren [...], schließt der Umweg über die Psychologie das Postulat der Rückkehr zur Soziologie mit ein: Die Analyse der psychologischen Bedingungen der Möglichkeit sozialer Verhaltensformen verweist auf die Analyse der sozialen Gebrauchsweisen von psychologischen Möglichkeiten" (Bourdieu, Boltanski, Castel, Chamboredon, Lagneau & Schnapper, 2006). Das Habituskonzept versucht also die Dichotome Individualität – Societät aufzuheben, indem Bourdieu aufzeigt, dass auch der innere Kern eines Menschen, das, was wir Individualität nennen, gesellschaftlich durchdrungen ist. Drei Viertel der Handlungen des Individuums seien automatisiert, gerade mal ein Viertel spricht Bourdieu (2013, S. 740) dem Seelenleben, der Psyche, zu. „Der Habitus wird in der alltäglichen Praxis erworben, durch die Eingewöhnung in die Gepflogenheiten und Routinen des Alltags, denen das Kind zunächst ohne Willen und Bewußtsein ausgeliefert ist und die es dann, im Laufe seiner Entwicklung praktisch zu beherrschen lernt" (Liebau, 1987, S. 69). Während Bourdieu zwar auf die Familie als Sozialisationsort hinweist, sich aber auf die gesellschaftlichen Selektionsmechanismen konzentriert, um die Reproduktion sozialer Ungleichheit zu erklären, beschäftigt sich die Bindungstheorie mit familiären Aspekten der Sozialisation und zeigt Bindungsmuster auf, welche sich in der Häufigkeit ihrer Ausprägungen wieder verschiedenen Schichten zuordnen lassen.

„Eine ausgearbeitete Sozialisationstheorie müßte den Habitus-Erwerb in den aufeinander folgenden menschlichen Entwicklungsphasen, d.h. zunächst in der *frühen Kindheit in der Familie* und ihrem sozialen und ökonomischen Kontext, ggf. ergänzt um den Kindergarten, dann in der *späteren Kindheit in Familie und Schule*, dann in der *Jugend* in Familie, Schule und Jugendkultur […] thematisieren. Und sie müßte die dabei ablaufenden Prozesse nicht nur nach der Seite der *Vergesellschaftung*, sondern auch nach der Seite der *Individuierung* hin interpretieren, also Subjektivität in einem umfassenden Sinn, der sowohl die *Veränderbarkeit* und *Veränderungsfähigkeit* der Person als auch den *Umgang der Person mit sich selbst* und die daran geknüpften Entwicklungen und Entwicklungsmöglichkeiten, wie sie sich z. B. aus Prozessen der *Selbstreflexion* ergeben, thematisieren.

Eine solche Sozialisationstheorie wäre zu einer systematischen Auseinandersetzung mit den entwicklungspsychologischen und psychoanalytischen Konzepten der Persönlichkeitsbildung ebenso gezwungen wie zu einer Auseinandersetzung mit familien- und bildungssoziologischen Ansätzen und Theorien. Kein Zweifel: *Eine in dieser Weise ausgearbeitete Theorie der Sozialisationsprozesse gibt es bei Bourdieu bisher nicht*" (Liebau, 1987, S. 80).

Während Bourdieu sich vor allem mit (unbewussten) gesellschaftlichen Strukturen der Reproduktion auseinandersetzt (der Kultur(vermittlung), den Bildungsinstitutionen, Berufen etc.), setzt sich die Bindungstheorie nach Bowlby mit der Familie als prägende Instanz auseinander und zeigt hier die Reproduktion von Bindungsmustern und damit verbundene Chancen und Risiken im weiteren Lebensverlauf auf. Die Kombination dieser beiden Theorien oder die Erweiterung der jeweiligen Theorie um die andere, macht es möglich, einen Blick, der sowohl psychoanalytische als auch sozioanalytische Gegebenheiten einbezieht, auf die Phase der Adoleszenz zu werfen.

Bei der Analyse der Theorien stellt sich unweigerlich die Frage, ob Bindung also als ein Teilaspekt des Habitus verstanden werden kann, als akzentuierte Sichtweise auf das Habituskonzept und somit als zutiefst gesellschaftlich durchdrungen – die Eltern-Kind-Bindung, die Beziehung zum eigenen Kind, der Umgang mit diesem, also eigentlich alles, was das persönliche Miteinander ausmacht, wären dann abhängig von der individuellen und der kulturellen Historizität des Menschen und, erfasste man diese exakt, auch erklärbar und vorhersagbar. Bindung wird generiert durch die Interaktion zwischen dem Kind und seiner primären Bezugsperson und jegliche Interaktion ist ein sozialer Prozess, der zutiefst vergesellschaftet ist. Somit kann Bindung sicherlich als Teil des Habitus verstanden werden, die soziale Beziehung zwischen primärer Bezugsperson und Kind und die Qualität derselben wirken sich auf den Habitus aus und prägen diesen. Und, wie die Bindungstheorie herausarbeitet, wirkt sich die Bindung wesentlich auf andere Bereiche der Habitualisierung (die Schule, die Peergroup etc.) und die erfolgreiche Bewältigung der Anforderungen in diesen aus.

„Sozialisation besteht psychologisch wie soziologisch aus zwei Teilprozessen: 1. *Vergesellschaftung*: Jedes Individuum lernt geltende Normen und Werte kennen und wird in diese spezifischen kulturellen Rahmenbedingungen eingeführt. 2. *Individuie-*

rung: Die Sozialisation führt neben dieser Normierung des Verhaltens – oder auch gerade dadurch – dazu, dass Persönlichkeiten eine spezifische *Individualität* herausbilden, da sie subjektiv verschieden auf die sozialen Bedingungen reagieren und diese individuell bewältigen [...] Psychologisch interessant sind die Beziehungen zwischen Persönlichkeit und innerer Realität (also individuell physiologische und psychologische Konstitutionen). Die Soziologie dagegen fokussiert primär die Beziehungen zwischen Persönlichkeit und äußerer Realität (soziale, strukturelle und ökologische Bedingungen)" (Beckert-Zieglschmid, 2005, S. 67).

5.3 Der Einfluss von Kapital, Habitus und Bindung auf die Bewährungsfelder von Jugendlichen – Entwicklung eines Erklärungsmodells

Über den Zugang der vorgestellten Theorien wurde der Grundgedanke entwickelt, dass Jugendliche sowohl durch ihre Bindungserfahrungen, als auch durch ihre Habitualisierung und die Kapitalien, auf die sie zugreifen können, limitiert werden in der Auswahl ihrer Freundschaften, der Gestaltung von Beziehungen, der erfolgreichen Bewältigung der schulischen Karriere etc. Im positiven Sinne bedeutet diese Limitierung, dass sicher gebundene junge Menschen Freundschaften knüpfen werden, die von ihrer sicheren Bindung zeugen und kein Interesse an destruktiven Freundschaften haben; dass sie Beziehungen eingehen, die wertschätzend sind, und dass ihre schulische Laufbahn positiv verläuft. Im negativen Sinne bedeutet die Limitierung, dass nicht-sicher gebundene oder bindungsgestörte Jugendliche sich in diesen Wirkungsfeldern mit Enttäuschungen und Problemen konfrontiert sehen: dass die Noten nicht stimmen, Freundschaften nicht halten und Beziehungen nicht von gegenseitiger Wertschätzung gezeichnet sind.

Die wesentlichen Felder, in denen Jugendliche interagieren, sind die Familie, Freunde, erste Beziehungen und die Schule[48] (vgl. Kapitel 3.6.1 Entwicklungsaufgaben in der Adoleszenz aus Sicht der Bindungstheorie; Heyer, Palentien & Gürlevik, 2012; Lukesch, 2001; Göppel, 2005). Diese Felder stellen, jedes für sich, spezifische Anforderungen an Jugendliche und erwarten, dass sie sich darin bewähren. Sich zu bewähren bedeutet, dass das Individuum sich „anhand eines *einzigartigen* Beitrags zum Gemeinschaftsleben" (Zizek, 2012, S. 88) definiert und als wertvoll erlebt. Von Hentig (2006) benennt sein pädagogisches Manifest „Bewährung. Von der nützlichen Erfahrung, nützlich zu sein", was

---

48 Die Vereinszugehörigkeit oder bspw. politische Teilhabe könnten ein weiteres Feld bilden, in dieser Dissertation spielen sie jedoch nur eine untergeordnete Rolle, da die von mir interviewten Mädchen weder in einem Verein tätig waren noch sich politisch aktiv zeigten o. ä.

m. E. den Bewährungsbegriff hinreichend definiert. Die Erfahrung, in einem Feld nützlich zu sein, gebraucht zu werden, demnach auch erfolgreich zu sein, bedeutet, sich in diesem Feld zu bewähren. Mit Bewährung ist also gemeint, dass Jugendliche das Feld gewinnbringend für sich gestalten, dass sie das Gefühl haben, durch die Akkumulation von Kapital (jedweder Art) Anerkennung zu bekommen. „Der Mensch – jeder Mensch – ist auf die Entwicklung seiner Anlagen angewiesen […]. Die Anlagen verlangen Anreiz, geordnete Herausforderung und Bewährung […] und diese Herausforderungen werden durch Erziehung in der Familie und durch Bildung in der Schule geschaffen. Leistung, das Bestehen einer Bewährung, […] sind beglückend und – wenn man dies erfährt – motivieren zu weiteren Anstrengungen" (ebd., S. 82). Im schulischen Kontext wird dies besonders deutlich, da die erfolgreiche Bewährung hier direkt in Form von Zensuren messbar wird. Doch auch innerhalb der Familie und bei Freunden gilt es sich zu bewähren, anerkannt zu werden und das Sozialkapital zu erhalten oder zu erhöhen.

So kann es passieren, dass Jugendliche sich devianter Verhaltensweisen bedienen, welche aus professioneller oder wissenschaftlicher Sicht betrachtet weder gewinnbringend noch förderlich für die Ausgestaltung der eigenen Biografie sind, aber der jungen Person eine Kapitalakkumulation versprechen. Wenn ein junger Mensch beispielsweise aufgrund seiner negativen Bindungserfahrungen keinen Zugriff auf vorhandene Kapitalien hat (weil er durch traumatische Erlebnisse, familiären Stress, Ärger, Misshandlungen oder Missbrauch etc. so absorbiert wird, dass er keinen Zugang zu seinen eigenen oder den familiären Kapitalien bekommen kann) oder aufgrund seiner Position im sozialen Raum wenig einzusetzende Kapitalien zur Verfügung hat oder sogar weder eine sichere Bindung noch Kapitalien zur Verfügung stehen, dann kann diese jugendliche Person einen Gewinn darin sehen, sich bei ihren Peers durch negative oder deviante Verhaltensweisen zu behaupten – so bekommt sie zumindest von diesen Respekt und Anerkennung. „Der Mensch ist immer nur das, was er bis zu einem bestimmten Zeitpunkt erlebt hat und adaptiert die Anforderungen unmittelbarer Situationen kraft der Gewohnheit seiner bisherigen Praxis des Denkens, Empfindens und Handelns. Zugespitzt ließe sich formulieren, dass benachteiligte Jugendliche, deren bisherige Biografien von schulischen Misserfolgen, Arbeitslosigkeit und delinquenten Kompensationsstrategien geprägt waren, sich für entweder nichts anderes als diese Handlungsweisen eignen oder aber genau diese Erfahrung des Scheiterns zur Grundlage einer Förderung späterer Fähigkeiten gemacht werden müssten" (Koch, 2013, S. 47). Eine weitere essenzielle These, welche im vorangegangenen Zitat schon deutlich wurde, ist die der sich wiederholenden Kreisläufe, die sowohl durch die Habitualisierung, als auch durch die Bindung entstehen. Im negativen Sinne bedeutet dies, dass Jugendliche mit einer Bindungsstörung sich Freunde mit einer ähnlichen Bindungssituation suchen werden. Sowohl, weil sicher gebundene Jugendliche mit größerer Wahrscheinlichkeit andere Jugendliche mit sicherer Bindung bevorzugen und befremdet auf das Beziehungsverhalten von bindungsgestörten Jugendlichen reagieren werden, als auch, weil bindungsgestörte Jugendliche sich, entsprechend dem „Teufelskreis der Neurose" bei anderen bindungsgestörten Jugendlichen wohler fühlen, da diese sich eher in ihr inneres Abbild von Beziehung integrieren lassen, als dies sicher gebundene Jugendliche tun würden.

Die vorliegende Dissertation geht von beiden Thesen gleichermaßen aus: sowohl die eigene Historizität und damit verbundene Kreisläufe, als auch die Hoffnung auf Kapitalakkumulation können bei bindungsgestörten oder unsicher gebundenen Jugendlichen und/oder Jugendlichen mit wenig vorhandenem Kapital deviantes Verhalten begünstigen. Die Annahme ist also, dass negative Bindungserfahrungen und eine negative primäre Habitualisierung (die auch durch nicht vorhandenes familiäres Kapital negativ beeinflusst werden kann), welche damit einhergeht, dass ein junger Mensch Handlungsweisen internalisiert, welche gesellschaftlich nicht anerkannt sind, dazu führen, dass Jugendliche an den Anforderungen von Seiten der Gesellschaft (auch an den zu bewältigenden Entwicklungsaufgaben!) scheitern. Um dennoch Kapital anhäufen zu können, begeben sich diese Jugendlichen in deviante Bezüge, in welchen sie soziales Kapital und ggf. auch ökonomisches Kapital anhäufen können und die kompatibel mit den erlernten Verhaltensweisen sind – in denen Jugendliche sich also, so wie sie sind, angenommen fühlen. Dies kann in einem Negativkreislauf zum Ausstieg aus der Gesellschaft führen.

Im Folgenden soll kurz auf die verschiedenen Felder der Bewährung von Jugendlichen eingegangen werden, um dann die aufgestellten Thesen anhand eines Praxisbeispiels zu überprüfen.

5.3.1 Bewährungsfeld Familie

Die Familie ist das Feld, auf welches zunächst wenig Einfluss genommen werden kann. In welche Familie man hineingeboren wird, wie hoch die verschiedenen Kapitalien der Familie sind und welche Bindungserfahrungen und Bindungen zum Tragen kommen, liegt kaum im Einflussbereich eines Kindes. Die Familie ist der Ort, an dem die Bindung geprägt wird und der Ort der primären Habitualisierung – somit ist die Familie der Ort, der wesentlichen Einfluss auf den Lebensweg von Jugendlichen nimmt. Hier werden gesellschaftliche Normen erlernt, Charaktereigenschaften gefördert, der soziale Umgang miteinander wird eingeübt. Kurz, hier wird dem Kind sein ganz spezifisches Handlungswerkzeug für das Zurechtkommen innerhalb der Gesellschaft mit auf den Weg gegeben. Und wie dieses aussieht, ist abhängig von der Bindung, die das Kind zu seinen primären Bezugspersonen aufbauen konnte, von der Habitualisierung des Kindes durch die Familie und von den Kapitalien, die der Familie zur Verfügung stehen.

5.3.2 Bewährungsfeld Peergroup

Die Peergroup tritt im Jugendalter als wesentliche Sozialisationsinstanz neben die Eltern. Während die Beziehung zu den Eltern bisher noch durch eine asymmetrische Machtstruktur charakterisiert war, „sind die Interaktionen mit Gleichaltrigen durch Gleichheit und Reziprozität gekennzeichnet" (Gloger-Tippelt, 2007, S. 168). Das bedeutet, dass Jugendliche in ihrer Peergroup prinzipiell ebenbürtige Partner oder Partnerinnen haben, mit denen sie die verschiedenen Facetten des Miteinanders auf Augenhöhe erproben können.

„Die Zugehörigkeit zu einer Peer-Group zeichnet sich häufig durch ein Gefühl der Exklusivität aus: Sie ist nicht generell gegeben, sondern wird durch verschiedene Mechanismen bei der Kontaktaufnahme zu und dem Eintritt in eine solche Gruppe erworben. Akzeptanz durch eine oft hierarchisch gestaltete Gruppenstruktur, die von Auf- und Abstiegen gekennzeichnet sein kann und stets geprägt ist von ‚Exklusionsdrohung', stellt die Basis einer solchen Zugehörigkeit dar" (Heyer, Palentien & Gürlevik, 2012, S. 988). Obwohl der Wahl von Freundinnen und Freunden eine gewisse Freiwilligkeit unterstellt wird (Harring, Böhm-Kasper, Rohlfs & Palentien, 2010), muss man davon ausgehen, dass diese Wahl sowohl durch die sozialisatorischen Faktoren, wie sie im Kapitel 4.5.3 Peergroup als soziales Feld während der Adoleszenz benannt werden, als auch durch die im Kapitel 3.6.3 Auswahl der Peergroup im Kontext zur Bindung angesprochenen Einflüsse, doch nur auf einer scheinbaren Freiheit beruht. So sind bei der Kontaktaufnahme in eine Peergroup selektive Mechanismen wie Sozialisation und Bindung der Jugendlichen von wesentlicher Bedeutung und natürlich hat die Verortung im sozialen Raum Einfluss darauf, welcher Peergroup man sich anschließen kann (nicht jeder junge Mensch kommt mit jedem jungen Menschen zusammen – er kann sich nur innerhalb seines Umfelds nach Freundschaften umschauen).

Zusammengefasst bedeutet dies, dass eine junge Person sich eine Peergroup, welche mit ihrem Habitus und ihren bisherigen Bindungserfahrungen kompatibel ist, aussuchen wird und hier das bisher erlernte Handlungswerkzeug, welches sie (primär durch die Familie) erlernen konnte, zur Anwendung kommt.

5.3.3 Bewährungsfeld Liebe

Die Phase der Adoleszenz ist „eine Zeit der Umgestaltung verschiedener Beziehungssysteme in Richtung reifer, verantwortlicher Beziehungen" (Größ, 2008, S. 37). Sowohl die Eltern-Kind-Beziehung, als auch Freundschaften zeichnen sich nun immer mehr durch die „Balance von Autonomie und Verbundenheit" (ebd.) aus. Einhergehend mit dem Bedeutungszuwachs der Gleichaltrigen werden auch die Beziehungen innerhalb der Peergroup intensiver und es bilden sich auch gegengeschlechtliche Partnerschaften aus. „Diese von außen beobachtbaren Veränderungen in den Beziehungssystemen gehen einher mit und werden verursacht von kognitiven Reifungsprozessen, die eine Ausdifferenzierung von Beziehungsrepräsentationen und -konzepten beinhalten [...]. Auch die Qualität der neu entstehenden Liebesbeziehungen entwickelt sich weiter" (ebd.).

Jugendliche orientieren sich bei der Aufnahme einer Liebesbeziehung an den Modellen, die sie innerhalb ihrer Familie erfahren konnten, d. h. sowohl die Eltern-Kind Interaktion, als auch die Interaktion der Eltern untereinander werden integriert in die Partnerwahl. So ist es nicht verwunderlich, dass bspw. im Elternhaus erlebte Gewalt oft eine Paarbeziehung, in der wieder Gewalt erlebt wird, nach sich zieht oder Konfliktlösestrategien den zu Hause erlernten entsprechen. Die Peergroup als der Ort, an dem Paarbeziehungserfahrungen gesammelt werden können, unterliegt den unter Kapitel 5.3.2 Bewährungsfeld Peergroup angesprochenen Kriterien, sowohl in Bezug auf die Bindung, als auch in Bezug auf die sozialräumliche Verortung des Jugendlichen, somit ist die Wahl des Partners oder der Partnerin nicht vollkommen frei, sondern ganz im Gegenteil, relativ eingeschränkt.

5.3.4 Bewährungsfeld Schule

Kinder und Jugendliche verbringen heute im Vergleich zu früher viel mehr Zeit in Schulen, sodass diese zu einer der wesentlichen Sozialisationsinstanzen des Jugendalters geworden sind und in der Fachliteratur teilweise von einer „Verschulung der Jugendphase" (Heyer, Palentien & Gürlevik, 2012, S. 984) die Rede ist. Gleichzeitig ist die Schule ein Ort, an dem hohe Leistungsbereitschaft und -fähigkeit von den Schülerinnen und Schülern erwartet werden. Engel & Hurrelmann (1994) konnten feststellen[49], dass Schule für viele Jugendliche einen enormen Stressfaktor darstellt. Gerade psychosomatische Beschwerden wie Unruhe, Schlafstörungen, Kopfschmerzen etc. hingen häufig zusammen mit Leistungsanforderungen in der Schule. „Unsere Studie macht deutlich, daß die heute objektiv sehr hohen Leistungsanforderungen an Jugendliche und die – meist über die Eltern ausgesprochenen, oft aber auch in die Eigenbewertung übergegangenen – Erwartungen an einen qualitativ sehr hochwertigen Schulabschluß eine psychisch, sozial und somatisch beängstigende Anspannungssituation geschaffen haben" (ebd., S. 4; vgl. auch Heyer, Palentien & Gürlevik,

---

49 Befragt wurden über 1 000 Jugendliche der siebten bis neunten Jahrgangsstufe in NRW, die per Stichprobe aus Hauptschulen, Realschulen, Gymnasien und Gesamtschulen ermittelt wurden.

2012). Geht man nun davon aus, dass Jugendliche nach Kapitalakkumulation streben, so ist die Schule auf jeden Fall ein Ort, an dem man einerseits gut Kapital anhäufen und somit auch Anerkennung erfahren kann, andererseits aber auch das Risiko des Scheiterns besonders hoch ist. Die primäre Sozialisation und die Passung des eigenen Habitus mit dem in der Schule erforderlichen Habitus werden wesentlich für die erfolgreiche Bewältigung der Schullaufbahn. Neben den schulischen Leistungsanforderungen ist die Schule aber auch ein Ort, an dem man sich vor seinen Peers bewähren muss. So wird in dieser Dissertation davon ausgegangen, dass Jugendliche, welche den schulischen Anforderungen, aufgrund ihrer Kapitalausstattung, ihrer Habitualisierung und/oder ihrer Bindungsrepräsentation (wie im Kapitel 3.5.1 Studien zur Bindung im weiteren Lebensverlauf angesprochen, reagieren Lehrkräfte auf unsicher gebundene Kinder anders, als auf sicher gebundene) nicht entsprechen können, als weitere Option, in der Schule Kapital anzuhäufen oder sich Anerkennung zu verschaffen, die Peergroup haben, wodurch eine Kapitalakkumulation durch negative Verhaltensweisen gefördert werden kann.

6 Forschungsansatz

Angenommen wird in dieser Arbeit ein Zusammenhang zwischen Bindungsbeziehungen in der Kindheit/Jugend mit sozialräumlicher Verortung der Jugendlichen und dem Scheitern derselben an gesellschaftlichen Anforderungen. Die Annahme des genannten Zusammenhangs soll in Bezug auf die vorgestellten Theorien anhand einer Einzelfallstudie überprüft werden und es soll Raum gegeben werden, neue Hypothesen zu generieren und/oder die gemachten zu präzisieren. Die in dieser Dissertation vorgestellten Theorien sind über Jahrzehnte mit Datenmaterial überprüft worden und dementsprechend gut belegt, weshalb es in dieser Arbeit nicht darum gehen soll, Evidenzen für die Theorien zu sammeln, sondern durch die Kombination der beiden Theorien, wie sie in Kapitel 5 ausgeführt wurde, neue Perspektiven zu gewinnen, die weit über den Erkenntnisstand der jeweiligen einzelnen Theorie hinausgehen.

6.1 Die Methodik

Die Forschungsmethodik dieser Arbeit ist qualitativ ausgerichtet, mit nichtstandardisiertem Erhebungsverfahren. Als Interviewmethodik zur Erhebung der Einzelfallstudie wurde das leitfadengestützte Interview ausgewählt. Im Vorfeld wurden drei Interviews geführt, aus denen schlussendlich eines zur Einzelfallanalyse herangezogen wurde und hier im praktischen Teil der Arbeit dargestellt werden wird. Im Folgenden soll die Methodenwahl erläutert – und in Bezug auf die Fragestellung, die dieser Arbeit zugrunde liegt, begründet werden.

Nachdem die beiden Theorien m. W. bisher noch nicht kombiniert wurden, macht es für dieses Vorhaben Sinn, den Lebensverlauf eines jungen Menschen so ganzheitlich und detailliert wie möglich zu erforschen und darzustellen, um alle möglichen Aspekte der Frage „warum gibt es Jugendliche, die an den gesellschaftlichen Anforderungen scheitern" in Bezug auf die oben vorgestellten Theorien erfassen zu können.

Das vorherrschende Interesse in dieser Forschungsarbeit sind die persönlichen Erfahrungen (und Bewertungen dieser Erfahrungen) in den verschiedenen Bewährungsfeldern der Jugendlichen. Um hier reichhaltige Antworten zu bekommen, war es vonnöten, so wenig wie möglich eingrenzend einzuwirken, den Jugendlichen also so viel Freiheit wie möglich beim Beantworten der Fragen zu lassen, „um den unterschiedlichen individuellen Erfahrungen Rechnung zu tragen und Raum zu lassen für subjektive Bedeutung" (Hopf & Schmidt, 1993, S. 11). Um außerdem eine Atmosphäre zu schaffen, die sowohl die Äußerung über Gefühle zuließ (wie bspw. Wut, Trauer, Zurückweisung oder Glück), um so die verschiedenen Beziehungen der Jugendlichen zu beleuchten, als auch die Möglichkeit, unfertige Gedanken auszusprechen oder frei zu assoziieren, war ein möglichst offenes methodisches Verfahren unabdingbar. (Vgl. ebd.)

Das Wissenschaftsverständnis des qualitativen Ansatzes beruht darauf, die volle Komplexität des zu untersuchenden Gegenstandes verstehen zu wollen. „Qualitative Wissenschaft als verstehende will also am Einmaligen, am Individuellen ansetzen, quantitative Wissenschaft als erklärende will an allgemeinen Prinzipien, an Gesetzen oder gesetzähnlichen Aussagen ansetzen" (Mayring, 2015, S. 19). In der Einzelfallstudie als Forschungsansatz der qualitativen Sozialwissenschaft soll es darum gehen „ein *ganzheitliches* und nur damit *realistisches* Bild der sozialen Welt zu zeichnen. Mithin *sind möglichst alle für das Untersuchungsobjekt relevanten Dimensionen in die Analyse einzubeziehen*" (Lamnek, 1995, S. 5). Nur durch Einzelfallstudien ist die Interpretation des einzelnen Falles und das Nachvollziehen individueller Handlungsweisen und Bedeutungszumessungen möglich. (Vgl. ebd., S. 21) Lamnek (ebd.) beschreibt die Einzelfallstudie wie folgt: „Bei der Einzelfallstudie handelt es sich um den elementaren empirischen Zugang des interpretativen Paradigmas zur sozialen Wirklichkeit, der die Einzelperson in ihrer *Totalität* ins Zentrum der Untersuchung zu stellen trachtet. Dieser Versuch gründlicher, profunder, ganzheitlicher Erhebung und Analyse wird am ehesten in der Einzelfallstudie realisiert; sie respektiert das Individuum als Untersuchungs*subjekt* und erkennt und anerkennt seine Individualität in der Ganzheitlichkeit. Genau dieses Prinzip schlägt sich auf den Forschungsprozeß in der Einzelfallstudie nieder." Dabei darf nicht außer Acht gelassen werden, dass der Forscher oder die Forscherin versucht, den Einzelfall „in den wissenschaftlichen Diskurs zu überführen und Handlungsmuster zu identifizieren, indem er allgemeinere Regelmäßigkeiten vermutet" (ebd., S. 16), er oder sie also in den Handlungsmustern Einzelner Gesetzmäßigkeiten und „*generelle Strukturen*" (ebd.) versucht aufzudecken. Verschiedene Methoden zu kombinieren ist ein Aspekt der Einzelfallstudie, der zu einem ganzheitlichen Bild verhelfen möchte. (Vgl. Lamnek, 1995)

Das offene, leitfadengestützte Interview lässt der interviewten Person sehr viele Freiheiten in Bezug auf Ausführungen und das Verweilen bei bestimmten Themen, kann durch die Interviewerin oder den Interviewer, gestützt durch den Leitfaden, aber dennoch gelenkt werden. „Der Leitfaden beruht auf der bewussten methodologischen Entscheidung, eine maximale Offenheit (die alle Möglichkeiten der Äußerungen zulässt) aus Gründen des Forschungsinteresses oder der Forschungspragmatik einzuschränken. […] Für die meisten Fragestellungen und Forschungsinteressen ist es notwendig, bei aller grundsätzlichen Offenheit den Interviewablauf in einem gewissen Maß zu steuern" (Helfferich, 2014, S. 560). Standardisierte Fragen und Antwortkategorien kamen für dieses Vorhaben nicht in Frage, da differenziert auf die jeweiligen Biografien eingegangen werden sollte (und somit die Fragen für den Leitfaden auch in Bezug auf die jeweilige Biografie ausgearbeitet wurden) und die Jugendlichen ihre Bindungserfahrungen und Lebenswegstationen wiedergeben sollten, welche in ihrer Vielfältigkeit und Besonderheit erfasst werden sollten. „Nur wenn die Befragten in selbst gewählten Formulierungen berichten, kann sich ihre Sicht ihrer familialen Beziehungsgeschichte im Interview abbilden" (Hopf & Schmidt, 1993, S. 10).

6.2 Zugang zum Forschungsgegenstand

Bedingt durch meine berufliche Laufbahn sammelte ich über mehrere Jahre Erfahrungen mit Jugendlichen, die mit den gesellschaftlichen Anforderungen an sie nicht mehr zurechtkamen. Zuerst mit obdachlosen Jugendlichen im „Sleep-In", einer Notschlafstelle in Nürnberg, und später im Mädchenheim Gauting (MHG), einer individuell geschlossenen[50] Einrichtung für junge Mädchen.

Das „Sleep-In" ist so konzipiert, dass obdachlose Jugendliche ihre Grundbedürfnisse erfüllen können und bei Bedarf die Möglichkeit haben, das Gespräch zur anwesenden pädagogischen Fachkraft zu suchen. In solchen Gesprächen wurde ich in meiner Annahme bestätigt, dass die Jugendlichen, die diesen Weg wählten, einen persönlichen Zugewinn in dieser Entscheidung sahen. Oft war das Verlassen des Elternhauses oder der Unterbringung für die Jugendlichen eine positive Entscheidung, da sie die Lebensumstände dort als negativer betrachteten als ihr Dasein in der Obdachlosigkeit. Auch die Schulverweigerung wurde von den meisten Jugendlichen als positiv geschildert – aus ihrer Sicht waren sie einem System entronnen, in dem sie bisher nur scheiterten. Ein weiterer Aspekt, den ich feststellen konnte, war, dass die jungen Menschen schnell über Mundpropaganda von Plätzen erfuhren, wo sich andere junge Menschen, welche sich in derselben Lebenssituation befanden, aufhielten und so meist zügig Anschluss an eine Peergroup fanden.

Im MHG waren nicht alle Mädchen vor ihrer Unterbringung obdachlos, jedoch waren viele Biografien der Mädchen den Biografien der obdachlosen Jugendlichen im Sleep-In sehr ähnlich. Die Grundproblematiken (negative Erfahrungen im Elternhaus, Schulverweigerung, oft auch zeitweises oder dauerhaftes Weglaufen) glichen sich also in beiden Arbeitsstätten. Im MHG war Bezie-

---

50 Das Mädchenheim Gauting nimmt Mädchen aus ganz Deutschland auf, die aufgrund eines Gerichtsbeschluss in einer geschlossenen Jugendhilfeeinrichtung untergebracht werden sollen. „Individuelle Geschlossenheit bedeutet, die Jugendlichen ihrem Entwicklungsstand entsprechend schrittweise an einen verantwortlichen Umgang mit größeren Freiräumen heranzuführen und zunehmend Außenkontakte in unsere Arbeit einzubeziehen" (Caritasverband der Erzdiözese München und Freising e. V.).

hungsarbeit wesentlich um eine erfolgreiche Unterbringung zu gestalten, das bedeutet, immer wieder aufsuchende Gespräche und Beziehungsangebote waren essenzieller Bestandteil der pädagogischen Arbeit. Durch die so entstandenen (teilweise tiefen und vertrauensvollen) Beziehungen und daraus resultierenden Gespräche mit den jungen Mädchen konnte ich meine Annahmen aus dem Sleep-In bestätigen und weiter ausarbeiten.

So war es mir möglich, drei junge Mädchen, die im MHG untergebracht waren, zu überzeugen, mir im Rahmen meiner Dissertation ihre Lebensgeschichte ausführlich und detailliert zu schildern.

Der Leitfaden der Interviews wurde mithilfe der Akten der jeweiligen Mädchen im MHG erstellt, welche meist eine Zusammenfassung der Lebenswegverläufe der Mädchen beinhalteten. Außerdem wurden im MHG Gesprächsverläufe und Verhaltensdokumentationen angelegt, welche zusätzlich zur Erstellung des Leitfadens herangezogen wurden. So entstand für jedes Mädchen ein individueller Fragenkatalog, welcher auf die jeweilige Biografie zugeschnitten war. Vorteile dieser Methode sind darin zu sehen, dass so explizit auf Brüche in der Biografie eingegangen werden konnte und hier ein genaueres Nachfragen ermöglicht wurde. Themen, welche nicht durch das jeweilige Mädchen angesprochen wurden, konnten vorsichtig eingeflochten werden, außerdem war es durch den Leitfaden möglich, dem Mädchen Hilfestellung zu bieten, wenn es sich in seiner Biografieerzählung „verstrickte" und so nicht mehr weiter wusste.

Aufgrund meiner beruflichen Erfahrungen mit verhaltensauffälligen Jugendlichen wurde die Wahl der Interviewmethodik von der Annahme geleitet, dass es Jugendlichen leichter fällt ihre Biografie zu erzählen, wenn sie sich in Interaktion befinden und immer wieder ein Feedback und deutlich bekundetes Interesse (auch durch Nachfragen) durch den Interviewer oder die Interviewerin erhalten.[51] Zusätzlich sollten die Jugendlichen ihre Biografie anhand eines gezeichneten Gebirges mit Höhepunkten und Tiefpunkten darstellen, somit erhoffte ich mir, dass ihnen die Erinnerung leichter fallen würde als wenn sie aus dem Stegreif und ohne Anhaltspunkte erzählen sollten.

Zum Zeitpunkt des Interviews waren die Mädchen nicht mehr im MHG, dies war für mich ein wesentlicher Punkt, da ich mir mehr Offenheit versprach, wenn kein Erziehungsauftrag mehr bestehen würde. Durch die vorangegangene Arbeit mit den Mädchen und auch durch das vorangehende Gespräch über das Interview, wussten alle Mädchen, dass ich über ihr Leben Bescheid weiß, einer-

---

51 Vergleiche hierzu auch Goblirsch (2010, S. 92 f.): „Narrativ-biographische Interviews mit verhaltens-schwierigen Jugendlichen zeichnen sich […] durch häufige interaktive Passagen aus. […] sie werden von den Jugendlichen, aber auch innerhalb einzelner Narrationen eingefordert, so wie es vor allem aus Interaktionen zwischen Erwachsenen und Kindern, die auf die Beteiligung von Erwachsenen beim Erzählen angewiesen sind, bekannt ist."

seits durch Gespräche während ihres Aufenthaltes im MHG, andererseits durch die Akten der Mädchen. Durch diese Informationen vorab konnte m. E. ein Ausschweifen in Geschichten und Übertreibungen oder nicht zutreffende Erzählungen (die mehr um der guten Geschichte willen einfach behauptet werden) weitestgehend vermieden werden. Ein Verstricken in Geschichten und teilweise widersprüchliche Erzählungen wurden bei der Auswertung dennoch festgestellt, diese führe ich jedoch eher darauf zurück, dass sich das entsprechende Mädchen nicht mehr richtig erinnerte, als dass es mir fantastische Geschichten erzählen wollte.[52]

Im Vorfeld wurden drei Interviews geführt, welche mithilfe des Transkriptionsprogrammes f4 verschriftlicht wurden. Die Transkripte erstellte ich mithilfe eines einfachen Transkriptionssystems nach Dresing & Pehl (2015, S. 21 ff.). Die Inhaltsanalyse erfolgte in zwei Schritten. Im ersten Arbeitsschritt wurde die Biografie der Jugendlichen unter Einbezug der Akten wiedergegeben, um so einen umfassenden Überblick über den Lebenswegverlauf und eventuelle Brüche zu bekommen. In einem zweiten Arbeitsschritt kategorisierte ich mithilfe des Analyseprogrammes „f4analyse" die Transkripte nach den Themenfeldern „Familie", „Peergroup", „Liebe", „Schule", um im Folgeschritt die Texte nach genannten Kategorien durchzuarbeiten und passende Textstellen zu codieren. So entstand ein Codesystem mit den genannten Hauptkategorien und verschiedenen Unterkategorien, welches die vorliegenden Transkripte inhaltlich strukturierte.

Das AAI konnte in der vorliegenden Dissertation keine Anwendung finden, da dessen Durchführung eine langjährige Schulung der Interviewerin bzw. des Interviewers voraussetzt. Dass bei den interviewten Mädchen eine sichere Bindung ausgeschlossen werden kann, wurde jedoch durch die Ausführungen im theoretischen Teil dieser Arbeit hinreichend belegt. Bei den Erfahrungen, welche die Mädchen in ihrer Kindheit gesammelt hatten und durch die Lösungsansätze, welche sie jeweils zur Verbesserung ihrer Lage auswählten, kann man bei jedem einzelnen Mädchen von einer mindestens unsicheren Bindung oder einer Bindungsstörung ausgehen, was für die vorliegende Arbeit eine ausreichende Klassifizierung darstellt.

6.3   Auswahl der Interviewpartnerinnen

Die drei Mädchen, welche sich bereit erklärten mir ihre Lebensgeschichte zu erzählen, wurden im Zeitraum April bis September 2016 interviewt. Zu diesem

---

52 In Bezug auf die Bindungstheorie ist das Verstricken in Geschichten ein wesentlicher Punkt um fehlende Bindungssicherheit festzustellen.

Zeitpunkt waren sie zwischen 16 und 17 Jahren alt. Alle drei Mädchen wuchsen unter dauerbelasteten Verhältnissen Zuhause auf, und bei allen dreien erfolgten verschiedene Unterbringungen, denen sie sich durch Weglaufen entzogen, bis sie im MHG geschlossen untergebracht wurden. Die Interviews fanden in ruhigen Cafés statt, um eine neutrale Atmosphäre zu schaffen, dauerten zwischen 1,5 und 2 Stunden und wurden mit einem Diktiergerät aufgenommen. Aus der großen Fülle an Material wurde für die vorliegende Arbeit schlussendlich ein Interview exemplarisch ausgewählt und dargestellt.

Ich habe mich hier für die, im Hinblick auf die vorgestellten Theorien, interessanteste Biografie entschieden. Es wurde das Mädchen (Larissa – Name geändert) ausgewählt, welches nicht unbedingt dem typischen Klientel der Jugendhilfe entspricht, weil seine Familie sich durch ein hohes Gesamtkapital auszeichnet.

Die Jugendlichen, mit denen ich in den letzten Jahren gearbeitet hatte, die also entweder auf der Straße lebten oder geschlossen untergebracht waren, ließen sich nahezu ausnahmslos der Unterschicht oder der unteren Mittelschicht zuordnen. Auch die zwei anderen Interviewpartnerinnen gehören der Unterschicht an. Obwohl auch ihre Biografien reichlich Möglichkeiten geboten hätten, die Aussagen der vorliegenden Arbeit zu untermauern, so war doch gerade diese ungewöhnlichere Biografie von Larissa eine spannende Herausforderung. Larissa zeichnet sich durch ein wohlhabendes Elternhaus, mit einem insgesamt hohen Kapitalvolumen, aus. Das Mädchen konnte einige Jahre lang einen mittelschichtsspezifischen Habitus ausbilden, ihr sind also die Ästhetik, der Geschmack, die Sprache etc. der Mittelschicht nicht fremd. Dies unterscheidet sie freilich von Jugendlichen aus der Unterschicht, welche in unserer Gesellschaft scheitern. Viele dieser jungen Menschen zeichnen sich durch einen Habitus aus, der gegenwartsbezogen das tägliche Überleben sichert – Überleben hier auch im metaphorischen Sinne verstanden, als eine Selbsterhaltung neben der bloßen Existenzsicherung, auch auf seelischer Ebene: wie sichere ich meine Existenz, meinen Status, meine sozialen Kontakte. Diese Jugendlichen können nicht einfach die Peergroup wechseln und sich Freunde suchen, deren Gesellschaft vielleicht förderlicher für sie wäre, weil die *feinen Unterschiede* zwischen ihnen sonst allzu deutlich zutage treten würden und das Verhalten, die Sprache, der Geschmack, gegenseitiges Befremden auslösen würden.

Larissas Leben zeigt hingegen auf, dass es, auch wenn man aus „gutem Hause" kommt, Wendepunkte im Leben gibt, an denen man scheitern und in eine Abwärtsspirale rutschen kann, aus der man schwer wieder herausfindet.

6.4   Das Interview

Wie bereits beschrieben, wurde im Vorfeld der Interviews ein grober Leitfaden erstellt, der mithilfe der Akten des jeweiligen Mädchens ausgearbeitet worden war. Um in das Gespräch hineinzufinden, wurde immer mit dem gleichen Satz begonnen, in welchem das Mädchen gebeten wurde, seinen Lebensverlauf zu erzählen, indem es, beginnend bei seiner Geburt, alles erzählen sollte, was sich zugetragen habe und ich bei Bedarf nachhaken würde. Der Leitfaden zu Larissas Biografie enthielt neben einer chronologischen Abfolge ihres bisherigen Lebensverlaufes auch Fragen zu Gegebenheiten, die mir unklar waren, bspw. wo sie eingeschult worden war, warum sie von der Privatschule suspendiert worden war etc. Falls Larissa nicht von selbst auf das Thema einging, konnte ich so unter Zugriff auf den Leitfaden explizit nachfragen. Nachdem das Mädchen in der Gegenwart angekommen war und von sich aus nichts mehr zu erzählen wusste, ging ich noch einmal auf die mich interessierenden Themenbereiche ein. Durch die Kombination aus chronologischer Lebenslauferzählung und explizitem Nachfragen im zweiten Teil des Interviews konnte ich einen umfassenden Einblick in die Biografie von Larissa, in ihre subjektive Wahrnehmung von Beziehungen, sowie in soziökonomische Zusammenhänge ihres Aufwachsens gewinnen.

Allen interviewten Mädchen wurde schriftlich versichert, dass alle Daten, die auf sie zurückgeführt werden könnten (Namen, Wohnorte, verschiedene Fremdunterbringungen etc.), anonymisiert würden. Die in dieser Dissertation verwendeten Namen sind daher Pseudonyme. Genannte Einrichtungen oder Wohnortwechsel wurden durch [Wohnort 1, 2, 3 …] ersetzt, Schulen durch [Schule 1, 2, 3 …].

7 Überprüfung des theoretisch entwickelten Erklärungsmodells anhand einer Einzelfallanalyse

Im Folgenden wird die Biografie von Larissa knapp und chronologisch darge-stellt; bei der Ausarbeitung der einzelnen Bewährungsfelder soll Larissas Ge-schichte noch einmal detaillierter im jeweiligen Kontext (Familie, Freunde, Liebe, Schule) beschrieben werden. Um für die Leserschaft nachvollziehbar zu machen, aus welcher Quelle die Daten stammen, wurde für Informationen aus der Akte des Mädchens die *kursive Schrift* verwendet. Informationen, die aus dem Interview stammen, wurden in Standard Schrift wiedergegeben. Im Fol-genden sollen außerdem die Wohnort- und Schulwechsel Larissas tabellarisch dargestellt werden, um eine Übersicht zu gewährleisten (Tabellen 3 und 4).

Tabelle 3: Wohnortwechsel Larissas

Wohnort 1:	Im Vorort einer Großstadt, mit der Normalfamilie.
Wohnort 2:	Mutter zieht mit beiden Kindern in eine Wohnung.
Wohnort 3:	Mutter zieht mit beiden Kindern in eine andere Wohnung.
Wohnort 4:	Erste Fremdunterbringung weit entfernt von der Heimatstadt.
Wohnort 5:	Erste Wohngruppe in der Heimatstadt.
Wohnort 6:	Unterbringung in einer Jugendschutzstelle.
Wohnort 7:	Mädchenheim Gauting.
Wohnort 8:	Eigene Wohnung in der Heimatstadt.

Tabelle 4: Schulwechsel Larissas

Schule 1:	Grundschule.
Schule 2:	Grundschulwechsel aufgrund des Umzuges der Mutter mit den Kindern.
Schule 3:	Private Ganztagsschule.
Schule 4:	Hauptschule in der Heimatstadt.
Schule 5:	Hauptschule beim Wohnort der weit entfernten Fremdunterbringung.
Schule 6:	Hauptschule in der Nähe der ersten Wohngruppe in der Heimatstadt.
Schule 7:	Hauptschule in der Nähe des Wohnortes der Mutter.
Schule 8:	Hauptschule im Mädchenheim Gauting.
Schule 9:	Realschule in der Heimatstadt.

7.1 Biografie Larissa

Larissa wächst mit ihren Eltern und ihrem sechs Jahre älteren Bruder in einem Vorort einer Großstadt auf [Wohnort 1]. Ihr Vater ist promoviert und erfolgreich selbstständig, die Mutter ist im Angestelltenverhältnis tätig, während Larissas Kindheit aber Zuhause, um sich um die Kindeserziehung zu kümmern. Bis zum dritten Schulbesuchsjahr [Schule 1], so Larissa, ist familiär alles in Ordnung, dann trennen sich die Eltern, Zuhause gibt es oft Streit und schließlich zieht die Mutter mit ihren zwei Kindern in eine Wohnung [Wohnort 2]. Der Vater bleibt zunächst in dem Haus, in welchem die Familie gewohnt hat. Neben dem Wohnortwechsel wird ihre Mutter wieder erwerbstätig. Larissas Bruder wird in dieser Zeit süchtig nach Computerspielen und zieht sich sehr zurück. Streit zwischen ihm und der Mutter scheint an der Tagesordnung zu sein. Larissa ist zu diesem Zeitpunkt neun Jahre alt und muss innerhalb der Familie viel Verantwortung übernehmen.

> Larissa: „Nee, ne genau, genau und ich hab mir dann immer einen Wecker auf 6:30 oder so gestellt, genau und dann ist sie [die Mutter, Anm. J.S.] in die Arbeit gegangen und ich musste meinen Bruder aufwecken und das hat aber / Computersucht heißt ja er ist um 5:00 frühestens, echt frühestens ist er schlafen gegangen und dann bin ich aufgestanden, hab Frühstück gemacht für uns ja genau und dann bin ich in die Schule [Schule 2, Anm. J.S.][53] gegangen und er ist dann auch in die Schule gegangen."

Nach einem Suizidversuch des Bruders zieht die Familie erneut um [Wohnort 3] und ihre Mutter hört zeitweise auf erwerbstätig zu arbeiten. Bedingt durch die ganzen Veränderungen in ihrem Leben und durch den familiären Stress, schreibt Larissa in der Schule [Schule 2] keine guten Noten mehr und bekommt somit die Empfehlung für die Hauptschule. *In der fünften Jahrgangsstufe wechselt Larissa auf eine private Ganztagsschule* [Schule 3], *damit die Mutter wieder arbeiten gehen kann.* Die Eltern wählen eine Privatschule aus, damit Larissa nicht in das Umfeld einer normalen Hauptschule kommt. Von dieser wird sie nach einem Schuljahr wegen regelmäßiger Konflikte verwiesen und wechselt zur sechsten Klasse auf eine Hauptschule [Schule 4] in einem weniger guten Viertel. Um nicht ausgegrenzt zu werden, passt sich das Mädchen an ihr neues Umfeld an. Larissa benennt den Wechsel auf diese Hauptschule als einen wichtigen Wendepunkt in ihren Leben.

---

53 Verbunden mit der Trennung der Eltern und dem Wohnortwechsel, war auch ein Schulwechsel Larissas.

Larissa fängt an, die Schule zu schwänzen, wird zeitweise mit der Polizei hingebracht und schlussendlich auch hier wegen disziplinarischer Probleme von der Schule verwiesen. Im September desselben Jahres, gerade 13 Jahre alt geworden, folgt ein stationärer Aufenthalt in einer Klinik – Larissa zeigt Ängste und Depressionen. Hierauf folgt die erste Fremdunterbringung [Wohnort 4]. Hier besucht das Mädchen die siebte und achte Klasse einer Hauptschule [Schule 5] und fällt durch Konflikte, respektloses Verhalten gegenüber Lehrern und Mitschülern und schlechte Zensuren auf, was dazu führt, dass sie die achte Klasse wiederholen muss. Nach eineinhalb Jahren in der Wohngruppe wird die Maßnahme beendet, da die Probleme sich häufen.

Larissa zieht übergangsweise wieder zu ihrer Mutter [Wohnort 3] und kommt dann mit 15 Jahren in eine neue Wohngruppe [Wohnort 5] und somit auch in eine andere Hauptschule [Schule 6]. In diese bringt das Mädchen schon verschiedene Anzeigen [aus Wohnort 4, Anm. J.S.] mit, diese belaufen sich auf Ladendiebstahl, Beleidigung und Körperverletzung; außerdem Bußgeldbescheide wegen versäumten Schulbesuches.

Nachdem die neue Wohngruppe nicht weit entfernt liegt von der Hauptschule [Schule 4], die Larissa nach der Privatschule besuchte, hat sie schnell wieder Kontakt zu den Jugendlichen aus ihrer alten Umgebung und fängt an, regelmäßig Cannabis zu rauchen und harten Alkohol zu trinken. Neben Alkohol und Drogen beschreibt Larissa, dass sie zu der Zeit unbedingt sehr dünn sein wollte und daher nur noch Appetitzügler zu sich nahm.

Larissa verliebt sich in einen jungen Mann, welcher Kokain konsumiert und mit Drogen dealt, wodurch auch Larissa mit Kokain in Kontakt kommt. Sie beschreibt die Leute, mit denen sie zu diesem Zeitpunkt ihre Zeit verbringt, als die „krassesten Typen." In die Schule geht sie fast gar nicht mehr.

Nach nur fünf Monaten scheitert auch diese Maßnahme und Larissa kommt zurück zur Mutter [Wohnort 3] und besucht wieder eine neue Hauptschule [Schule 7]. Nur zwei Monate später verweigert das Mädchen den Schulbesuch und wird nach drei Monaten bei der Mutter von ihr der Wohnung verwiesen, nachdem sie diese bedroht hatte. Larissa wird in Obhut genommen und kommt in eine Schutzstelle [Wohnort 6]. Dort ist sie mehrmals über 24 Std. abgängig und entzieht sich den Hilfesystemen. Die Eltern beantragen daraufhin die geschlossene Unterbringung von Larissa, vorher soll sie noch zur geschlossenen-stationären Entgiftung, welcher sie sich durch Weglaufen verweigert.

Larissa beschreibt im Interview, dass sie zu dieser Zeit auf der Straße gelebt hat und viel mit ihrem Freund Eugen und seiner Gang gemacht hat. Hier sei sie erstmals mit Chrystal Meth in Berührung gekommen, ihr Freund habe es ihr gegeben.

Larissa lernt in dieser Gang einen Freund von Eugen (Cay) kennen, der bald darauf aufhört mit dem Drogenkonsum und sich aus dem Milieu und von seinen Freunden zurückzieht. Larissa und er halten Kontakt und als Eugen und

Larissa sich trennen, fängt sie eine Beziehung mit Cay an. Kurze Zeit später wird Larissa von der Polizei aufgegriffen und im Mädchenheim Gauting [Wohnort 7] individuell geschlossen untergebracht. Hier distanziert sich Larissa von ihren vorherigen Freunden und konzentriert sich komplett auf die Beziehung zu Cay. Nachdem dieser ihr mitteilt, dass er Larissa betrogen hat, reißt sie aus dem Mädchenheim aus, um bei ihm zu sein. Diesen Zeitraum bezeichnet Larissa selbst wieder als einen der wichtigen Wendepunkte in ihrem Leben.

> Larissa: „[...] Genau, dann bin ich abgehauen, dann habe ich bei ihm gewohnt, ja und dann habe ich mich irgendwie vom einen auf den anderen Tag verändert, ich habe als ich abgehauen bin auch nicht gekifft oder sowas, sonst die Zeit bis Dezember schon. Also wie gesagt, in Gauting, also in Gauting drin viermal, aber sonst, ja. (..) Ja und dann kam doch da dieser Sinneswandel, also (..), also ich kann es mir eigentlich selber gar nicht, also ich habe draußen gar nicht so viel nachgedacht eigentlich, also schon aber ja und dann wurde ich, jetzt sage ich Gottseidank, gefunden, eineinhalb Stunden bevor ich eigentlich abgemeldet geworden wäre, [...]."

Larissa schafft im Mädchenheim Gauting einen guten qualifizierenden Hauptschulabschluss [Schule 8]; sie bekommt entgegen professioneller Empfehlungen als weiterführende Maßnahme eine eigene Wohnung [Wohnort 8], da sie einer erneuten Unterbringung in einer Wohngruppe absolut ablehnend gegenübersteht und damit droht sich dieser wieder zu verweigern. Außerdem wird sie in einer Schule [Schule 9] angemeldet, in der sie den Realschulabschluss machen kann. Die Umstellung vom hochschwelligen und strukturierten Mädchenheim, in welchem klare Regeln herrschen und die Mädchen täglich betreut und beaufsichtigt werden, in eine eigene Wohnung mit Freiraum und dem Anspruch der Selbstorganisation ist zu viel für Larissa und so schafft sie es nicht, in die Schule zu gehen und ist stattdessen viel im Nachtleben der Großstadt unterwegs.

Larissa merkt selbst, dass sie es so nicht schaffen kann und bittet ihre Mutter, wieder bei ihr wohnen zu dürfen. Wieder bei der Mutter eingezogen [Wohnort 3], schafft es Larissa, sich einen Minijob zu suchen und kümmert sich mit Hilfe der Beziehungen ihrer Mutter um eine Ausbildungsstelle in einer Anwaltskanzlei, die sie voraussichtlich im September starten kann.

7.2 Die erarbeiteten Risikofaktoren in Bezug auf Larissas Biografie

Im Kapitel 3.6.6 Risikofaktoren, die während der Adoleszenz auftreten können wurden exemplarisch Risikofaktoren skizziert, die, bei Bindungsunsicherheiten, bei Jugendlichen auftreten können.

Riskantes sexuelles Verhalten wurde vor allem bei Jugendlichen festgestellt, deren Kindheit durch ein „emotional negatives Klima" (im Buch, Kapitel 3.6.6 Risikofaktoren, die während der Adoleszenz auftreten können) und wenig Unterstützung durch die Eltern, sowie im Jugendalter wenig Beaufsichtigung durch die Eltern gekennzeichnet war. Beides trifft auf Larissas Biografie zu: Die Kindheit geprägt durch die Trennung der Eltern sowie die Streite zwischen dem großen Bruder und der Mutter. Und die Adoleszenz geprägt durch verschiedenste Einrichtungen, in welchen die Aufsicht verständlicherweise nicht mit der Fürsorge in einer Normalfamilie zu vergleichen ist.

Larissa berichtete in Gesprächen von verschiedenen sexuellen Erlebnissen, die nicht von vertrauensvollen Sexualbeziehungen zeugen.

Larissa: „[…] und dann hat der Eugen mir noch mehr gegeben und noch mehr gegeben, also ich hab schon, zwanzig Joints am Tag hab ich geraucht. Und dann ähm, genau und dann, ich war ja, also ich dachte wir wären zusammen so, ja halt wie mit so eine Cay Geschichte, halt so fremdgehen, sowas aber, genau und ich dachte eigentlich, dass wir zusammen wären, genau und dann wollte er mit mir äh schlafen […] genau und dann ähm, hat er mich halt da halt auf's Bett gezerrt, also was heißt gezerrt, er hat mich eigentlich nur noch getragen, also ich konnte, ich konnte mich gar nicht wehren."

Interviewerin: „Der Eugen, oder der (unv.)?"

Larissa: „Jaja, genau der Eugen. Genau und dann ähm hat sich dieser äh Ian halt im Schrank versteckt, also dieser eine Exfreund, genau, ja und äh ja also Video und sowas halt alles, ja, ja also ich also eigentlich, also das hört sich so schlimm an (…) "

Interviewerin: „Während ihr miteinander geschlafen habt?"

Larissa: „Nee haben, nee also, also ich wollte nicht weil ich konnte nicht mehr weil also ich hätte auch gar keine Kraft mich zu wehren, ich hab halt nur so ‚Nein' gesagt, ich weiß nicht ob ich mit ihm geschlafen habe oder nicht, ich weiß es garnicht mehr, also ich lag halt nur noch auf dem Bett, also ich konnte vielleicht noch meinen Arm hochheben oder so (…) ja. ja."

Larissa selber erlebte diese Situation als zutiefst demütigend und benannte sie in Gesprächen während ihrer Unterbringung im MHG als Missbrauch an ihrer Person. Außerdem wird in dieser Aussage offensichtlich, dass Fremdgehen in ihren Beziehungen normal war und auch der Beziehungsstatus offensichtlich nicht klar definiert wurde.

Ein weiterer Punkt im oben genannten Kapitel sind *extremer Alkohol- und Drogenkonsum* bei Jugendlichen. In Bezug auf die Bindungstheorie konnte festgestellt werden, dass mangelnde Unterstützung im Kindesalter und die Ablehnung der Kinder im Vorschulalter und mit 13 Jahren durch die Eltern am stärksten mit exzessivem Alkohol- und/oder Drogenkonsum korrelierten. Auch hier passen die Faktoren sehr gut auf Larissas Biografie. Sie selber beschreibt, dass die schlechten Noten in der Grundschule auf die Trennungs- und Stress-situation Zuhause zurückzuführen waren. Dass man sich von den Eltern abge-lehnt fühlt, wenn diese eine Fremdunterbringung befürworten, versteht sich von selbst.

Larissa zeigte deutliches Suchtverhalten, vor allem von Cannabinoiden und auch von härteren Drogen. Der Konsum von Cannabis war für sie ab dem 15. Lebensjahr Normalität und sie zeigte sich vor allem während ihrer Anfangs-zeit im Mädchenheim Gauting sehr drogenaffin und uneinsichtig darüber, dass Drogen schädlich sein können. Larissa beschrieb das Gefühl der Gleichgültig-keit beim Konsum von Cannabis als sehr befreiend und mochte die berau-schende Wirkung. Der Cannabiskonsum ging einher mit dem Konsum von hartem Alkohol und dem Wunsch, sehr dünn zu sein, welchen sie sich durch Appetitzügler versuchte zu erfüllen.

Die *Zugehörigkeit zu einer devianten Peergroup* ist außerdem ein Risikofak-tor, der in Bezug auf die Bindungstheorie ausgearbeitet wurde. Laut dieser be-steht eine Korrelation zwischen Bindungserfahrungen und der Auswahl von freundschaftlichen Beziehungen. Außerdem wirken sich negative Peererfahrun-gen in der Kindheit auf die spätere Wahl der Peergroup aus. Kinder die Selbst-vertrauen haben, suchen sich eher Freundinnen und Freunde die selber selbst-bewusst und souverän sind.

Allein durch die äußeren Umstände von Larissas Biografie kann man davon ausgehen, dass sich ihre Peergroup zum einen ständig änderte (bedingt durch die vielen Umzüge) und das Gesamtkapital der neuen Peergroups stetig abnahm. So kann man sich vorstellen, dass auf einer Privatschule Kinder mit höherem Kapitalvolumen sind als auf einer Hauptschule und in einem guten Wohnvier-tel die Nachbarkinder auch mit höherem Kapitalvolumen ausgestattet sind als in einer Wohngruppe. Mit dem Wechsel in die erste Wohngruppe fingen La-rissas Straftaten an und sie beschrieb im Interview, dass die freundschaftlichen Beziehungen, die sie sich suchte, ihr deviantes Verhalten begünstigten.

Im Kontext zur Theorie der Praxis nach Bourdieu wurde exemplarisch die *Sprache als Risikofaktor* erwähnt. Kinder, die in der Unterschicht aufwachsen, werden durch einen ganz anderen Sprachhabitus geprägt als Kinder der Mittel-schicht. Der Sprachcode der Mittelschichtskinder ist besser an die späteren An-forderungen der Schule angepasst, da die Lehrkräfte zumeist auch aus der Mit-telschicht stammen. (Vgl. Kapitel 4.5.6.1 Sprache als Risikofaktor)

Larissa fällt durch eine gute Sprachbegabung auf. Sie kann sich sehr gut ausdrücken und gut formulieren. Ihre Sprechweise lässt einen Mittelschichts-habitus vermuten, sie trifft den Ton, der bei Akteurinnen und Akteuren aus der Mittelschicht gut ankommt, ohne Probleme. Dies wird deutlich bei Bewer-bungsgesprächen, in welchen Larissa immer gelobt wurde, bei Gesprächen mit dem pädagogischen Fachpersonal der Einrichtung oder auch bei psychothera-peutischen Gesprächen, in welchen sie sich sehr gut auszudrücken vermochte.

Neben dem, dass *riskante Verhaltensweisen* Anzeichen für Entwicklungsschwierigkeiten sein können, wird im Kapitel 4.5.6.2 Riskante Verhaltensweisen
als Risikofaktoren skizziert, dass diese auch mit der bewussten Intention der
Verbesserung des eigenen Standortes im sozialen Feld oder einer Anhäufung
sozialen Kapitals einhergehen können. „Je nach Habitualisierung tut sich ein
Jugendlicher mit den von der sozialen Umwelt erwarteten Verhaltensweisen
leichter, oder aber er kann mit den Erwartungen von außen relativ wenig anfangen, beziehungsweise ebendiese nicht in sein gängiges Habituskonzept integrieren. Wenn die eigene Habitualisierung also nicht mit dem Umweltangebot
übereinstimmt, kann es zu riskantem Verhalten kommen" (im Buch, Kapitel
4.5.6.2 Riskante Verhaltensweisen als Risikofaktoren).

Bei Larissa ist offensichtlich, dass die Verhaltensauffälligkeiten deutlich mit
Umfeldveränderungen korrelieren. Die Trennung der Eltern führt bei ihr zu
Verhaltensproblemen in der Schule, die Umzüge und Schulwechsel verschärfen
die Situation noch und die Wechsel in weniger gute Wohnviertel und der daraus resultierende Kontakt zu anderen devianten Jugendlichen verfestigen die
Strukturen des Risikoverhaltens von Larissa zusätzlich. Eine mögliche Interpretation ist, dass riskante Verhaltensweisen mit dem sozialen Abstieg von Larissa
in ihren neuen (wechselnden) Umfeldern zu gewinnbringenden Kapitalien wurden.

Brennpunkte als Orte, an denen sozial benachteiligte Jugendliche aufwachsen, wurden in Bezug auf die Theorie der Praxis als ein weiterer möglicher Risikofaktor benannt. Durch die räumliche Separierung der Brennpunktviertel
und die Habitualisierung der Jugendlichen, die auf die Situation im Brennpunkt
ausgerichtet ist, „entsteht das Gefühl der relativen Deprivation, solche Jugendliche fühlen sich sozial ausgeschlossen am Stadtgeschehen weil sie spüren, dass
sie sich nicht wirklich integrieren können und ziehen sich als Folge zurück in
ihren sozialen Brennpunkt" (im Buch, Kapitel 4.5.6.3 Sozialraum als Risikofaktor). Entwicklungsaufgaben, wie sie im Kapitel 3.6.1 Entwicklungsaufgaben in
der Adoleszenz aus Sicht der Bindungstheorie benannt werden, können nur
schwer vollzogen werden.

Bei Larissa ist der sozialräumliche Risikofaktor des Aufwachsens in Brennpunktvierteln nicht gegeben. Ihre Kindheit verbringt sie in guten Wohnvierteln
und auch die Umzüge in die verschiedenen Wohngruppen bringen zwar weniger gute Viertel mit sich, dennoch sind diese nicht mit Brennpunktvierteln
gleichzusetzen.

Zusammenfassend kann man also verschiedene Risikofaktoren bei Larissa
benennen. Neben den bisher ausgeführten fällt bei Larissas Biografie vor allem
auf, dass alleine durch die äußeren Umstände (permanente Schul- und Orts-
wechsel) der Aufbau von tragfähigen und festen Bindungen fast nicht möglich
erscheint. Larissa selbst benennt eine Kindheitsfreundin, die sie durch alle Jahre
begleitet hat und in allen Situationen zu ihr stand, als ihre beste Freundin. An-

sonsten wechseln ihre Freundschaften mit den jeweiligen Aufenthaltsorten. Der soziale Abstieg Larissas führt außerdem dazu, dass auch das Kapitalvolumen ihrer neuen Peergroup stetig abnimmt und sie mehr und mehr in Kontakt mit Jugendlichen kommt, die sehr problembelastet aufgewachsen sind (beispielsweise ist nur schwer vorstellbar, dass Jugendliche mit sicheren Bindungsmustern in Wohngruppen der Jugendhilfe wohnen).

7.3   Larissa im Bewährungsfeld Familie

Larissa kommt aus einer wohlhabenden Familie. Geboren in einer Großstadt wächst das Mädchen zusammen mit ihrem älteren Bruder in einem guten Viertel auf. Die Mutter arbeitet als Angestellte, der Vater ist promoviert und arbeitet zum Zeitpunkt des Interviews in einer hochrangigen Position im Ausland.

Mit drei Jahren kommt Larissa in den Kindergarten, dort zeigt sie Trennungsängste, ist aber gut integriert und oft Anführerin der Kindergruppe. Mit sechs Jahren wird das Mädchen eingeschult und zeigt bis zur dritten Klasse keinerlei Probleme. Durch die Trennung der Eltern und einem damit verbundenen Umzug [Wohnort 2] kommt es erstmals zu Verhaltens- und Leistungsproblemen bei Larissa, die zu diesem Zeitpunkt in die dritte Klasse geht. Bei Larissas Aussagen im Interview wird deutlich, dass die neue Situation ein erster tiefer Einschnitt in ihrem Leben ist. Larissa muss in dieser Zeit viele neue Lebensumstände verkraften, sie kommt durch den Umzug ihrer Mutter in eine andere Schule [Schule 2], hat also sowohl Zuhause als auch in der Schule ein unbekanntes Umfeld, zusätzlich fängt die Mutter wieder an erwerbstätig zu sein und erfährt immer erst am Vortag, ob sie Frühschicht oder Spätschicht haben wird. Larissa beschreibt, dass ihr Bruder sich extrem zurückzieht und nur noch Computerspiele spielt und sie selbst anfängt, Zwangshandlungen zu entwickeln, indem sie bspw. immer wieder Rechtecke an der Wand ihres Zimmers nachfahren muss. Hinzu kommt ein eskalierender Streit zwischen ihrem Bruder und der Mutter aufgrund seiner Computersucht, welchen Larissa als versuchten Suizid des Bruders wahrnimmt.

> Larissa: „Genau und dann ähm hat mein Bruder und meine Mutter die haben sich so krass gestritten, dass er sich umbringen wollte, er hat so ein Taschenmesser genommen, also er hat sich in seinem Zimmer eingesperrt nachdem sie rumgeschrien haben, ich bin davon aufgewacht, ich hab da meinen Mittagsschlaf gemacht das weiß ich noch, genau und dann ist er rausgekommen und meine Mutter, die war in der Küche und sein kompletter Arm also wie in so einem Film /"

Nachdem das Zusammenleben in der Teilfamilie nicht gut läuft und Larissa die Verantwortung für sich und ihren Bruder alleine nicht tragen kann, kündigt die

Mutter ihren Job und bleibt Zuhause. Larissa fühlt sich nicht mehr wohl in der Wohnung und veranlasst damit einen erneuten Umzug der Familie [Wohnort 3]. Bedingt durch die familiären Konflikte, wird Larissa der Besuch einer Hauptschule empfohlen und sie kommt aufgrund des hohen ökonomischen Kapitals der Familie auf eine Privatschule [Schule 3] mit Ganztagsbetreuung, sodass ihre Mutter auch wieder eine neue Arbeitsstelle antreten kann. Nachdem sich Larissa zusammen mit einer Freundin grenzüberschreitend gegenüber einem anderen Mädchen verhält, wird sie von der Privatschule suspendiert und geht von nun an in eine Hauptschule [Schule 4] mit Ganztagsbetreuung in einem weniger guten Viertel ihrer Heimatstadt. Hier fangen laut Larissa die Probleme an: nachdem sie die Schule schwänzt und deviantes Verhalten zeigt, schaltet die Mutter das Jugendamt ein, welches schließlich eine Fremdunterbringung [Wohnort 4] außerhalb der Heimatstadt initiiert. So kommt Larissa ohne vorherige genaue Ankündigung der Eltern mit 13 Jahren in eine Wohngruppe, welche sie als sehr familiär und positiv beschreibt.

> Larissa: „Hmmm … doch also in [Wohnort 4, Anm. J.S.] war des, das war nicht so wie in Gauting, das war schon, also da waren wir echt, also [sagt Namen der Einrichtung, Anm. J.S.], also das war, das sind, das waren zwei, Oma und Opa, also 60, 70 sowas und die haben halt von ihrem Vermögen, die haben irgendwas, die hatten irgendwie so eine krasse Firma, haben die halt an ihrem eigenen Haus ein Heim dran gebaut praktisch, also da, wir hatten einen Pool, wir hatten, ja (lacht), wir hatten einen riesigen Garten, wir wurden auch von denen geweckt, also die, dann ist halt dann die also Anke hieß dann die Oma Anke und dann ,Guten Morgen Maus, aufstehen' halt dann so ein bisschen, dass halt noch so familiä /, […] ja die wollten das halt einem schön machen, aber es hat halt, es ist halt ein Land [ländliche Gegend, Anm. J.S.], das hat halt nicht zu mir gepasst, so.“

Nach zwei Jahren möchte Larissa wieder nach Hause und provoziert, um ihr Ziel zu erreichen, einen Rausschmiss aus der Wohngruppe. Larissa beschreibt, dass sie ihren Eltern gedroht habe, sie sollen sie dort rausholen, oder sie sorge dafür, dass sie rausgeschmissen werde. Die Eltern versuchen sich nicht erpressen zu lassen und gehen daher nicht auf Larissas Drohung ein, aber kurze Zeit später wird sie aufgrund ihres Verhaltens aus der Wohngruppe entlassen. So kommt sie wieder für einen Monat zu ihrer Mutter und danach in eine neue Wohngruppe [Wohnort 5] nahe ihrer alten Schule [Schule 4]. Auch hier markiert Larissa einen Wendepunkt in ihrem Leben, da sie in ihrer neuen Wohngruppe anfängt, Drogen zu konsumieren. Larissa nimmt die neue Wohngruppe als sehr niedrigschwellig war, anscheinend wird hier ein hohes Maß an Selbstorganisation verlangt und die Betreuerinnen und Betreuer fungieren als Kontaktpersonen bei Problemen. Larissa beschreibt, dass sie für diese Wohnform eigentlich noch zu jung war.

„[…] äh man durfte da halt auch rauchen, so halt so voll, also ich war ja noch unter 18, aber wenn meine Mutter das erlaubt, durfte ich da halt dann rauchen und das war halt so das krasseste, also so vor den Betreuern zu rauchen und so […] die Betreuer haben halt einfach gechillt so, die haben halt auch dann immer ihre Hunde mitgenommen, haben Kaffee getrunken, also die Betreuer waren einfach nur da, also das war viel zu früh, dass ich da hinkomme.“

Nachdem Larissa in der neuen Wohngruppe wieder mit ihrer alten Peergroup in Kontakt kommt, geht sie immer seltener in die Schule [Schule 6]. Die Probleme spitzen sich in der neuen Wohngruppe weiter zu, Larissa zeigt auffälliges Verhalten, beispielsweise durch Regelverstöße, oppositionelles Verhalten, sie ist mehrmals nachts abgängig, sie zeigt Aggressionen gegen Dritte und beleidigt bzw. bedroht ein Mädchen so massiv über soziale Netzwerke, dass dieses sie wegen Bedrohung anzeigt. Ihren Eltern gegenüber verhält sich Larissa rebellisch und abweisend:

„[…] ich weiß noch, dann hab ich mir extra meine Haare rot gefärbt so damit ich so, meine Eltern können mir gar nichts mehr […].“

Nach einem Jahr wird sie auch aus dieser Wohngruppe suspendiert und geht wieder für kurze Zeit zurück zu ihrer Mutter. Larissa scheint sich von ihrer Mutter nichts mehr sagen zu lassen und macht was sie will. So kommt es, dass ihre Mutter sie nach ein paar Wochen Zuhause hinauswirft.

Larissa: „Ja und das ging halt dann die ganze Zeit so weiter und bis sie [die Mutter, Anm. J. S.] mich dann ähm das war gar nicht so lange und dann hat sie mich rausgeschmissen, dann war ich auf der Straße.“

Daraufhin beantragen die Eltern die geschlossene Fremdunterbringung, Larissa kommt nicht mehr nach Hause und ist mit ihren Bekanntschaften teilweise auch in anderen Städten unterwegs. Kurz darauf wird das Mädchen durch die Polizei geschlossen in der Jugendpsychiatrie untergebracht, die dortige Diagnose beläuft sich auf eine Störung des Sozialverhaltens mit depressiver Störung, schädlicher Gebrauch von Cannabinoiden, delinquente Entwicklung, massives Schulverweigerungsverhalten, Gefahr des Abgleitens in die Obdachlosigkeit. Das Familiengericht befürwortet daraufhin die geschlossene Unterbringung und Larissa kommt ins Mädchenheim Gauting [Wohnort 7] auf eine intensivtherapeutische geschlossene Gruppe.

Nachdem sie in Gauting ihren Schulabschluss gemacht hat, zieht Larissa in ihrer Heimatstadt in eine eigene Wohnung [Wohnort 8].

180

Larissa: „Genau und dann bin ich von dort aus bin ich dann in dieses eigenes, ja Appartement, keine Wohnung, bin ich da hingezogen […], dann aus dem nichts, ‚Larissa Du kannst machen was Du willst eigentlich' also es, ich habe mich, ich musste mich, ja zweimal mit einer Betreuerin treffen, entweder bei mir in der Wohnung, oder halt bei der, und das war halt dann so ‚Ja, und was machst Du so', ‚Ja, alles klar, passt alles'. Habe halt meine 80 Euro geholt, oder 90 für die Woche, bin dann wieder gegangen. Ja, ja und das war nicht gut, also erstens war die Wohnung noch gar nicht richtig fertig, ich habe, ich habe an keinen Teppich gedacht, ich habe an Lichterketten sowas, das war halt nicht so ja. Ja und so, alles sauber machen und es klingelt und ich denke mir wer ist das, ich weiß gar nicht was da so äh so / oder dann den Briefkasten aufmachen mit den ganzen Schuldendingern und ich hatte halt niemanden der sich das halt anschaut, also ich hätte schon zu der Betreuerin hingehen können, aber habe ich halt nicht gemacht."

Interviewerin: „Hast Du nicht gemacht, ja."

Larissa: „Genau. Ja und dann (..), ja ich habe die Termine nicht mehr wahrgenommen, ich habe den ganzen Tag geschlafen, ich war nur am Feiern, ich habe echt viel Alkohol getrunken, richtig viel, also das, also jetzt, also nur wann, halt am Wochenende aber nicht mehr so viel, aber da habe ich, da habe ich echt, da habe ich richtig, richtig viel getrunken."

Das hohe Maß an Selbstorganisation wird ihr zu viel und so überredet sie ihre Mutter dazu, sie wieder Zuhause aufzunehmen.

Larissa: „[…] Genau doch stimmt, einmal, ja und dann, ja und dann bin ich im Dezember bin ich dann zu meiner Mutter habe dann gesagt ‚Mama bitte, ich muss, ich muss mich jetzt bewerben, ich muss Termine wahrnehmen, ich muss eigentlich in die Schule gehen, ich brauch/', oder ich, ich wollte halt einen Job, also in [einem Viertel der Heimatstadt, Anm. J.S.] die Schule, nee, die ging überhaupt nicht. Die ging gar nicht."

Interviewerin: „Also Du hast deine Mama gefragt, ob Du wieder nach Hause kommen darfst und sie hat gesagt okay."

Larissa: „Genau, ja, ja aber erst nach einer Zeit hat sie okay gesagt, also ich musste ihr das auch ein bisschen beweisen (..) und ein, und einen also den ersten Monat lief es eigentlich gar nicht so gut weil ich war es halt noch so von der [alten Wohnung, Anm. J.S.] gewohnt, also ich habe halt, ja also ich war nicht so schlimm wie die Ivonne, ich habe halt so bis 18:00 habe ich halt geschlafen und dann halt um 18:00 aufstehen und meine Mutter kommt halt um 18:00 von der Arbeit. Also den ersten Monat also hmmm, aber sie hat auch gesagt ‚Ja du kannst/' also sie hat gesagt ich kann zwei Wochen lang chillen, ankommen, mein Zimmer so einrichten und dann soll ich aber loslegen. Ja. Genau. (..). Ja und dann habe ich mich beworben, dann habe ich jetzt den Job (..)."

Larissa hat sich einen Aushilfsjob im Einzelhandel gesucht und kann sich so ein Taschengeld verdienen.

Auffällig an Larissas Beschreibung ihrer Biografie ist, dass sie ihrer Mutter keinerlei Vorwürfe macht oder eine Mitschuld an ihrem Entgleisen in negative Bezüge gibt. Im Gegenteil, Larissa beschreibt ihre Mutter als eine sehr aufopfernde und liebenswerte Person, die immer für sie da war. Auch auf direktes Nachfragen fällt Larissa keine Situation ein, in der sie sich im Stich gelassen fühlte. Sie findet es eher bewundernswert, dass ihre Mutter es so lange mit ihr ausgehalten hat und immer noch für sie da ist. Auf die Frage, welche die wichtigste familiäre Bezugsperson in Larissas Leben ist, antwortet sie ohne zu zögern:

Larissa: „Meine Mutter. Also ohne meine Mutter, also nicht weil sie meine Mama ist, sondern, also die hat, also die hat mich trotzdem, also so ein paar Geschichten so, also ich habe der ja Geld geklaut, ich habe der vor die Füße, äh in der eigenen Wohnung, gespuckt, also so richtig asozial, (…) die hat mich, die ist nach [Wohnort 4, Anm. J.S.] gefahren, also unter der Woche, die muss arbeiten, weil ich eine Mandelentzündung hatte und halt zu meiner Mama halt wollte, ist die nach [Wohnort 4, Anm. J.S.], obwohl ich so scheiße einfach zu ihr war. Also ich habe die behandelt wie Dreck, ich, also ich habe ihr nicht einmal Hallo gesagt, ich weiß noch ich habe die mal auf der Straße gesehen und ich bin einfach an ihr vorbei gelaufen so. So als würde ich sie nicht kennen so. Und sie war immer für mich da."
Interviewerin: „Warum? Also warum hast du sie so schlecht behandelt? Was denkst Du im Nachhinein?"
Larissa: „Ja, also das krasse waren halt äh die Drogen halt. Also die haben halt den Charakter auch in dem Moment verändert, also, also ich habe mir am nächsten Tag, also es gab auch mal Tage wo ich nichts genommen habe, so einmal in der Woche oder so und da war ich dann wie, dann ich so ‚Mama was mache ich da, ich weiß gar nicht wieso ich so war' und alles. Ja."

Auf die Frage, was für ein Mensch ihre Mutter ist und wie sich ihre Beziehung zueinander beschreiben lässt antwortet Larissa:

Larissa: „Ja, also meine Mutter, also die ist halt ein sehr (…) äh liebevoll und verständnisvoller Mensch, also sie, man kann mit ihr über alles reden, also man kann auch Kompromisse finden und sie kann auch sagen ‚ja okay, dann machen wir das so, dann, ja und okay, darauf kann ich mich auch noch einlassen' also man kann überall mit ihr reden (..), manchmal, sie ist halt zu, nicht zu lieb, also sie kann auch hart reden so, aber sie ist halt trotzdem, also, was man eigentlich schätzen muss, also sie würde mich niemals im Stich lassen, das weiß ich. Also wer seiner Mutter vor die Füße spuckt, also ich würde, also ich würde da ausflippen, wenn mein eigenes Kind, so, das man neun Monate lang im Bauch getragen hat, also, also das ist ja, immer, also sie war immer für mich da, also egal bei was so. (…) Ja und ich kann eigentlich gar nichts negatives sagen so (..)."

Auch auf die nochmalige Nachfrage, ob es Situationen in Larissas Leben gab, in denen ihre Mutter für sie hätte da sein müssen, gibt Larissa zwar eine Situation an, entschuldigt aber sofort das Verhalten der Mutter, welche zu der Zeit durch die Trennung vom Vater aus der Bahn geworfen worden sei:

Larissa: „Also ich meine in der Zeit wo ich ähm, wo wir eben nach [Wohnort 2, Anm. J. S.] gezogen sind, das war halt ein Monat, mein Gott, also vielleicht hat sie es halt, vielleicht hat sie nicht genau darüber nachgedacht, aber ich meine sie hat sich von ihrem Mann getrennt, so da ist man dann auch durcheinander und also deswegen finde ich kann man das schon entschuldigen sag ich jetzt mal. Also ich habe ihr jetzt nie Vorwürfe oder sowas gemacht, aber ja, wäre sie halt dort dagewesen, aber dafür muss ich sagen war sie sonst immer da. Also immer. Genau und ich meine sie hat ja dann auch direkt aufgehört zu arbeiten dann, also direkt. Ja."

In der Akte über Larissa wird beschrieben, dass Mutter und Tochter Interesse an einer guten Beziehung hätten, anders jedoch, als es Larissa im Interview benennt, habe sie wohl des Öfteren geäußert, dass die Mutter in ihren Reaktionen teilweise zu streng und zu unnachgiebig gewesen sei:

Die Mutter zeigt sich gegenüber Larissa stets bemüht und interessiert. Mutter und Tochter telefonieren während Larissas Aufenthalt im MHG nahezu täglich miteinander und die Mutter kam Larissa regelmäßig besuchen. Man merkte bei diesen Besuchen, dass beiden viel an einer guten Beziehung zueinander liegt. Larissa äußerte in Gesprächen immer wieder, dass Konsequenzen von Seiten ihrer Mutter unverhältnismäßig streng seien und sie auch keinerlei Möglichkeiten hätte, ihre Mutter bei solchen Dingen umzustimmen. Dies empfand Larissa öfters als ungerecht. Auch die Vertrauensbeziehung zwischen Mutter und Tochter war durch die Vergangenheit zutiefst gestört, als Larissa beispielsweise für einen Tag aus dem MHG weglief, war die Reaktion der Mutter, dass sie nun auch nach dem Aufenthalt im MHG nicht mehr zu ihr ziehen könne wie es ursprünglich geplant war. Eine heftige Konsequenz, die aber auch die Unsicherheiten der Mutter gegenüber ihrer Tochter deutlich macht.

Larissa beschreibt im Interview, dass die Beziehung zu ihrem Vater sehr durch Geld und weniger durch Liebe geprägt sei. Larissa erklärt sich des Vaters Verhalten damit, dass er selbst schon nicht sehr viel Liebe erfahren habe. Über den Wegzug ihres Vaters ins Ausland äußert sich Larissa folgendermaßen:

Larissa: „Genau, genau der ist, also das hält meine Mutter meinem Vater halt irgendwie immer vor, dass er uns alleine gelassen hätte, aber, also daran denke ich eigentlich gar nicht so oft. Also ich meine, er war alleine in einem Haus, wo seine ganze Familie drin gewohnt hat und ist jetzt komplett alleine, also ich würde in dem Haus auch nicht klar kommen. Und er hatte halt damals die Wahl, eben mit seinem jetzigen Geschäftspartner, der hat halt ziemlich viel Geld geerbt, dass er halt mit ihm was zusammen macht, aber in [im Ausland, Anm. J.S.] halt. […]. Ja muss man nicht drauf eingehen, kann man halt besser Geschäfte machen und Steuern und blablabla. Genau, ja und dann ist er [ins Ausland, Anm. J.S.] gezogen."

Als eine Stärke ihres Vaters benennt sie dessen Fähigkeit, andere Leute für sich einnehmen zu können, was sie von ihm gelernt und übernommen habe. Außerdem schildert Larissa, dass ihr Vater bei Gesprächen mit dem Jugendamt oder mit dem Betreuungspersonal aus Larissas Wohngruppe immer auf Larissas Seite gestanden sei und den Mitarbeitern und Mitarbeiterinnen mitgeteilt habe, dass er ohne entsprechende Beweise erst einmal nichts glaube. Larissa erzählt dies jedoch ohne Stolz und ergreift eher Partei für das Betreuungspersonal bzw. das Jugendamt, indem sie in Nebensätzen deutlich macht, dass diese sie zu Recht kritisiert haben, oder man dankbar sein müsse für deren Erziehungsarbeit.

Larissa: „Ja (…) also bei meinem Vater, also die Beziehung zwischen ihm und mir war halt immer sehr viel mit Geld verbunden das ist mir erst im Nachhinein so klar geworden. Also er hat halt seine Liebe, weil er es von seinem Vater auch so gelernt hat, also was heißt Liebe, durch Geld bekommen hat, so wie es er mir gesagt hat. Und also für ihn war das halt mir Liebe zeigen, ,ja, ähm, Du kannst Dir, also ich kaufe Dir jetzt die teuerste Tasche' das ist weil so. Er hat selber so /, oder an ähm wenn einem doch die Milchzähne rausfallen, die Zahnfee. Die Geschichte ja. Also meine Mutter gibt, hat mir da so ein Bibi Blocksberg Hörspiel unters Kopfkissen gelegt und als meine ersten zwei [Zähne, Anm. J.S.] vom Zahnarzt gezogen worden sind hatte ich zwei Fünfer, also für jeden Zahn einen Fünfer unterm Kopfkissen [vom Vater, Anm. J.S.], also da war ich, wie alt ist man dann wenn Zähne rausfallen, sechs? Also, was will ein sechsjähriges Kind mit zehn Euro? Also Du kaufst dir davon vielleicht Gummibärchen, aber dann kauf halt die Gummibärchen und tu sie halt unters Bett. So halt. Ja, sonst ist es ein sehr (…) also er kann (…) aja (unv.) Beziehung ja also was ich halt so von ihm habe, also er kann, er kann halt Leute so gut beeinflussen, oder egal welchen Fehler, sag ich jetzt mal, den er macht, alles gut reden, dass du dir echt im Nachhinein denkst ja okay, das war gar kein Fehler, das hast Du super gemacht. Und dann bin ich Zuhause bei meiner Mutter und dann so hä ja klar, nein was redet der denn da, also (..) ja, es war, ja also er konnte halt nicht so Liebe zeigen weil er selber halt nie bekommen hat. Das ist."
Interviewerin: „Und wie war da der Kontakt zwischen euch, jetzt so über die Jahre gesehen?"
Larissa: „Über die Jahre? Also."
Interviewerin: „War das immer wechselhaft, oder war er eigentlich immer da, oder?"

Larissa: „Also mein Vater war eigentlich immer derjenige, der bei den Hilfeplan-gesprächen immer auf meiner Seite war. Weil ich nämlich immer gesagt habe, so ,Hey ihr seid alle gegen mich jetzt' und das war ja auch so, also zu Recht. Und mein Vater war immer derjenige der wenigstens, der wenigstens gesagt hat so ,Ja, komm, das ist trotzdem meine Tochter' oder wenn dann die Betreuer so irgendwas gesagt haben, ,Ja und da hat sie letztens das und das gemacht und dann'. Ja also er war halt immer auf meiner Seite so, er hat gesagt so ,Ja, haben Sie irgendeinen Beweis dafür' meinte er halt so. So. Einmal meinte eine Betreuerin, das war in [Wohnort 4, Anm. J. S.], dass ich nach Alkohol gerochen habe, genau und mein Vater halt ,Ja, das ist, Sie können hier vieles behaupten, aber Beweise habe ich halt dafür /' und meine Mutter würde halt sowas nie im Leben sagen, so die Betreuer sind denen, was ja auch so ist, denen man danken muss die die Elternrolle in dem Fall, die das ein Jahr lang übernehmen und mein Vater, ja also alleine was mit dem Jugendamt Kontakt hat, das möchte er gar nicht wissen, also er wollte ja auch zu keinem Hilfeplangespräch hier in Gauting oder sowas kommen, weil das möchte er halt einfach nicht. So. Ja. Ja das ist mein Vater (…)."

In Larissas Akte wird festgehalten, dass sich das Verhältnis zu ihrem Vater als schwierig gestaltet, Larissa betonte selbst des Öfteren, dass ihr Vater nie zufrieden sein wird mit ihr. Die Anforderungen an seine Kinder schraubt der Vater sehr hoch und sobald sie ein Ziel erreichen, benennt er sofort das nächste Ziel ohne Würdigung der Zielerreichung. Dies verletzt Larissa sehr. Der Vater wohnt außerdem im Ausland und ist dort sehr beschäftigt, was regelmäßige Besuche nicht möglich macht.

Zum Zeitpunkt des Interviews haben die beiden keinen Kontakt mehr zueinander, da der Vater den Kontakt zu Larissa abgebrochen hat, mit der Begründung, dass sie sich nicht gemeldet habe, als sein Vater gestorben sei – für Larissa völlig unverständlich, da sie, wie sie sagt, ihren Vater mehrmals kontaktierte. Die Beschreibung des Kontaktabbruchs von Seiten des Vaters, ist im Interview der erste Moment, in dem man erkennt, dass Larissa emotional wird und sich nicht mehr so gut abgrenzen kann. Auf die Frage, ob Larissa sich erhofft, dass sich wieder Kontakt herstellen lässt, antwortet das Mädchen:

Larissa: „Das wird sich nicht ändern. Das wird, also das wird sich sicherlich nicht ändern. Also wenn mein /, also das ist auch so, das ist auch eine Eigenschaft die habe ich auch von ihm, also wenn, wenn ich, wenn ich zu jemanden sage ,Hey ich werde Dir also nie wieder werde ich Dir schreiben' oder sowas, also ich hatte sowas jetzt noch nicht bei jeman / also ich wüsste jetzt nicht wen ich jetzt so richtig, also es muss kein Hass sein oder Enttäuschung, aber wenn ich sage ,Vergiss es, Du brauchst gar nicht diskutieren oder sonst irgendwas' also bei ernsten Sachen, jetzt nicht ob wir jetzt morgen ins Kino gehen oder nicht, so, das zieht der knallhart durch und das mach / und das ist bei mir genauso. Und er hat ja, also sein Grund ist ja, weil als mein Opa gestorben ist, ähm also sein Grund ist es, ähm, dass ich mich nicht gemeldet habe, also was gar nicht stimmt, also er könnte bei dem Telefon schauen, ich habe jeden Tag, jeden Tag, ich habe jeden Tag angerufen (..) also er nimmt das einfach falsch wahr, also ich habe ihn nicht mehr gesehen, also meine Mutter hat echt gesagt, die wollte es mir auch nicht so genau sagen, also meine Mutter hat zu mir, dass er halt einfach, der ist einfach psychisch krank geworden. Weil ich meine, also er bildet sich ein, dass ich mich nicht gemeldet habe und ich habe mich gemel / also er kann einfach auf sein Handy schauen, einfach in WhatsApp schauen, wir haben geschrieben. Alles. (..)."

Larissa beschreibt ihren Vater hier als sehr rigoros in seinem Verhalten, nachdem er den Kontakt abgebrochen hat, ist sie sich sicher, dass er sich nie wieder bei ihr melden wird.

Larissas Bruder tritt in ihren Erzählungen nur als Randfigur auf. Er scheint selbst sehr problembelastet, zieht sich in seiner Jugend zurück und versucht sich mit 13 Jahren anscheinend das Leben zu nehmen. Eine engere Beziehung zu ihm ist nicht anzunehmen, da Larissa ihn von sich aus nicht erwähnt.

Interpretation

Bei Larissas Erzählung wird deutlich, dass sie den Beginn ihrer Probleme auf die Zeit der Trennung der Eltern datiert. Das Familienklima sei Zuhause nicht sehr angenehm gewesen und bedingt durch die Probleme und den Umzug, haben ihre schulischen Leistungen nachgelassen. Diese Beschreibung passt zu den Ausführungen der Bindungstheorie, dass konfliktbelastete Kernfamilien oder Trennungsfamilien ein enormes Risiko für Kinder und Jugendliche darstellen, unsichere Bindungsrepräsentationen zu entwickeln. (siehe hierzu Kapitel 3.5.2 Die Bielefelder Längsschnittstudie; Kapitel 3.6.7 Besondere Stressfaktoren in konfliktbelasteten Familien)

Larissas Beschreibungen über den versuchten Suizid des Bruders und ihre eigenen Zwangshandlungen lassen auf eine enorme psychische Belastung der Kinder schließen, die entweder nicht wahrgenommen wird, oder aufgrund der Tatsache, dass die Eltern sich getrennt haben und die Mutter wieder erwerbstätig sein musste, um den Lebensunterhalt für die Familie zu stemmen, nicht gesehen werden kann.

Bei der zweiten Fremdunterbringung [Wohnort 5] geht Larissa kurz darauf ein, dass sie sich von den Eltern abwendet und offen gegen sie rebelliert, indem sie sich die Haare rot färbt und damit zum Ausdruck bringt, dass diese ihr nichts mehr zu sagen haben. Die Fremdunterbringungen, welche ja nicht auf gegenseitigem Einverständnis beruhen, sind aus bindungstheoretischer Sicht für Larissa sicherlich nur schwer zu verkraften. Das ablehnende Verhalten und ihr Rückzug von ihren Eltern passen in ihr bisheriges Bindungen abwertendes Schema.

Als Larissa im Interview ihre Lebensgeschichte erzählt, geschieht dies distanziert, als würde sie eines anderen Menschen Geschichte erzählen. Auffällig sind die große Reflexionsbereitschaft und Larissas Versuch, für alle Handlungen ihrer Eltern eine Erklärung oder eine Entschuldigung zu finden. Bei der Beschreibung ihrer Beziehung zu ihrer Mutter fällt Larissa keine negative Eigenschaft ihrer Mutter ein und während Larissa gut reflektiert, was sie selbst alles falsch gemacht hat, beschreibt sie ihre Mutter als eine Person, die alles richtig machte. Es wirkt fast so, als sei Larissa keineswegs enttäuscht von ihren Eltern, sondern eher überrascht, dass diese noch immer, nach allem, was sie sich geleistet hat, für sie da sind. Als adäquate Reaktion eines jungen Menschen würde man eher Wut, Enttäuschung oder Verletztheit erwarten, wenn ein Elternteil weit weg zieht und beide einer geschlossenen Unterbringung zustimmen.

Des Weiteren ist auffallend, dass Larissa immer auch die guten Effekte, die für sie negative Entscheidungen mit sich brachten, sehen kann; sie hält ihre Fremdunterbringungen für richtig und hat Verständnis dafür; als der Vater den Kontakt abbricht, was für Larissa offensichtlich sehr schlimm ist, benennt sie als guten Nebeneffekt, dass sie sich nun nicht mehr auf der Vorstellung ausruhen kann, dass ihr Vater sie immer finanziell unterstützen wird und sie daher nun erkennt, dass sie unbedingt eine Ausbildung machen sollte. Prinzipiell ist ein gesunder Optimismus auch in schwierigen Lebenssituationen sicherlich eine positive Eigenschaft, bei Larissa lässt sich diese enorme Bereitschaft, das Gute sehen zu wollen, aber auch dahingehend deuten, dass sie die Verletzungen, die ihr durch ihrer Eltern Verhalten zugefügt wurden, nicht an sich heran lassen möchte – indem sie für sich positive Schlüsse zieht, kann das Ganze eben auch positiv und nicht nur negativ gesehen werden.

Nennenswert an Larissas Biografiebeschreibung ist auch, dass sie zwar die äußeren Umstände, welche zu ihrem Abgleiten in negative und deviante Bezüge geführt haben, sehr gut benennen kann, emotionale Aspekte oder eine gefühlsmäßige Ebene, die ihr Verhalten begünstigt haben könnte, jedoch anscheinend nicht empfindet oder nicht auszudrücken vermag.

Die genannten Aspekte können in Bezug auf die Bindungstheorie eine sichere Bindungsrepräsentation ausschließen. Larissas Erzählungen erinnern an den bindungsvermeidenden Typus, aber auch eine D-Typisierung (Bindungsstörung) ist vorstellbar. Typische Merkmale für den bindungsvermeidenden Typ sind hier das Idealisieren der Bindungspersonen und das Ablehnen bindungsrelevanter Themen (wie etwa bei des Vaters Wegzug ins Ausland oder der Zustimmung der Eltern zur Fremdunterbringung). Bei Larissas Beschreibung ihrer Biografie wird auch deutlich, wie sehr sie sich in Bindungsthemen verstrickt und wie oft sie bei der Erzählung ihrer Geschichte widersprüchlich wird. Beispielsweise beschreibt sie ihre erste Unterbringung [Wohnort 4] als sehr familiär, später erzählt sie, dass es ein riesiges Heim mit vielen verschiedenen Wohngruppen war. Auch ihre ersten Drogenerfahrungen beschreibt sie einmal mit einem Mädchen in der Wohngruppe, an anderer Stelle mit den Freunden aus ihrer alten Schule. (Vgl. hierzu Kapitel 3.4.5 Die verschiedenen Bindungstypen)

Sozioökonomisch betrachtet, wächst Larissa in einer wohlhabenden Familie mit einem insgesamt hohen Kapitalvolumen auf. Beide Eltern zeichnen sich durch institutionalisiertes kulturelles Kapital in Form von hohen Bildungsabschlüssen aus, die Mutter hat studiert und der Vater hat promoviert. Auch Larissa profitiert vom kulturellen Kapital der Familie, ihr Sprachhabitus ist der Mittelschicht angepasst und sie versteht es, sich einem Mittelschichtshabitus entsprechend zu verhalten.

Ökonomisches Kapital ist in der Familie vorhanden und macht sich durch einen relativ hohen Lebensstandard bemerkbar, beispielsweise wohnt die Familie in einem guten Wohnviertel und ermöglicht der Tochter anfangs den Besuch einer Privatschule. Für Larissa entsteht dadurch später eine Kluft zwischen dem aus der Kindheit vertrauten hohen Lebensstandard und ihrer momentanen Situation, in welcher die Eltern nicht mehr bereit sind, sie finanziell zu unterstützen. Larissa misst entsprechend ihrer Vergangenheit Luxussymbolen eine hohe Bedeutung zu, alles was wertvoll erscheint, findet Larissa interessant. Durch ihr eigenes geringes ökonomisches Kapital kann sie aber ihre materiellen Vorstellungen und Wünsche nur bedingt umsetzen. Luxus nimmt dennoch einen großen Stellenwert ein, sie entwendete bspw. einen Pokaldeckel, weil sie dachte er sei aus echtem Gold und sie könne ihn gewinnbringend verkaufen. Auch als sie ihren Vater im Ausland besuchte, waren die Bilder vom Hotel, dem Essen etc. die wichtigsten.

Auch das soziale Kapital in Larissas Familie ist hoch, positiv zu nutzende Beziehungen sind in der Familie vorhanden und werden auch zu Larissas Gunsten genutzt. Beispielsweise können beide Elternteile ihr immer wieder Praktika in verschiedenen Arbeitsbereichen beschaffen.

Das allgemein hohe Kapitalvolumen der Eltern macht sich des Weiteren im Habitus über gesundheitliche Vorstellungen bemerkbar. Die Privatversicherung über ihren Vater ermöglichte Larissa eine sehr gute ärztliche Betreuung. Larissa war das einzige Mädchen im MHG, welches seit der Kindheit einen Osteopathen aufsuchte und einen Allgemeinarzt mit naturheilkundlicher Ausbildung konsultierte. Die Mutter brachte ihr immer wieder verschiedene homöopathische Mittel zur Nahrungsergänzung mit. Eine notwendige feste Zahnspange wurde bei Larissa innenliegend eingesetzt, damit man sie nicht wahrnimmt.

Ein hoher Leistungsanspruch der Familie gegenüber Larissa führt dazu, dass sie diesen selber so internalisiert hat, dass sie sich nicht vorstellen kann, auch als Mensch und ohne besondere Leistungen wertvoll zu sein. Dies äußert sich einerseits in so überhöhten Leistungsanforderungen an sich selbst, dass sie daran nur scheitern kann und andererseits bei Leistungsanforderungen von außerhalb mit Verweigerungstendenzen, einem alles-egal-Gefühl und dem Wunsch, sich (beispielsweise durch Cannabis) betäuben zu wollen.

Offensichtlich kann die familiäre Kapitalhöhe ab dem Zeitpunkt ihrer Fremdunterbringungen nicht mehr aufrechterhalten werden, sowohl die Einrichtungen als auch die Personen, welche in den Einrichtungen leben, können nicht den ökonomischen Standard aufweisen, den Larissa von Zuhause gewöhnt ist. Dies machte sich im MHG oft bemerkbar, indem Larissa sich bspw. darüber entgeistert zeigte, dass das Essen nicht biologisch ist oder der Haushalt größtenteils selbst organisiert werden muss. Die Veränderbarkeit des Habitus wird im Kapitel 4.3.1 Begrifflichkeiten und Kapitel 4.3.6 Entwicklungsmöglichkeiten des Habitus erläutert, aber auch die Schwierigkeit, den Habitus an sich schnell ändernde äußere Umstände anzupassen. Als Beispiel wird weiter oben der Akteur genannt, „der einen immensen materiellen Verlust erleidet und dadurch nur noch begrenzte Ressourcen hat. Sein Habitus wird sich nur zögerlich auf die neue Situation einstellen können, und der Akteur wird möglicherweise überheblich, da seinen Verhältnissen nicht angepasst, erscheinen" (im Buch, Kapitel 4.3.1.1 Habitus).

7.4   Larissa im Bewährungsfeld Peer-Group

Die erste Peergroup, welche auch als solche von Larissa geschildert wird und offensichtlich Einfluss auf ihren Lebensweg nimmt, ist die der Ganztagsschule [Schule 4], die sie nach dem Rausschmiss aus der privaten Hauptschule [Schule 3] besucht. Larissa erzählt, dass die anderen Schülerinnen und Schüler schon rauchten, kifften und Alkohol tranken, aber auch deren Sprachhabitus ein vollkommen anderer war als der ihre.

> Larissa: „Genau und die haben, also halt mit Alkohol mein ich halt dann so ein Desperados sich teilen und komplett besoffen sein, so und ich kam einfach gar nicht drauf klar, also alleine wie die so geredet haben, so ‚Alter' und so, also ich, ich kannte das ja nicht, ich meine ich war die äh das Guccimädchen von der Privatschule und nicht in [Schule 4, Anm. J. S.] ‚gib mal 'ne Kippe', genau. Genau, dann, ich weiß eigentlich gar nicht was dann so der endgültige Auslöser war, aber dann hab ich mich komplett in den Umfeld angepasst und dann, dann bin ich, also richtig, also dann, dann waren schon, dann kamen die ersten Anzeigen kamen da."

Larissa beschreibt, dass sie dort einen schwierigen Start hatte, die ersten drei Monate erlebte sie sich selber als „Klassenopfer", sie grenzte sich aus, weil sie mit den anderen Teenagern nichts zu tun haben wollte, bzw. deren Verhaltensweisen ihr völlig fremd waren.

> Larissa: „Ja und so wie erwartet war dann auch die Schule also ich war, also ich bin ja eigentlich nicht so ein, so ein Mensch der so ausgegrenzt wird oder so ja nie, also ich

war drei Monate, also ich war so ein richtiges, so ein Klassenopfer war ich echt weil die haben geraucht, die haben, also wirklich, die haben gekifft in dem Alter dort."

Auf die Nachfrage ob sie gemobbt wurde meint Larissa:

Larissa: „Also was heißt gemobbt, ich, also ich hab mich eigentlich selber ausgegrenzt weil ich gesagt habe ‚mit euch möchte ich gar nichts zu tun haben' und so, also die sagen halt so ja, ‚gehen wir nachher, nach der Schule zum McDonald's' und ich sag halt, keine Ahnung, ‚gehen wir nach der Schule eine, also eine Pizza essen', das ist ja, also nur so Kleinig / also das war halt so, genau. Ja, dann hatte ich eben die ersten An-zeigen, da habe ich, da habe ich so ein, so einem Mädchen eine geklatscht am Bahn-hof, also so richtig assi, dann waren auch schon, dann haben wir so eine Facebook-Gruppe gemacht, so ja, ‚Schlägerei am Bahnhof' am, also das war am Freitag um 13:00, also so, und dann hat es, dann hat es richtig begonnen, dann hab ich Zuhause / [...] Dann habe ich angefangen zu rauchen, und dann nach [Schule 4, Anm. J. S.], genau und dann ist es richtig, also ich bin nicht mehr in die Schule gegangen, dann hab ich halt da diese (unv.) Verweise hatte ich über zwanzig, da meinte doch die Frau [Lehrerin im Mädchenheim Gauting, Anm. J. S.], ich habe den äh Rekord getoppt, ja. Genau."

Offensichtlich zeigt Larissa eine extreme Stärke, um sich den Respekt ihrer Mit-schüler und Mitschülerinnen zu verdienen, es wirkt so, als würde sie sich voll-kommen an ihre neue Umgebung und die dort geforderten Verhaltensweisen assimilieren. Nachdem Larissa anfängt die Schule zu schwänzen, wird das Ju-gendamt eingeschaltet und eine Fremdunterbringung weit weg von der Peer-group wird beschlossen [Wohnort 4]. Larissa erzählt zwar von der Wohngrup-pe dort sehr positiv, über andere Jugendliche oder Freundschaften in dieser Zeit kann sie jedoch auch auf Nachfragen nichts berichten. Nach dem Rausschmiss aus dieser Wohngruppe kommt Larissa wieder nachhause zur Mutter, kurz da-nach wird sie in einer neuen Wohngruppe [Wohnort 5] nahe ihrer alten Schule [Schule 4] untergebracht. Larissa beschreibt, dass sie eigentlich nach dem Wohn-ortwechsel auf einem guten Weg war, in der neuen Wohngruppe aber mit Can-nabis in Berührung kam und, obwohl sie vorher noch nicht gekifft hatte, sofort anfing mit den anderen Jugendlichen Cannabis zu konsumieren.

Larissa: „[...] da bin ich so eine, also [Wohnort 5, Anm. J. S.] ist eine Wohngruppe, da war ich mit sechs anderen Leuten, da war ich dann mit sechs anderen Jugendli-chen war ich dort und ich wusste, also das war keine Drogengruppe, aber das waren alles Junkies, also ohne Ausnahme, ja, alle, alle. Ja. [...] Da hatte ich ein Doppelzim-mer, mit so einer Anna, ja und ich ähm, als ich meinen Spiegel aufgehängt habe, da äh kam die dann gleich und meinte ähm, äh ‚kiffst Du?' und äh, und dann äh, ich so ‚ja klar' und so, und ich hab noch nie davor gekifft gehabt oder so, ja, dann sind wir direkt rausgegangen [...]."

190

Durch die Nähe zu ihrer alten Schule trifft Larissa schnell auch wieder auf die Bekanntschaften von früher und begibt sich ohne zu zögern zurück in die alten Kontexte.

> Larissa: „Und dann, ähm genau und mein Bus, der ging nämlich durch [das Viertel der Schule 4, Anm. J.S.] durch und dann hat halt, also da steigen dann halt jemand ein so ‚Hey alles klar, lang nicht mehr gesehen ja komm, ich steige mit Dir eine Station früher aus, rauchen wir noch eine', ja und dann hat es angefangen, dann hab ich den Max, das war mein damaliger bester Freund, den hab ich getroffen und ich wusste es gleich, der ist in der also in der Zeit, der hat sich so verändert, sein Vater ist in der Zeit gestorben und äh der hat, also der hat gekifft, der hat geko / also, aber so, jetzt, so richtiges Koks, nicht so wie so ein bisschen so, also so richtig, richtig krass und ich wusste das gar nicht und auf einmal hatte der eine eigene Wohnung so, aber ich meine so vom Aussehen war er halt immer noch gleich, mein Gott, ja, ein bisschen dünner ist er halt geworden, ja und dann haben wir uns getroffen, da hab ich eben diesen Eugen kennengelernt. Das ja. Ja und dann waren wir halt dort, und ja."

Larissa scheint nun in einem Umfeld zu sein, in welchem sowohl in der Wohngruppe als auch in der Peergroup außerhalb der Wohngruppe Drogen normal erscheinen. Sie kombiniert Drogen mit hartem Alkohol und versucht außerdem, mit Appetitzüglern abzunehmen. Larissa wirkt in ihren Schilderungen so, als würde sie ohne zu zögern alles mitmachen und nicht darüber nachdenken, ob ihr das auch gut tut oder nicht. Sie beschreibt außerdem, dass ihr die Zugehörigkeit zu solch einer Peergroup gut gefällt, sie fühlt sich dort „krass" und „cool" und kann sich mit ihrem Verhalten deutlich von ihren Eltern abgrenzen.

> Larissa: „[…] Ja und dann meinten die die ja so äh ‚trinkst Du?' und dann ich so ‚Ja, klar!' und ich weiß noch, dann hat er mir so einen Jackyglas[54] gegeben, aber pur Jacky, also mit so Eiswürfeln und so und ich hab mich halt so krass gefühlt halt einfach, ich wollte halt auch so cool sein, so endlich bin ich wieder in [meiner Heimatstadt, Anm. J.S.] so,[…]. Genau und dann hat der mich gefragt ‚kiffst Du?' und dann ich so ‚Ja, klar!' und so, dann hab ich gekifft, also Jacky, gekifft, ähm."

Das Mädchen schildert weiterhin, dass sie sich in einen Drogendealer (Eugen) verliebt und so auch mit Kokain in Kontakt kommt. Ihre neue Peergroup hat durch den Verkauf von Drogen anscheinend viel Geld, was Larissa imponiert. Durch den Umgang mit ihrem Freund und dessen Clique, so Larissa, geht der Kreislauf, welcher durch ihre Fremdunterbringung außerhalb ihrer Heimat-

---

54 Jack Daniels

stadt unterbunden werden sollte, wieder von vorne los, sie bekommt Anzeigen, verweigert die Schule und widmet sich nur noch ihrer Peergroup.

> Larissa: „[…] ich mein ich war da mit den krassesten also einer der krassesten Ty-
> pen, also das klingt krass, aber das ist eigentlich peinlich aus [der Heimatstadt, Anm.
> J. S.] mit 15, die waren 21. Ja, ja und dann, dann ja dann halt wieder Anzeigen ja und
> dann ging das halt alles wieder von vorne los, (…) genau und dann, ja und dann war
> ich wieder Zuhause äh die haben mich halt dann rausgeschmissen.“

Der Aufenthalt in der Wohngruppe wird vom Jugendamt beendet und Larissa geht wieder nachhause zur Mutter, an ihrem Lebensstil verändert sie jedoch nichts. Durch ihren Freund Eugen lernt Larissa auch andere junge Erwachsene kennen, die Drogen konsumieren und sich durch den Verkauf von Drogen vieles leisten können.

> Larissa: „[…] Genau und in der Zeit habe ich eigentlich so die richtigen Leute [aus
> einem bestimmten Viertel, Anm. J. S.] so kennengelernt so und dann, also dann, die
> hatten einfach so viel, die hatten so viel Geld, also die haben, bei denen war das halt
> so, also bei diesem Eugen war das so, der ist wirklich, der ist arbeiten gegangen, der
> hat den ganzen Tag gearbeitet, aber hat halt ununterbrochen gekifft und ich konnte
> das halt nicht, also manche Leute kriegen das echt auf die Reihe Drogen zu nehmen,
> aber trotzdem alles zu machen. Jetzt abgesehen wie der Körper davon kaputt geht.
> Und er hat halt gedealt, also er hatte so viel Geld, er hatte so einen richtigen Batzen
> Geld und, und ja, also, also er war gar nicht so alt, er war … 19 war der. Und ich
> fand das halt so krass, der hatte mit 19 eine eigene Wohnung von Drogen bezahlt für
> seine Wohnung, Auto, also die krassesten Autos, alles ja.“

In ihrer neuen Clique ist Larissa anscheinend das einzige Mädchen und wird von den anderen sowohl respektiert als auch anerkannt.

> Larissa: „Ja. Ja und ich habe mich halt einfach so krass gefühlt, ich war das einzige
> Mädchen so unter denen und eigentlich so, in solchen Sachen so Gangs so also pas-
> sen jetzt keine Mädchen rein, so und ich war irgendwie, die haben mich da halt voll
> gefeiert so ‚Jaaa, Larissa voll cool‘ und ja […].“

Nachdem sich Larissa und ihr Freund trennen, kommt sie mit einem anderen jungen Mann zusammen, der ein ehemaliger Freund ihres Exfreundes ist. Nachdem dieser sich von der Clique abgewandt hat und durch die geschlossene Unterbringung im Mädchenheim Gauting, verliert sich auch bei Larissa so langsam der Kontakt zu ihrer Clique, in der auch ihr Exfreund ist.

Im Mädchenheim Gauting freundet sich Larissa mit einem anderen Mäd-chen an, das auch aus ihrer Heimatstadt kommt. Nachdem sie aus dem Mäd-

chenheim entlassen wird und eine eigene Wohnung in ihrer Heimatstadt bekommt, schließt sie sich der Peergroup der neuen Freundin an und macht viel
mit dieser.

Larissa: „Ähm, ja und also ich habe schon, also ich habe jetzt, die wohnen jetzt zufällig auch in [dem gleichen Viertel wie die vorherigen Freunde, Anm. J.S.] aber haben
nichts mit denen zu tun, also die halt so, die sind halt, also die sagen ‚Oh Gott, ja diese Asozialen, ja mit denen warst Du früher halt (unv.)‘ so halt, genau ja, eher so […].
Ja und die habe ich durch die Ivonne eigentlich kennengelernt (..) und durch einen
Club, also ja, man kennt sich so halt irgendwie einfach."

Neben den verschiedenen Peergroups, welche schon alleine durch Larissas stän-
dige Wohnortwechsel nicht sehr stetig sind, benennt Larissa eine Freundin,
welche Zeit ihres Lebens an ihrer Seite ist. Diese kommt aus gutem Elternhaus
und macht derzeit ihr Abitur.

Larissa: „Die Lara ist meine beste Freundin mit der ich aufgewachsen bin. Die kenne
ich seitdem ich ein Baby bin. Mit der bin ich in [dem Heimatort, Anm. J.S.], also
1998, also bis '99 genau. Also mit der war ich im Sandkasten, mit der habe ich laufen
gelernt. Ja."
Interviewerin: „Und die begleitet Dich bis heute?"
Larissa: „Die ganze Zeit, also bis heute. Also die hat alles mit mir durchgemacht.
Also ich war vor ihrer Haus / also die ist ja, also kiffen, also alle vier Monate mal und
dann zieht die dreimal oder so halt, also. Ja. Und die geht aufs Gymnasium alles, also
die macht jetzt gerade ihr Abi macht die jetzt. Ja ähm."
Interviewerin: „Aus was für einer Familie kommt denn die?"
[…]
Larissa: „Also bei denen ist alles perfekt, also die Eltern streiten nie, die frühstücken
jeden Tag (..) zusammen am Esstisch, also da gibt es keine Probleme, also bei denen
gibt es nichts, also das ist so eine richtige Wunderfamilie. […] Ja, aber das ist schön.
Ja. Ja genau, also die hat alles mit mir durchgemacht." […]
Interviewerin: „Aber war das auch ein Mädel wo du hingehen konntest, also wo du
bei der Zuhause dann auch sein konntest?"
Larissa: „Ach so, nee, also ähm, ich wollte, als meine Mutter mich rausgeschmissen
hat, wollte ich auch zu ihr, sogar als ich von Gauting abgehauen bin wollte ich bei ihr
äh schlafen. Nee. Sie hat, also das ist eigentlich eine richtige Freundin, also sie hat zu
mir gesagt sie unterstützt mich dabei nicht. Sie unterstützt mich nicht dabei wenn
mich die Polizei sucht oder so, also ich war einfach mit ihr als ich in Gauting abgehauen bin, auf einer Hausparty war ich dann, weil sie hat gesagt, ‚ich fütter Dich
nicht durch, Du wirst nicht bei mir schlafen' und in der Zeit ja schon dreimal nicht,
also sie hat gesagt, meine Eltern, also ihre Eltern sind ja wie meine Zweiteltern, also
(…), wie so eine Tante für mich, die Mutter. Ja."

Ihre beste Freundin scheint auch auf deviantes oder riskantes Verhalten von Larissa eher mit Ironie oder Spott zu reagieren als mit Bewunderung oder Zurechtweisungen. Ihre Freundin kennt Larissa offenbar so gut, dass sie weiß, was sie sagen muss, damit Larissa sich auf eine positive Art und Weise provoziert fühlt und ihrer besten Freundin beweisen möchte, dass sie sich verändert hat.

> Larissa: „Also die ist auch, also die sagt mir auch immer, also, also die kann dann auch echt ziemlich direkt werden, also eben als ich da, ja das war halt nach Gauting, da habe ich einmal gekifft, also und dann, also ich habe ihr das halt gesagt und dann meinte sie so ‚Ja bist du jetzt ganz ne krasse wieder Larissa oder willst Du jetzt wieder so anfangen'. So, also die sagt nicht so ‚Ja, aber das bleibt bei dem Mal', sondern die macht mich dann extra so, manchmal so ein bisschen runter, dass ich dann extra sag, ‚Ja komm ich zeig das Dir jetzt' und sie weiß, dass ich dann auch so bin. Ja, also die kennt mich echt gut."

Interpretation

Prägende Erfahrungen mit einer Peergroup macht Larissa erst, nachdem sie aus der Privatschule entlassen wird und in die Hauptschule geht [Schule 4]. Hier beschreibt sie, wie sie anfangs ausgegrenzt wird oder sich selber von den anderen fernhält. Offensichtlich prallt Larissa hier mit ihrem Habitus auf eine ganz andere Welt, sie beschreibt, dass schon die Sprache der anderen Jugendlichen ihr fremd ist; auch, dass sie sich selber als das „Guccimädchen von der Privatschule" bezeichnet, zeigt auf, dass sie sich mit ganz anderen Kapitalien ausgestattet sieht, als die Jugendlichen in ihrer neuen Schule. Larissa beschreibt im Interview auch die Unterschiede im Geschmack zwischen sich und den anderen Jugendlichen. Hier wird sehr deutlich, dass sowohl sie als auch die anderen Jugendlichen die feinen Unterschiede, die zwischen ihnen bestehen, deutlich wahrnehmen, sei es durch die Sprache oder durch die unterschiedlichen Ansprüche an gutes Essen.[55] Doch anscheinend zählen die Kapitalien, die Larissa vorweisen kann, nicht, um in dem neuen Umfeld Fuß zu fassen. Die Optionen, die es für Larissa in dieser Situation gibt, liegen klar auf der Hand: entweder sie bleibt weiterhin Außenseiterin und behält ihren Habitus bei, oder sie passt sich an, um sich so eine Peergroup aufbauen zu können. Larissa wählt den zweiten

---

55 Lesenswert in diesem Kontext ist Bourdieu (1982), welcher sich eingehend mit den feinen Unterschieden, welche Klassen voneinander trennen auseinandersetzt. Ein wesentlicher Punkt seiner Theorie ist die Aussage, dass sich Akteurinnen und Akteure nicht nur durch messbare Güter (ökonomischer oder kultureller Art), sondern auch durch ihren Geschmack im sozialen Raum positionieren bzw. von ihrer Position im sozialen Raum dahingehend geprägt werden und sich so sprachlich, essenstechnisch, im Hinblick auf ihr Empfinden für Ästhetik etc. voneinander unterscheiden. Siehe auch Kapitel 4.3.3 Lebensstil, Lebensführung, Geschmack.

Weg und vollzieht ihre Anpassung auf eine heftige Art und Weise, sie beteiligt sich an Schlägereien und bekommt Anzeigen, sie beginnt zu rauchen, sammelt in der Schule Verweise und verhält sich extrem respektlos gegenüber den Lehrkräften. Larissas Verhalten nur der gewollten Anpassung zuzuschreiben erscheint jedoch etwas dürftig, ihre geschilderten Aktionen drücken vor allem die Haltung, dass ihr niemand etwas kann, aus. Sie präsentiert sich extrem stark und verschafft sich so sicherlich Respekt vor ihren Mitschülern und Mitschülerinnen.

Studien zur Bindungstheorie konnten zeigen, dass Kinder mit sicherer Bindung sich keinem Tatbegehenden- oder Opferprofil zuordnen lassen, unsichervermeidend gebundene Kinder sich hingegen eher in die Rolle von Tatbegehenden begeben (siehe Kapitel 3.5.1 Studien zur Bindung im weiteren Lebensverlauf). Larissas Verhalten und ihre „Rolle der Täterin", die sie schon in der privaten Ganztagsschule einnimmt, lassen zumindest darauf schließen, dass sie sich Empfindungen wie Empathie oder Mitleid abtrainiert oder diese nicht kennt. Ebenbürtige Beziehungen und das Bejahen von Bindungen bzw. die Einsicht, dass gute Bindungen wesentlich sind im Leben (wie eine sichere Bindungsrepräsentation es fordern würde), können hier nicht erkannt werden. „Soziale Desintegration, etwa durch unsichere familiale Beziehungen, Misserfolgs- und Versagenserfahrungen sowie überzogene Leistungserwartungen der Eltern können dazu beitragen, dass Jugendliche sich in einem stärkeren Maße in normabweichenden Gleichaltrigengruppen orientieren, organisieren und sich über diese Beziehungen definieren [...]. Folglich ist der Einfluss der Gleichaltrigengruppe vor allem dann als problematisch anzusehen, wenn zum einen die Beziehung zwischen Eltern und Kindern gestört ist und zum anderen die Peers selbst abweichende Normen verfolgen" (Harring & Palentien, 2010, S. 366). Nach einer knapp zweijährigen Episode in einer Wohngruppe [Wohnort 4] auf dem Land, von welcher Larissa nichts über Freundschaften berichten kann, kommt sie wieder zurück in ihre Heimatstadt und wird nahe ihrer alten Schule [Schule 4] in einer Wohngruppe [Wohnort 5] untergebracht. Durch die Wiederaufnahme des Kontaktes zu ihren alten Bekanntschaften und durch ihre Wohngruppe kommt Larissa in Kontakt mit Drogen, erst Cannabinoide und später auch Kokain. Dass Larissa wieder Kontakt zu ihren alten Bekanntschaften aufnimmt, ist nicht verwunderlich. Diese sind nicht weit entfernt und Larissa konnte sich den dort erwünschten Habitus schon zwei Jahre vorher an der Hauptschule [Schule 4] aneignen. Außerdem findet sie auch in ihrer Wohngruppe eine Peergroup vor, die ähnliche Verhaltensweisen an den Tag legt wie ihre alte Peergroup. So fehlen an dieser Stelle schlichtweg die Optionen, ihrer Biografie eine andere Richtung zu geben. Die Korrelation zwischen Drogenkonsum und Bindungsunsicherheiten, sowie Drogenkonsum und der Hoffnung auf Verbesserung des sozialen Kapitals wurde schon an verschiedenen Stellen benannt (siehe Kapitel 3.6.6 Risikofaktoren, die während der Adoleszenz auftreten können; Kapitel 4.5.6 Mögliche Risikofaktoren während der Adoleszenz; Kapitel 7.2 Die erarbeiteten Risikofaktoren in Bezug auf Larissas Biografie). Auch in Bezug auf Larissas Habitus und eine gewünschte Kapitalakkumulation ist die Zuwendung zu Drogen nicht überraschend. Weiter oben wird beschrieben, dass Larissa ihren Habitus sehr gut neuen Umständen anpassen kann und die Kapitaltheorie geht davon aus, dass riskante Verhaltensweisen, wie beispielsweise der Griff zur Zigarette oder deviantes Verhalten von Jugendlichen bewusst gewählt werden, um ihr Sozialkapital zu verbessern. In dem neuen Umfeld, in welchem sich Larissa bewegt, beschreibt sie, dass die Jugendlichen um sie herum ausnahmslos Drogen konsumieren. Schon sicher gebundene Jugendliche müssten Stärke beweisen, um sich hier abzugrenzen, eine unsichere Bindungsrepräsentation, wie sie bei Larissa zu diese Zeitpunkt mindestens zu erwarten ist, und die Option, das Sozialkapital zu erhöhen und sich einer Peergroup anschließen zu können, machen deutlich, wie unwahrscheinlich es zu diesem Zeitpunkt ist, dass Larissa sich hier gut abgrenzt und den Drogenkonsum ablehnt. Larissa beschreibt auch die neue Wohngruppe, als einen Ort an dem sich wenig mit ihr auseinandergesetzt wird, das Betreuungspersonal, so Larissa, war einfach nur da und sie sagt, es sei für sie zu früh gewesen, in eine solche Wohngruppe zu kommen. Der Wunsch nach haltgebenden Erwachsenen wird hier deutlich.

Die Auswahl ihrer Freundschaften zu diesem Zeitpunkt bestätigt Larissas Habitus, wie er schon bei der Familienanalyse beschrieben wurde. Sie muss auch hier keine engen Beziehungen eingehen und kann sich durch Stärke und bindungsvermeidende Verhaltensweisen profilieren. Auch im Hinblick auf das ökonomische Kapital ist Larissas Hinwendung zu Freunden aus dem Drogenmilieu verständlich. Sie beschreibt die Peergroup als eine Gruppe junger Leute, die sich alles leisten können. Schon bei der Beschreibung ihrer Familie wird deutlich, dass ökonomisches Kapital einen hohen Stellenwert in Larissas Leben einnimmt, die neue Peergroup kann Larissa also auch einen „Aufstieg" zu materiellem Kapital bieten, welches durch die Fremdunterbringung und die wegfallende finanzielle Unterstützung durch die Eltern deutlich weniger geworden ist als in Larissas Kindheit. Ihr ökonomisches Kapital steigt also vermutlich durch die Peergroup an und hohes kulturelles Kapital (wie es in der Familie gefordert wird und dessen Aneignung ihr seit der Grundschule schwerfällt) spielt hier wahrscheinlich keine große Rolle. Larissa erfährt außerdem in ihrer Rolle als einziges Mädchen in einer männerdominierten Gang Bewunderung und genießt es, geachtet und respektiert zu werden.

Die Abwendung von der Peergroup wird für Larissa erst durch ihren neuen Freund und die kurz darauffolgende geschlossene Unterbringung im Mädchenheim Gauting [Wohnort 7] möglich, durch welche sie nicht mehr so einfach in Verbindung mit ihrer Peergroup treten kann. Auch im Mädchenheim Gauting wird Larissa als starkes Mädchen innerhalb ihrer Gruppe wahrgenommen. *Im Kontakt mit den anderen Mädchen in ihrer Wohngruppe tritt Larissa sehr selbst-*

bewusst auf und hat schnell eine gute Position in der Peergroup inne. Auffallend ist, dass sie gut zu manipulieren weiß und durch ihren guten Stand in der Gruppe andere Mädchen dazu animieren kann, verbotene Dinge zu tun (beispielsweise ins Erzieherbüro einbrechen). Im Streit mit Mädchen, die keine gute Gruppenposition haben, wird Larissa teilweise verbal sehr ausfallend, bespuckt ein Mädchen und wirft eine brennende Zigarette nach ihr.

Larissa schafft es, sich in dieser Zeit von ihrer positiven Einstellung zum Drogenkonsum zu lösen. Als sie wieder in ihre Heimatstadt geht, eröffnet sich ihr durch eine Freundin, die sie im MHG kennengelernt hat, der Zugang zu einer neuen Peergroup, welche keine Drogen konsumiert. Während sie vorher beschreibt, wie toll sie es fand in einer solch coolen Gang zu sein und dass sie dort mit den „krassesten Typen" Kontakt hatte, beschreibt sie nun, dass ihre neue Peergroup ihre alten Bekanntschaften kennt und für „asozial" hält. Hier wird deutlich, dass Larissa selber die neue Peergroup als einen sozialen Aufstieg erlebt und nun von ihrer neuen Position aus die alte Peergroup abwertet.

Wie kommt es, dass Larissa nun die Kraft hat, sich neue Freundschaften aufzubauen, bei denen sie sich nicht durch deviantes Verhalten oder den Konsum von Drogen profilieren muss? Sicherlich ist ein Grund schlichtweg die neue Option, die sich durch das andere Mädchen ergibt, dass Larissa neue Leute kennenlernt, die nichts mit Drogen zu tun haben; jedoch haben sich auch verschiedene Faktoren in Larissas Leben zu diesem Zeitpunkt zum Positiven verändert. Der Aufenthalt im MHG, welcher u. a. durch intensive Beziehungsarbeit, viele Gespräche, welche zur Selbstreflexion anregten, und dem Eröffnen von Perspektiven zur momentanen Lebensweise, gestaltet wurde, konnte Larissa neue Möglichkeiten aufzeigen, wie sie ihre Zukunft gestalten könne. Um ihre Handlungsfähigkeit auf schulischer/beruflicher Ebene wieder zu erlangen war es essenziell den Schulabschluss zu schaffen. Larissa hat es im MHG einerseits geschafft, ihre Schule [Schule 8] gut abzuschließen, wodurch sich ihr kulturelles Kapital erhöhte und sie schaffte es sich später eigenständig einen Minijob im Einzelhandel zu suchen, durch welchen sie auch ihr ökonomisches Kapital aufbessern konnte und auf den sie sehr stolz ist. Außerdem konnte Larissa ihre Mutter überreden wieder bei ihr wohnen zu dürfen, was wahrscheinlich auch dazu führte, dass sich die Beziehung zu ihrer Mutter verbesserte. Die Erhöhung des Kapitalvolumens und das neue Selbstbewusstsein, welches durch solche Veränderungen entsteht, könnten Gründe dafür sein, dass Larissa sich selber mehr wertschätzte und so das Selbstvertrauen hatte, sich eine neue Peergroup aufzubauen.

Auf die Nachfrage, ob es auch stabile und dauerhafte Freundschaften in Larissas Leben gab, benennt sie eine beste „Sandkastenfreundin", die sie bis heute begleitet, alle anderen Freundschaften hielten anscheinend nur für den Moment und es konnte sich keine tragfähige Bindung entwickeln. Die Freundin kommt aus gutem Elternhaus, das ökonomische Kapital dort scheint ähnlich hoch wie bei Larissa, als ihre Familie noch intakt war. Im Gegensatz zu Larissa scheint ihre beste Freundin ein sehr harmonisches Familienleben zu genießen. Auffallend ist hier, dass Larissa extrem loyal ihrer Freundin gegenüber ist und Zurückweisungen von dieser in Situationen, in welchen Larissa um Hilfe gebeten hatte, als richtig und positiv schildert. Hier ist es überraschend, dass Larissa sich weder gekränkt noch im Stich gelassen fühlt, sondern die Reaktion ihrer Freundin, die sie nicht bei sich aufnehmen möchte, als Larissa von ihrer Mutter, oder später aus dem Mädchenheim Gauting, wegläuft, als wahre Freundschaft wertet, da diese sie nicht unterstützt, wenn sie im Begriff ist, sich ihre Zukunft zu verbauen. Der Kontakt zu ihrer Freundin scheint Larissa viel wert zu sein, ihren Erzählungen zufolge schildert sie der Freundin auch Verhaltensweisen, von denen sie weiß, dass diese sie nicht billigen wird und legt viel Wert auf deren Feedback. Die Schilderung ihrer Freundschaft erinnert stark an die Schilderung ihrer familiären Beziehungen und unterstreicht den bindungstheoretischen Ansatz, dass Beziehungserfahrungen, die innerhalb der Familie gemacht werden, auf Freundschaften übertragen werden (siehe Kapitel 3.6.3 Auswahl der Peergroup im Kontext zur Bindung).

7.5   Larissa im Bewährungsfeld Beziehung/Liebe

Als Larissa von der Fremdunterbringung [Wohnort 4] wieder in ihre Heimatstadt kommt und Kontakt zu ihrer alten Peergroup aufnimmt, lernt sie Eugen kennen und verliebt sich in diesen. Larissa beschreibt ihre Beziehung zu Eugen und ihren Eintritt in dessen Peergroup als den Anfang ihres exzessiven Alkohol- und Drogenkonsums. Um cool zu sein und anerkannt zu werden, trinkt sie harten Alkohol und fängt an Cannabis zu konsumieren; außerdem nimmt Larissa Appetitzügler, um noch dünner zu werden. (siehe auch Kapitel 7.4 Larissa im Bewährungsfeld Peer-Group).

> Larissa: „Ja und dann, ja dann habe ich mich da in diesen Eugen verliebt und alles ja und dann habe, ja, das ist, ich kann gar nicht, kann gar nicht viel sagen, ich hab halt jeden Tag nur gekifft und ich bin, ich war halt enddünn, ich habe gar nichts mehr gegessen. Also ich habe echt nichts mehr gegessen. Ich habe, also ich habe, ich weiß noch, ich habe mal am ähm immer als ich auf Koks war, habe ich immer so rohe Nudeln gegessen weil ich immer auf irgendwas kauen wollte so und ich, und ich fand das so geil so. […].“

Larissa beschreibt, dass sie, obwohl sie willens ist sich zu ändern, nicht die Kraft dazu hat, sich von Eugen loszusagen. Die verschiedenen Substanzen, die Larissa zu diesem Zeitpunkt zu sich nimmt, scheinen sie extrem zu sedieren und sie beschreibt sich selber als apathisch und nicht mehr aufnahmefähig.

Larissa: „Und dann bin ich 2014 wieder nach Hause, und da, also ich wollte mich echt ändern alles, ich hab dann auch zu meiner Mutter gesagt, ich so ‚Mama ich mach /‘ und ich wollte das halt auch ja und dann hat dieser ähm Eugen, der hat, der schreibt mir halt dann um 1:00 nachts ähm ‚Komm zu mir, oder ich hole Dich mit dem Auto ab‘ ja und dann bin ich halt wieder rausgegangen, dann bin ich wieder nicht nachhause gekommen, meine Mutter, die hat halt, die hat halt echt gesagt, boah das weiß ich noch, das fand ich / […] ich stand vor ihr, aber ich habe gar nicht gecheckt, dass sie geredet hat. Ich habe ihren Mund halt so gesehen. Ich habe, ich habe nichts aufgefass/ also ich habe, ich habe nicht mal mehr was gehört oder so. […].“

Durch Eugen kommt Larissa mit Cannabis und Kokain in Kontakt, und als ihre Mutter sie rausschmeißt, zeitweise auch mit Chrystal Meth.

Larissa: „Ähm (…) dann hat sie mich rausgeschmissen und dann war ich erstmal, das waren drei Monate glaube ich, dann war ich auf der Straße, genau und dann (…), alles so wie davor nur halt noch schlimmer und äh ja Chrystal hab ich halt dann geraucht. Aber, aber nicht so regelmäßig so und ja gekokst und alles.“

Die Beziehung zu Eugen ist jedoch nicht sehr liebevoll, Larissa berichtet, dass Eugen gewalttätig gewesen sei und sie oft nicht gut behandelte. Beispielsweise ließ er es zu, dass ein Freund sich im Kleiderschrank versteckte und filmte, wie er mit Larissa schlafen wollte (siehe Kapitel 7.2 Die erarbeiteten Risikofaktoren in Bezug auf Larissas Biografie). An Eugen scheint Larissa zu gefallen, dass er durch Drogendeals viel Geld verdient und sich so einiges leisten kann. So hat er mit 19 Jahren eine eigene Wohnung, ein Auto etc.

Larissa: „Ja also ich war halt so, also ich dachte mir, okay, weil meine Mutter gibt mir kein Geld mehr, gar nichts, und ich bin ja eh so, ich will einen Mann haben und, also das klingt jetzt ein bisschen scheiße aber, also ich will, also der, mit ‚fest im Leben steht‘ meine ich jetzt was anderes, aber damals dachte ich mit ‚fest im Leben steht‘ der halt Geld hat so also ich, war mir halt egal auf welche Art und Weise aber er hat halt Geld, so habe ich mir das halt gedacht. […] Ja und (..) er hatte Geld, er hatte eine Wohnung, er hatte ein Auto, also mit 18 einen Audi zu fahren finde ich nicht schlecht ja, der war ähm [xxx] Kickboxmeister, alle kannten den, aus [der Heimatstadt, Anm. J.S.] ja ‚Eugen, Eugen, Eugen‘ […].“

Außerdem scheint sie sich zumindest am Anfang ihrer Beziehung geachtet und von Eugen respektiert zu fühlen.

Larissa: „[…] ja und das hat sich halt und also ich muss sagen, am Anfang unserer Beziehung hat er mich auch nicht geschlagen oder sowas sondern halt so, er hat halt zum Beispiel nicht gesagt ‚das ist meine Freundin‘, sondern ‚das ist meine Frau‘ und so was will halt eine 15-Jährige hören, klar so, ich bin seine Frau ja, sowas halt. Ja das hat es halt eigentlich ausgemacht. Sonst, er hat mich, das ist mir im Nachhinein erst, also der hat mich eigentlich am Schluss bald wie so ein Stück, wie so ein Stück Dreck, so also ich sollte putzen und so, so in seiner eigenen Wohnung, also nicht nur mal schnell was sauber machen /"

[…]

Interviewerin: „Und wie ist das dann auseinander gegangen?"

Larissa: „Das war, ähm, also da hatten wir mal Streit, ich weiß nicht mehr wegen was und dann hat er mich halt die Treppen runter geschubst, da war sein Cousin dabei und hat halt und hat halt mein Handy auch auf den Boden geschmissen und alles und dann (..) wir hatten wegen irgendwas Streit, ich weiß es, also wir hatten auf jeden Fall Streit aber ich weiß es, ich weiß nicht mehr wegen was wir Streit hatten. […] genau, ich weiß wieso ich mit dem Eugen äh Streit hatte, ich war nämlich mal richtig betrunken, und da habe ich nämlich dann mit dem Cay rumgemacht (..) genau. Genau das war das. Aber da waren wir nicht mehr, aber da waren wir nicht mehr zusammen. Also von seiner Seite aus waren wir auch nie zusammen, ich war halt einfach so sein Ding halt. So. […]."

Als Larissa und Eugen sich trennen, verliebt sie sich in Cay. Später erfährt das Mädchen, dass Cay und Eugen gewettet hatten, wer von beiden es schafft mit ihr zusammenzukommen. Zu dem Zeitpunkt, als Larissa und Cay eine Beziehung eingehen, steigt dieser aus der gemeinsamen Clique aus und verändert seinen Lebensstil radikal.

Larissa: „[…] er hat nicht mehr Drogen verkauft, gar nichts mehr. Ja und hat aufgehört zu kiffen. Und hat sich, also zu einem komplett anderen Menschen gemacht."

Interviewerin: „Der Cay, ja."

Larissa: „Ja, [Nobeldiskothek, Anm. J.S.], Rolexuhr, ich bin der krasseste, ihr seid alle asozial – so ist der geworden."

Larissa beschreibt Cay als sehr beschützenden und unterstützenden jungen Mann, der für sie da war als es ihr nicht gut ging und auch zu ihrer Mutter einen guten Kontakt pflegt.

Larissa: „Ja und dann, ja und dann mit dem Cay, das hat sich irgendwie so ergeben, dass er halt irgendwie mitbekommen hat, dass es bei mir Zuhause einfach so scheiße läuft, und bei ihm lief es halt äh, halt auch scheiße, und vom einen auf den anderen Tag lief halt, also wirklich, vom einen auf den anderen Tag, also wirklich so, so Mittwoch, Donnerstag, lief es bei ihm nicht mehr scheiße und alles und alles war ‚Jungs ich scheiß/', also es hat bestimmt irgendeinen Auslöser gehabt, aber, ja und dann war halt er halt richtig für mich da, hat mich nach Hause gefahren, ich sollte nicht mehr, nee ich sollte nur kiffen wenn er halt dabei ist, also du kannst nicht zu jemanden sagen der jeden Tag durchkifft, du darfst nicht mehr kiffen, genau halt dann nur, wenn er halt dann dabei ist und alles, ja und dann bin ich so in diese [Nobeldiskothek in der Heimatstadt, Anm. J. S.]-Welt halt dann so gekommen.“

Als Larissa ins geschlossene MHG kommt, unterstützt Cay sie sehr, er fährt nahezu jedes Wochenende zu ihr zu Besuch und ruft fast täglich zur beginnenden Telefonzeit bei ihr an. *Er [...] versucht laut Larissa positiv auf diese einzuwirken, dass sie keine Drogen mehr nehmen solle, sich den Betreuern gegenüber anständig verhalten solle etc.* Als sich Larissa in ihrer Ausgangszeit mit einem alten Freund trifft, rastet Cay aus, weil er diesen für keinen guten Umgang hält und teilt Larissa mit, dass er sie in der Vergangenheit des Öfteren betrogen hat.

Schlussendlich geht die Beziehung auseinander, auf die Frage warum, meint Larissa, dass sie sich nicht viel sehen konnten wegen ihrer geschlossenen Unterbringung und er dadurch viel Kontakt mit anderen Mädchen hatte. So lernte er ein anderes Mädchen kennen und trennte sich von Larissa.

> Larissa: „[...] Wie es auseinandergegangen ist, also ich, ich kann es selber eigentlich gar nicht sagen, also (...) also ich meine also es gab viele Gründe. Also einmal war das an Silvester wo er gesagt hat, dass er mir fremdgegangen ist, und dann bin ich ja eben den Monat abgehauen, ext / also genau deswegen weil ich mir dachte hä okay, ich sehe meinen Freund nicht mehr, er sieht mich nicht mehr. So, ich muss jetzt hier weg, ja und dann weil ich ihn halt einfach nicht mehr, es war einfach so, ich habe ihn nicht mehr gesehen, ich meine er geht feiern, ich bin nicht das einzige Mädchen draußen, ja und dann und dann hat er eben seine, ja jetzt wieder Exfreundin oder, seine aktuellste Freundin draußen kennengelernt, währenddessen wir noch zusammen waren, (..) ja das, also das war es eigentlich mit ihm, ja und dann ja hat er halt gesagt, ja ‚Ich mach jetzt Schluss mit Dir, ich brauch dich nicht mehr, Ciao‘ und das war genau da wo die Qualianmeldungen[56] waren. Das war ja des. Und dann musste ich ja für den Quali lernen.“

Interpretation

Die Beziehung zu Eugen wird von Larissa als wenig liebevoll beschrieben. Larissa fühlt sich anfangs zu Eugen hingezogen, weil er ein verhältnismäßig hohes ökonomisches Kapital hat und sich einiges leisten kann, was Larissa imponiert. Auch Eugens Sozialkapital scheint eine Rolle zu spielen, er ist in den Kreisen, in welchen Larissa verkehrt, bekannt und laut Larissa Kickboxmeister in seinem Bundesland. Larissa scheint es zumindest am Anfang ihrer Beziehung zu genießen, als seine feste Freundin wahrgenommen zu werden. Bezogen auf die Kapitaltheorie ist es also für Larissa ein Gewinn, eine Beziehung mit Eugen einzuge-

---

56 Anmeldungen für den qualifizierten Hauptschulabschluss in Bayern

hen, sie kann von seinem ökonomischen Kapital profitieren, sie wird von ihm mit Drogen versorgt und auch ihr Sozialkapital steigt durch die Beziehung zu Eugen, der einen guten Ruf in seiner Clique genießt. So kann man davon ausgehen, dass Eugen auch dazu dient, Larissas Status in der Peergroup zu erhöhen, was in der frühen Adoleszenz ein wichtiges Kriterium für das Eingehen von Beziehungen darstellt (siehe Kapitel 4.5.4 Liebe als soziales Feld während der Adoleszenz). Auf emotionaler Ebene ist die Beziehung zwischen Eugen und Larissa jedoch geprägt von grenzüberschreitendem Verhalten, Gewalt und anscheinend auch von gegenseitigem Betrügen. Bezieht man bindungstheoretische Überlegungen mit in die Frage ein, warum sich Larissa auf Eugen eingelassen hat, so kann man feststellen, dass dieser ihr nicht viel Stabilität oder Sicherheit bieten kann. Er scheint sich nach kurzer Zeit von der Beziehung zu distanzieren, für ihn sind sie gar nicht wirklich zusammen, außerdem behandelt er Larissa extrem respektlos, indem er sie schlägt, von ihr verlangt seine Wohnung zu putzen und es zulässt, dass ein Freund sich im Kleiderschrank versteckt, um die beiden beim Geschlechtsverkehr zu filmen. Gegenseitiges Vertrauen, wie es in der Bindungstheorie als ein Pfeiler einer tiefen emotionalen Liebesbeziehung benannt wird, kann sich in dieser Beziehung offensichtlich nicht entwickeln. Sowohl die Eltern-Kind-Beziehung, als auch das Lernen am Modell der Eltern spielen laut der Bindungstheorie eine große Rolle für die spätere Ausgestaltung der eigenen Beziehung. Hohe emotionale Sicherheit in der Eltern-Kind-Bindung führt später zu einer höheren Qualität der Liebesbeziehung. Außerdem geht die Bindungstheorie davon aus, dass der gegengeschlechtliche Elternteil während der Adoleszenz eine wesentliche Rolle für die Ausgestaltung der eigenen Beziehung spielt. (Siehe hierfür Kapitel 3.6.4 Beziehungsfähigkeit in der Jugend im Kontext zur Bindung). Nachdem Larissa die Beziehung ihrer Eltern in ihrer Kindheit als sehr konfliktreich beschreibt und auch später die Beziehung zu ihrem Vater als wenig liebevoll und deutlich materialistisch geprägt erlebt, passt ihre Beziehungsgestaltung zu Eugen in ihr Modell einer Liebesbeziehung.

Die Beziehung zu Cay schildert Larissa in einem anderen Licht als die zu Eugen. Obwohl er anfangs über eine Wette mit Eugen, wer Larissa als erster erobert, mit Larissa zusammenkommt, was nicht sehr respektvoll ihr gegenüber ist, beschreibt sie ihn in ihrer Liebesbeziehung als sehr hilfsbereiten und unterstützenden Freund. Cay scheint Wert darauf zu legen, dass Larissa weniger Drogen konsumiert und hält auch zu ihrer Mutter Kontakt. Er scheint eine ähnliche Vergangenheit wie sie zu haben und versucht, sie zu motivieren, ihr Leben in eine gute Richtung zu verändern. Auch im Mädchenheim Gauting tritt er als sehr zuverlässiger und unterstützender Freund auf. Als er sich jedoch von Larissa betrogen fühlt, weil sie sich mit einem Freund trifft, welchen er für schlechten Umgang hält, teilt er ihr mit, dass er ihr nie treu war. Aus kapitaltheoretischer Sicht ist auch Cay sowohl aufgrund des ökonomischen als auch aufgrund seines Sozialkapitals interessant für Larissa. Er unterstützt sie finanziell und finanziert sie, als ihre Mutter sie rausschmeißt; durch seine Distanzierung von der alten Clique und seine Kontakte in die Nobeldiscotheken der Heimatstadt kann auch Larissa in diese Welt eintauchen und erlebt dies als sozialen Aufstieg. Auch aus bindungstheoretischer Sicht scheint diese Beziehung Larissa um einiges mehr zu bieten als die letzte. Cay vermittelt ihr Stabilität und Sicherheit, er steht zu ihr, interessiert sich für ihre Belange und bestärkt sie darin geeignete Lösungen für ihre Probleme zu finden, u.a. indem er versucht, ihr „schlechten" Umgang zu verbieten. Dieses Gefühl der Sicherheit wird Larissa jedoch genommen, als er ihr eröffnet, dass er ihr nicht treu war. Für Larissa ist dies aber kein Auslöser, die Beziehung zu beenden, sondern im Gegenteil, sie fängt an darum zu kämpfen, indem sie aus dem Mädchenheim wegläuft und zu ihm geht. Auch später, als er sie verlässt, weil er ein anderes Mädchen kennengelernt hat, kann man keine Empörung oder Verletzung bei Larissa wahrnehmen, sie wirkt eher sehr rational und schiebt die Trennung auf die äußeren Umstände, dass sie sich aufgrund ihrer geschlossenen Unterbringung nicht viel sehen konnten. So fällt auch hier wieder auf, wie Larissa die emotionalen Aspekte des Betrugs von sich fernhält und die sehr wenig wertschätzende Art Cays einfach hinnimmt. Eher scheint sie an einer rationalen Erklärung seines Verhaltens interessiert und lässt das Gefühl der Verletzung, die eine solche Trennung und vorheriges Betrügen sicherlich ausgelöst haben müssen, nicht an sich heran. Dieser Umgang mit emotionalen Themen ist sowohl in Bezug auf ihre Eltern als auch in Bezug auf ihre beste Freundin schon beobachtbar gewesen. Die Strategie, mit welcher Larissa auch diese Beziehung gestaltet, kann mit dem bindungsvermeidenden Typ in Übereinstimmung gebracht werden; so lässt sich verstehen, warum der Betrug Cays für Larissa als nicht so schlimm gewertet wird und warum sie die Beziehung aufrecht erhält, obwohl sie ihm offensichtlich nicht vertrauen kann – dadurch, dass Cay ihr sonst viel bieten kann, kann sie mit einer vermeidenden Haltung gegenüber bindungsrelevanten Beziehungsaspekten eine solche Liebesbeziehung besser gestalten als mit einem sicheren Bindungsmuster, bei dem gegenseitiges Vertrauen und emotionale Stabilität eine sehr viel größere Rolle spielen würden.

7.6   Larissa im Bewährungsfeld Schule

Larissa wird mit sechs Jahren in die Grundschule [Schule 1] an ihrem Wohnort eingeschult und ist dort die ersten Jahre die Drittbeste. Bedingt durch die Trennung der Eltern zieht die Mutter mit den Kindern an einen neuen Wohnort und Larissa kommt in eine neue Schule [Schule 2]. *Mit den Problemen Zuhause (Streit und Trennung der Eltern) fangen auch in der Schule Probleme an, Larissa zeigt Verhaltensauffälligkeiten und ihre schulischen Leistungen werden so schlecht, dass sie als weiterführende Schule die Hauptschule empfohlen bekommt.*

Larissa: „[…]. Ähm, ich hab ja meinen äh also in der vierten Klasse kriegt man ja dann so ein Zeugnis, ob man aufs Gymnasium, Realschule oder auf die Hauptschule muss, genau und eben wegen, also ich war von der ersten bis zur dritten Klasse war ich die Drittbeste, ich war immer die Drittbeste genau. Genau und ja dann, ich hatte halt nur Fünfer und Sechser habe ich da halt dann geschrieben in der Zeit. Genau und da habe ich dann eben, dann ging nur die Hauptschule genau und weil eben meine Eltern beide nicht wollten, dass ich halt auf, ja, mein Gott die haben Hauptschule, die Leute, dass ich da eben nicht hinkomme, bin ich eben auf die […] private Hauptschule bin ich dann gekommen, genau, deswegen.“

Verbunden mit einem erneuten Umzug [Wohnort 3] der Mutter, wird Larissa zur fünften Klasse in eine private Hauptschule[57] [Schule 3] mit Ganztagsbetreuung geschickt, damit die Mutter erwerbstätig arbeiten gehen kann. Larissa datiert im Interview hier den Beginn ihrer Verhaltensauffälligkeiten in der Schule. Konflikte in der Schule, die Larissa als Kleinigkeiten benennt, führen zum Schulausschluss. Im Interview wirkt es, als fände Larissa diesen Schulausschluss nicht ganz gerechtfertigt und als würden Privatschulen die Schüler recht schnell aussortieren. Die Demütigung, die sie einem anderen Mädchen zufügt, indem sie das Mädchen heimlich beim Umkleiden filmt und dieses Video dann in der Schule herumzeigt, scheint Larissa nicht wahrzunehmen.

Larissa: „Genau, ja genau, ja und dann, genau, dann hat es dort angefangen, dass ich mich nicht benommen habe, also ich habe, also so Kleinigkeiten halt, aber auf einer Privatschule die können sagen ‚Deine Jeans gefällt mir nicht, Du fliegst hier raus‘, also Du zahlst 400 Euro im Monat aber trotzdem, ja genau. Also die Schule an sich, die war schon gut, man hatte auch gutes Essen, alles aber … genau und dann bin ich da, genau, dann bin ich von der Schule geflogen.“
Interviewerin: „Aber was waren das für Kleinigkeiten?“
Larissa: „Mit einer Freundin. Ja, ich hab halt dann so, ähm, ich hab mal im Schwimmbad, wir hatten nämlich immer Schwimmunterricht dort, und da haben wir so ein Mädchen gefilmt wie sie sich dabei äh wie sie sich umgezogen hat, genau weil wir das nämlich immer so im / weil die irgendwie immer so komisch war weil klar, also so in dem Alter, man zieht sich da nicht einfach so / , also das ist ja dann so die Phase wo man sich schämt und so, genau und dann, genau dann haben wir ein Video gemacht, genau und auf dem Pausenhof haben das dann, also unsere Jungs damals, genau, die haben es halt dann gesehen. Genau, ja klar, ja also, genau und dann bin ich von der Schule geflogen, 2009. […].“

---

57 Die private Hauptschule kostet monatlich knapp 300 Euro und zeichnet sich durch kleine Klassen und individuelle Förderung im familiären Umfeld aus. (Informationen sind der Schulhomepage entnommen).

Larissa wechselt auf eine normale Hauptschule [Schule 4], dies ist nun schon die vierte Schule, die sie besucht und hier scheint ein wesentlicher Einschnitt in Larissas Biografie zu geschehen.

> Larissa: „[…] Genau und 2010, also ähm neue Schule, (…) wieder neues Umfeld (…), genau, das war dann wieder eine Ganztagesschule, genau und das und die war in [Schule 4]. Also ich weiß noch ganz genau, mein Vater hat mich da am ersten Schultag hingebracht und dann hieß es echt ähm 83 % Ausländeranteil so und das und ja also Vorurteile halt mein Gott das ist ja eigentlich nichts schlimmes, aber genau.“

Auf die Nachfrage, ob sie dort gemobbt wurde, verneint Larissa dies und sagt, sie habe sich selber ausgegrenzt, bis sie beschlossen habe, sich doch besser anzupassen. Wenn sie überhaupt in die Schule geht, verhält sie sich extrem respektlos gegenüber den Lehrkräften und bekommt einen Verweis nach dem anderen. (Siehe auch Kapitel 7.4 Larissa im Bewährungsfeld Peer-Group)

> Larissa: „Ja, also ich wurde halt dann von der Polizei in die Schule gebracht, ich hab halt, ja, so Kügelchen auf den Lehrer geschmissen, sowas halt, oder ich weiß noch, ich hab immer gegessen obwohl man nicht essen durfte, also jetzt nichts Dramatisches, aber das war halt eigentlich nicht Ich also, genau, genau. Und dann, genau, und dann genau und da hat es dann angefangen, dass ich mit dem Jugendamt in Kontakt gekommen bin, genau, da fängt es dann an mit der Frau [XXX], so heißt ja meine Jugendamtfrau, genau. […].“

Die Eltern reagieren auf Larissas Schulverweigerung und ihr zunehmend deviantes Verhalten, indem sie sich an das Jugendamt wenden und Larissa in einer Wohngruppe [Wohnort 4] untergebracht wird. Auch in der neuen Schule [Schule 5] läuft es nicht sonderlich gut, Larissa macht durch respektloses Verhalten und schlechte Zensuren auf sich aufmerksam. Sie selber beschreibt, dass sie die Schule einfach nicht ernst genommen hat und daher sitzen geblieben ist.

> Larissa: „Genau und dann bin ich dort in die Schule gegangen, ja Schule habe ich nicht so ernst genommen, also das erste Jahr bin ich durchgefallen, genau und dann das zweite Jahr, genau, dann hat eigentlich alles gepasst und ich durfte alle zwei, alle zwei Wochen durfte ich nachhause fahren, ich bin dann mal, einmal zum Papa und dann einmal zur Mama, also einmal im Monat war ich dann jeweilig / hmmm, [Wohnort 4, Anm. J.S.] (…), genau und dann hab ich, dann bin ich sitzen geblieben und dann, genau und dann hatten wir ein Hilfeplangespräch und dann hab ich gesagt, ich so ‚also entweder ihr holt mich jetzt hier raus, weil ich hab hier nämlich gar keinen Bock mehr drauf, oder ich bringe sie einfach dazu, dass sie mich rausschmeißen‘.“

Larissa schafft es, aus der Wohngruppe relegiert zu werden und kommt in eine neue Wohngruppe [Wohnort 5] wieder in ihrer Heimatstadt, und somit auch wieder in eine neue Schule [Schule 6]. In der neuen Wohngruppe kommt Larissa mit Cannabis in Berührung, sie fängt an, regelmäßig zu konsumieren; die neue Schule besucht sie fast gar nicht mehr.

> Larissa: „Ja, genau 2014, also Schule muss ich da ja nicht sagen, ich war nie in dieser Schule, also ich war da zwei Wochen oder so, ich habe da jetzt nichts gemacht. Ähm."

Larissa entzieht sich der Institution Schule komplett, sie geht einige Monate gar nicht mehr dort hin und widmet sich nur noch ihrer Peergroup. Nachdem auch die neue Wohngruppe sie ausschließt, geht Larissa für einige Wochen wieder nachhause, aber auch dort nicht mehr in die Schule [Schule 7]. Nach einem Rauswurf durch die Mutter wird Larissa schlussendlich geschlossen im Mädchenheim Gauting [Wohnort 7] untergebracht. Das Betreuungspersonal der Wohngruppen steht mit den Lehrkräften der Schule [Schule 8] im engen Austausch, wodurch sowohl private Probleme in der Schule berücksichtigt werden können als auch schulische Probleme in der Wohngruppe bekannt sind. Larissa fühlt sich hier das erste Mal auch in ihrer Person wahrgenommen, was sie im Nachhinein als positive Erfahrung deutet. Sie schafft es, dort die Schule zu machen und einen guten qualifizierenden Hauptschulabschluss zu erreichen.

> Larissa: „Ja und dann (…), ja und dann habe ich eigentlich, ja dann habe ich meinen Abschluss gemacht, meine Schule."

Auf die Frage, in welcher Schule Larissa sich im Nachhinein unterstützt gefühlt hat, antwortet sie:

> Larissa: „Ja also Gauting [Schule 8] ganz klar, also Gauting das war, also wäre ich in Gauting nicht auf die Schule gegangen, dann hätte ich, dann hätte ich meinen Abschluss gar nicht geschafft. Also das sind halt dann Lehrer, bei denen Du dann halt auch einfach losheulen kannst und die halt dann, damals hat man sich aufgeregt, äh, dass die Bescheid wissen, aber die dann einfach wissen, okay gestern war irgendwas mit ihrem Exfreund und der Betreuer hat es halt dann dem Lehrer halt dann gesagt, dass sie halt dann schlechte Laune haben kann. Im Nachhinein weiß man das halt dann, in dem Moment denkt man sich hä das ist mein Privatleben, also bei der Frau [Lehrerin, Anm. J.S.], ich hab, ich bin ja ausgerastet, wenn die immer alles wusste, aber das war gut so."

In Schule 4 waren zwar auch Psychologen, aber diese suchte Larissa nicht freiwillig auf.

Larissa: „[…] also [Schule 4] war eigentlich eine Schule, die echt, also die hatten gute Psychologen und alles, aber ich bin da halt nicht drauf eingegangen. Aber da waren echt, also die haben viel mit mir geredet und alles und aber ich hab, ich hab halt nicht geredet. Aber [Schule 4] war eigentlich auch eine gute Schule."

Interviewerin: „Okay, also die wollten Dich unterstützen, aber Du hast es halt nicht angenommen."

Larissa: „Ja, ja genau, also ich hab. Genau."

Interviewerin: „Und warum?"

Larissa: „Ja weil ich keine Lust hatte, weil ich es gar nicht eingesehen habe, so, ich dachte, ich bin, ich bin zwölf, ich bin erwachsen und kann machen was ich will (lacht), […]."

Nachdem ihre Bemühungen um einen Ausbildungsplatz scheitern, wird Larissa an einer weiterführenden Schule [Schule 9] angemeldet, in die sie von Anfang an nicht gehen möchte, da sie eine Ausbildung machen will. Vor allem das Viertel, in dem die Schule liegt, schreckt Larissa ab, da es kein gutes Viertel ist. Nachdem sie am ersten Tag, an dem sie in die Schule gehen soll, verschläft, lässt sie es schnell ganz bleiben und bemüht sich um einen Ausbildungsplatz, den sie dank der Hilfe ihrer Mutter auch bekommt.

Interpretation

Aus Sicht der Kapitaltheorie bringt Larissa erstmal alle Kapitalien mit, um die schulische Laufbahn mit Erfolg zu meistern. Ihre Eltern sind gebildet, beide haben Abitur und ihr Vater hat promoviert. So kann man auch bei Larissa einen Habitus annehmen, der den schulischen Anforderungen entspricht. Man muss nicht davon ausgehen, dass sie Anpassungsschwierigkeiten haben wird (siehe Kapitel 4.5.5 Schule als soziales Feld während der Adoleszenz). Auch das ökonomische Kapital in der Familie ist vorhanden, um Larissa jegliche Unterstützung zuteilwerden zu lassen. Larissas schulische Laufbahn startet unproblematisch und sie kann gut in ihrer Klasse mithalten. Erst als sich Zuhause die Probleme häufen, fangen auch in der Schule die Schwierigkeiten an. Bedingt durch die familiären Probleme und einen damit verbundenen Umzug, ist es Larissa nicht mehr möglich, sich voll auf die Schule zu konzentrieren, ihre Noten werden schlechter und sie zeigt Verhaltensauffälligkeiten. Larissa berichtet im Interview von keinerlei Unterstützung durch Lehrkräfte oder ihre Familie. Nachdem die Mutter arbeiten geht und der Bruder seine eigenen Probleme hat, scheint es, als ob Larissa mit ihrem Trauma, dass die Eltern sich trennen, sie aus ihrer gewohnten Umgebung genommen wird und in eine neue Schule [Schule 2] kommt, alleine gelassen worden sei. Bezogen auf die Bindungstheorie sind die familiären Erlebnisse, wie Larissa sie schildert, als Risikofaktoren für eine unsichere Bindungsrepräsentation zu verstehen (siehe hierzu Kapitel 3.5.2 Die Bielefelder Längsschnittstudie) und offensichtlich fehlt Larissa die Sicherheit und Stabilität, um weiterhin erfolgreich in der Schule zu sein. So kommt zu den problematischen äußeren Umständen noch persönliches Versagen hinzu.

Der Auffangversuch der Eltern, Larissa in einer Privatschule [Schule 3] mit Ganztagsbetreuung unterzubringen, scheitert, da Larissa dort grob gegen die Regeln verstößt und somit von der Schule verwiesen wird. Larissa schildert, dass sie sich während dieser Zeit um ihren Bruder kümmern muss, der psychische Probleme entwickelt, da die Mutter erst abends nachhause kommt. Die privaten Umstellungen und die persönlichen Probleme, denen Larissa zu diesem Zeitpunkt ausgesetzt ist, können als Grund gesehen werden, dass sie sich in der Schule nicht regelkonform verhält. Dass familiäre Probleme sich auch durch delinquentes Verhalten bemerkbar machen können, wurde in Studien zur Bindungstheorie hinreichend belegt, „Rutter stellte des Weiteren fest, dass Delinquenz nicht unbedingt mit der mütterlichen Abwesenheit in Verbindung steht, sondern viel eher auf familiäre Disharmonien zurückzuführen sei. Er fand heraus, dass Kinder, deren Mutter verstarb, eine fast normale Delinquenzrate ausmachen, während Kinder aus Scheidungsfamilien eine viel höhere Delinquenzrate aufweisen. Vor allem, wenn die Scheidung mit viel Streit und zeitweisem Mangel an Zuwendung einhergeht" (im Buch, Kapitel 3.3 Vorläufer der Bindungstheorie: Folgen der frühen Mutterentbehrung). Die Aussage Larissas, dass sie zusammen mit einer Freundin ein Mädchen beim Duschen filmte und dieses Video dann den Jungs auf dem Pausenhof zeigte, lässt die Überlegung zu, dass Larissa sich durch ihr Verhalten einen Gewinn an sozialem Kapital erhoffte (siehe auch Kapitel 4.5.6.2 Riskante Verhaltensweisen als Risikofaktoren). Beide Überlegungen stehen keineswegs im Widerspruch zueinander, im Gegenteil, durch negative Bindungserfahrungen ist es wahrscheinlicher, dass man auf negative Handlungskonzepte zurückgreift, um sein soziales Kapital zu erhöhen, da diese dem Individuum vertrauter sind. (Siehe auch Kapitel 3.5.1 Studien zur Bindung im weiteren Lebensverlauf)

Aufgrund der Relegation von der privaten Hauptschule besucht Larissa nun eine Hauptschule mit Ganztagsbetreuung in einem weniger guten Viertel [Schule 4]. Schnell passt Larissa ihren Habitus an die veränderten Bedingungen an und da sie sich in eine deviante Richtung entwickelt, wird von ihren Eltern und dem Jugendamt die Fremdunterbringung in [Wohnort 4] beschlossen. Dort bleibt sie im ersten Schuljahr sitzen. Schaut man Larissas Habitualisierung bis zu diesem Zeitpunkt an und die Kapitalien, die sie in die neue Schule [Schule 5] mitbringen kann, so kann man davon ausgehen, dass das Mädchen versucht hat sich seinen Mittelschichtshabitus abzutrainieren und die Erfahrung machte, dass negative Verhaltensweisen ihm zumindest den Respekt der Peergroup einbrachten. Von mitgebrachten schulisch zu nutzenden Kapitalien kann nicht ausgegangen werden, da sie im Vorfeld oft die Schule geschwänzt oder den Unterricht gestört hatte. Larissas Handlungsweisen zeugen schon immer von einer gewissen, nach außen dargestellten, Stärke. Schwächen zugeben, wie sie es müsste, wenn sie sich nun aktiv in die Schule einbringen würde und somit auch ein Scheitern in der Schule riskieren würde, obwohl sie versucht erfolgreich zu sein, passen nicht in ihr vermeidendes Bindungsmuster. Dass sie sich also in der neuen Schule anstrengt, mit der Gefahr zu scheitern oder Schwäche zeigen zu müssen, beispielsweise weil sie etwas nicht kann, ist eher unwahrscheinlich. So kommt es, dass Larissa in der neuen Schule sitzen bleibt – sie scheitert zwar offensichtlich, dieses Scheitern ist aber bewusst von ihr intendiert und Larissa kann es auf ihr nicht-bemühen zurückführen. Nachdem Larissa aus der Wohngruppe geworfen wird, geht sie wieder zurück in ihre Heimatstadt und somit auch wieder in eine neue Schule [Schule 6].

Die neue Schule besucht Larissa nach eigenen Aussagen fast überhaupt nicht mehr, sie ist dort auch nur ein paar Monate angemeldet, kommt dann durch einen neuerlichen Hinauswurf aus der Wohngruppe [Wohnort 5] wieder zur Mutter und wird also in einer anderen Schule [Schule 7] angemeldet. Larissa kann den Schulen offensichtlich nichts mehr abgewinnen und sieht für sich keinen Grund mehr, dorthin zu gehen. Aufgrund ihrer Kapitalien erscheint ein Scheitern vorprogrammiert, denn sie hat schon zu viel Lernstoff verpasst. Auch ihre innere Einstellung zu Schule ist nicht sehr positiv.

Larissa: „[…]Ja, nee und Schule das bezieht man halt immer gleich so negativ, ja wieder irgendwelche Lehrer, so halt. […].“

Die geschlossene Unterbringung [Wohnort 7] und ein damit verbundener Schulbesuch [Schule 8], der sehr engmaschig betreut ist und einen guten Austausch zwischen Lehrkräften und Betreuungspersonal der Wohngruppe beinhaltet, ermöglichen es Larissa einen qualifizierenden Hauptschulabschluss zu machen und Schule wieder in ein positiveres Licht zu rücken. Sie beschreibt, dass sie hier das erste Mal auch als Person wahrgenommen wird und private Probleme berücksichtigt werden. Sowohl der Schulzwang (Larissa kann sich durch die geschlossene Unterbringung nicht mehr der Schule entziehen), als auch die motivierende Grundhaltung der Lehrkräfte ermöglichen Larissa wieder positive Schulerfahrungen.

Die weiterführende Schule [Schule 9], welche Larissa von Anfang an nicht besuchen möchte und in die sie aber aus eigenem Antrieb gehen müsste, besucht das Mädchen nicht und kümmert sich stattdessen noch einmal um einen Ausbildungsplatz. Der Hauptgrund für Larissa, nicht auf die weiterführende Schule gehen zu wollen, ist, dass diese in keinem guten Viertel liegt. Man kann Larissas Schulverweigerung hier positiv interpretieren, indem man davon ausgeht, dass Larissa Angst hat, in einem schlechten Viertel wieder in Kontakt mit Leuten zu kommen, die ihr nicht guttun.

Bis Larissa ihren Hauptschulabschluss erfolgreich geschafft hat, hat sie acht Schulen durchlaufen und sieben Wohnortwechsel mit zeitweiser Obdachlosigkeit hinter sich. Der immer wieder neue Start in einer neuen Schule ist mit vielen Hürden verbunden. Man muss sich in eine neue Klassengemeinschaft integrieren, in welcher sich alle schon kennen, man hat evtl. Lücken im Schulstoff, weil die Lehreinheiten anders aufgebaut sind, auch die Art der Vermittlung unterscheidet sich von Lehrkraft zu Lehrkraft etc. Dass so viele Schulwechsel also sowohl aus Sicht der Bindungstheorie (erfordert den Aufbau neuer Beziehungen zu Mitschülerinnen und Mitschülern sowie zu den Lehrkräften) als auch aus Sicht der Kapitaltheorie (erworbenes Kapital kann nicht so genutzt werden wie vorher oder benötigtes Kapital ist noch nicht vorhanden) mit einem Risiko des Scheiterns einhergehen, ist offensichtlich.

7.7 Abschließende Interpretation

Wirft man nun, mit dem Einblick in die verschiedenen Bewährungsbereiche, noch einmal einen ganzheitlichen Blick auf Larissas Biografie und Verhaltensmuster, so lassen sich interessante, die verschiedenen Bewährungsbereiche überschneidende, Aspekte feststellen. So kann man bspw. von einer mindestens unsicheren Bindungsrepräsentation bei Larissa, zu dem Zeitpunkt als ihre Eltern sich endgültig trennen, ausgehen. Diese Bindungsunsicherheit wirkt sich auf andere Felder aus, in Larissas Fall besonders dramatisch im schulischen Bereich, wo schlechte Noten und somit abnehmendes kulturelles Kapital die Folge sind. Sich zu bewähren, so kann man schlussfolgern, wird für Larissa so um einiges schwieriger, obwohl (oder gerade weil) sie einen extrem hohen Leistungsanspruch internalisiert hat, ihr aber die Voraussetzungen für eine sichere Bindung fehlen. So mobbt sie in der Privatschule ein anderes Mädchen, was ihr Ansehen bei der Peergroup steigert, sie so also ihr Sozialkapital erhöht und sich auf dieser Ebene bewähren kann. Die Rolle der Täterin, die sie hier einnimmt, ist wiederum Ausdruck der vermeidenden Bindungsstruktur Larissas.

Später, als sie eine extreme Anpassungsleistung in der allgemeinen Hauptschule vollbringt und ihren mittelschichtsgeprägten Habitus dem geforderten Unterschichts-Habitus anpasst, wird dennoch deutlich, wie sehr sie ihre primäre Habitualisierung internalisiert hat und wie schwer es ihr fällt, den in der Familie erworbenen Habitus abzulegen. Deutlich wird das zum Beispiel dadurch, dass Larissa an hohe Standards gewöhnt ist und für sie Gutes immer anhand ökonomischer Kapitalien gemessen wird. Die Privatschule war gut, weil es gutes Essen gab, ihre Peergroup und ihre Beziehungen waren interessant, weil sie viel Geld hatten, die erste Fremdunterbringung schilderte Larissa in einem sehr positiven Licht mit der Begründung, dass es gutes Essen gab, schöne Reisen unternommen wurden etc. Auch bindungstheoretisch ist diese Bewertung Larissas interessant, weil sie genau so ihre Beziehung zu ihrem Vater beschreibt (und kritisiert!) – diese sei sehr materialistisch und ihr Vater denke, wenn er ihr Geld gebe, zeige er ihr seine Liebe. Dass Larissa also Dinge als „gut" bezeichnet und dies immer an erster Stelle mit materialistischen Aspekten begründet, ist auch auf bindungstheoretischer Ebene nachvollziehbar (man bedenke auch die vielen Hinweise auf einen vermeidenden Bindungstypus).

Eine wesentliche Erkenntnis in Bezug auf die Kapitaltheorie ist die, dass es für eine künftige Forschung in Bezug auf Jugendliche Sinn machen würde, familiäres und persönliches Kapital zu unterscheiden. Während das familiäre Kapital bei Larissa recht hoch ist und auch nach der Trennung der Eltern ein höherer Lebensstandard weitergelebt wird (Larissa erzählt bspw., dass eine Putzfrau die Wohnung der Mutter säubert), sinkt *ihr* Zugriff auf das familiäre ökonomische Kapital mit der ersten Fremdunterbringung enorm. Auch auf das inkorporierte kulturelle Kapital, welches durch die familiäre Interaktion vermittelt wurde, hat Larissa durch ihre Fremdunterbringung nicht mehr den gleichen Zugriff wie zuvor. Das Sozialkapital der Familie in Form von Netzwerken bleibt Larissa zumindest teilweise erhalten, ihre Eltern geben sich beide Mühe, vorhandene Kontakte für Larissas Ausbildung oder Praktika zu nutzen. Dennoch kann man davon ausgehen, dass Larissa in ihrer Kernfamilie mit den sozialen Netzwerken der Familie automatisch in Kontakt kam (durch Besuche etc.), dies ist seit ihrer Fremdunterbringung mindestens weniger der Fall, weil sich mögliche Kontakte nur noch auf die Besuchstage von Larissa bei den Eltern beschränken. So erscheint es zwar sinnvoll und wesentlich, das familiäre Kapital zu erfragen, um zu erfahren, aus welchen Gegebenheiten Larissa kommt, das persönliche Kapital Larissas setzt sich aber ganz anders zusammen. Spätestens ab der ersten Fremdunterbringung kommt es zu einem dramatischen Kapitalverlust.

Die Analyse der Biografie Larissas in Bezug auf beide Theorien konnte sowohl aufzeigen, dass jede Theorie für sich wesentliche Punkte außer Acht lässt, um als Erklärung für die Ausgangsfrage dieser Arbeit zu dienen, als auch deutlich machen, wie notwendig die Verbindung beider Theorien ist, um das Scheitern von Jugendlichen in unserer Gesellschaft aufzuzeigen:

Würde man Larissas Biografie allein anhand der Kapitaltheorie beleuchten, so wären die Brüche und die Verhaltensweisen von Larissa an den Wendepunkten ihres Lebens wenig nachvollziehbar. Warum sollte sich ein Mädchen aus gutem Hause auf einer Privatschule so wenig regelkonform verhalten und warum sollte ebendieses Mädchen auf der Hauptschule ihren Habitus so radikal anpassen? Woher kommt die Gewaltbereitschaft und warum scheitert das Mädchen an den schulischen Anforderungen? Das sind nur einige Fragen, die alleine mit der Kapitaltheorie schwer zu beantworten wären. Bezieht man hier aber die Bindungstheorie mit ein, kann man ihr Verhalten besser erklären und verstehen: die Rolle der Täterin, die Larissa in der Privatschule einnimmt, das bindungsvermeidende Verhalten in Bezug auf Freundschaften und Beziehungen, ihre Gewaltbereitschaft und auch ihr schulisches Scheitern sind Ausdruck einer unsicher-vermeidenden Bindung oder einer Bindungsstörung. Und interpretiert man nun – mit den Erkenntnissen der Bindungstheorie – Larissas Verhalten an den entscheidenden Wendepunkten ihres Lebens erneut, so wird deutlich, dass ihre Wahlfreiheit deutlich eingeschränkt war. Dann machen die Wege, die Larissa einschlug, um Kapital zu akkumulieren, Sinn.

Und würde man die Biografie Larissas allein auf dem Hintergrund der Bindungstheorie analysieren, dann wären die Brüche, die sich aus ihrem Drang, aufgrund des schmerzhaften Verlustes von ökonomischem und kulturellem Kapital wenigstens soziales Kapital zu akkumulieren, kaum erklärbar. So werden durch die Kapitaltheorie, Aspekte, wie die Wichtigkeit ökonomischen Kapitals in Larissas Leben (welche einen enormen Einfluss auf die Wahl ihrer Peergroup hatte) oder ihr oft der Situation unangepasst erscheinender Habitus nachvollziehbar.

Larissas Biografie und vor allem ihr sozioökonomischer Hintergrund entsprechen sicherlich nicht dem „typischen" Bild von Jugendlichen, die sich den gesellschaftlichen Anforderungen durch Weglaufen oder deviantes Verhalten verweigern. Deutlich wurde bei der Betrachtung der Biografie Larissas auch, dass erst die Gelegenheiten geschaffen werden mussten (bspw. durch die Suspendierung aus der Privatschule, die in der Hauptschule geknüpften Kontakte, die Peergroup, welche ihr Verhalten und die Schulverweigerung mindestens tolerierte und wahrscheinlich auch wertschätzte etc.), sich den gesellschaftlichen Anforderungen auf diese Weise zu entziehen. Anhand von Larissas Biografie konnte jedoch sehr dezidiert aufgezeigt werden, inwiefern die sozioökonomischen Bedingungen außerhalb ihrer Familie die Abwärtsspirale Larissas begünstigten und wie grundlegend ihre Bindungserfahrungen das Mädchen geprägt und in ihren Lebenswegentscheidungen beeinflusst haben.

8 Schlussfolgerungen dieser Arbeit

Die vorliegende Arbeit wurde von der Frage inspiriert, warum es Jugendliche gibt, die sich einem angepassten Leben in unserer Gesellschaft verweigern und dem „normalen" Lebensweg einen, von außen betrachtet, oft unbequemeren Weg vorziehen.

Diese Frage stellte sich mir aufgrund meiner beruflichen Tätigkeit, zuerst mit obdachlosen Jugendlichen und später mit jugendlichen Mädchen in einer geschlossenen Unterbringung. Dort konnte ich feststellen, dass sie alle ein Leben mit enormen ökonomischen Einbußen und existenziellen Unsicherheiten, geprägt von der täglichen Frage der Existenzsicherung (woher bekomme ich etwas zu essen, wo kann ich schlafen, mich waschen etc.) und von schwer erträglichen Lebensumständen führten.

Allen gemeinsam war ebenfalls eine seit früher Kindheit andauernde Vernachlässigung auf emotionaler Ebene, sei es durch abwesende Eltern, durch psychisch belastete Eltern, durch Gewalt in der Familie oder durch andere Faktoren, die dazu führten, dass sich keine sichere Bindung etablieren kann. Eine nicht sichere Bindung ist also ganz offensichtlich ein Faktor, welcher dazu führt, dass Jugendliche sich „freiwillig" in die oben beschriebenen Lebensumstände begeben. Jedoch reagieren nicht alle Jugendlichen mit negativen Bindungserfahrungen mit dem Rückzug aus der Gesellschaft oder legen sich im Streit mit ihr an, was die vorliegende Arbeit inspirierte, weitere Faktoren miteinzubeziehen. In dieser Arbeit wurde als Ansatz zum Ergründen der Forschungsfrage zum einen die Bindungstheorie nach Bowlby und zum anderen die Sozioanalyse nach Bourdieu herangezogen.

Zur Beantwortung der Forschungsfrage baute sich die vorliegende Arbeit auf drei Ebenen auf:

- Zunächst wurden die Bindungstheorie und die Sozioanalyse jeweils in ihren Grundzügen dargestellt und sodann auf die Adoleszenz bezogen, um herauszufinden, ob jede für sich die Forschungsfrage beantworten kann.
- In einem zweiten Schritt wurden beide Theorien miteinander verknüpft, was neue Sichtweisen in Bezug auf die Forschungsfrage ermöglicht.
- In einem dritten Schritt wurde der neue Erklärungsansatz mithilfe einer Einzelfallanalyse auf seine Aussagekraft zur Beantwortung der Forschungsfrage überprüft.

Der Beitrag der Bindungstheorie (Kapitel 3) zur Beantwortung der Forschungsfrage liegt darin, dass bei den oben beschriebenen Jugendlichen durchwegs von der Entwicklung einer unsicheren oder desorganisierten Bindung in der frühen Kindheit und den dementsprechend geprägten Verhaltensweisen während der Adoleszenz auszugehen ist.

Als zweiter möglicher Erklärungsansatz wurde die Gesellschaftstheorie Bourdieus (Kapitel 4) herangezogen. Der Beitrag der Gesellschaftstheorie zur Beantwortung der Forschungsfrage liegt darin, dass die primäre Habitualisierung, die während der Kindheit geschieht, prägenden Einfluss nimmt auf die Habitusentwicklung während der Adoleszenz und auf die Kapitalvolumen, über die ein junger Mensch verfügen kann; somit verfügen die hier beschriebenen Jugendlichen nur über geringe Kapitalvolumina und einen Habitus, der mit den mittelschichtsgeprägten gesellschaftlichen Standards kaum kompatibel ist.

Im ersten Teil dieser Arbeit konnte also herausgearbeitet werden, dass sowohl die Bindungstheorie Bowlbys als auch die Sozialtheorie Bourdieus für die Forschungsfrage sinnvolle Ansätze liefern. Während die Bindungstheorie auf die psychischen Zusammenhänge der erfolgreichen Bewältigung der Adoleszenz verweist, fokussiert die Sozioanalyse Bourdieus auf die sozialstrukturellen, gesellschaftlichen Aspekte. Beide Theorien verweisen auf den Zusammenhang zwischen dem, was das „Innere" des Menschen beeinflusst und den äußeren Gegebenheiten: die Bindungstheorie, indem sie ausarbeitet, dass es Zusammenhänge zwischen Bindungssicherheit und Schichtzugehörigkeit gibt und die Sozioanalyse, indem sie mit dem Habituskonzept das „Äußere im Innern" des Menschen zu erklären versucht. Jedoch, so der Ansatz dieser Arbeit, fehlt beiden Theorien eine tiefergehende Analyse auf theoretischer Ebene, die in Verbindung mit der jeweils anderen Disziplin erreicht werden kann.

So ging es im zweiten Schwerpunkt dieser Arbeit darum, die Theorien miteinander zu verbinden und für die Forschungsfrage fruchtbar zu machen (Kapitel 5). Durch diese Kombination beider Theorien, so die Annahme in dieser Arbeit, könne ein Erklärungsmodell entwickelt werden, das Antwort auf die Forschungsfrage geben kann.

Besonders hervorgehoben wurde hierbei, dass Bindungssicherheit und Schichtzugehörigkeit miteinander korrelieren (Kapitel 5.1 Sozialer Raum und Bindung). Kinder aus der Unterschicht sind häufiger unsicher an ihre Mütter gebunden als Kinder aus der Oberschicht. Erklärt wird die Korrelation damit, dass bei Familien aus der Unterschicht häufiger verschiedene negative Faktoren, die sich auf das Fürsorgeverhalten der Bezugsperson auswirken und somit zu Bindungsunsicherheiten beitragen können, aufeinandertreffen. Hierzu gehören bspw. Zeitmangel (wenn beide Eltern erwerbstätig sind oder alleinerziehende Mütter den Lebensunterhalt eigenständig verdienen müssen), Gewalt in der Familie oder ein insgesamt niedrigeres Bildungsniveau.

Im Kapitel 5.2 Bindungstheorie und Habitustheorie: Eine sinnvolle Ergänzung wurden die für die vorliegende Arbeit essenziellen Aspekte, welche beiden Theorien gemeinsam sind, konkretisiert. Beiden Theorien ist gemeinsam, dass die ersten Lebensjahre als richtungsweisend für die gesamte Biografie erachtet werden. Außerdem nehmen beide Theorien eine automatische Reproduktion der bestehenden Verhältnisse an, wollen hierbei jedoch nicht deterministisch verstanden werden und gehen von einer prinzipiellen Veränderbarkeit der bestehenden Verhältnisse aus, welche sich aber nur mit immensem Aufwand erarbeiten lässt.

Des Weiteren wurde in diesem Kapitel herausgearbeitet, dass die Erweiterung der psychoanalytischen Sichtweise um die sozioanalytischen Erkenntnisse eine differenziertere und ganzheitlichere Betrachtung der Forschungsfrage ermöglicht: Bezieht man neben bindungsgenerierenden Faktoren auch sozialstrukturelle Gegebenheiten mit ein, wird deutlich, dass das Nicht-Vorhandensein von Kapitalien zu einem Risikofaktor für die Entwicklung einer sicheren Bindung werden kann; und dass die Kombination aus einer unsicheren Bindung und wenig Kapital für Jugendliche mit dem Risiko des Scheiterns an den Anforderungen unserer Gesellschaft verbunden ist. Die Ausstattung mit Kapitalien bestimmt die Verortung des Individuums im sozialen Raum und prägt somit dessen Habitualisierung, welche wiederum den Umgang, den man miteinander pflegt, wesentlich mitbestimmt. So gesehen ist auch die Entwicklung einer positiven Bindungsbeziehung eine zutiefst vergesellschaftete Angelegenheit und man kann *Bindung als einen Aspekt der Habitualisierung* betrachten.

In der vorliegenden Arbeit wirft diese Kombination der Theorien ein neues Licht auf die Frage, warum sich manche Jugendliche den gesellschaftlichen Anforderungen entziehen. So wurde ein Erklärungsmodell entwickelt, in welchem sowohl die Auswirkungen einer unsicheren Bindung, als auch der Versuch, sich mithilfe von Kapitalakkumulation zu *bewähren,* zum Tragen kommen (Kapitel 5.3 Der Einfluss von Kapital, Habitus und Bindung auf die Bewährungsfelder von Jugendlichen – Entwicklung eines Erklärungsmodells). Jugendliche, die also – aufgrund niedrigen Kapitals, ihres Habitus und ihrer Bindungsrepräsentation – in den verschiedenen Lebensbereichen immer wieder scheitern, versuchen sich durch deviantes Verhalten auf alternative Weise zu „bewähren" und Anerkennung für ihr Handeln zu bekommen. Sie lehnen die gesellschaftlichen Anforderungen radikal ab, um sich damit dem normierten Bewährungsmodus, in welchem sie bislang immer scheiterten, zu entziehen und die damit verbundenen negativen Gefühle (Schmerz, Scham, Trauer) zu vermeiden. Der Ausstieg aus den strukturellen Gegebenheiten bringt ihnen, in ihren Augen, ein Mehr an Kapital ein (bspw. Sozialkapital durch ihre Peergroup). Sie versuchen also, ebenso wie gesellschaftlich erfolgreiche Jugendliche, ihr Kapitalvolumen zu erhöhen und durch ihr Verhalten Kapital hinzuzugewinnen. Da sie jedoch aufgrund ihrer Bindungsprägung und ihrer Habitualisierung innerhalb der Gesellschaft mit ihrem „Handwerkszeug" nicht erfolgreich sein können, wenden sie sich mit dem Bedürfnis nach Anerkennung und Bewährung an gesellschaftliche Randgruppen, bei deren Standards sie aufgrund ähnlicher Sozialisationserfahrungen die Chance auf Anerkennung vermuten, wenn auch in gesamt-gesellschaftlich nicht anerkannten Feldern. Aus außenstehender Perspektive wird eine so betriebene „destruktive Kapitalakkumulation" als ein Scheitern an der Gesellschaft wahrgenommen, für diese Jugendlichen ist es jedoch eine Möglichkeit, sich durch alternative Kapitalakkumulation zu bewähren und das bisher erlebte Scheitern zu relativieren.

Dass ein Zusammenhang zwischen einer schlechten sozioökonomischen Stellung und Bindungsunsicherheit besteht, wurde in der Fachliteratur hinreichend belegt (Kapitel 3.4.7 Schichtzugehörigkeit und Bindungssicherheit, Kapitel 5.1 Sozialer Raum und Bindung). In der vorliegenden Arbeit wurde darüber hinaus versucht, die Frage nach dem WARUM (warum begeben sich Jugendliche in solch prekäre Lebenssituationen) mit dem Bedürfnis der Jugendlichen nach Bewährung in den jeweiligen Interaktionsfeldern zu beantworten.

Die dritte Ebene dieser Arbeit hatte die praktische Überprüfung des theoretisch entwickelten Erklärungsmodells zum Ziel (Kapitel 7 Überprüfung des theoretisch entwickelten Erklärungsmodells anhand einer Einzelfallanalyse).

Hierfür eignete sich insbesondere Larissas Biografie, da diese (objektiv betrachtet) anhand ihres Kapitalvolumens und ihrer Habitualisierung einen ganz anderen Lebensweg hätte einschlagen müssen. Auch die Bindungstheorie konnte für sich genommen keine Antwort auf das Scheitern Larissas geben (schließlich scheitern nicht alle Jugendlichen mit unsicherem oder gestörtem Bindungsmuster). Von außen betrachtet ist es also unverständlich, warum Larissa an den entscheidenden Wendepunkten ihres Lebens immer den Weg wählte, der sie „tiefer sinken" ließ und sie sich ausgehend von einem Elternhaus mit hohem Kapitalvolumen dennoch zeitweise in der Obdachlosigkeit wiederfand. Kombiniert man aber den bindungstheoretischen Ansatz mit Bourdieus Gesellschaftstheorie und bezieht den Wunsch nach Bewährung mit ein, so wird der Weg, den Larissa gegangen ist, verständlich und nachvollziehbar. Durch die stetige Abnahme an gesellschaftlich anerkanntem Kapitalvolumen auf Larissas Lebensweg konnten die Versuche und die Strategien, ihr Kapital auf alternative Art und Weise zu erhöhen, besonders gut dargestellt werden.

Somit wurde in dieser Arbeit zum einen ein methodisches Novum im Hinblick auf die Verbindung zweier sich ergänzender Theorien erarbeitet, zum anderen wurde dieser neue Ansatz anhand eines praktischen Beispiels erörtert und sich so einer Beantwortung der Forschungsfrage „*Welche bindungstheoretischen und sozioanalytischen Faktoren führen dazu, dass manche Jugendliche eine Möglichkeit autonom erlebter Handlungsfähigkeit in anomischen Strukturen und abweichendem Verhalten sehen?*" angenähert:

Manche Jugendliche wählen ihren Weg außerhalb der gesellschaftlichen Anforderungen, wenn sie erstens keine sichere Bindung zu ihren frühkindlichen Bezugspersonen aufbauen konnten, zweitens einen feld-entsprechenden Habitus besitzen und drittens nur geringes Kapital zur Verfügung haben oder ihnen der Zugriff auf ihr Kapital aufgrund ihrer Biografie nicht möglich ist – ihnen somit das Werkzeug fehlt, sich in der Gesellschaft mit legitimierten Mitteln bewähren zu können.

Die vorliegende Arbeit bietet viele Anknüpfungspunkte für die Forschung, sich mithilfe dieses Erklärungsmodells themenspezifisch mit dem Forschungsbereich „Jugend" auseinanderzusetzen. So wäre zukünftig eine genderbezogene Perspektive interessant. Hier ist es sicherlich spannend, darauf einzugehen, wie sich Bindungsunsicherheiten bei männlichen im Vergleich zu weiblichen Jugendlichen darstellen und auch in Bezug auf den Bewährungsgedanken wäre eine Genderperspektive beachtenswert. Es ist vorstellbar, dass zwar der Wunsch nach Bewährung bei männlichen und weiblichen Jugendlichen gleichermaßen vorhanden ist, die Form der Bewährung sich aber unterscheidet (ist es wichtiger sich körperlich zu bewähren, sich intellektuell zu bewähren etc.). Auch die Differenzierung von migrierten Jugendlichen zu deutschen Jugendlichen wäre ein Thema, welches unter genannten Aspekten (wie stellen sich Bindungsunsicherheiten bei migrierten, im Vergleich zu deutschen Jugendlichen dar, gibt es Unterschiede beim Wunsch nach Bewährung …) zu erforschen interessant wäre. Ein immer wichtiger werdendes Thema stellt auch der Einfluss von Medien und medialen sozialen Netzwerken auf Jugendliche dar. In Hinblick auf dieses Forschungsthema wäre die eingehendere Beschäftigung mit der Frage sicherlich wünschenswert, ob, und wenn ja, wie, die sozialen Medien den Wunsch nach Bewährung bei Jugendlichen beeinflussen, und ob das Streben nach Bewährung auf medialer Ebene Auswirkungen auf den Lebensweltalltag von Jugendlichen hat.

Diese Forschungsarbeit fokussiert den Blick auf Faktoren, die dazu führen, dass Jugendliche sich einem angepassten Leben in dieser Gesellschaft verweigern. Genauso interessant wäre aber ein Blick auf die Ressourcen von Jugendlichen, die es trotz negativer biografischer Erfahrungen schaffen, sich problemlos in die Gesellschaft zu integrieren. Die sogenannten Resilienzfaktoren (siehe Kapitel 3.3 Vorläufer der Bindungstheorie: Folgen der frühen Mutterentbehrung) näher zu beleuchten und bspw. den Einfluss außerfamiliärer positiver Beziehungen oder die Zugehörigkeit zu Sportvereinen auf die Lebensweggestaltung von Jugendlichen mit negativen Biografieerfahrungen zu untersuchen und dabei das in dieser Arbeit entwickelte Erklärungsmodell anzuwenden (die Bindungserfahrungen, den Habitus, die Kapitalakkumulation und den Wunsch nach Bewährung also zu berücksichtigen), wäre für zukünftige Forschungsarbeiten durchaus interessant.

Natürlich ist in zukünftigen, auf diesem Entwicklungsmodell basierenden Forschungen, eine Überprüfung des Modells anhand größerer Stichproben erstrebenswert. Auch die Durchführung des Adult Attachment Interviews und die damit einhergehende Klassifizierung in den jeweiligen Bindungstypus sollte in aufbauenden Forschungen miteinbezogen werden, da so sicherlich ein differenzierterer Blick auf die jeweilige Biografie möglich wäre.

Während Hopf (Hopf, 2005; Hopf, Rieker, Sanden-Marcus & Schmidt, 1995) einen wesentlichen Beitrag leistete, indem sie die Bindungstheorie für soziologische Fragestellungen heranzog und sie so in den Sozialwissenschaften bekannt machte und verbreitete, blieb weiterhin die Forderung, wie sie bspw. Liebau (1987) formulierte, nach einer Erweiterung der Sozioanalyse um eine psychologische Sichtweise (und umgekehrt), offen. Diesem Desiderat wurde mit der vorliegenden Arbeit Abhilfe geleistet. Die Kombination beider Theorien kann ganz allgemein ein Erklärungsmodell liefern, welches die Wege, die ein Mensch einschlägt und die Entscheidungen, die dieser trifft, anhand der ihm zur Verfügung stehenden Kapitalien, seiner Habitualisierung und seiner Bindungsrepräsentation nachvollziehbar machen.

Somit kann die vorliegende Arbeit auch praxisorientiert Anwendung finden. Eingangs wurde die These formuliert, dass Pädagogen und Pädagoginnen nur dann verstehend wirken können, wenn für sie die Handlungen des jungen Menschen nachvollziehbar sind. Durch die vorliegende Arbeit wurde auf „innere Barrieren" aufmerksam gemacht, die durch Bindungsunsicherheit entstehen können. Es wurde deutlich, dass die Handlungsmöglichkeiten von jungen Menschen mit unsicherer oder gestörter Bindung nicht die gleichen sind, wie bei jungen Menschen mit sicherem Bindungsmuster. Außerdem konnten auch die „äußeren Grenzen" dargestellt und analysiert werden. So konnte sehr klar herausgearbeitet werden, dass die Handlungsmöglichkeiten von Jugendlichen in Bezug auf die verschiedenen Felder in denen sie sich bewähren müssen und wollen, durch ihre Bindungshistorie und die sozialstrukturellen Gegebenheiten, in denen sie aufwachsen, von vorneherein determiniert sind.

Die Pädagoginnen und Pädagogen, die dieses Modell internalisiert haben und junge Menschen entsprechend wahrnehmen, können deren Lebenswege wesentlich besser nachvollziehen und die „selbst-destruktiven" Entscheidungen der Jugendlichen besser begreifen.

Außerdem wird mit diesem Erklärungsmodell einem defizitär orientierten Blick auf Jugendliche nicht stattgegeben. Verhaltensweisen von Jugendlichen, bspw. Gewalttätigkeit, kriminelle Energie, Verwahrlosung etc. können verstanden und analysiert werden als eine Möglichkeit von Jugendlichen mit dem Handlungswerkzeug, das ihnen aufgrund ihrer Biografie zur Verfügung steht, ihr Kapitalvolumen zu erhöhen.

Somit kann das pädagogische Fachpersonal die Kapitalien, die junge Menschen mitbringen, besser erfassen und als Kapital im positiven Sinne wahrnehmen. Diese wertschätzende Sichtweise auf Adoleszente, birgt m.E. großes Potenzial, positiv erziehend wirken zu können. Nur so kann eine gute Beziehung generiert werden, die unabdingbar ist für eine fruchtbare Zusammenarbeit zwischen pädagogischen Fachkräften und jungen Menschen. Und nur auf Basis einer vertrauensvollen und wertschätzenden Beziehung können Jugendliche sich darauf einlassen, trotz des Risikos des Scheiterns, wieder neue Wege zu probieren.

Nahezu alle Jugendlichen, welche ich in meiner beruflichen Praxis kennenlernen konnte, antworteten mir auf die Frage, wo sie sich in zehn Jahren sehen,
mit sehr bürgerlichen Vorstellungen. Sie wünschen sich eine Familie, Arbeit,
ein Zuhause und ein harmonisches Zusammenleben. Das zeigt, dass auch bei
jungen Menschen, die in einer Phase ihres Lebens „aus der Bahn geworfen"
wurden, die Sehnsucht nach einem „normalen" Lebensweg vorhanden ist.

Literaturverzeichnis

Abels, H. (2015). Der Beitrag der Soziologie zur Sozialisationsforschung. In K. Hurrelmann, U. Bauer, M. Grundmann & S. Walper (Hrsg.), Handbuch Sozialisationsforschung (S. 50–79). Weinheim und Basel: Beltz.

Ainsworth, M. D. (2011). Mary D. S. Ainsworth: Muster von Bindungsverhalten, die vom Kind in der Interaktion mit seiner Mutter gezeigt werden (1964). In K. E. Grossmann & K. Grossmann (Hrsg.), Bindung und menschliche Entwicklung. John Bowlby, Mary Ainsworth und die Grundlagen der Bindungstheorie (S. 102–111). Stuttgart: Klett-Cotta.

Ainsworth, M. D. & Wittig, B. (2011). Mary D. S. Ainsworth und Barbara Wittig: Bindungs- und Explorationsverhalten einjähriger Kinder in einer Fremden Situation (1969). In K. E. Grossmann & K. Grossmann (Hrsg.), Bindung und menschliche Entwicklung. John Bowlby, Mary Ainsworth und die Grundlagen der Bindungstheorie (S. 112–145). Stuttgart: Klett-Cotta.

Ainsworth, M. D., Bell, S. M. & Stayton, D. J. (2011). Mary D. S Ainsworth, Silvia M. Bell und Donelda J. Stayton: Bindung zwischen Mutter und Kind und soziale Entwicklung: „Sozialisation" als Ergebnis gegenseitigen Beantwortens von Signalen (1974). In K. E. Grossmann & K. Grossmann (Hrsg.), Bindung und menschliche Entwicklung. John Bowlby, Mary Ainsworth und die Grundlagen der Bindungstheorie (S. 242–279). Stuttgart: Klett-Cotta.

Amann, U. (2009). Bindungsrepräsentationen suchtmittelabhängiger Jugendlicher und ihrer Eltern. Norderstedt: Grin.

Amborn, H. (1992). Strukturalismus. Theorie und Methode. In H. Fischer (Hrsg.), Ethnologie. Einführung und Überblick (S. 337–365). Berlin: Dietrich Reimer.

Barlösius, E. (2006). Pierre Bourdieu. Frankfurt am Main: Campus.

Bauer, U., Bittlingmayer, U. H. & Scherr, A. (Hrsg.). (2012). Handbuch Bildungs- und Erziehungssoziologie. Wiesbaden: VS Verlag für Sozialwissenschaften.

Baum, D. (1998). Armut durch die Stadt oder Urbanisierung der Armut. Städtische Jugend im sozialen Brennpunkt – Bedingungen und Folgen räumlicher und sozialer Integration in einem städtischen Kontext. In J. Mansel & K.-P. Brinkhoff, Armut im Jugendalter. Soziale Ungleichheit, Gettoisierung und die psychosozialen Folgen (S. 60–75). Weinheim und München: Juventa.

Baumert, J. (2008). Schule zwischen Bildungsauftrag und pädagogischem Realismus. In R. Wernstedt & M. John-Ohnesorg (Hrsg.), Der Bildungsbegriff im Wandel. Verführung zum Lernen statt Zwang zum Büffeln. Dokumentation einer Konferenz des Netzwerk Bildung vom 05.–06. Juli 2007 (S. 18–21). Berlin: Friedrich-Ebert-Stiftung.

Baumgart, F. (1997). Theorien der Sozialisation. Erläuterungen – Texte – Arbeitsaufgaben. Bad Heilbrunn/Obb.: Klinkhardt.

Becker-Stoll, F. (2009). Von der Eltern-Kind-Bindung zur Erzieherin-Kind-Bindung. In K. H. Brisch & T. Hellbrügge (Hrsg.), Wege zu sicheren Bindungen in Familie und Gesellschaft. Prävention, Begleitung, Beratung und Psychotherapie (S. 152–169). Stuttgart: Klett-Cotta.

Becker-Stoll, F., Lechner, S., Lehner, K., Pfefferkorn, H., Stiegler, E. & Grossmann, K. E. (2000). Autonomie und Verbundenheit bei Jugendlichen und jungen Erwachsenen. Zeitschrift für Soziologie der Erziehung und Sozialisation, 4, S. 345–361.

Beckert-Zieglschmid, C. (2005). „Der Apfel fällt nicht weit vom Stamm?" Eine Anwendung der Theorie von Pierre Bourdieu auf Lebensstile und Ernährungspraxis Jugendlicher. Norderstedt: Books on Demand GmbH.

Bohnsack, R., Loos, P., Schäffer, B., Städtler, K. & Wild, B. (1995). Die Suche nach Gemeinsamkeiten und die Gewalt der Gruppe. Hooligans, Musikgruppen und andere Jugendcliquen. Opladen: Leske + Budrich.

Bourdieu, P. (1982). Die feinen Unterschiede. Kritik der gesellschaftlichen Urteilskraft. Frankfurt am Main: Suhrkamp.

Bourdieu, P. (1983). Ökonomisches Kapital, kulturelles Kapital, soziales Kapital. (R. Kreckel, Hrsg.) Soziale Ungleichheiten, (Soziale Welt: Sonderband 2), S. 183–198.

Bourdieu, P. (1991). Sozialer Raum und ‚Klassen'. Leçon sur la leçon. Zwei Vorlesungen. Frankfurt am Main: Suhrkamp.

Bourdieu, P. (2013). Die feinen Unterschiede. Kritik der gesellschaftlichen Urteilskraft. Frankfurt am Main: Suhrkamp.

Bourdieu, P., Boltanski, L., Castel, R., Chamboredon, J.-C., Lagneau, G. & Schnapper, D. (2006). Eine illegitime Kunst. Die sozialen Gebrauchsweisen der Photographie. Frankfurt a. M.: Europäische Verlagsanstalt.

Bowlby, J. (1944). http://www.psychology.sunysb.edu. Abgerufen am 27. April 2013 von http://www.psychology.sunysb.edu/ewaters/345/2007_attachment/44%20thieves.pdf.

Bowlby, J. (1973). Mütterliche Zuwendung und geistige Gesundheit. Maternal Care and Mental Health. München: Kindler.

Bowlby, J. (1975). Bindung. Eine Analyse der Mutter-Kind-Beziehung. München: Kindler.

Bowlby, J. (1999). Bindung: Historische Wurzeln, theoretische Konzepte und klinische Relevanz. In G. Spangler & P. Zimmermann (Hrsg.), Die Bindungstheorie: Grundlagen, Forschung und Anwendung (S. 17–27). Stuttgart: Klett-Cotta.

Bowlby, J. (2006a). Trennung. Angst und Zorn. München: Ernst Reinhardt.

Bowlby, J. (2006b). Verlust. Trauer und Depression. München: Ernst Reinhardt.

Bowlby, J. (2010). Bindung als sichere Basis. Grundlagen und Anwendung der Bindungstheorie. 2. Auflage. München: Ernst Reinhardt.

Bowlby, J. (2011). John Bowlby: Bindung (1987). In K.E. Grossmann & K. Grossmann (Hrsg.), Bindung und menschliche Entwicklung. John Bowlby, Mary Ainsworth und die Grundlagen der Bindungstheorie (S. 22–26). Stuttgart: Klett-Cotta.

Brake, A. & Büchner, P. (2011). Bildungsort Familie. Habitusgenese im Netzwerk gelebter Familienbeziehungen. In A. Lange & M. Xyländer, Bildungswelt Familie. Theoretische Rahmung, empirische Befunde und disziplinäre Perspektiven (S. 142–166). Weinheim und München: Juventa.

Brandtstädter, J. (1985). Entwicklungsprobleme des Jugendalters als Probleme des Aufbaus von Handlungsorientierung. In D. Liepmann & A. Stiksrud, Entwicklungsaufgaben und Bewältigungsprobleme in der Adoleszenz. Sozial- und entwicklungspsychologische Perspektiven. (S. 5–12). Göttingen: Hogrefe.

Bretherton, I. (1999). Die Geschichte der Bindungstheorie. In G. Spangler & P. Zimmermann (Hrsg.), Die Bindungstheorie: Grundlagen, Forschung und Anwendung (S. 27–50). Stuttgart: Klett-Cotta.

Brisch, K.H. (2001). Bindungsstörungen. Von der Bindungstheorie zur Therapie. Stuttgart: Klett-Cotta.

Brisch, K.H. (2014). Bindungsgestörte Jugendliche in Gruppen von Gleichaltrigen: Diagnostik und Therapie. In K.H. Brisch, Bindung und Jugend (S. 276–294). Stuttgart: Klett-Cotta.

Bronfenbrenner, U. (1976). Ökologische Sozialisationsforschung. (K. Lüscher, Hrsg.) Stuttgart: Ernst Klett.

Butz, P. & Boehnke, K. (1997). Auswirkungen von ökonomischem Druck auf die psychosoziale Befindlichkeit von Jugendlichen. Zur Bedeutung von Familienbeziehungen und Schulniveau. Zeitschrift für Pädagogik (43), S. 79–92.

Caritasverband der Erzdiözese München und Freising e.V. (kein Datum). www.caritas-nah-am-nächsten.de. Abgerufen am 7. März 2018 von www.caritas-nah-am-nächsten.de/therapeutisches-zentrum-maedchenheim-gauting/cont/10814

Choi, F. (2012). Elterliche Erziehungsstile in sozialen Milieus. In U. Bauer, U.H. Bittlingmayer & A. Scherr (Hrsg.), Handbuch Bildungs- und Erziehungssoziologie (S. 929–945). Wiesbaden: VS Verlag für Sozialwissenschaften.

Coleman, J. S. (1988). Social Capital in the Creation of Human Capital. American Journal of Sociology, S. 95–120.

Deppe, U. (2015). Jüngere Jugendliche zwischen Familie, Peers und Schule. Zur Entstehung von Bildungsungleichheit an außerschulischen Bildungsorten. Wiesbaden: Springer Fachmedien.

Dreher, E. & Dreher, M. (1985). Entwicklungsaufgaben im Jugendalter: Bedeutsamkeit und Bewältigungskonzepte. In D. Liepmann & A. Stiksrud, Entwicklungsaufgaben und Bewältigungsprobleme in der Adoleszenz. Sozial- und entwicklungspsychologische Perspektiven (S. 56–70). Göttingen: Hogrefe.

Dresing, T. & Pehl, T. (2015). Praxisbuch. Interview, Transkription & Analyse. Anleitungen und Regelsysteme für qualitativ Forschende. Abgerufen am 04. Juli 2016 von www.audiotranskription.de/praxisbuch

Durkheim, É. (2000). Durkheim: Erziehung und Gesellschaft. In F. Baumgart (Hrsg.), Theorien der Sozialisation. Erläuterungen – Texte – Arbeitsaufgaben (S. 44–57). Bad Heilbrunn/OBB.: Julius Klinkhardt.

Durkheim, É. (2012). Erziehung, ihre Natur und ihre Rolle. In U. Bauer, U. H. Bittlingmayer & A. Scherr (Hrsg.), Handbuch Bildungs- und Erziehungssoziologie (S. 69–83). Wiesbaden: VS Verlag für Sozialwissenschaften.

Ecarius, J. (2012).‚Generationenordnung‘ der Jugendphase: Zum Wandel von Jugendkonzeptionen und gegenwärtigen Sozialisationskontexten. In J. Ecarius & M. Eulenbach (Hrsg.), Jugend und Differenz. Aktuelle Debatten der Jugendforschung (S. 27–50). Wiesbaden: Springer VS.

Ecarius, J., Köbel, N. & Wahl, K. (2011). Familie, Erziehung und Sozialisation. Wiesbaden: VS Verlag für Sozialwissenschaften.

Eder, K. (1989). Einleitung. In K. Eder, Klassenlage, Lebensstil und kulturelle Praxis. Theoretische und empirische Beiträge zur Auseinandersetzung mit Pierre Bourdieus Klassentheorie (S. 7–11). Frankfurt am Main: Suhrkamp.

Eder, K. (1989). Klassentheorie als Gesellschaftstheorie. Bourdieus dreifache kulturtheoretische Brechung der traditionellen Klassentheorie. In K. Eder, Klassenlage, Lebensstil und kulturelle Praxis. Theoretische und empirische Beiträge zur Auseinandersetzung mit Pierre Bourdieus Klassentheorie (S. 15–43). Frankfurt am Main: Suhrkamp.

El-Mafaalani, A. (2012). BildungsaufsteigerInnen aus benachteiligten Milieus. Habitustransformation und soziale Mobilität bei Einheimischen und Türkeistämmigen. Wiesbaden: Springer.

El-Mafaalani, A. (2014). Vom Arbeiterkind zum Akademiker. Über die Mühen des Aufstiegs durch Bildung. Abgerufen am 29. Juli 2015 von http://www.kas.de/wf/doc/kas_36606-544-1-30.pdf?140121131707

Engel, U. & Hurrelmann, K. (1994). Was Jugendliche wagen. Eine Längsschnittstudie über Drogenkonsum, Streßreaktionen und Delinquenz im Jugendalter. München: Juventa.

Fend, H. (2000). Entwicklungspsychologie des Jugendalters. Ein Lehrbuch für psychologische und pädagogische Berufe. Opladen: Leske + Budrich.

Fonagy, P. (2003). Bindungstheorie und Psychoanalyse. Stuttgart: Klett-Cotta.

Fremmer-Bombik, E. (1999). Innere Arbeitsmodelle von Bindung. In G. Spangler & P. Zimmermann (Hrsg.), Die Bindungstheorie: Grundlagen, Forschung und Anwendung (S. 109–120). Stuttgart: Klett-Cotta.

Fuhs, B. (2007). Zur Geschichte der Familie. In J. Ecarius (Hrsg.), Handbuch Familie (S. 17–35). Wiesbaden: VS Verlag für Sozialwissenschaften.

Garner, R. (20. 03. 2015). THE INDEPENDENT. Abgerufen am 03. 04. 2015 von THE INDEPENDENT: http://www.independent.co.uk/news/world/europe/finland-schools-subjects-are-out-and-topics-are-in-as-country-reforms-its-education-system-10123911.html

Geiger, T. (2012). Erziehung als Gegenstand der Soziologie. In U. Bauer, U. H. Bittlingmayer & A. Scherr (Hrsg.), Handbuch Bildungs- und Erziehungssoziologie (S. 85–102). Wiesbaden: VS Verlag für Sozialwissenschaften.

Geißler, R. (2006). Die Sozialstruktur Deutschlands. Zur gesellschaftlichen Entwicklung mit einer Bilanz zur Vereinigung. Wiesbaden: VS Verlag für Sozialwissenschaften.

Glaser, B. G. & Strauss, A. L. (2010). Grounded Theory. Strategien qualitativer Forschung. Göttingen: Hogrefe.

Gloger-Tippelt, G. (2007). Eltern-Kind- und Geschwisterbeziehungen. In J. Ecarius (Hrsg.), Handbuch Familie (S. 157–178). Wiesbaden: VS Verlag für Sozialwissenschaften.

Goblirsch, M. (2010). Biographien verhaltensschwieriger Jugendlicher und ihrer Mütter. Mehrgenerationale Fallrekonstruktionen und narrativ-biographische Diagnostik in Forschung und Praxis. Wiesbaden: VS Verlag für Sozialwissenschaften.

Göppel, R. (2005). Das Jugendalter. Entwicklungsaufgaben – Entwicklungskrisen – Bewältigungsformen. Stuttgart: W. Kohlhammer.

Größ, M. (2008). Liebesbeziehungen Jugendlicher und junger Erwachsener aus der Genderperspektive und im Kontext der Familienbiographie. Berlin: Verlag Dr. Köster.

Grossmann, K. E. & Grossmann, K. (Hrsg.). (2011). Bindung und menschliche Entwicklung. John Bowlby, Mary Ainsworth und die Grundlagen der Bindungstheorie. Stuttgart: Klett-Cotta.

Grossmann, K. E. & Grossmann, K. (2011). Die Verhaltensorganisation sicherer und unsicherer Bindungserfahrungen in einer kontrollierten Situation. In K. E. Grossmann & K. Grossmann (Hrsg.), Bindung und menschliche Entwicklung. John Bowlby, Mary Aisnworth und die Grundlagen der Bindungstheorie (S. 97–101). Stuttgart: Klett-Cotta.

Grossmann, K. & Grossmann, K. E. (2006). Bindungen. Das Gefüge psychischer Sicherheit. Stuttgart: Klett-Cotta.

Grundmann, M. (2011). Sozialisation – Erziehung – Bildung: Eine kritische Begriffsbestimmung. In R. Becker (Hrsg.), Lehrbuch der Bildungssoziologie (S. 63–85). Wiesbaden: VS Verlag für Sozialwissenschaften.

Harring, M. (2010). Freizeit, Bildung und Peers – informelle Bildungsprozesse im Kontext heterogener Freizeitwelten und Peer-Interaktionen Jugendlicher. In M. Harring, O. Böhm-Kasper, C. Rohlfs & C. Palentien (Hrsg.), Freundschaften, Cliquen und Jugendkulturen. Peers als Bildungs- und Sozialisationsinstanzen (S. 21–59). Wiesbaden: VS Verlag für Sozialwissenschaften.

Harring, M. (2011). Das Potential der Freizeit. Soziales, kulturelles und ökonomisches Kapital im Kontext heterogener Freizeitwelten Jugendlicher. Wiesbaden: VS Verlag für Sozialwissenschaften.

Harring, M. & Palentien, C. (2010). Jugendliches Risikoverhalten, Drogenkonsum und Peers. In M. Harring, O. Böhm-Kasper, C. Rohlfs & C. Palentien (Hrsg.), Freundschaften, Cliquen und Jugendkulturen. Peers als Bildungs- und Sozialisationsinstanzen (S. 365–384). Wiesbaden: VS Verlag für Sozialwissenschaften.

Harring, M., Böhm-Kasper, O., Rohlfs, C. & Palentien, C. (2010). Peers als Bildungs- und Sozialisationsinstanzen – eine Einführung in die Thematik. In M. Harring, O. Böhm-Kasper, C. Rohlfs & C. Palentien (Hrsg.), Freundschaften, Cliquen und Jugendkulturen. Peers als Bildungs- und Sozialisationsinstanzen (S. 9–19). Wiesbaden: VS Verlag für Sozialwissenschaften.

Helfferich, C. (2014). Leitfaden- und Experteninterviews. In N. Baur & J. Blasius (Hrsg.), Handbuch Methoden der empirischen Sozialforschung (S. 559–574). Wiesbaden: VS Verlag für Sozialwissenschaften.

Heyer, R., Palentien, C. & Gürlevik, A. (2012). Peers. In U. Bauer, U. H. Bittlingmayer & A. Scherr (Hrsg.), Handbuch Bildungs- und Erziehungssoziologie (S. 983–999). Wiesbaden: VS Verlag für Sozialwissenschaften.

Hoffmeister, D. (2012). Der Wandel der Familie und dessen Effekte auf Erziehungs- und Bildungsprozesse. In U. Bauer, U. H. Bittlingmayer & A. Scherr (Hrsg.), Handbuch Bildungs- und Erziehungssoziologie (S. 901–927). Wiesbaden: VS Verlag für Sozialwissenschaften.

Holmes, J. (2002). John Bowlby und die Bindungstheorie. München: Ernst Reinhardt.

Holmes, J. (2006). John Bowlby und die Bindungstheorie. München: Ernst Reinhardt.

Hopf, C. (2005). Frühe Bindungen und Sozialisation. Eine Einführung. Weinheim und München: Juventa.

Hopf, C. & Schmidt, C. (1993). Zum Verhältnis von innerfamilialen sozialen Erfahrungen, Persönlichkeitsentwicklung und politischen Orientierungen. Dokumentation und Erörterung des methodischen Vorgehens in einer Studie zu diesem Thema. Hildesheim.

Hopf, C., Rieker, P., Sanden-Marcus, M. & Schmidt, C. (1995). Familie und Rechtsextremismus. Familiale Sozialisation und rechtsextreme Orientierungen junger Männer. Weinheim und München: Juventa.

Hörner, W. (2010). Bildung. In W. Hörner, B. Drinck & S. Jobst (Hrsg.), Bildung, Erziehung, Sozialisation. Grundbegriffe der Erziehungswissenschaft (S. 11–74). Opladen & Farmington Hills: Barbara Budrich.

Hradil, S. (1989). System und Akteur. Eine empirische Kritik der soziologischen Kulturtheorie Pierre Bourdieus. In K. Eder, Klassenlage, Lebensstil und kulturelle Praxis. Theoretische und empirische Beiträge zur Auseinandersetzung mit Pierre Bourdieus Klassentheorie (S. 111–141). Frankfurt am Main: Suhrkamp.

http://www.infonetz-dissoziation.de. (14. August 2014). Abgerufen am 14. August 2014 von http://www.infonetz-dissoziation.de: http://www.infonetz-dissoziation.de/p-dissoziation.html

Hurrelmann, K. (2006). Einführung in die Sozialisationstheorie. Weinheim und Basel: Beltz.

Joas, H. & Knöbl, W. (2013). Sozialtheorie. Zwanzig einführende Vorlesungen. Frankfurt am Main: Suhrkamp.

Junge, M. (2004). Scheitern: Ein unausgearbeitetes Konzept soziologischer Theoriebildung und ein Vorschlag zu seiner Konzeptualisierung. In M. Junge & G. Lechner (Hrsg.), Scheitern. Aspekte eines sozialen Phänomens. Wiesbaden: VS Verlag für Sozialwissenschaften.

Junge, M. & Lechner, G. (2004). Scheitern als Erfahrung und Konzept. Zur Einführung. In M. Junge & G. Lechner (Hrsg.), Scheitern. Aspekte eines sozialen Phänomens (S. 7–15). Wiesbaden: VS Verlag für Sozialwissenschaften.

Kobak, R., Grassetti, S. N. & Close, H. A. (2014). Die bindungsbasierte Behandlung Jugendlicher in Fällen von Bindungsverletzung und Empathieversagung. In K. H. Brisch, Bindung und Jugend (S. 93–111). Stuttgart: Klett-Cotta.

Koch, M. (2013). „Verschüttetes Können?" Kompetenz, Herkunft und Habitus benachteiligter Jugendlicher. Münster: Waxmann.

Korte, H. (2000). *Korte: Durkheims Theorie moderner Gesellschaften. In F. Baumgart (Hrsg.), Theorien der Sozialisation. Erläuterungen – Texte – Arbeitsaufgaben (S. 36–43). Bad Heilbrunn/Obb.: Klinkhardt.

Krappmann, L. (1991). Sozialisation in der Gruppe der Gleichaltrigen. In K. Hurrelmann & D. Ulich (Hrsg.), Neues Handbuch der Sozialisationsforschung (S. 355–376). Weinheim und Basel: Beltz.

Lamnek, S. (1995). Qualitative Sozialforschung (Bd. 2. Methoden und Techniken). Weinheim und Basel: Beltz.

Liebau, E. (1984). Gesellschaftlichkeit und Bildsamkeit des Menschen. Nachdenken über Routine, Geschmack und das Selbstverständliche mit Pierre Bourdieu. Neue Sammlung, S. 245–261.

Liebau, E. (1987). Gesellschaftliches Subjekt und Erziehung. Zur pädagogischen Bedeutung der Sozialisationstheorien von Pierre Bourdieu und Ulrich Oevermann. Weinheim und München: Juventa.

Liebau, E. (1992). Habitus, Lebenslage und Geschlecht – Über Sozioanalyse und Geschlechtersozialisation. In K.-J. Tillmann, Jugend weiblich – Jugend männlich (S. 134–147). Opladen: Leske + Budrich.

Liebau, E. & Müller-Rolli, S. (1985). Lebensstil und Lernform. Eine Einleitung zu diesem Heft. Neue Sammlung, S. 272–278.

Lukesch, H. (2001). Eltern und andere Erzieher. In H. Lukesch & H. Peez (Hrsg.), Erziehung, Bildung und Sozialisation in Deutschland (S. 62–66). Regensburg: Roderer.

Main, M. (1999). Desorganisation im Bindungsverhalten. In G. Spangler & P. Zimmermann (Hrsg.), Die Bindungstheorie: Grundlagen, Forschung und Anwendung (S. 120–140). Stuttgart: Klett-Cotta.

Mansel, J. & Brinkhoff, K.-P. (1998). Armut und soziale Ungleichheit im Jugendalter. In J. Mansel & K.-P. Brinkhoff, Armut im Jugendalter. Soziale Ungleichheit, Gettoisierung und die psychosozialen Folgen (S. 7–16). Weinheim und München: Juventa.

Mayring, P. (2015). Qualitative Inhaltsanalyse. Grundlagen und Techniken. Weinheim und Basel: Beltz.

Oerter, R. & Dreher, E. (1995). Jugendalter. In R. Oerter & L. Montada, Entwicklungspsychologie. Ein Lehrbuch. Weinheim: Psychologie Verlags Union.

Peck, R. F. (1960). The psychology of character development. New York: Wiley.

Peuckert, R. (2007). Zur aktuellen Lage der Familie. In J. Ecarius (Hrsg.), Handbuch Familie (S. 36–56). Wiesbaden: VS Verlag für Sozialwissenschaften.

Rehbein, B. (2011). Die Soziologie Pierre Bourdieus. Konstanz: UVK.

Reinders, H. (2015). Sozialisation in der Gleichaltrigengruppe. In K. Hurrelmann, U. Bauer, M. Grundmann & S. Walper (Hrsg.), Handbuch Sozialisationsforschung (S. 393–413). Weinheim und Basel: Beltz.

Reinders, H. & Wild, E. (2003). Adoleszenz als Transition und Moratorium. Plädoyer für eine Integration gegenwarts- und zukunftsorientierter Konzeptionen von Jugend. In H. Reinders & E. Wild, Jugendzeit – Time Out? Zur Ausgestaltung des Jugendalters als Moratorium (S. 15–36). Opladen: Leske + Budrich.

Remplein, H. (1963). Die seelische Entwicklung des Menschen im Kindes- und Jugendalter. München: Ernst Reinhardt.

Renn, J. (2010). Reflexive Moderne und ambivalente Existentialität – Anthony Giddens als Identitäts-Theoretiker. In B. Jörissen & J. Zirfas (Hrsg.), Schlüsselwerke der Identitätsforschung (S. 203–222). Wiesbaden: VS Verlag für Sozialwissenschaften.

Rittberger, V. & Zangl, B. (2013). Internationale Organisationen – Politik und Geschichte. Europäische und weltweite internationale Zusammenschlüsse. Opladen: Leske + Budrich.

Roeder, P.-M. (1979). Sprache, Sozialstatus und Schulerfolg. In b : e Redaktion (Hrsg.), Familienerziehung, Sozialschicht und Schulerfolg (S. 1–20). Weinheim und Basel: Beltz.

Rutter, M. (1978). Bindung und Trennung in der frühen Kindheit. Forschungsergebnisse zur Mutterdeprivation. München: Juventa.

Schäfers, B. & Scherr, A. (2005). Jugendsoziologie. Einführung in Grundlagen und Theorien. Wiesbaden: VS Verlag für Sozialwissenschaften.

Scheer, A. (2010). Cliquen/informelle Gruppen: Strukturmerkmale, Funktionen und Potentiale. In M. Harring, O. Böhm-Kasper, C. Rohlfs & C. Palentien (Hrsg.), Freundschaften, Cliquen und Jugendkulturen. Peers als Bildungs- und Sozialisationsinstanzen (S. 73–90). Wiesbaden: VS Verlag für Sozialwissenschaften.

Schleiffer, R. (2001). Der heimliche Wunsch nach Nähe. Bindungstheorie und Heimerziehung. Weinheim: Votum.

Schwengel, H. (1992). Aufrichtigkeit, Authentizität und Stil. Die Grenzen der feinen Unterschiede. In S. Hradil (Hrsg.), Zwischen Bewußtsein und Sein. Die Vermittlung „objektiver" Lebensbedingungen und „subjektiver" Lebensweisen (S. 81–101). Opladen: Leske + Budrich.

Schwibs, B. & Bourdieu, P. (1985). „Vernunft ist eine historische Errungenschaft, wie die Sozialversicherung." Bernd Schwibs im Gespräch mit Pierre Bourdieu. Neue Sammlung, S. 376–394.

Siegel, D. J. (2010). Die Alchemie der Gefühle. Germering: Kailash.

Spangler, G. & Zimmermann, P. (1999). Emotion, Motivation und Leistung aus entwicklungs- und persönlichkeitspsychologischer Perspektive. In M. Jerusalem & R. Pekrun, Emotion, Motivation und Leistung (S. 85–104). Göttingen: Hogrefe.

Sroufe, L. A., Egeland, B., Carlson, E. A. & Collins, W. A. (2009). The Development of the Person. The Minnesota Study of Risk and Adaption from Birth to Adulthood. New York: The Guilford Press.

Stadler, B. (2004). Dissertation. Therapie unter geschlossenen Bedingungen – ein Widerspruch? Berlin.

Staehler, J. (September 2011). Die Straße als Lebensmittelpunkt. (V. Birtsch, D. Kreft, M. Kurz-Adam & R. Merten, Hrsg.) unsere jugend. die zeitschrift für studium und praxis der sozialpädagogik., S. 354–362.

Stecher, L. (2000). Soziales Kapital und Habitusentwicklung : eine empirische Untersuchung zur Bedeutung sozialer Beziehungen für die Entwicklung von Kindern und Jugendlichen. Abgerufen am 29. Juli 2015 von www.ub.uni-siegen.de: http://www.ub.uni-siegen.de/pub/diss/fb2/2000/stecher/stecher.pdf

Stecher, L. (2001). Die Wirkung sozialer Beziehungen. Empirische Ergebnisse zur Bedeutung sozialen Kapitals für die Entwicklung von Kindern und Jugendlichen. Weinheim und München: Juventa.

Stecher, L. & Zinnecker, J. (2007). Kulturelle Transferbeziehungen. In J. Ecarius (Hrsg.), Handbuch Familie (S. 389–405). Wiesbaden: VS Verlag für Sozialwissenschaften.

Steele, M. & Steele, H. (1999). Intergenerationale Tradierung von Bindung. In G. Spangler & P. Zimmermann (Hrsg.), Die Bindungstheorie: Grundlagen, Forschung und Anwendung (S. 161–178). Stuttgart: Klett-Cotta.

Stein, M. (2017). Allgemeine Pädagogik. München: Ernst Reinhardt.

Suess, G. J. (2011). Missverständnisse über Bindungstheorie. Eine Expertise der Weiterbildungsinitiative Frühpädagogische Fachkräfte (WiFF). München: DJI.

Thole, W. & Schoneville, H. (2010). Jugendliche in Peergroups und soziale Ungleichheit. In M. Harring, O. Böhm-Kasper, C. Rohlfs & C. Palentien (Hrsg.), Freundschaften, Cliquen und Jugendkulturen. Peers als Bildungs- und Sozialisationsinstanz (S. 141–165). Wiesbaden: VS Verlag für Sozialwissenschaften.

van Aken, M. A., Asendorpf, J. B. & Wilpers, S. (1996). Das soziale Unterstützungsnetzwerk von Kindern: Strukturelle Merkmale, Grad der Unterstützung, Konflikt und Beziehungen zum Selbstwertgefühl. Psychologie in Erziehung und Unterricht. Zeitschrift für Forschung und Praxis. Organ der Deutschen Gesellschaft für Psychologie (43), S. 114–126.

Van den Boom, D. (1994). The influence of temperament and mothering on attachment and exploration: An experimental manipulation of sensitive responsiveness among lowerclass mothers with irritable infants. Child Development(65), S. 1457–1477.

Väterreport. Vater sein in Deutschland heute. (2018). Bundesministerium für Familie, Senioren, Frauen und Jugend.

Vester, H.-G. (2010). Kompendium der Soziologie III: Neuere soziologische Theorien. Wiesbaden: VS Verlag für Sozialwissenschaften.

von Hentig, H. (2006). Bewährung. Von der nützlichen Erfahrung, nützlich zu sein. München/Wien: Carl Hanser.

von Hentig, H. (2008). Was sollte man unter Bildung verstehen? Klassischer Bildungsbegriff und pragmatisches Bildungsverständnis. In R. Wernstedt & M. John-Ohnesorg (Hrsg.), Der Bildungsbegriff im Wandel. Verführung zum Lernen statt Zwang zum Büffeln. Dokumentation einer Konferenz des Netzwerk Bildung vom 05.–06. Juli 2007 (S. 13–17). Berlin: Friedrich-Ebert-Stiftung.

von Rosenberg, F. (2008). Habitus und Distinktion in Peergroups. Ein Beitrag zur rekonstruktiven Schul- und Jugendkulturforschung. Berlin: Logos.

Walper, S. (1998). Die Individuation in Beziehung zu beiden Eltern bei Kindern und Jugendlichen aus konfliktbelasteten Kernfamilien und Trennungsfamilien. Zeitschrift für Soziologie der Erziehung und Sozialisation, 2, S. 134–151.

Walper, S. (2014). Bindung und Individuation von Jugendlichen aus Trennungsfamilien. In K. H. Brisch, Bindung und Jugend (S. 36–61). Stuttgart: Klett-Cotta.

Walper, S., Thönnissen, C., Wendt, E.-V. & Schaer, M. (2010). Der lange Arm der Familie: Die Paarbeziehungen junger Männer und Frauen im Lichte ihrer Beziehung zu Mutter und Vater. In S. Walper & E.-V. Wendt, Partnerschaften und die Beziehungen zu Eltern und Kindern. Befunde zur Beziehungs- und Familienentwicklung in Deutschland. (S. 289–320). Würzburg: Ergon.

Wendt, E.-V. (19.06.2010). Paarbeziehungen und Sexualverhalten heutiger Jugendlicher – aus der Sicht der Sozialwissenschaften. Extreme – Jugendliteratur ohne Tabus? Tutzing.

Wendt, E.-V. (01 2012). Liebe und Sexualität im Jugendalter: zwischen neuer Keuschheit und Extremen. Akademie Aktuell. Zeitschrift der Bayerischen Akademie der Wissenschaften, S. 62–63.

Wendt, E.-V. & Walper, S. (2006). Liebesbeziehungen im Jugendalter. Konsequenzen einer elterlichen Scheidung und die Transmission von Beziehungsqualitäten. ZSE – Zeitschrift für Soziologie der Erziehung und Sozialisation, 26(4).

Werner, E. E. (2011). Risiko und Resilienz im Leben von Kindern aus multiethnischen Familien. In M. Zander (Hrsg.), Handbuch Resilienzförderung (S. 32–46). Wiesbaden: VS Verlag für Sozialwissenschaften.

Wieland, S. (2014). Heranwachsende mit desorganisiertem Bindungsmuster verstehen und behandeln – ein Klassifizierungssystem. In K. H. Brisch, Bindung und Jugend (S. 171–204). Stuttgart: Klett-Cotta.

Wild, E. & Wild, K.-P. (1997). Familiale Sozialisation und schulische Lernmotivation. Zeitschrift für Pädagogik, 43, S. 55–77.

Youniss, J. (1994). Soziale Konstruktion und psychische Entwicklung. (L. Krappmann & H. Oswald, Hrsg.) Frankfurt am Main: Suhrkamp.

Zander, M. (Hrsg.). (2011). Handbuch Resilienzförderung. Wiesbaden: VS Verlag für Sozialwissenschaften.

Zimmermann, P. (1999). Bindungsentwicklung von der frühen Kindheit bis zum Jugendalter. In G. Spangler & P. Zimmermann, Die Bindungstheorie: Grundlagen, Forschung und Anwendung (S. 203–232). Stuttgart: Klett-Cotta.

Zimmermann, P. & Iwanski, A. (2014). Bindung und Autonomie im Jugendalter. In K. H. Brisch, Bindung und Jugend (S. 12–35). Stuttgart: Klett-Cotta.

Zimmermann, P. & Scheuerer-Englisch, H. (2003). BISK: Das Bindungsinterview für die Späte Kindheit. In H. Scheuerer-Englisch, G. J. Suess & W.-K. Pfeifer (Hrsg.), Wege zur Sicherheit. Bindungswissen in Diagnostik und Intervention. Gießen: Psychosozial.

Zimmermann, P., Becker-Stoll, F., Grossmann, K., Grossmann, K. E., Scheuer-Englisch, H. & Wartner, U. (2000). Längsschnittliche Bindungsentwicklung von der frühen Kindheit bis zum Jugendalter. Psychologie in Erziehung und Unterricht, 47, S. 99–117.

Zimmermann, P., Gliwitzky, J. & Becker-Stoll, F. (1996). Bindung und Freundschaftsbeziehungen im Jugendalter. Psychologie in Erziehung und Unterricht. Zeitschrift für Forschung und Praxis. Organ der Deutschen Gesellschaft für Psychologie., 43, S. 141–154.

Zinnecker, J. (1997). Streßkinder und Glückskinder. Eltern als soziale Umwelt von Kindern. Zeitschrift für Pädagogik, 43, S. 7–34.

Zinnecker, J. (2003). Jugend als Moratorium. Essay zur Geschichte und Bedeutung eines Forschungskonzepts. In H. Reinders & E. Wild, Jugendzeit – Time Out? Zur Ausgestaltung des Jugendalters als Moratorium (S. 37–64). Opladen: Leske + Budrich.

Zips, W. & Rest, M. (27. Januar 2010). http://www.univie.ac.at/. Abgerufen am 31. Mai 2017 von http://www.univie.ac.at/: http://www.univie.ac.at/sowi-online/esowi/cp/denkenksa/denkenksa-27.html

Zizek, B. (2012). Probleme und Formationen des modernen Subjekts. Zu einer Theorie universaler Bezogenheiten. Wiesbaden : VS Verlag für Sozialwissenschaften.

Danksagung

Ohne die vielen Jugendlichen, die sich mir im Laufe meiner beruflichen Kariere anvertrauten und mir ihre Lebensgeschichte erzählten, wäre diese Arbeit nicht entstanden. Denn erst sie erweckten bei mir das Interesse, mich mit dem Thema dieser Dissertation intensiv auseinanderzusetzen. Ganz besonderer Dank gilt hierbei den drei Jugendlichen, die mir ihre Biografie explizit für diese Arbeit erzählten und sich die Zeit für ein Interview nahmen.

Herzlicher Dank gilt meinem Doktorvater Herrn Prof. Dr. Liebau, der mein Vorhaben über die Jahre hinweg geduldig begleitete. Die Freiheiten die er mir gewährte, machten dieses Projekt neben Beruf und Familie erst möglich und ließen mir Gestaltungsspielraum und Möglichkeiten zur freien Entfaltung. Dafür gebührt ihm größter Dank. Herrn Prof. Dr. Jörissen, der sich sofort zur Übernahme des Zweitgutachtens bereit erklärte und sich trotz hoher zeitlicher Belastung meiner Dissertation widmete, gilt ebenso mein besonderer Dank.

Sowohl meiner Mutter, Irmi Staehler, als auch meiner Freundin, Franziska Erhard, gilt es von Herzen zu danken. Mit ihrem Fachwissen begleiteten sie mich über die Jahre hinweg und trugen mit konstruktiver Kritik und ihrem Lektorat schließlich wesentlich zur Fertigstellung dieser Arbeit bei. Auch für sie wurde meine Dissertation zu einem zeitintensiven Projekt, und dass sie sich diese Zeit nahmen und mich unterstützten, weiß ich sehr zu schätzen.

Meinem Lebensgefährten, Stefan Vohl, möchte ich dafür danken, dass er mir den Rücken freihielt, wo er nur konnte, und nicht müde wurde, sich mit mir über mein Dissertationsthema auszutauschen. Sein Rückhalt, seine Unterstützung und die Ermunterung „dran zu bleiben", wenn ich sie brauchte, machten die Arbeit an diesem Projekt trotz Familiengründung möglich, wofür ich ihm von Herzen dankbar bin.

Schlussendlich gilt auch den Eltern meines Lebensgefährten mein großer Dank. Dadurch, dass sie sich so oft Zeit für ihre Enkelin nahmen, konnte ich die Dissertation in Ruhe fertigstellen.